普通高等学校学前教育专业系列教材

蒙台梭利教育思想与方法

（第二版）

主　编　吴晓丹
副主编　张云雷　宋　杨　刘　昕

復旦大學出版社

内容提要

本教材紧扣课程思政要求，立足"岗课赛证"综合育人模式，着力培养学生的思想品德、实践能力和创新意识，树立正确的儿童观、人生观，倡导积极向上、团结协作，诚实正直的品格养成，形成"三全育人"的学习架构。

本教材系统、深入地阐述蒙台梭利的教育思想及其渊源，使学前教育专业的学生领悟蒙氏思想的实质，以及蒙台梭利的幼儿心理学基础，从而以正确的理念指导教育实践；另外，结合实际，全面、规范、系统地介绍蒙台梭利方法的操作体系。使学生掌握正确的蒙台梭利教育法的实施策略，对蒙台梭利教育的本土化进行探索与实践。

本书配套PPT课件,可登录复旦学前云平台(www.fudanxueqian.com)免费下载。

复旦学前云平台
数字化教学支持说明

为提高教学服务水平，促进课程立体化建设，复旦大学出版社学前教育分社建设了"复旦学前云平台"，以为师生提供丰富的课程配套资源，可通过"电脑端"和"手机端"查看、获取。

【电脑端】

电脑端资源包括 PPT 课件、电子教案、习题答案、课程大纲、音频、视频等内容。可登录"复旦学前云平台"www.fudanxueqian.com 浏览、下载。

Step 1 登录网站"复旦学前云平台"www.fudanxueqian.com，点击右上角"登录/注册"，使用手机号注册。

Step 2 在"搜索"栏输入相关书名，找到该书，点击进入。

Step 3 点击【配套资源】中的"下载"（首次使用需输入教师信息），即可下载。音频、视频内容可通过搜索该书【视听包】在线浏览。

📱【手机端】

PPT 课件、音视频、阅读材料：用微信扫描书中二维码即可浏览。

扫码浏览 ➡

📖【更多相关资源】

更多资源，如专家文章、活动设计案例、绘本阅读、环境创设、图书信息等，可关注"幼师宝"微信公众号，搜索、查阅。

平台技术支持热线：029-68518879。

"幼师宝"微信公众号

第二版前言

玛利亚·蒙台梭利（Maria Montessori）是教育史上继福禄培尔之后一位杰出的幼儿教育家。她所创立的独特的幼儿教育法风靡了整个西方世界，深刻地影响着世界幼教领域。西方教育史称她是20世纪赢得欧洲和世界承认的最伟大的科学与进步的教育家。

早在20世纪初，蒙台梭利教育方法即由日本传入中国，但直到20世纪80年代，蒙台梭利教育思想才重新受到我国幼教界关注。1994年我国开始进行蒙台梭利教育实验，但由于盲目效仿国外，导致了一系列问题，致使1995—1999年间蒙氏教学法陷入低潮。第二次高潮的到来则是在2000年，蒙台梭利教育法的传播和影响越来越大，以蒙台梭利思想为理念的幼儿园几乎遍及全国。

然而，一些标榜以蒙氏为特色的幼教机构在实践中存在着种种误区：重形式轻理念、忽视蒙台梭利教育法自身的局限、操作不规范、贵族化倾向严重等。原因在于对蒙台梭利教育思想的领悟较为肤浅，没有掌握其精髓，教育实施违背规律，停留于形式的简单模仿，成效寥寥，严重水土不服。

本书致力于系统、深入地阐述蒙台梭利教育思想及其渊源，使学前教育专业的学生领悟蒙台梭利思想的实质，从而以正确的理念指导教育实践；另外，结合实际，全面、规范地介绍蒙台梭利方法的操作体系，使学生掌握正确的蒙台梭利教育法的实施策略，对蒙台梭利教育的本土化进行探索与实践。

随着我国新形势的不断变化，教育体制的不断改革，在本次修订中加入了幼儿心理学基础、蒙台梭利在国内外的推广、蒙台梭利活动设计与应用方法的实践操作性很强的章节，能够帮助学生更快地掌握操作技能。

本书是在各方面的支持与帮助下完成的。首先感谢学校为我们创造机会，使我们得以将多年教育积累付诸文字；特别要感谢我的导师——华东师范大学学前教育系朱家雄教授，他对本书的定位、架构提出了建设性的意见，使我们的编写工作得以在正确的方向和轨道上进行。

本书编写分工如下：吴晓丹编写第一、二、六、七、八章，张云雷编写第三、四、五、九章，宋杨编写第十、十三、十四章，刘昕编写第十一、十二章，还要感谢我的同事于文哲，她做了大量文字编辑工作。

由于蒙台梭利教育法内容的丰富性及其文化适应性，本书会存在一些疏漏，希望专家、同仁给予批评指正。

本书编写过程中借鉴了诸多研究成果，在此深表谢意。

编　者

2018年3月

目 录

蒙台梭利教育思想篇

第一章 蒙台梭利及其教育活动 ⋯⋯⋯⋯⋯⋯⋯⋯⋯⋯⋯⋯⋯⋯⋯⋯⋯⋯⋯⋯⋯⋯⋯⋯⋯⋯⋯⋯⋯ 3
  第一节 蒙台梭利的时代和生平 ⋯⋯⋯⋯⋯⋯⋯⋯⋯⋯⋯⋯⋯⋯⋯⋯⋯⋯⋯⋯⋯⋯⋯⋯⋯⋯⋯⋯ 3
  第二节 创办儿童之家的启示 ⋯⋯⋯⋯⋯⋯⋯⋯⋯⋯⋯⋯⋯⋯⋯⋯⋯⋯⋯⋯⋯⋯⋯⋯⋯⋯⋯⋯⋯ 7
  第三节 蒙台梭利的教育哲学思想 ⋯⋯⋯⋯⋯⋯⋯⋯⋯⋯⋯⋯⋯⋯⋯⋯⋯⋯⋯⋯⋯⋯⋯⋯⋯⋯⋯ 9

第二章 蒙台梭利教育思想的理论渊源 ⋯⋯⋯⋯⋯⋯⋯⋯⋯⋯⋯⋯⋯⋯⋯⋯⋯⋯⋯⋯⋯⋯⋯⋯⋯⋯ 11
  第一节 蒙台梭利教育思想的哲学来源 ⋯⋯⋯⋯⋯⋯⋯⋯⋯⋯⋯⋯⋯⋯⋯⋯⋯⋯⋯⋯⋯⋯⋯⋯ 11
  第二节 蒙台梭利教育思想的自然科学来源 ⋯⋯⋯⋯⋯⋯⋯⋯⋯⋯⋯⋯⋯⋯⋯⋯⋯⋯⋯⋯⋯⋯ 12
  第三节 蒙台梭利教育思想的教育学来源——夸美纽斯的教育思想 ⋯⋯⋯⋯⋯⋯⋯⋯⋯⋯⋯⋯ 14
  第四节 蒙台梭利教育思想的教育学来源——卢梭的教育思想 ⋯⋯⋯⋯⋯⋯⋯⋯⋯⋯⋯⋯⋯⋯ 19
  第五节 蒙台梭利教育思想的教育学来源——裴斯泰洛奇的教育思想 ⋯⋯⋯⋯⋯⋯⋯⋯⋯⋯⋯ 24
  第六节 蒙台梭利教育思想的教育学来源——福禄培尔的教育思想 ⋯⋯⋯⋯⋯⋯⋯⋯⋯⋯⋯⋯ 28

第三章 蒙台梭利的儿童观 ⋯⋯⋯⋯⋯⋯⋯⋯⋯⋯⋯⋯⋯⋯⋯⋯⋯⋯⋯⋯⋯⋯⋯⋯⋯⋯⋯⋯⋯⋯⋯ 34
  第一节 生命自然发展观 ⋯⋯⋯⋯⋯⋯⋯⋯⋯⋯⋯⋯⋯⋯⋯⋯⋯⋯⋯⋯⋯⋯⋯⋯⋯⋯⋯⋯⋯⋯ 34
  第二节 心理胚胎期 ⋯⋯⋯⋯⋯⋯⋯⋯⋯⋯⋯⋯⋯⋯⋯⋯⋯⋯⋯⋯⋯⋯⋯⋯⋯⋯⋯⋯⋯⋯⋯⋯ 36
  第三节 发展的敏感期 ⋯⋯⋯⋯⋯⋯⋯⋯⋯⋯⋯⋯⋯⋯⋯⋯⋯⋯⋯⋯⋯⋯⋯⋯⋯⋯⋯⋯⋯⋯⋯ 38
  第四节 蒙台梭利幼儿心理学基础 ⋯⋯⋯⋯⋯⋯⋯⋯⋯⋯⋯⋯⋯⋯⋯⋯⋯⋯⋯⋯⋯⋯⋯⋯⋯⋯ 41

第四章 蒙台梭利的教师观 ⋯⋯⋯⋯⋯⋯⋯⋯⋯⋯⋯⋯⋯⋯⋯⋯⋯⋯⋯⋯⋯⋯⋯⋯⋯⋯⋯⋯⋯⋯⋯ 47
  第一节 蒙台梭利式教师的角色 ⋯⋯⋯⋯⋯⋯⋯⋯⋯⋯⋯⋯⋯⋯⋯⋯⋯⋯⋯⋯⋯⋯⋯⋯⋯⋯⋯ 47
  第二节 蒙台梭利式教师的准备 ⋯⋯⋯⋯⋯⋯⋯⋯⋯⋯⋯⋯⋯⋯⋯⋯⋯⋯⋯⋯⋯⋯⋯⋯⋯⋯⋯ 49

第五章 蒙台梭利的教育思想 ⋯⋯⋯⋯⋯⋯⋯⋯⋯⋯⋯⋯⋯⋯⋯⋯⋯⋯⋯⋯⋯⋯⋯⋯⋯⋯⋯⋯⋯⋯ 52
  第一节 蒙台梭利的环境教育思想 ⋯⋯⋯⋯⋯⋯⋯⋯⋯⋯⋯⋯⋯⋯⋯⋯⋯⋯⋯⋯⋯⋯⋯⋯⋯⋯ 52
  第二节 蒙台梭利的"工作"思想 ⋯⋯⋯⋯⋯⋯⋯⋯⋯⋯⋯⋯⋯⋯⋯⋯⋯⋯⋯⋯⋯⋯⋯⋯⋯⋯⋯ 56
  第三节 蒙台梭利的纪律教育思想 ⋯⋯⋯⋯⋯⋯⋯⋯⋯⋯⋯⋯⋯⋯⋯⋯⋯⋯⋯⋯⋯⋯⋯⋯⋯⋯ 58
  第四节 蒙台梭利的和平教育思想 ⋯⋯⋯⋯⋯⋯⋯⋯⋯⋯⋯⋯⋯⋯⋯⋯⋯⋯⋯⋯⋯⋯⋯⋯⋯⋯ 61
  第五节 蒙台梭利的混龄教育思想 ⋯⋯⋯⋯⋯⋯⋯⋯⋯⋯⋯⋯⋯⋯⋯⋯⋯⋯⋯⋯⋯⋯⋯⋯⋯⋯ 65

第六章 蒙台梭利的教学思想 ⋯⋯⋯⋯⋯⋯⋯⋯⋯⋯⋯⋯⋯⋯⋯⋯⋯⋯⋯⋯⋯⋯⋯⋯⋯⋯⋯⋯⋯⋯ 68
  第一节 日常生活练习 ⋯⋯⋯⋯⋯⋯⋯⋯⋯⋯⋯⋯⋯⋯⋯⋯⋯⋯⋯⋯⋯⋯⋯⋯⋯⋯⋯⋯⋯⋯⋯ 68
  第二节 肌肉训练 ⋯⋯⋯⋯⋯⋯⋯⋯⋯⋯⋯⋯⋯⋯⋯⋯⋯⋯⋯⋯⋯⋯⋯⋯⋯⋯⋯⋯⋯⋯⋯⋯⋯ 69
  第三节 感官教育 ⋯⋯⋯⋯⋯⋯⋯⋯⋯⋯⋯⋯⋯⋯⋯⋯⋯⋯⋯⋯⋯⋯⋯⋯⋯⋯⋯⋯⋯⋯⋯⋯⋯ 71
  第四节 初步知识教育 ⋯⋯⋯⋯⋯⋯⋯⋯⋯⋯⋯⋯⋯⋯⋯⋯⋯⋯⋯⋯⋯⋯⋯⋯⋯⋯⋯⋯⋯⋯⋯ 72
  第五节 科学文化教育 ⋯⋯⋯⋯⋯⋯⋯⋯⋯⋯⋯⋯⋯⋯⋯⋯⋯⋯⋯⋯⋯⋯⋯⋯⋯⋯⋯⋯⋯⋯⋯ 74

第七章　蒙台梭利的地位与影响 ·· 77
　　第一节　评说蒙台梭利教育 ·· 77
　　第二节　蒙台梭利教育本土化 ·· 81

蒙台梭利教育方法篇

第八章　蒙台梭利活动设计与应用方法 ·· 85
　　第一节　蒙台梭利活动设计方法 ·· 85
　　第二节　蒙台梭利活动应用方法 ·· 89

第九章　蒙台梭利日常生活教育 ·· 92
　　第一节　蒙台梭利日常生活教育的思想 ·· 92
　　第二节　蒙台梭利日常生活教育的实施 ·· 94
　　第三节　蒙台梭利日常生活教育教学技能实训 ······································ 101

第十章　蒙台梭利感官教育 ·· 116
　　第一节　蒙台梭利感官教育思想 ·· 116
　　第二节　蒙台梭利感官教育的实施 ·· 120
　　第三节　蒙台梭利感官教育教学技能实训 ·· 130

第十一章　蒙台梭利数学教育 ·· 138
　　第一节　蒙台梭利数学教育思想 ·· 138
　　第二节　蒙台梭利数学教育的实施 ·· 141
　　第三节　蒙台梭利数学教育教学技能实训 ·· 156

第十二章　蒙台梭利语言教育 ·· 162
　　第一节　蒙台梭利语言教育思想 ·· 162
　　第二节　蒙台梭利语言教育的实施 ·· 166
　　第三节　蒙台梭利语言教育教学技能实训 ·· 171

第十三章　蒙台梭利科学文化教育 ·· 182
　　第一节　蒙台梭利科学文化教育思想 ·· 182
　　第二节　蒙台梭利科学文化教育的实施 ·· 184
　　第三节　蒙台梭利科学文化教育教学技能实训 ······································ 188

第十四章　蒙台梭利音乐启蒙教育 ·· 210
　　第一节　蒙台梭利音乐启蒙教育思想 ·· 210
　　第二节　蒙台梭利音乐启蒙教育的实施 ·· 214
　　第三节　蒙台梭利音乐启蒙教育教学实训 ·· 222

附录 ·· 225
参考文献 ·· 231

蒙台梭利教育思想篇

第一章

蒙台梭利及其教育活动

玛利亚·蒙台梭利（Maria Montessori）是教育史上继福禄培尔之后一位杰出的幼儿教育家。她毕生致力于探索"科学的教育"，创办了"儿童之家"，创立了独特的幼儿教育方法，并通过撰写教育论著和开办国际训练班等方式，传播自己的教育思想和方法，促进了现代幼儿教育的改革和发展。

第一节 蒙台梭利的时代和生平

蒙台梭利作为近代西方著名的教育家之一，在19世纪末至20世纪上半期的欧美教育革新运动中，猛烈地批判了脱离社会实际和儿童现实生活的旧教育。她经过长期的观察与实验，专门制作了一套教具用以教育低能儿童，此教具有效地提高了他们的读、写、算能力，使得低能儿童也能进入正常的儿童学校学习。此后，蒙台梭利通过改进相关的教育方法，将其教育理论逐步推广到正常儿童中间，同样取得了成功。直到今天，蒙台梭利教育方法仍对世界各国的早期教育有着广泛的影响。

一、蒙台梭利生活的时代

（一）变革的历史时期

19世纪末至20世纪初，世界进入一个新的历史时期，资本主义这一经济体制已过渡到帝国主义阶段，资本主义国家之间的政治和经济竞争，以及各国人民争取自由和民主的运动日益激烈，社会各方面都发生了巨大变化。这些都对蒙台梭利的世界观、人生观、价值观，尤其是教育思想产生了深刻影响。

第一，科学和生产力快速发展。随着工业革命的发生，自然科学中涌现出一系列重大发明和发现，科学技术迅速发展，社会生产力极大提高，社会的政治、经济、文化乃至人类生活的各个领域都发生了翻天覆地的变化。

第二，思想迅速解放。经过17世纪至18世纪人文主义教育、新教教育、天主教教育的冲突与融汇吸收，人们的信仰和思想日趋多元化，人们头脑中多年的禁锢被打破，新兴的各种哲学和科学思想使人们的世界观有了重大改变。

第三，教育大范围革新。这个时期垄断资产阶级清醒地意识到原来占统治地位的传统教育理论已不能适应新时代对教育的要求，教育必须成为促进科学技术发展、加速工业化进程、增强经济实力、维护统治秩序的主要因素和手段。因此，提出改革学校教育制度、加快教育发展步伐、革新教育内容和方法、提高教育效率的要求。欧美各国相继兴起了各种新的教育思潮，其中范围广并且影响大的是欧洲新教育运动及美国的进步主义教育运动，两者呼应，互相促进，把学校改革和教育研究引向深入发展的阶段。

第四，教育思想大量涌现。当时一大批教育家、哲学家、心理学家、自然科学家、人类学家、社会学家、政治家、医生以及广大教师都积极投身于教育革新运动。在第一次世界大战前的一段时间里，根据他们研究的内容和目标的不同，汇集成相互关联又相互渗透的三条主线：儿童研究运动、学校调查研究和教育实验研究。其共同倾向是运用自然科学或实验科学的方法，特别是用生物学的观点和方法研究教育，试图建立一门科学的教育学。约翰·杜威在谈到科学和科学方法时指出："毫无疑问，当代思想中旧问题最伟大的溶解剂，新方法、新意向、新问题最伟大的凝结剂，就是在科学革命中所实现的，并在《物种起源》中达到顶点的科学。"

（二）变革中的意大利

意大利在19世纪上半叶一直处在奥地利的统治之下，经过1848年、1859年、1866年三次艰难的对奥独立战争，意大利军队终于在1870年9月统治了罗马。1870年10月，意大利举行公民投票，以压倒多数主张罗马同意大利合并，经过半个世纪的努力，意大利的统一终于完成。此后，政府和教会达成"保障法"，初步确定了教会与政府的关系。"保障法"虽然没有从根本上弥合政教间的裂痕，政府也并没有达成与教会的合作，但是这两个政权在事实上不得不同时存在并相互妥协。在以后的数年中，意大利社会逐渐发展，教会力量渐渐削弱，人们的思想逐步解放，民主意识有了较大的提高。

19世纪末期的意大利，虽然结束了几个世纪的分裂和殖民统治，建立了独立、统一的王国，但是经济发展十分缓慢，到20世纪初仍然是欧洲相当落后的国家。意大利人口中大多数是文盲，在一些大城市，大量无业和失业的贫民流落街头，生活极为悲惨，儿童的命运更为悲惨。在罗马，市政当局为了保持古罗马文明的风貌，把大批极端贫困的不幸者驱赶到市郊，建立贫民区实行隔离，让他们住在年久失修、破烂不堪、长期无人居住的危险建筑内，黑暗、污秽、拥挤、贫穷、愚昧、罪恶、悲惨的情景令人触目惊心。蒙台梭利怀着对社会的理想和责任感，在意大利"贫穷、黑暗、愚昧、悲惨"的罗马圣罗伦佐贫民区创办了"儿童之家"，发展自己独特的幼儿教育理论和方法。

二、蒙台梭利生平

（一）童年

1870年8月31日，玛利亚·蒙台梭利出生于意大利安科纳（Ancona）省的希亚拉瓦莱（Chiaravalle）镇。她在安科纳度过了美好的童年。

蒙台梭利虽然是一位独生女，但思想保守的军人父亲与出身于良好家庭的母亲，却并不溺爱她，使她从小就能关心他人，养成了善良独立的个性，特别是母亲对她个人的志向一直给予支持和鼓励。6岁时，蒙台梭利进入当地的公立学校读书，被公认为一个温柔但并不十分聪明的小女孩。但是，在早期的学校生活中，她已萌发了关心和照顾未来儿童的念头。12岁那年，因为父亲职务上的调整，蒙台梭利随全家搬到罗马接受中等教育。在那里，蒙台梭利开始了她多姿多彩的求学生涯。

（二）勤奋求学路

蒙台梭利勤奋好学，意志和性格坚强，中学各门功课成绩优秀，尤其对数学有浓厚的兴趣。中学毕业后，她不盲从传统的风尚和父母的意向，没有进入高级女子专门学校，而是按照自己的志趣毅然选择进入工科学校学习。这成为日后她认为发展"数学心智"是"培养抽象思考能力的最好途径"的思想来源。

为了进一步学习数学，蒙台梭利于1886年进入达文奇工科大学修习自然科学及现代语言，决心像班上的男同学一样成为一名工程师。这为她后来发展语文和自然科学教学方法，奠定了良好的学习基础。

技术学院毕业前夕，由于对生物学和人类学的浓厚兴趣，蒙台梭利又产生了学医的想法。于是，她拒绝了父母要她当教师的建议，决定放弃学工，研读其热爱的科目——生物学，并执意要进入医学院学习。然而，在当时意大利女性进大学学医是极为罕见的，因为一般人认为女孩子学医不仅有诸多不便，而且有伤风化。蒙台梭利决心破除传统的陈规陋习，不顾社会舆论的非议和父亲的百般阻拦，通过几年的不懈努力和斗争，终于1890年秋天考入了罗马大学医学院，成为医学院的第一名女生。父亲为此切断了她的经济来源，她只能靠奖学金和家教收入来度过那段艰难的求学过程。蒙台梭利以她的才华和斗志突破了种种常人难以承受的束缚，刻苦钻研，学业成绩不仅可与男生媲美，甚至往往超过男生。1896年，在她26岁时，罗马大学授予她博士学位，她成为意大利第一位女医学博士。

（三）教育生涯的开端——教育缺陷儿童

获得博士学位后不久，蒙台梭利被聘为罗马大学医学院精神病诊所的助理医生，开始对有心理障碍和精神病的儿童进行治疗的工作，这成为她教育生涯里的第一个转折点。对那些不幸儿童的同情，激发了蒙台梭利对儿童神经和心理疾病研究的兴趣，同时她开始阅读一些有关精神缺陷儿童的书籍，尤其是美国精神病医生塞贡（E.Sequin）的《白痴的精神治疗、卫生和教育》和法国医学家伊塔（J.Itard）的《关于野生儿阿维龙的报告和回忆录》，这两本书使她在思想上受到了影响，并尝试在实践中应用这些原理。为了弥补教育理论知识的不足，她又去旁听教育课程和阅读主要的教育理论著作。通过阅读和尝试，认识到塞贡和伊塔等人训练智障儿童所采用的方法和教具的合理性，并从她对生理学、人类学的研究中发现身体结构、生理机能和心理活动的关系，从而为塞贡和伊塔等人的训练方法找到了生理心理学的依据。她觉察到："儿童除了食物之外，还会在屋子里面到处乱抓、乱摸，找寻可以让两手操作的东西，以练习他们的抓握能力。"由此，她萌生出了这样的教育理论：一是发展智力需要通过双手来操作；二是克服智能不足，主要得依靠教育的手段，不能只用医药去治疗。于是，蒙台梭利强调教育训练对于发展智障儿童的动作和智力的重要性，甚至认为儿童心理的缺陷和精神病的产生主要是教育问题，而不是医学问题，因此教育训练比医学治疗更有效。图1-1给出了蒙台梭利研究智障儿童的简单历程。

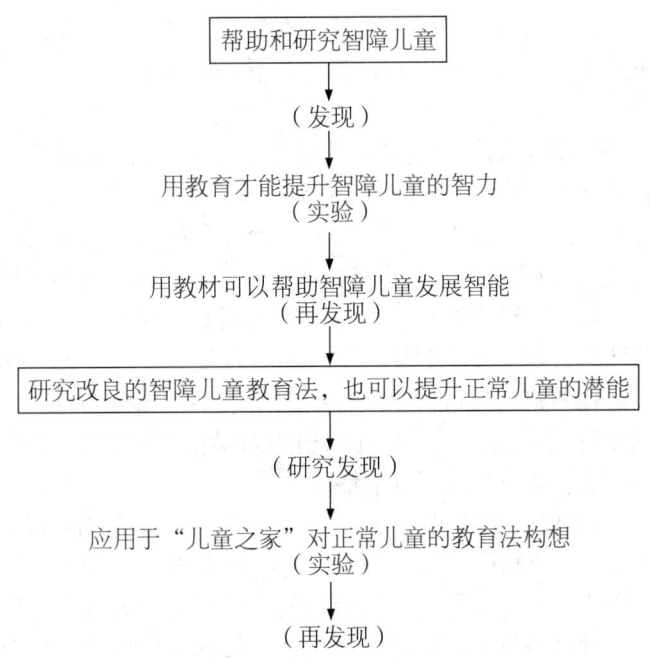

图1-1 蒙台梭利对智障儿童的研究和发现过程

在长达两年的时间里，蒙台梭利全身心地投入与智障儿童的共同生活之中，针对这些孩子的问题，用心研制了各种各样的教育工具，帮助他们"手脑并用"、增进智能，并且不断地进行观察、分析、比较、实验、总结。终于，蒙台梭利的努力获得了成功。1898年，在都灵召开的国际医学大会上，蒙台梭利建议要加强对智力缺陷儿童的研究工作。同年9月，她又出席在都灵召开的全国教育会议，并作了题为《精神教育》的讲演，强调指出："儿童心理缺陷和精神病患主要是教育问题，而不是医学问题，教育训练比医疗更为有效。"缺陷儿童应当和正常儿童一样享有受教育的权利。第二年年底，意大利"全国智力缺陷儿童教育联盟"成立，蒙台梭利成为其中一名很活跃的成员。1900年春天，"全国智力缺陷儿童教育联盟"在罗马开办了一个医学教育机构。它附设一所实验示范学校，蒙台梭利受聘担任校长两年时间。这使她有了一个专门从事智力缺陷儿童教育工作的机构。这所学校后来以"国立特殊儿童学校"著称。

此后，蒙台梭利一直希望有机会把智力缺陷儿童教育方法应用于正常儿童。当世人对蒙台梭利教育智障儿童所取得的成绩叹为观止时，蒙台梭利却在思考：既然智障儿童都能达到正常儿童的水平，那么公立学校的正常儿童为什么不能达到更高的水平呢？她想起了意大利杰出的教育家、她的老师塞吉（Giuceppe Sergi）在《教育与训练》一书中的呼吁和教导："今天，人类社会迫切需要重建教育方法；为此而奋斗，也就是为人类复兴而奋斗！"从此，蒙台梭利迈向了她教育生涯中的第二个转折点。

（四）教育生涯的转折——创立"儿童之家"

1901年，蒙台梭利离开特殊学校，开始转向对正常儿童教育问题的研究。为夯实理论和实践基础，一方面她再次注册回到罗马大学研修哲学、教育学、实验心理学、人类学等课程，广泛阅读夸美纽斯、洛克、卢梭、裴斯泰洛齐、福禄培尔等教育大师的教育名著；另一方面她经常到公立学校进行调查，获得了大量第一手资料。在坚实的理论与实践基础上，她将所学所得整理修改成《教育人类学》一书，并于1908年出版。这些都为蒙台梭利最伟大的创举——成立"儿童之家"奠定了基础。

1906年底，一个偶然的机会，蒙台梭利得到了罗马优良建筑工会的支持，并于1907年1月6日在罗马的贫民窟圣罗伦佐区玛希大街58号公寓成立了世界上第一所"儿童之家"，招收了50多名3~6岁的儿童。同年4月和11月，第二所、第三所"儿童之家"相继成立，1908年10月，由米兰当地的慈善家协会在工人居住区建立了另一所"儿童之家"。

"儿童之家"免费接纳住在本幢大楼里的3~7岁的儿童，聘请一位住在附近或本幢楼内的教师和一位卫生员，负责教育和管理儿童及对儿童进行卫生检查。蒙台梭利除指导、设计和组织一切教育和训练外，还负责培训教师的工作。

进入"儿童之家"的儿童并无明显的生理或心理缺陷，但由于他们的父母一般没有文化，没有固定的工作，生活贫困，性情粗暴，缺乏卫生习惯，甚至有某些不良嗜好，既无能力也无时间照顾和教育自己的孩子。因此，这些儿童在入学前普遍心态异常，智力低下，发育不良，行为乖戾，而且养成了一些不良习性。

蒙台梭利以社会和教育改革者的面貌出现在"儿童之家"，一方面做家长的工作，规定了家长对儿童教育的职责、权利和义务：要求家长每天按时接送孩子；家长要与"儿童之家"密切配合，教育好孩子；家长要经常把孩子在家里的表现报告给校方。另一方面蒙台梭利尽最大的努力打破传统学校的方法，不带任何先入之见，一切从观察儿童和研究儿童及其家庭环境入手，以儿童忠实朋友的身份出现在儿童面前，一切从他们的生活需要和兴趣出发，设计和确定教育方案及教育措施。蒙台梭利首先为"儿童之家"里的儿童创造了一个适宜的学习环境，根据儿童身体、体力和心理发展特点，设计和制作小型的活动桌椅及供儿童独立操作、自动练习、自我调整、自行修正和自我教育的丰富多样的材料，以及供感觉和运动训练的多层次的系列教具；并采用合理的方法，通过教师高超的教学技巧和机智引导，激励儿童的学习积极性、主动性、创造性，培养儿童的意志品质和独立自主精神。

"儿童之家"是一个能给孩子提供发展机会的"环境"，它具有"家"的内涵，"如成员的彼此相爱、互助，环境中的一切设备都符合儿童的需要和尺寸"，更是幼儿受教育的场所。"家"里的大人必须经常致力于"学校"环境的改造，使它适合儿童的各项发展。蒙台梭利就是在这里为这些心智正常的儿童研发了能够促进他们智力发展和人格完善的种种教具，并在观察中总结出教师应该扮演的角色。在这里，最终产生了举世闻名的蒙台梭利教学法。

1909年，蒙台梭利把在"儿童之家"里应用于60名3~5岁儿童的教育改革的成功经验，总结在《适用于儿童之家的幼儿教育的科学教育方法》（英译本将书名简化为《蒙台梭利方法》）一书中。全书共23章，第一章阐述新教育学与现代科学的关系；第二章回顾低常儿童教育方法的历史；自第三章至最后，全面介绍"儿童之家"的活动情况及原则、方法，包括纪律问题、授课方法、儿童饮食、音乐教育、农业劳动、感官教育、智育、读写算的教授法、宗教教育、教师的任务等。该书出版后被译成20多种文字，当时欧洲的报纸、杂志、书籍对"儿童之家"进行了生动的报道与描绘，来自各国的参观者络绎不绝，于是伦敦、瑞士、荷兰等欧洲国家纷纷效仿设立"儿童之家"，许多国家兴起了学习蒙台梭利教学法的热潮，而且在欧洲的一些国家和美国形成了蒙台梭利运动。

（五）教育生涯的升华——传播教育思想

1911年，蒙台梭利离开"儿童之家"后，仍继续研究儿童教育问题，到英国、法国、美国、澳大利亚、阿根廷、锡兰（斯里兰卡）、巴基斯坦和印度等国参观、考察、讲学，开设国际训练班。1913年蒙台梭利在意大利举办了两期国际教师培训班，1915年在美国旧金山开办第三期培训班。蒙台梭利于1912年和1915年两次访问美国，备受欢迎。1913年，"美国蒙台梭利教育协会"（AMS）宣布成立，她的教育法在旧金山博览会中获得了大会仅有的两枚金牌奖。在美国，以蒙台梭利名字命名并采用蒙台梭利教学法的学校一度达两千多所。1916年以后，由于美国一些教育家同蒙台梭利持不同的观点，其理论逐渐被冷落。1919年，她受英国政府邀请去伦敦讲学，每隔一年去讲学一次，直到第二次世界大战爆发被迫中断，战后得以恢复。1929年，国际蒙台梭利协会在荷兰成立，蒙台梭利去世前一直亲自担任该协会的主席。

第二次世界大战期间，70多岁高龄的蒙台梭利离开祖国到了印度，继续从事研究与著述。她的活动受到印度政治领袖甘地、尼赫鲁和著名诗人、思想家泰戈尔的热情赞扬。第二次世界大战结束后，蒙台梭利回到欧洲，她的"儿童之家"和师资训练机构迅速传遍了世界各地。1948年她重返印度，并在印度建立了一所示范学校，这所学校作为纪念蒙台梭利在印度活动的标志至今尚存。

（六）教育生涯的结束——与世长辞

蒙台梭利1947年接受邀请回到意大利，不久回到荷兰旧居。晚年不顾身体羸弱，依然每天不停地工作，而且继续坚持到各国巡回讲演、指导教师培训、主持国际蒙台梭利会议等。在意大利、法国、荷兰等国获得政府、大学和研究院的勋章和荣誉学位。1952年5月6日，蒙台梭利去世，享年82岁，安葬于海牙附近的天主教公墓。

蒙台梭利一生从事儿童教育研究工作，建立了自己独特的教育思想体系和方法，她不仅是著名的科学家，更是伟大的教育家，为了儿童，为了人类精神的复兴和人性的发展，奉献了她所有的智慧与精力。

三、蒙台梭利的教育著作

蒙台梭利一生致力于教育改革与实验，留下了丰富的教育著作，就其内容大致可分为四类：

第一，关于从出生到3岁儿童教育的有《童年的秘密》（*The Secret of Childhood*，1934）、《发现孩子》（*The Discovery of the Child*，1950）和《吸收性心智》（*The Absorbent Mind*，1949）等。

第二，关于3~7岁儿童教育的有《蒙台梭利方法》（*The Montessori Method: Scientific Pedagogy as Applied to Child Education in "The Child's Houses"*，1910）、《蒙台梭利手册》（*Dr. Montessori's Own Handbook*，1914）、《家庭中的儿童》（*The Child in the Family*，1936）等。

第三，关于7~13岁儿童及青春期教育的有《高级蒙台梭利方法》（*The Advanced Montessori Method*，1912）二卷，包括《教育中的自发活动》《青春期及其后期的教育》与《蒙台梭利初等教具》等。

第四，其他方面有《新世界的教育》（*Education for New World*，1946）、《教育人类学》（*Pedagogical Anthropology*，1908）、《教育的重建》（*Reconstruction in Education*）、《和平与教育》（*Peace and Education*，1949）、《开发人类的潜能》（*To Educate the Human Potential*，1948）等。

蒙台梭利的幼儿教育思想主要集中在前两类著作中。

第二节 创办儿童之家的启示

自1907年创立"儿童之家"，直至1952年去世，蒙台梭利一直致力于教育改革实验，用科学的观察和实验方法，研究儿童在成长和接受她的新教育过程中所表现出的自然情况，从而根据新的发现，不断地探寻可以帮助儿童更好地发展的有效方法。"儿童之家"的创办及其教育实验，为蒙台梭利教学法提供了最初的实践基地和实践依据。

一、创办"儿童之家"的启示

（一）尊重儿童的独立性

只有独立的人才能享有自由。"独立"是儿童成长的主要目的，也是成长的必要条件——儿童们渴望摆脱大人的摆布和干涉，由自己发展自己的生命，成为一个未来的强人。

蒙台梭利认为儿童的好动性是他们的特色，成年人不要横加干涉或禁止，师长不能"指挥"或"命令"儿童，要让他们自己指挥自己，自己听从自己的命令。只有尊重儿童的独立性，儿童才能自然地活动他的筋骨，形成健康的体魄。

（二）精神胜于方法

蒙台梭利希望她的学生不要"主动"地想去"教"孩子，应该做个"旁观者"来注视孩子的一切行为。唯一必须人为的就是设计或制作许多教具，甚至鼓励孩子尽情地游玩及操弄，这就是对儿童最大的尊重。因为蒙台梭利方法的真正老师，就是儿童本身。

孩子很难理解和接受一段冗长的说明，因此，在给孩子示范使用教具的时候，要尽量使用一些简单的词语和动作。在成年人看来比较简单的使用与操作，对3岁孩子来说并不简单，所以对孩子的错误要有耐心。真正的蒙氏教具或者替代品，都有一个"错误控制"，能使孩子自我教育、自我发现并更正自己的错误。

（三）个人自由先于社会纪律

蒙台梭利发现，对于儿童来说自由第一，秩序只是其次。传统教育强调"群性"，而蒙台梭利注重"个性"。她在1932年向英国的蒙台梭利学会发表的文章中强烈指责孩童受束于大人，比奴隶及工人都不如。蒙台梭利毕生强调："解放儿童，是教育工作者的使命；因此，儿童个人自由应列为优先考虑。"

尊重儿童的独立性，并不意味着让他们为所欲为，肃静也不意味着安静、顺从、听话、被动。蒙台梭利的教学法强调儿童主动探索，并着力于设计启发性的教学情境和教具，让儿童借由具体操作来学习，不只是听讲。

（四）童年期的秩序感

蒙台梭利发现儿童的行为特征之一，就是秩序感，幼小的儿童还特别需要安全感，这种"安全感"的确切表达应该是：儿童外在和内在的秩序感。对儿童来说，周围有太多的繁杂和混乱，他需要依赖一个熟悉的标识。当儿童看到某些东西放在适当的位置，他就会兴奋和高兴；反之，当儿童看到某些东西摆放无序，他就会受到刺激。环境和心灵的不协调，使他不再感觉到平静和快乐。蒙台梭利在《儿童的秘密》一书中写道："外在环境中的人、事、物的秩序是帮助孩子的内心展现清明有序的媒介，当这些秩序被破坏时，孩子会因此不安和乱发脾气。如果这样的情形持续着，幼儿本身不仅会出现疾病的症状，还会抗拒任何一种试图治疗他们的行为。"换句话说，如果儿童经常看到一些无秩序的东西，那么这种无秩序性就会成为儿童发展的障碍，也会成为其人格异常的原因。

一般人都认为孩子的房间或游乐场一定乱七八糟，把玩具或纸屑丢得满地都是，大人也因此相当头疼，并认为这是孩子的严重教育问题，想办法要及早培养孩子整齐清洁的习惯。然而，蒙台梭利相信儿童之所以无法将屋内安排得井然有序，始作俑者是大人。儿童本来就有顺乎自然的秩序感，只是大人以"权力"予以弄坏而已。

（五）工作完善人格

6岁之前是儿童性格形成的重要时期，而这一段时间却常常被成年人所忽视。蒙台梭利曾指出：我们不允许孩子在这么重要的时期里总是呆呆地坐着，"人类到3岁以前吸收的知识，相当于大人花60年拼命学习所获得的量"。这样的对比揭示出：3岁以前的儿童拥有超强的学习与记忆能力，实际上，2岁的时候，他们的发展就已经大大超过了玩简单的游戏和嬉笑儿语了。儿童有非常强的好奇心，他们会利用一切机会去观察、去运动、去发现……因此学习是非常必要的，不能忽视或阻止。

从3岁到6岁，儿童的性格可以通过工作和活动来建立和完善。此时，儿童的工作需要成人的肯定，使他养成自信的工作态度。如果他的工作不断被打扰或没有得到鼓励，就会影响到他的性格发展，进而影响到他未来做事的计划性。

（六）儿童热爱工作

蒙台梭利指出，"工作"是人性的表现，也是人性的特征，只有人类才具有这种能够"开创生命、发扬生命"的特性。儿童对工作和学习有天生的渴望，同时还带着一种愉悦的心情。儿童宁愿去工作，也不愿意去玩游戏，他们不认为工作是令人烦恼的事情，反而会不断地要求新的任务——更难和更有挑战性的工作。严格甚至苛刻的训练对儿童来说是非常错误的，成年人不应该限制儿童。儿童的个性刚刚发展，还不能完全弄明白规章制度。

对儿童的工作指导，重要的是在一个专门的地方摆置蒙氏教具设备，从而进行教学指导。儿童很重视这样的安排，他们需要知道在哪儿可以找到某种设备；设备还应该摆放得有次序，使儿童能在一个愉快的环境里工作。

二、设立"儿童之家"的意义

蒙台梭利赋予儿童最初几年的生活以极其重要的意义。蒙台梭利教学法在世界范围内的成功深刻地揭示了"儿童之家"在社会发展和儿童发展中的重要意义。

蒙台梭利认为，人一生最重要的生活时期不是大学学习阶段，而是自出生至6岁这个性格形成的重要时期，所有的社会和道德习惯都在幼儿期形成，并且不可能全部根除掉。"儿童之家"的设立具有"纯教育意义"，它根据儿童的年龄特点进行教育，为儿童的自然发展提供了适宜的环境，促进其身心的协调发展。

对于当时学前教育的落后状况蒙台梭利深感不满，认为无论是为学前儿童设立的机构还是家庭，都未能建立真正帮助儿童发展的制度，并且关于帮助儿童发展的观念在社会组织中仍然没有地位。因此，"儿童之家"的设立就具有重要的意义。它的社会意义是通过"楼内学校"的特点表现出来的：教师既是学生的邻居，又是周围人群的"道德女神"；"儿童之家"的设立有助于加强学校与家长的联系，有助于妇女外出工作，使家庭教育向社会化方向迈出第一步。

第三节 蒙台梭利的教育哲学思想

蒙台梭利的教育思想及其方法在世界范围内产生了深远影响，其成效得到广泛赞同，至今仍有着旺盛的生命力。无论是她的儿童观还是教师观，无论是教育观还是教学观，无论是理论层面的思想体系还是应用层面的操作方法，都显现出极大的实效性。这都归因于蒙台梭利独特的、充满人性光辉的教育哲学思想。蒙台梭利根据实际观察和实验研究，以及生物学、遗传学、生理学、生命哲学的理论，形成了自己的教育哲学思想体系和方法体系。

一、儿童是完整的个体

针对以往的教育哲学并不强调童年是一个完整个体、独立个体的局限，蒙台梭利在继承夸美纽斯、卢梭、裴斯泰洛齐、福禄培尔等人强调儿童天赋潜能的基础上，提出让儿童在充满爱与自由的环境下发展潜能的观点。蒙台梭利认为："当一个新的生命诞生时，它自身包含了神秘的主导本能，这将是它的活动、特性和适应环境的源泉。"儿童"存在一种神秘的力量，它给新生儿孤弱的躯体一种活力，使他能够生长，教他说话，进而使他完美"。蒙台梭利认为，儿童身上有一种内在的发展本能，她把这种内在的发展本能对儿童身体和心理发展的促进过程称为"实体化"，儿童这种内在的发展本能"不仅是他身体的发展的营养，而且对各种心理功能的发挥都在起作用"。她还赞美儿童身上的这种内在发展本能，"儿童内含着生机勃勃的冲动力，由此使他产生惊人的举动"。

蒙台梭利认为童年不仅仅是通往成年人的过渡阶段，而且是"人性的二极之一"。她认为："我们不应该将孩子与大人视为人生过程相连接的阶段，而应该视之为人生中两个不同的形态，两者同时进行并且互相影响对方。"儿童依赖成人，反之成人也依赖儿童。成人要为儿童创设充满爱与自由的生长环境，成人要爱儿童，"只有爱的力量才能使成人接近儿童和理解儿童"。

二、儿童是成人之父

蒙台梭利提出："儿童是成人之父。"她认为人一旦获得生命，在人最初创造时所发生的事情，在所有人的身上都会再现出来。之所以提出以儿童为师，那是因为她认为儿童是"被赋予新的活力进入这个世界，这种活力能纠正前辈的错误，并给世界以一丝新的气息"。儿童"自身已携带一种力量，能创造一个比我们所生活的世界更完美的世界"。"我们能在儿童身上发现人的素质，……也能在儿童身上发现种族未来的幸福"。"我们对新生儿的态度不应该是一种怜悯，而应该是对创造的神秘的崇敬"。

蒙台梭利认为儿童不是一个事事依赖成人的呆滞的生命，不是一个需要成人去填充的空容器。而儿童创造了成人，不经历童年，不经过儿童的创造，就不存在成人。蒙台梭利认为儿童是一个工作者，在一定领域成人是儿童的儿子，在另一个领域里，成人是儿童的主人。

由于忽视了成人对儿童的依赖，我们生活中由此产生了许多不快、贪婪与自我破坏，"要想帮助和拯救世界只能依靠儿童，因为儿童是人类的创造者"。她认为"人类渴望解决许多问题，其中最迫切的是追求和平与和谐，其唯一可行的方式，就是将注意力转移到发掘儿童的纯真、儿童成长与建立自我的过程以及建立人性伟大潜能的发展之上"。

三、儿童是爱的源泉

蒙台梭利对儿童的精神世界有着深刻的洞察。她认为儿童的天性是比金子还要宝贵的矿藏。"儿童的心理天性是某种异乎寻常的至今仍未被认识的东西，然而它对于人类却是至关重要的，几千年来一直被忽视。就像人类一直在地球上生息耕作却没有注意到在地球深处埋藏着巨大的宝藏一样，我们今天的人们在文明生活中取得了一个又一个成就，却没有注意到埋藏在幼儿精神世界中的宝藏。""没有儿童对他们的帮助，成人将颓废。如果其余全部价值都得以发展，我们就会取得无法计量的成就……成人为了变得伟大，就必须谦逊，必须向儿童学习。"

蒙台梭利把儿童看成是爱的源泉，把儿童看作成人精神的唤醒者。她甚至认为，单单是为了改造社会，我们也应该多研究儿童。她不止一次地说，成人应当向儿童学习，建立相互尊重的师生关系，建立健康的成人与儿童的关系，甚至对于改造社会，都具有重要意义。

蒙台梭利的教育学说与"儿童之家"的实践，使她在幼儿教育方面成为自福禄培尔时代以来影响最大的一个人，被称为"幼儿园的改革家"。蒙台梭利强调探索儿童的心灵，尊重热爱儿童，重视儿童的早期教育，精心设计各种教具，促使儿童生理和心理的自然发展，她的教育哲学思想是符合现代幼儿发展与教育理论的，具有一定的科学性和合理性。蒙台梭利教育法也成为现代幼儿教育的主要方法之一。但是，她的教育学说中也存在着一些片面的观点，连蒙台梭利本人也明确表示过：她的学说体系还不够完善。

思考与延展

1. 简述蒙台梭利的生平。
2. 列举蒙台梭利的主要著作。
3. 简述蒙台梭利在"儿童之家"的发现。
4. 试述"儿童之家"的经验带给教育界的启示。
5. 试分析蒙台梭利教育思想与方法产生的历史背景。
6. 简述蒙台梭利教育哲学思想的现实意义。

第二章

蒙台梭利教育思想的理论渊源

蒙台梭利教育思想的理论渊源即蒙台梭利的教育思想对世界各国的幼儿教育产生了深刻的影响，促进了现代幼儿教育的改革和发展。蒙台梭利在罗马大学附属精神科诊所担任助理医生时，就曾利用业余时间阅读了一切能够看到的有关智障儿童研究的书籍，其教育思想的形成受到了当时多方面思想的影响：包括哲学、自然科学、教育学等学科的影响，尤其是夸美纽斯、洛克、卢梭、裴斯泰洛奇、福禄培尔等人的儿童本位思想、自然教育与自由教育的思想都是蒙台梭利教育体系的重要来源，为她建立自己的教育理论奠定了思想基础。

第一节 蒙台梭利教育思想的哲学来源

蒙台梭利教育思想的形成受多方面的影响，但根本还是建立在其固有的哲学思想基础之上。蒙台梭利哲学思想的建构既接受了宗教的观点，又吸纳了法国唯心主义哲学家柏格森、英国心理学家麦独孤的哲学与心理学思想，尤其是接受了卢梭的自然教育哲学思想。

一、哲学来源

（一）宗教的影响

蒙台梭利的母亲瑞尼尔·斯托帕尼是虔诚的天主教徒，她博学多识、心地善良，十分重视对蒙台梭利的教育，教育蒙台梭利同情和帮助残疾的、贫穷的、不幸的儿童，为蒙台梭利的世界观奠定了深厚的宗教基础。

蒙台梭利的宗教信仰和人性"善"的观点使她极富爱心，积极投入特殊儿童教育实践中，为特殊儿童教育作出了重大贡献。蒙台梭利从宗教信仰出发，认为自然世界的宇宙万物都是按照上帝所安排的"自然规律"发展变化的，人是自然的一部分，人的意志的发展只能顺从"自然规律"。她指出："人类的一切胜利和进步都有赖于来自内部的力量。"因此，蒙台梭利十分重视宗教教育。宗教思想贯穿于她的整个教育思想体系之中，强调宗教教育是道德教育的基础。她要求每个幼儿教育机关和学校都应举行宗教仪式，向儿童灌输宗教思想。她认为宗教深深植根于人的天性之中，必须通过自由教育扶植人的宗教天性，使其成为虔诚的宗教信仰者。

（二）帕格森的哲学思想影响

亨利·帕格森（Henri Bergson，1859~1941），法国唯心主义哲学家。他的生命哲学对蒙台梭利产生了深刻影响。帕格森认为生物的进化过程就是意志的创造过程，把生命现象神秘化，用"生命冲动"和"创造性进化"的观点代替自然科学的见解,认为生命冲动是唯一的实在,它向上的运动既创造精神也创造生命的形式。在社会问题上,他主张用"个性自由"的"开放社会"来代替"暴力统治"的"封闭社会"。因此,蒙台梭利认为处罚是没有教育意义的,而应以良好的环境和规范的纪律影响幼儿。

(三)自然主义教育哲学的影响

自然主义教育是由捷克教育家夸美纽斯提出的。夸美纽斯受文艺复兴时期的文化影响,继承了人文主义的精神,提出了教育要遵循自然的原则。在夸美纽斯之后,卢梭、裴斯泰洛齐、第斯多惠的教育理论中都有对教育遵循自然原则的解说和阐释。自然主义主张教育要尊重儿童,按儿童身心发展的阶段进行教育,尊重儿童的本性,决不能压抑儿童的自然发展。

卢梭则是主观自然主义的主要代表,他的思想在历史上起了进步的作用,直到今天,卢梭的自然主义教育思想依然具有巨大威力。

受到上述哲学思想的影响,尤其是自然主义教育哲学的影响,蒙台梭利关于幼儿教育的思想越来越清晰。

二、心理学来源

(一)麦独孤的心理学的影响

麦独孤(Mcdogall,1871~1938),英国心理学家,现代心理学流派策动心理学的创始人。他主张人类和动物的行为由内在目的所驱策,把行为的基本动力归之于本能,即"一种遗传的冲动倾向",它"是完整的心理过程,包括感觉受纳(知)、意志行动(行)以及介乎这两者之间的情绪(情)三个层面"。麦独孤重视本能与情绪之间的联系,认为情绪是本能的核心,而情操是改变本能的方式,是持久长存的心理成分,是情绪的最高、最集中的表现,往往在人的行为中起着重大作用。尤其是其中的自我情操,是意志活动的重要因素或决定力量。

(二)沛西·能的心理学的影响

沛西·能(Percy Nunn,1870~1944),英国教育家。其"策动"和"记忆基质"观点对蒙台梭利教育思想有重大影响。所谓"策动",是指有机体在内在驱力的作用下去达到某种目的的活动,其中有意识的策动称为"意动";"记忆基质"是指有机体特有的为特定的刺激所诱发,并以一定方式感知情景的"原始倾向",记忆基质可以使这些倾向留下印记。众多的印记成为"后起倾向"的一部分,对行为的发展造成持久的影响。记忆是精神力量利用身体机制去达到自己目的的一种创造活动。沛西·能指出:"自我表现的每一个行动既是策动的又是记忆性的:从它作为生命本质的保守的或创造性活动这一点来看,它是策动的,从它的形式至少有一部分是有机体个体或种族的历史所形成这一点来看,它是记忆性的。"所以,沛西·能认为,教育应使受教育者在共同生活的范围内有按照自己的道路发展的自由,外来的力量不能干涉而使他不能实现理想,教育在注重社会目标的同时必须充分发展个性,"教育努力的根本目的应该是帮助男女儿童尽其所能达到最高度的个人发展"。

蒙台梭利吸取了麦独孤和沛西·能的策动理论,将儿童的心理发展看成是受本能驱动的并努力实现某种生长目的的过程,强调儿童心理具有创造功能。在上述各种哲学思想的积淀之上,蒙台梭利逐渐形成了自己的教育哲学。

第二节 蒙台梭利教育思想的自然科学来源

蒙台梭利的教育思想有着广泛的自然科学依据。在医疗教育学方面她受法国特殊教育专家及医学家依塔及其弟子塞贡的影响;生物学及自然科学方面,既接受达尔文的生物进化论与孟德尔的遗传学说思想，又深受法国昆虫学家法布尔、生物学家喀需尔及荷兰生物学家德佛里斯的影响。由于蒙台梭利本人就是医生，曾学习过多种自然科学，因此她力图用研究自然的方法研究儿童的教育问题，把人和自然等同起来。

一、胚胎学理论的影响

沃尔夫，德国胚胎学家。他借助当时刚刚发明的显微镜观察了鸡卵中生殖细胞的分裂情况，发现生物的各种器官是逐渐形成的，指出当时在生理学界和哲学界广泛流行的"先成论"是错误的，创立了"渐成论"，并写入他的著作《发生论》。该理论经过另一位科学家冯贝尔的发展，揭示了生命的创造过程，形成了一个科学的新分支——胚胎学。蒙台梭利深受沃尔夫理论的影响，在她的著作《童年的秘密》《吸收性心智》中，详细介绍了沃尔夫的学说。她从胚胎的发展必定遵循一定规律，不为人的意志所左右的现象，看到"每个受精细胞本身包含了整个有机体的进程"，具有本身固有的"心理本能"。蒙台梭利认为："当一个新生命诞生时，它自身包含了神秘的主导本能，这将是它的活动、特性和适应环境的源泉。"

道格拉斯，英国胚胎学家。他根据观察，认为生命之初所有的细胞都是相同的，当器官出现时产生了"专业化"，即细胞产生了变化，不同器官由不同的细胞发育而成。因此，蒙台梭利认为"每个器官可以独立于其他器官而发展"，而儿童心理的形成要依赖于相应的"心理器官"，儿童心理和能力的各个方面也是各自独立发展的。

二、进化论的影响

达尔文等人根据胚胎学和遗传学研究的结果，发现在胚胎发展的过程中，高等动物也要经历一些和低等动物相同的阶段，只不过低等动物停留在较低级的阶段，而高等动物继续发展而已。这个结论成为达尔文进化论最有说服力的证据，据此，达尔文提出了著名的"生物的缓慢适应性演化"的假说。

蒙台梭利对达尔文的进化论进行了系统的研究，并阅读了孟德尔等生物进化论的著作，在研究中试图以生物学的本能论解释人的发展。蒙台梭利的传记作者斯坦丁曾指出："蒙台梭利体系与生物学之间有密切的关系。"

三、德佛里斯的遗传学理论

德佛里斯，荷兰植物学家、遗传学家。他观察了所有由相同的亲代种类发育而成的植物的各种不同变化，发现在没有任何影响的情况下，植物的变化要归因于外部环境的影响；如果这些变化的原因不能从环境中找到，就只能存在于胚体内部的活动了。这一新的观点为进一步的实验提供了新的思想基础，由此理论支持的实验取得了重大的进展，人们通过对基因的干预改变了植物的遗传，进而改变了动物的遗传。

德佛里斯在继续进行研究时又从一些动物身上得到一个重要的发现——敏感期。例如，在蝴蝶的生长过程中，当它还是幼虫的时期，对光有很强的敏感性，这种敏感性引导它们爬向树梢，吃到鲜嫩的树叶而得以存活；一旦它的敏感期过去，对光就再也不感兴趣了。再例如，蜜蜂在还是幼虫的时候，每个雌幼虫都可能因吃了工蜂准备的特殊的食品而发育成蜂皇，但她达到一定年岁后，即使再吃这种特殊食品，也不会发育成为蜂皇了，这一切皆因为她错过了发育的敏感期。

德佛里斯生动的例子为蒙台梭利提供了推理的证据。1917年，蒙台梭利接受了德佛里斯的建议，提出了与他的理论看起来相似的儿童发展敏感期理论：生物的发展存在敏感期，"这种敏感期是生物在其早期仍处于个体发育过程中获得的。它是一种暂时的倾向，限于获得一种特殊的品质。一旦这种品质或特性获得之后，这种特殊的敏感就消失了"。基于这种观点，蒙台梭利认为儿童的发展也同样存在敏感期，在敏感期里儿童对特定的事物能较好地接受，当儿童能把握这一特定事物后就会对它产生"疲劳和麻木"，然后再产生对另一特定事物的敏感。蒙台梭利将这种情景形容为"当一种精神的激情耗竭之后，另一种激情又被激起"，并由此奠定她的"敏感期"理论的基础。

四、医疗教育学来源

伊塔，法国医生。他倾心研究耳病，从事听力缺陷儿童的听觉康复工作，是耳病学的奠基人。伊塔曾在巴黎的一所聋哑学校进行实验，尝试进行系统的听觉训练，成功地使听觉有一定障碍的人恢复了听力，还把听觉治疗中已经产生效果的教育方法推广到所有的感官上。伊塔曾用8年的时间专门研究被称为阿维龙野孩（Wild Boy of Aveyron）的白痴儿童，当这个孩子被人从野外发现后，伊塔不相信这个孩子已经无法教育的说法，开始实施自己的教育计划，并因此获得成功，为自己赢得了荣誉。伊塔认为，"在教育中的观察就像医疗中的诊治一样有效，而人的发展依赖于感官的活动"，并在心理不健全人的治疗中验证自己的观点。

爱德华·塞贡是伊塔的学生，他吸取了伊塔的经验，认为心理不健全与其说是医学上的问题，不如说是教育上的问题。塞贡在巴黎的一所小学里进行了长达10年的教育治疗实验，这所学校的学生都来自各个精神病院，有各种各样的智力缺陷。塞贡在分析每一名儿童的生理问题的基础上，对他们实施感官训练，使他们具有和正常人一样的社会生活能力。塞贡在长期的实践中应用、改进和完善了伊塔的教育方法，于1846年出版了《白痴的精神医疗、卫生和教育》一书，形成了较为完善的方法体系。后来塞贡移居美国，创办了多所缺陷儿童治疗机构，经过20年的经验积累，于1966年在美国将其著作修订再版，并开始将其方法界定为"生理治疗法"，这标志着此方法已不再只适用于缺陷儿童。

蒙台梭利在作为罗马大学附属精神病诊所的助理医生时就开始熟悉、研究塞贡的教育方法，并加以推广，检验这种"教育治疗"的效果。在她重回罗马大学学习期间，翻译了塞贡的美国版著作，更加深入理解了塞贡的方法。在此基础上，蒙台梭利将塞贡的方法运用于罗马的国立特殊儿童学校和医疗教育学院，在那里观察、教育低能儿并培训专门教师。在考察了从伦敦、巴黎到德国以至整个欧洲的低能儿教育状况后，蒙台梭利制作了一整套教具，对有缺陷的儿童和正常的儿童进行感官训练，并逐渐将儿童从感觉训练引向概念形成。由此，形成了她教育的重要特色。

第三节　蒙台梭利教育思想的教育学来源
——夸美纽斯的教育思想

夸美纽斯（Johann Amos Comenius，1592~1670），捷克著名教育理论家和实践家，资产阶级教育理论的奠基者之一。夸美纽斯吸收了欧洲文艺复兴以来人文主义教育成果，反映新兴资产阶级的教育要求，总结自己长期的教育理论与教育实践，全面系统地论述了资产阶级教育问题，奠定了欧洲近代资产阶级教育理论的基础。夸美纽斯被教育史学家誉为"教育科学的真正奠基人"和"教育史上的哥白尼"。

一、论教育的目的和作用

夸美纽斯高度肯定了教育在社会发展和个人发展中的重大作用。他认为：教育的终极目的是为永生做准备；教育的直接目的是为现实的人生服务，培养具有"学问、德行和虔信"的人。夸美纽斯关于教育目的的论述既以传统的神学目的论为依据，又接受了文艺复兴以来人文主义和新教派对于人生的积极乐观态度。

（一）教育对社会发展的作用

夸美纽斯反复强调教育对于开发自然资源、发展生产、增进人类幸福和加强国家实力的作用。在《论天赋人才的培养》一文中指出：有教养的民族"会很好地利用世界上的自然力量和地下的矿藏"来造福人类，"不会让一寸土地荒芜，不让一点点物质白费掉"，会把土地耕种得"像在天堂"里那样好，并能应付不测；而在没有教养的人那里"是不存在什么对生活、健康、安全的合理照顾的，生活是得过且过，活一天算一天，在他们那儿一切都是偶然的，不经思索的"，甚至连"最好的气候、最肥沃的土地、最适于航行的河道"都不会利用。在《大教学论》的最后一章中，他也详细地讨论了合理的教育和人才培养与经济建设、国防建设的关系问题，强调在教育方面"不可吝啬费用"。夸美纽斯把教育当作"人类得救"的主要手段，夸大了教育的作用，是唯心主义的。但是，他强调教育对于改造社会、建设国家的意义，这是值得肯定的。

（二）教育对人的发展的作用

在夸美纽斯看来，人都是有一定的天赋的，人的本质是善良的，所有的人都是"上帝的爱物"。他们后天的发展如何，关键在于教育。他说，每一个人一旦降生，就都"有生活、有动作、有智力的基础"。如果青年人在品德上出现什么毛病，但"只要没有完全毁坏，每一个人都是可以成为一个人的"；如果体力不强，是"可以用散步、奔跑和人为的运动的方式去恢复它的天然的精力的"；只要接受合理的教育，任何人的智力都是能够得到发展的。夸美纽斯特别反对借口"智力迟钝"而拒绝教育儿童。他得出结论说："假如要去形成一个人，那便必须由教育去形成""只有受过一种合适的教育之后，人才能成为一个人"。《大教学论》的第一句话"把一切事物教给一切人类的全部艺术"开宗明义地说明此书的宗旨，就是要阐明教育对人的发展的作用。

（三）重视智育

夸美纽斯重视德行和虔信，同时也重视"博学"。在他看来，人首先应该变成"理智的动物"，然后才能成为有德行、有信仰的人，人"永生的预备"的第一阶段就是"知道自己（并知万物）"，智育对他来说是"德行"和"虔信"的基础。夸美纽斯认为，人的认识能力是巨大的："人心的能量是无限的，它的知觉的进程像个无底的深渊。""它上天入地，无所不去。"他把人脑称为"思想的工厂"，将它比作能够接受玺印，能够做出小的形象的蜡，它"能接受万物的影像，能够接纳整个宇宙中的一切事物"。他一方面强调授予学生广泛的知识（"博学""泛智"或"周全的教育"），另一方面要求发展学生的能力。

二、论教育适应自然的原则

"教育适应自然"的原则是夸美纽斯整个教育思想体系的根本性指导原则，贯穿于他的教育巨著《大教学论》的始终。

（一）教育适应自然法则

所谓教育适应自然，就是教育必须遵循自然界的普遍规律。在夸美纽斯看来，自然界存在一种"秩序"即普遍规律，人是自然的一部分，因而人类的教育活动必须与自然界的普遍规律相适应。他认为旧学校的根本错误是违背了"自然"。他指出"学校改良的基础应当是一切事物里面的恰切的秩序"，强调"教导的恰切的秩序应当从自然去借来"，确认"秩序是把一切事物教给一切人们的教学艺术的主导原则"。夸美纽斯在《大教学论》中列举了大量自然现象来论证自己的每一个教育主张。例如，在"自然遵守合适的时机"的原则下，他借用鸟儿选择春天繁殖，园丁选择春天种植，它（他）们的活动都选择合适的时机，借以批评经院主义教育没有选择运用心理的恰当时机，指出人类的教育所遵循的自然秩序，应当"从人生的青春"即儿童时期开始，这是最恰当的时机。

（二）教育适应儿童的天性、年龄特征

1. 教育以及儿童的天性

依据人的自然本性和身心发展规律进行教育，是夸美纽斯自然适应性原则的另一重要内容。他说："一切生存的事物都有它的生存的目的，都具有达到那个目的的器官与工具。并且它还具有一定的倾向，以期凡事不会不愿地、勉强地去达成它的目的，而能凭借自然的本能……这样迅捷地、愉快地去做成。"按照夸美纽斯的看法，人生的目的就是要成为"理性的动物""一切造物中的主宰"和"造物主的形象和爱物"。根据夸美纽斯的意见，人的头脑、心智和人体的各种感官就是达到人生目的的器官与工具，而"求知的欲望""能够忍受劳苦""爱好劳苦"就是人的天然倾向。夸美纽斯认为，以上这些就是人区别于其他宇宙万物的地方，人类这样的自然本性就应该成为安排教育工作的出发点。

在《大教学论》和《母育学校》中,他详细地研究了儿童身体发育成长的过程及条件。夸美纽斯还提出了"健康的精神决定于健康的身体"的思想。

2. 教育依据儿童的年龄特征

夸美纽斯把人的心理比作一颗种子或一粒谷米,必须通过遵循自然的教育来加以发展。他对人类认识客观自然的心理过程作了一个粗略的描述:感觉是人们认识的基础和起点,人们通过感官而获得体外的感觉,留下事物的影像即"体内的感觉"。感觉可以将事物的影像收藏在自己的脑里,又能使它们在脑中重现,以便进行推理和判断。他认为,教学的安排必须符合这个自然的心理过程:"凡事都要跟随自然的领导,要去观察能力发展的次第,要使我们的方法依据这种顺序的原则。"除此以外,夸美纽斯在论述教育适应自然的原则时,还提到教育应该符合儿童的年龄特征和个性差异的问题。他指出,"自始至终,要按学生的年龄及其已有的知识,循序渐进地进行教导。"要注意学生的个性特点,"教师是自然的仆人,不是自然的主宰;他的责任在于培植,不在变换……假如他发现了某门科目对于某个学生的个性是不相合的,他就决不应该强迫他去学习",要让每个人都"顺着他的天生的倾向去发展"。

三、论普及教育和统一学制

(一)"泛智教育"

夸美纽斯提出了"泛智教育"思想,认为学校教育的基本功能应当是给人以广泛的知识教育,教育应当"把一切事物教给一切人"。

"泛智"思想是夸美纽斯教育体系又一指导原则,也是其教育理论的核心,是他从事教育实践和研究教育理论的出发点和归宿点。夸美纽斯解释"泛智",就是"把一切事物教给一切人"。它包含两个方面内容。一是教育内容泛智化,夸美纽斯对几乎以《圣经》为唯一教育内容的旧教育极为不满,指出在那些学校学习的学生都没有受到周全的教育。他认为人们所接受的教育应当是周全的,要"学会一切现世与来生所必需的事项",即百科全书式的知识,从而"懂得科学,纯于德行,习于虔敬"。二是教育对象普及化,夸美纽斯指责当时的学校只是为富人、贵人设立的,穷人、贱人被排斥在校门之外。他要求学校向全体人们敞开大门,不论富贵贫贱,一切男女青年都应进学校。他曾说:"我们应该模仿天上的太阳,它把光、暖与生气给予整个的世界……"他要求在每个城市和村庄都建立起国语学校,让全体男女青年不分富贵贫贱毫无例外地都能"达到一个境地,在合适地吸取了智慧、德行与虔信之后,能够有益地利用现世的人生,并且适当地预备未来的人生"。他愤怒地指责当时的学校只为富人而设,并且无限感慨地说:"穷人们除了有机遇,比如有人怜惜他们以外,他们是不能够进学校的。在那些被摒于学校以外的人们里面,也许就有极优秀的才智之士,他们这样被糟蹋、被埋没,真是教会与国家的大损失。"

以"泛智教育"思想为基础,夸美纽斯提出了普及教育的主张:论述了普及教育的必要性,认为人应该成为理性的动物;论述了普及教育的可能性,认为一切人都能接受共同的教育;论述了普及教育的主要场所,应该设在公立的初等学校里,这是因为处理共同的事务,需要适当的制度。

(二)统一学制

为了使国家便于管理全国的学校,为了使所有的儿童都有上学的机会,夸美纽斯主张建立全国统一的学制。夸美纽斯所设计的学校制度体系,明显地反映了儿童身心发展特点,他把儿童从出生到青年分为四个阶段,每个阶段六年,设有与之相适应的学校:

第一阶段:0~6岁——婴儿期——母育学校
第二阶段:6~12岁——儿童期——国语学校
第三阶段:12~18岁——少年期——拉丁语学校
第四阶段:18~24岁——青年期——大学与旅行

夸美纽斯认为:"这些不同的学校不是要去研究不同的科目,乃是要用不同的方法研究同样的科目,教导可以产生一切真人、真基督教徒和真学者的事项;自始至终要按学生的年龄及其已有的知识循序渐进地进行教导。"

1. 母育学校

每个家庭应当是一所母育学校,母亲是主要的教师。母育学校的主要任务是保护和发展幼儿的身体健康，给予初步的知识的、道德的和宗教的教育，为培养身心和谐发展的人打下基础。夸美纽斯十分重视体育，坚信身体是精神的基础。他说，最重要的是父母应首先注意保持其子女的健康，因为除非他们生气勃勃而有力，否则就不能成功地把他们培养起来。

在泛智思想的指导下，夸美纽斯为母育学校拟订了一个范围极为广泛的课程计划。他要求用适当的方法教给儿童物理学、光学、天文学、地理学、年代学、历史学、算术、静力学、机械学、辩证法、文法学、修辞学、诗词、音乐、经济学、政治学、道德学、宗教与信仰等各种学科的基础知识。

夸美纽斯把学前教育正式列入教育系统并且主张在家庭普遍实施，引起了后来教育家们对幼儿教育的重视。夸美纽斯曾提出过很多重要的儿童教育思想，并且还专门为儿童著有《世界图解》——历史上最早的儿童看图识字的启蒙读本，以及历史上第一部儿童教育专著——《母育学校》。

2. 国语学校

每个村落都应设立国语学校，一切男女儿童都应进国语学校。国语学校使用祖国语言进行教学，儿童入学先学本国语言，再学拉丁语言。教学科目除传统的读、写、算外，还有各种科学知识、伦理道德、宗教信仰等方面的内容，其范围之广与母育学校相同。总之，国语学校的课程应是终生有用的事物。夸美纽斯还提出要学习手工艺的最重要的原理，为以后从事劳动打下基础。在他看来，国语学校应为升学和就业两个方面做好准备。

3. 拉丁语学校

在每一个城市里应设立拉丁语学校（又称高等学校）。在这种学校里，学生应当学习本国语、拉丁语、希腊语、希伯来语四种语言，还要掌握百科全书式的知识，即传统的"七艺"，以及物理学（包括地质学、动物学、植物学、矿物学、医学、农学及其他技艺）、地理学、年代学、历史学、伦理道德和神学等。夸美纽斯把以上各门学科分配在六个年级里，每年以一种相应的学科为主，并以这种学科作为这个年级的名称，如一年级为文法班，学习四种语言和圣经史；二年级为自然哲学班，学习自然科学和自然科学史。

4. 大学和旅行

在每个王国或每个省都应设立一所大学。大学是最高学府，也是最后的教育阶段。进大学要经过严格的考核，只有经过选择的智者，人类中的精英，才能去接受最完备的教育。大学设神学、哲学、法学、医学四科。大学的课程极为广博，对于人类知识的每一部门的研究，都应有所准备。在学习方法上，夸美纽斯强调多采用辩论法。他认为大学生通过听讲和辩论才能对本专业的知识懂得更为透彻，表达得通畅流利。青年在大学学习六年，最后应以旅行结束自己的学业。

四、论教学原则

夸美纽斯认为要把教学提高到科学水平，就应当追随自然规律，他根据自然"秩序"，对新学校的教学提出五条原则：延长生命的原则；精简科目，使知识能够更快地获得的原则；抓住机会，使知识可以获得的原则；开发心智，使知识容易获得的原则；把判断力弄敏锐，使知识能够彻底地获得的原则。夸美纽斯对这些原则进行了详尽论述，虽然内容过于庞杂、烦琐，但在一定程度上反映了教学规律。他的教学原则归纳起来大概有以下四方面。

（一）直观性原则

夸美纽斯在感觉论的基础上论证了直观教学的必要性，要求"在可能的范围以内，一切事物都应尽量放到感官跟前"。

夸美纽斯之所以特别重视直观性原则，除了认为直观是一切知识的起点外，还因为直观所提供的知识更具有真实性与准确性，更容易记忆，更能引导学生用自己的眼睛去看，用自己的头脑去想，而不是盲目依赖于权威。

直观教学应从观察实际事物开始，在不能进行直接观察时则利用图片或模型。自然科学知识的教学则应多采用参观、实验。他还指出，教室应布满图画，教科书要配有生动的插图。此外，他论述了直观教学的具体规则，如距离要合理，观察的顺序应是先整体后细节等等。

(二)循序渐进原则

夸美纽斯主张要合理安排教学科目的顺序，做到由近及远、由易到难、由简到繁、由已知到未知、由具体到抽象，同时也要适合儿童的年龄特征。

夸美纽斯以"自然不性急，它只慢慢地前进"为依据，要求教学工作要依据儿童的年龄特点和理解能力，循序渐进地进行。教材的难易要符合儿童的理解能力，分量要适当。他认为："无论什么事情，除非不仅是青年人的年岁与心理的力量所许可，而且真是他们所要求的，便都不可教给他们。"循序渐进是与系统性紧密联系的。他认为教学必须按照一定的秩序和阶段逐渐发展，给予学生系统知识，他要求"务使先学的能为后学的扫清道路"。

(三)巩固性原则

夸美纽斯强调学生要在理解的基础上掌握知识，并将所学的知识加以练习和运用。

夸美纽斯指责当时学校没有给学生以巩固的知识，使之获得"彻底的教育"。他认为，出现这种情况有两个原因：一是学校专教无意义的、不重要的功课；二是学生所学的知识没有在头脑中固定下来，犹如连续不断地向筛子上泼水，最后仍然是一无所得。夸美纽斯强调，为了使学生真正掌握知识，首先应教给学生真正有用的科目，有价值的知识；其次要循序渐进，真正打好基础。他说："自然把根底打得很深。"依据这个原则，"一切先学的功课都应该成为一切后学的功课的基础，这种基础是绝对必须彻底地打定的。因为只有彻底懂得，并且记忆了的东西才能看作心理的财产"。夸美纽斯高度评价记忆在巩固知识中的作用。他借用昆体良的话说："知识的获得凭靠记忆。假如我们忘记了所听所谈的，教导便没有用处。"他认为，记忆靠练习，因而自幼就应练习记忆，在教学过程中应有适当的反复与练习，不断巩固知识。

(四)主动性与自觉性原则

夸美纽斯主张"应该用一切可能的方式把孩子们的求知与求学的欲望激发起来"，提高学生学习的主动性与自觉性，求知的欲望是人的天然倾向，是人的自然本性。

关于如何激发儿童的求知欲，夸美纽斯认为：第一，在传授知识之前，父母、教师、学校和国家必须采取一切可能的方式激发孩子们的求知欲，引导他们自觉自愿地学习。例如，父母当着孩子的面"揄扬学问与具有学问的人们，或是许给他们美丽的书本和衣服"，鼓励他们去用功；教师可用温和的、循循善诱的语言，仁慈的感情去吸引学生，以时时表扬用功的学生的方法，去激发他们向往学习；学校则应当用光亮清洁的课室，饰以伟人照片、历史图表以及图画的墙壁，可供游戏和散步的空地，赏心悦目的花园等快意、幽美的环境，去激励孩子们爱好知识的心思。第二，教给学生能够理解的知识，并向学生说明学习这些知识的益处，是激发他们自觉主动学习的基础。他说："所教科目的本身如果合于学生的年龄，解释得清清楚楚，它们对于青年人是有吸引力的；假如解释是出于幽默的，至少是比较不甚严肃的语调，那更尤其是如此。"

夸美纽斯的教育理论，无论是在其哲学、政治思想中，还是在他的教育思想中都是充满着矛盾的。唯物主义的感觉论、人道主义和民主主义思想赋予他的教育体系一些崭新的进步的内容，并使他在与经院主义教育的斗争中获得了很大的成就；而宗教神学世界观又使他的教育体系仍旧保留了一部分中世纪的思想糟粕和唯心主义的论证形式，使它带着浓厚的神秘主义色彩。其主要著作有《母育学校》《语言学入门》《大教学论》等。

五、蒙台梭利与夸美纽斯

蒙台梭利与夸美纽斯生活的时代虽然相隔了两个多世纪，但是他们在对儿童教育中的思想却有很多相似之处。上述夸美纽斯教育理论所折射出的儿童观，以及对学前教育的重视，乃至于他提出的学前教育的方法，既是蒙台梭利教育学说的思想渊源，也在某种意义上构成了其儿童观及教育学说的理论基础。

蒙台梭利与夸美纽斯深受宗教影响，他们的教育思想都有着宗教的痕迹，带有唯心主义的色彩。夸美纽斯关于教育对国家、社会及个体的作用的理论，在蒙台梭利关于教育目的与功能的思想中也能找到影子。

蒙台梭利与夸美纽斯所生活的时代都忽视甚至蔑视儿童，父母根本不顾及儿童的教育，并且社会普遍认为儿童是依附于成人而存在，儿童根本没有独立的人格，教育应以成人为中心。两位教育家都对这些现象进行了激烈的批判。他们都主张充分尊重儿童，夸美纽斯在中世纪末期提出这样的观点，具有划时代意义。

蒙台梭利继承了夸美纽斯的思想，甚至提出成人要以儿童为师。他们都认为儿童自身蕴藏着巨大的发展潜能，儿童的发展是内发的，儿童身上有一种内在的发展本能，教育应顺应儿童内部的自然发展规律，不是从外部把东西灌输给儿童，教师的教育并非是教师教的过程，而应是促进儿童本能自然发展的过程。

夸美纽斯和蒙台梭利都强调早期教育的重要性。夸美纽斯说：人在其身心最早阶段形成什么样子，其终身就是那样。蒙台梭利也非常强调早期教育的重大意义，她认为儿童具有巨大的精神潜能，儿童期的教育对个体一生的发展具有重大的影响。

夸美纽斯提出的教学原则具有广泛的指导意义，对蒙台梭利也产生了极大影响，从蒙台梭利的方法与教具的具体使用，就反映出对巩固性原则、循序渐进原则、直观性原则、主动性与自觉性原则的自觉运用。

第四节 蒙台梭利教育思想的教育学来源
——卢梭的教育思想

让·雅克·卢梭（Jean Jacques Rousseau，1712~1778）是18世纪法国启蒙运动的著名思想家、哲学家、教育思想家、反封建的勇猛战士，是自然教育思想的代表人物。他的政治观点对后来的法国革命产生了很大影响。他的教育思想独特而自由，不但对后来的教育学说产生了深远的影响，而且其民主自由的思想也成为法国大革命的动力。卢梭以他的《爱弥儿》在教育上掀起了一场哥白尼式的革命，他的主张被视为新旧教育的分水岭。

一、自然主义教育观

（一）自然教育的基本含义

1. 人性论

文艺复兴时期，卢梭从尊重人性的角度出发，对中世纪教会遗留的"性恶论"进行了无情的批评。他认为人性本善，在《爱弥儿》中开篇就指出："出自造物主之手的东西，都是好的，而一到了人的手里，就全变坏了。""偏见、权威、需要、先例以及压在我们身上的一切社会制度，都将扼杀他的天性，而不会给他添加什么东西。"

卢梭认为人的善良天性由自由、理性和良心构成。自由是人具有的最可贵的天性，人一生的活动都要受到自由天性的支配；人天性中的"恶"是后天所致，为了保持善的本性，又不能放任本性的自由发展，以避免其受到"恶"的浸染，为此需要理性的参与，按照理性的指导去行动，引导自由循着善的方向发展。理性又常常受到欲望和私利的干预，因而人又需要良心。良心使人爱善憎恶，使人更加趋向于善的发展。在自由、理性和良心三者关系上，良心统领理性，理性指导自由，从而形成人善良的天性。

2. 教育观

卢梭认为应该让受教育者自身的本能自由地发展，教育只不过为这种发展提供条件。卢梭自然主义教育的核心是"归于自然"（back to nature）。"自然的状态"在卢梭关于人类不平等和国家的起源学说中固然是指人类的史前时代，但在教育上更侧重指人性中的原始倾向和天生的能力。它与人类的"自然状态"又是紧密联系在一起的：善良的人性存在于纯洁的自然状态之中，只因社会的文明特别是城市的文明使人性扭曲、罪恶丛生。因此，只有"归于自然"的教育，远离喧嚣城市社会的教育，才有利于保持人的善良天性。因此，15岁之前的教育必须在远离城市的农村中进行。

卢梭还从儿童所受的多方面的影响来论证教育必须"归于自然"。他说，每个人都是由自然的教育、事物的教育、人为的教育三者培养起来的。只有这三种教育圆满地结合才能达到预期的目的。但是，人力不能控制自然的教育，所以无法使自然的教育向事物的教育和人为的教育靠拢，只能是后两者向自然的教育趋于一致，才能实现三种教育的良好结合。因此，教育"归于自然"，即以自然的教育为基准才是良好有效的教育。

要求教育遵循自然天性,也就是要求儿童在自身的教育和成长中取得主动地位,无须成人的灌输、压制、强迫,教师只需创造学习的环境、防范不良的影响。教师的作用不是积极的,而是消极的。所以,卢梭也常提及"消极教育"。

自然的教育主要是针对富人的。原因在于穷人所处的环境特别是农村环境已经十分接近自然,而且他们被迫只能接受这种自然的教育,不可能得到其他教育。而富人从他的环境中所接受的教育对他们是最不适合的,对他本人和对社会都是不相宜的。因此,卢梭认为针对富人子弟的自然教育十分重要。

(二)自然教育的培养目标

卢梭在《爱弥儿》中表示,自然教育的最终培养目标是"自然人"。按照他的论述,"自然人"这个概念是相对于"公民""国民"等概念来说的。卢梭认为,由于自然状态与专制制度的对立,所以培养"自然人"与培养公民是两个相互对立的目的,因此,不可能同时教育成这两种人。卢梭选择"自然人"而不是公民作为培养的目标,显然是由于他的人性论、社会发展观特别是他对封建制度的批判。他不无蔑视地说当时法国的专制国家已经不像是真正的国家,而在没有国家的地方是不会有公民的,更不用说什么培养"公民"了。"公民"与"自然人"的对立主要表现在以下四个方面。

第一,自然人是能独立自主的人,他能独自体现出自己的价值。公民的一切依赖于专制社会,失去了自身的独特价值;由于天性的发展受到压制,因而自然教育无法、也不应当以培养这样的公民为职责。

第二,在自然的秩序中,所有的人都是平等的;而在社会之中,公民是有等级的。"归于自然"的教育当然不应培养等级的人,不应造就王公贵族或奴隶。他警告说,社会正处于难以预测的变迁的前夜,身份和地位是靠不住的,皇冠可能落地,爵位可能丧失。只有自然人无须为此烦恼,更无须为坚持地位和身份而施展阴谋诡计。

第三,自然人又是自由的人,他是无所不宜、无所不能的,而国家公民在社会中常常是某种专业化的职业人,他被囿于他的职业而失去自由。人生变化无常,一旦失去他的职业,他便无法谋生,不能独立了,自然人的器官和才能都能很好地得到发展,他虽无专长,却善于获得知识,虽无固定职业但什么都极易学会。他首先是人:一个人应该怎样做人,他就知道怎样做人。

第四,自然人还是自食其力的人,他靠自己的劳动所得为生。这也与现行教育培养出一批靠他人劳动为生的人绝对不同,那样的人无异于豺狼和拦路打劫的强盗。自食其力便无须依赖他人为生,这是独立自由的可靠保证。

(三)人的发展观

卢梭认为:基于自然的要求,所有人都是平等的,无论人处在什么样的地位,也无论他的财产、等级、身份,在自然界都是相等的,这是人和自然界发展的共同法则。因此,卢梭主张教育要顺应自然,沿着自然的指引前进。这里的自然是指人的本性,是人的发展的"原始倾向"和"内在的自然"。

所以,卢梭认为对儿童的教育要遵循儿童的身心的自然发展需要和顺序,尽量摆脱一切人为的束缚,在自然的条件下让儿童自由发展,成为身心真正自由的人。

1. 正确对待儿童

卢梭对于当时的父母和教师们向儿童强迫灌输旧的道德和知识、摧残儿童天性的做法进行了猛烈抨击。他说,野蛮的教育为了不可靠的将来而牺牲现在,使孩子受到了各种各样的束缚,以致孩子们本应欢乐的时光却是在哭泣、惩罚、恐吓和奴役中度过。他指出,这种教育将造就一些年纪轻轻的博士和老态龙钟的儿童,这样的人缺乏分辨善恶的能力,缺乏实用的知识,甚至固执、偏见、嫉妒和虚伪等恶习充满他的头脑。这种"文明人"只能是一生束缚于旧制度之下的"公民"。

卢梭认为产生这些恶果的原因,从教育上看就在于没有正确认识儿童。他指出,我们对儿童是一点也不理解的,而且关于儿童的概念也是错的,所以越走越步入歧途。所谓明智的人致力于研究成年人应该知道什么,可是却不考虑孩子们按其能力可以学到些什么,他们总是把小孩子当大人看待,而不想一想他们还没有成人。儿童有他特有的看法、想法和感情,用成年人的思想去代替儿童的思想和感情,是最愚蠢的事情,是把教育引入歧途的重要原因。因此,新的教育即自然的教育的一个必要前提就是要改变对儿童的看法。他提出:在万物的秩序中,人类有他的地位;在人类的秩序中,儿童有他的地位;应当把成年人看作成人，把孩子看作孩子。他呼吁人们既不要把儿童当成待管教的奴仆，也不能把他作为成人的玩物。

2. 给儿童以充分的自由

卢梭反对在儿童的心灵成熟之前就向他们灌输种种本是要求于成人的东西，以免摧残儿童的心灵。他提出，取代这种"积极"教育的只能是遵循自然天性的教育。这是卢梭自然主义教育的基本思想。他说，我们总的原则就是在任何事情上都让大自然按它最喜欢的办法去照顾孩子，成人不必干预，教育只需遵循自然，沿着它指出的道路前进。

成人的不干预、不灌输、不压制和让儿童遵循自然规律性发展，就是所谓"消极教育"，但消极教育并非无所作为，还有两件事要做：一是观察自由活动的儿童，了解他的自然倾向和特点；二是防范来自外界的不良影响。卢梭解释"消极教育"时说：最初几年的教育应当纯粹是消极的，它不在于教学生以道德和真理，而在于防止他的心沾染罪恶，防止他的思想产生谬见。开头什么也不教，结果反而会创造教育奇迹。他甚至把这种做法看成最重要的和最有用的教育法则，认为童年时期看起来是牺牲了一些时间，但到孩子长大的时候会加倍地收回来。

要贯彻遵循自然的消极教育，必然就要给予儿童以充分的自由，不压制、不强迫、不灌输，否则就不可能进行。所谓"消极教育"，实际上就是与传统的教育相反，使成人、教师在教育中的中心位置让位于儿童的自主发展；儿童不再是被动受教，教师也不再是主宰一切。可见，卢梭的这一"归于自然"的主张确实是教育史上的哥白尼式的革命，它带来了儿童观、教育观的翻天覆地的变化。

二、各阶段的教育内容与方法

卢梭认为：人生的每一阶段都有它适当的完善程度，都有它特有的成熟期。这是自然的安排。如果我们打乱了这个秩序，就会造成一些早熟的果实，它们长得既不丰满也不甜美，而且很快就会腐烂。卢梭根据自己对儿童的观察和研究，设想了教育的四个阶段。

（一）婴儿期的教育（0~2岁）

卢梭把出生后的两年划为成长和教育的第一阶段。他说，在这个阶段中儿童明显的特征是不会说话，并且由于刚刚来到人世，体弱无能，虽能活动，有感觉，但不成熟，更没有思考能力。因此，这一时期应以身体的养育和锻炼为主。他认为，良好的体质是智力发展的基础；反之，虚弱的身体使精神也跟着衰弱。

卢梭认为身体保育的一切措施都要合乎自然，要给孩子活动的自由。他还强烈谴责当时流行的把婴儿用襁褓紧紧裹住的做法是"荒谬的习惯"，认为这样会阻碍血液和体液的流通，妨碍孩子增强体力和成长，损伤他的体质，甚至还会损害儿童的性格和脾气。因为他出生后的第一个感觉就是被束缚的痛苦。他还认为：人的教育在他出生时就开始了，在能够说话和听别人说话以前，他就已经受到教育了。这种教育是他天生感觉到的，如大小、冷热、轻重、软硬等等，因此，只有给他充分的自由，他才能更好地积累感觉经验。卢梭强调，只要注意到不让孩子有跌倒的危险，不让他们的手接触一切可以伤害他们的东西，我们就应该让他们的身体和四肢绝对自由。

针对封建专制盘踞的城市，卢梭认为城市是坑害人类的深渊，他不仅主张把婴儿送往乡村，而且主张妇女到乡村分娩，自己哺乳孩子。这样，妇女可以住在一个更自然的环境里，尽自然的责任，也就能获得极大的快乐。家庭教师也必须随儿童到乡村去，并且由受过良好教育、不重金钱名利的尽可能年轻的人从事这一职业，以便更好地成为孩子的伙伴和知心人。问题的重要性不在于要他拿什么东西去教育孩子，而是要他知道孩子怎样做人。他的责任不是教给孩子们行为准绳，而是促使他们去发现这些准绳。鉴于这一点，也由于婴儿的发音器官还未充分发育，卢梭批评了在教儿童说话方面操之过急的习惯做法。

（二）儿童期的教育（2~12岁）

卢梭认为儿童期从会说话开始。由于有了语言，哭的表现比过去减少；由于他们体力增长，可以更多地依靠自己并能意识到自己。在第二阶段，儿童开始了他个人的生活。但是，由于在人的身上理智的发育最迟，而首先趋向成熟的是感官，所以这一时期应该首先锻炼的是感官并继续发展身体，以便日后发展他的智慧。

另一方面，卢梭也承认，长到12岁的孩子没有一点是非观念是不可能的，而且他们并不是一点理解力也没有（尤其对那些眼前可以感觉到的与利益有关的事），所以卢梭又同意这一时期的儿童应掌握一些道德观念，不过这些观念的教育应当在尽可能晚一些的时候、联系具体事例进行。在方法上要行动多于语言教训，才容易为儿童所接受。语言教训会养成儿童听命于大人指挥的习性，反而有害于他的思考力。他认为，如果常常用成人的头脑去指挥儿童的手，那么儿童自己的头脑就会变得没有用处。最好是利用儿童自身不良行为所产生的自然后果使他们接受教训，这样，无需大人的教导和禁止也能使儿童感到十分公正而自行改正过失，并且不容易忘记。

与反对道德灌输一样，卢梭也反对在这一时期让儿童读书，因为这也是理性教育的一部分，同样不适宜于"理性睡眠期"的儿童。他认为在这一时期让儿童学习两种语言、历史、寓言都是没有用处的，由于他们不能真正理解，因此反而有害。卢梭认为，儿童周围的事物就是一本书，这本书使儿童在不知不觉中持续不断地丰富自己的记忆，从而增进判断能力。成人主要是对儿童周围的事物进行慎重选择，至多是让他尝到不识字的坏处而产生学习的欲望。卢梭重视这一时期的感官训练和身体发育，提出了较为详细的训练原则和方法。经过儿童期的这种自然教育，儿童在获得相应理智的同时，也获得了他的体质许可他享有的快乐和自由，可以说是"成熟的儿童"了。

（三）青年期的教育（12~15岁）

卢梭认为12~15岁是儿童体力发展最旺盛的时期，但又是一个十分短促的时期，所以尤其显得珍贵，必须善加利用。经过前阶段的教育，儿童已经有了观念，有了好奇心，也能进行思索，所以是到了工作、教育和学习的时期。卢梭主要论述了这一阶段中的知识学习和劳动教育等问题。

1. 文化知识的学习

在学习知识的问题上，卢梭把培养兴趣和提高能力放在首位，并注意通过学习知识陶冶情操。这是儿童不依靠别人，自己也能很好地学习并成为一个独立的自然人的重要保证。他指出，知识如同一个无边无际深不可测的海洋，青年期又是如此短促，因此，问题不在于向他们灌输各种学问，而在于培养他有爱好学问的兴趣，而且在这种兴趣充分增长起来的时候，教给他研究学问的方法。

在学习的内容方面，卢梭首先要求的是有用的而且能增进人的聪明才智的知识。他说，只有真正有益于我们幸福的知识，才值得一个聪明的人去寻求；问题不在于他学到的是什么样的知识，而在于他所学的知识要有用处。选择知识的另一个原则是不要让孩子学习他不可能理解的人际关系方面的知识。因此，这一阶段，卢梭只主张学习自然科学，不主张儿童学习历史、哲学等社会学科。

在智育的方法上，卢梭的基本原则是让学生在实际活动中自觉自动地学习，反对啃书本，反对长篇大论地口头解释。他说书本只能教人谈论实际上不知道的东西，而年轻人是根本不愿意听也记不住长篇大论的，并且如果他真的习惯于听从别人的指挥，长大后就会成为易于被欺骗的老憨和被别人利用的工具。卢梭认为，要"创造一种环境"（或是鲁宾逊式的自然环境，或是工厂的劳动环境），儿童置身其中，以教师为行动的榜样，那么他从一小时工作中学到的东西，比听教师讲一整天学到的东西还多。

2. 劳动教育

卢梭预见到社会危机和革命的时代已经来临，现存社会秩序已不可依赖。他从培养"自然人"的独立性出发，认为青年期的儿童应当学会劳动。他认为只有依靠自己的劳动和劳动成果，才能过上自由、健康、诚实、勤劳和正直的生活，保持自己做人的尊严。况且劳动是社会人不可豁免的责任，那些不劳动的寄生虫也就是盗贼、强盗和流氓。

卢梭主张学生必须学习一门职业，但这还不是最根本的。首先，卢梭要求培养对劳动和劳动者的尊重和感情，得到思想陶冶。其次，卢梭还希望通过学习劳动，锻炼学生的思维能力，养成反复思考的习惯。

卢梭认为，选择何种职业进行学习，关系到学生的成长和日后的生活。他提出了选择职业的原则：有用，这是最基本的；适合自己的禀赋，不能单凭热情冲动去选择职业，眼高手低也不能成功；适合自己的性别和年龄，青年人不宜选择整天待在房间里的职业；清洁卫生，无害于身体。此外，他还特别强调不要选择那种养成人乖戾性情、磨灭人上进心的职业（即为政府服务的警卫、暗探、刽子手或文艺人）；要尊重一切对人有用的职业。卢梭还认为职业选定后，教师必须和学生一起去学习，才能发挥教育的作用。

（四）青春期的教育（15~20岁）

卢梭认为15岁以后的阶段是男孩脱离儿童状态的"第二次诞生"，不仅生理上发生狂风暴雨般的巨变，而且经过前十几年的发展，已经积累了较为丰富的感性经验和自然知识，已经懂得所有与他自己有关的道德观念了，并且有了了解社会道德关系的欲望。由于有了这些身心的变化，儿童便可以由农村返回城市，接受道德教育及宗教教育，学会做一个城市社会中的自然人。

1. 道德教育

卢梭认为，那种能够克服情欲，遵照理性和良心指引，尽其职责，成为自己的主宰而不受外界诱惑的始终走正路的人，才是有德之人。他们处在社会生活的漩涡中，不会被种种欲念或人的偏见拖进漩涡；他们能够用自己的眼睛去看，用自己的心去想，而且，除了自己的理智之外，不为任何其他的权威所控制。

卢梭虽然否认先天道德观念，但认为人生而具有"公平的道德原则"，这就是良心。既然它是先天的，就永远不会错，服从良心的指导就可以只凭直觉迅速做出道德判断。另外，卢梭把直觉的道德判断归于良心，其他的道德判断归于理性，这两部分似乎都是与知识分开的。

卢梭认为道德教育应从发展人的自爱开始。自爱是本性，人若不能自爱，就谈不上爱护其财产，也谈不上爱护别人。但是进入社会以后，若还停留在这种自然的自爱水平上，自爱就会发展成卑劣的自私。

卢梭认为，在前三个阶段培养儿童具有了个人的良好行为习惯的基础上，进而要培养善良的感情、道德判断能力以及坚强的道德意志。培养道德感情就是引起学生仁慈、善良、同情及宽厚之心。培养道德判断力的主要方法是通过批判历史人物和事件进行训练，因此必须学习历史；培养道德意志，必须通过实际行动特别是帮助穷人的行为进行，要使学生做他所能理解的一切良好行为，要敢于做有意义的事情，要敢于说出真理。

2. 信仰教育

宗教教育也是那一时期道德教育的重要内容。卢梭指出：没有信念，就没有真正的美德。他要求人们爱上帝胜于爱一切。但是，他反对教士们编的荒诞教义，反对教会的繁文缛礼，反对过早地向儿童灌输宗教观念。他甚至认为17、18岁之前都不易理解宗教。然而，当一个人依从其天性发展到一定程度时，就又能自然而然地理解宗教、信奉上帝。这是儿童在他的良心和成熟的理性引导下观察和研究自然的必然结果。这样，卢梭就在宗教的旗帜下向教会的权威及神学教义提出了挑战。卢梭的这种自然神论还希望青年人正确地借助自己的理智去选择愿意信奉的宗教教派，把宗教教育的大权交给理性，交到自然手中。

3. 性教育

卢梭还提出了青年时期的爱情教育和性教育问题，并把它们作为道德教育的一部分。他认为只有纯洁的灵魂才能使爱情更加美满，并能借此摒弃一切不良的生活。他反对有的人为了不让青年人掉入情欲的陷阱而把爱情说成像犯罪一样的东西，认为这种教法完全是违背了自然，而把青年日益增长的欲望完全看成理性教育的障碍，也是眼光狭隘的一种表现。卢梭指出，始终要从天性的本身去寻找控制它的适当的工具。对于性问题既不特意回避，也不有心刺激，要引导青年多多投入学习和劳动中，防止懒散、孤独，此外还应当在择业、交友、阅读和衣着等方面避免不良的影响。卢梭在这些方面的详细论述是前所未有的。

三、女子教育

卢梭关于女子教育的观点也是从他的"遵循自然"归于自然的基本思想中引申出来的。他说：所有一切男女两性的特征，都应当看作是自然的安排，从而得到应有的尊重。卢梭对性别差异的基本看法是：男性是积极主动和身强力壮的，而女性则是消极被动和身体柔弱的。他认为女人虽显柔弱，也可支配强者，她们是孩子们和父亲之间的纽带，生儿育女、帮助和体贴丈夫是她们应尽的自然义务。她们有很多东西需要学习，但是她们只能学习适合于她们学习的东西。

卢梭认为，像男孩的教育一样，对女孩也是首先培养健康的身体，当然更倾向于灵巧的目的。为此，她不可整天坐着不动、娇生惯养，而应当尽情游戏，免除过分的束缚。这对于以后生育健壮的孩子和获得良好的身段是有益的。卢梭还安排女子学习唱歌、跳舞、绘画等，使之声音动人、身材灵巧、风度优雅并具有思考的习惯，以便更好地愉悦家人、教育子女，而不是为了参加社交活动。女子的治家能力是她尽相夫育子的天职所不可缺少的。卢梭理想中的女子不仅是女工的能手，而且是管理、调度、安排全家生活、使全家人亲密相处的能人，不过，她最好不进菜园和厨房。卢梭还不赞成女孩学习更深的知识，因为她们没有相当精细的头脑和集中的注意力去研究严密的科学。

四、论国家教育和公民教育

卢梭在《爱弥儿》中所表达的自然主义教育思想，是在封建制度发生危机、资产阶级革命的时代已经来临、但封建专制尚未倒台的政治前提下提出的革命性主张。一方面他反对培养国家公民，主张培养"自然人"；反对儿童阅读文本，主张儿童亲身活动；反对国家学校教育制度，提倡聘用家庭教师实施教育；反对压制、灌输，主张给儿童以自由。另一方面，卢梭又是一个对新的社会制度充满幻想的思想家。当他在设想新制度建立后的教育问题时，就特别主张建立国家教育制度和培养良好的国家公民了。

卢梭认为理想国家中的教育"必须给予人民的心灵以民族的形式"，其培养目标是培养忠诚的爱国者。这种爱国主义的教育应当从一个人诞生的时候开始。卢梭所设想的过程是：儿童能阅读时就能看有关本国知识的书籍，10岁时熟悉国家的物产，12岁时熟知一切省区、道路和城市；15岁时学习本国的历史；16岁时知道一切法规；20岁时就是一个良好的国家公民，对祖国的光辉历史、英雄人物永远不忘。卢梭把德育和智育结合在了一起。这与"爱弥儿"12岁以后才读书、15岁以后才接受道德教育很不相同。

卢梭虽然是启蒙运动的一员，但当其他启蒙思想家为理性、文明和进步高唱赞歌之时，他却敏锐地意识到自然与文明之间、自然状态与社会状态之间、道德与理性之间的深刻矛盾，从更深层次对自然、社会和人生进行了冷静思考。卢梭所主张的婴儿生来具有学习的能力，并不是通过语言和文字学习，而是通过经验并利用自己尚未成熟的器官进行学习的思想，被认为是近代教育思想的萌芽，并在以后的许多教育家的教育理论中得到进一步发展。其主要著作有《论人类不平等的起源和基础》（1755）、《社会契约论》（1762）、《爱弥儿》（1762）等。

五、蒙台梭利与卢梭

蒙台梭利深受卢梭的影响，从卢梭那里吸收了不少营养。蒙台梭利虽然没有明确提出"人性本善"，但从她对儿童的态度可以看出她受卢梭人性善的思想的影响，认为儿童的本性是善良的。

并且，蒙台梭利所提倡的教育应顺应儿童"内在的生命力"，适应儿童内在的发展需要，应该允许孩子们自由和自然地表现自己，也正是卢梭所主张的教育原则。蒙台梭利和卢梭的教育方法并不相同，对儿童的要求也不尽相同，但卢梭由"教育要顺应人的自然发展特点"而得出的"12岁以前的儿童教育主要依靠感觉教育"的观点与蒙台梭利通过感觉训练的教育观点不谋而合。

蒙台梭利的感官教育的观点还与卢梭提出的"自然后果"原则就有着某种渊源关系。卢梭从儿童的自由出发，主张教育必须遵循自然的要求，不用过多地受成人的限制，并提出了"自然后果"原则作为儿童道德自我教育的途径。蒙台梭利则发展并延伸了卢梭的道德自我教育这一理论，主张在儿童的自我探索活动中，利用教具"控制错误"的特点，使儿童达到智慧的自我教育，从而为后来的个别化教学提供了有价值的启发。

蒙台梭利批评了卢梭在提倡"自由"的时候并不"知道自由的真正含义。他们往往把激励人民反抗奴役的那种自由，或者说是社会自由的概念与真正自由的概念等同起来"。与卢梭相比，蒙台梭利的"自由"更博大和深远，蕴含着通过儿童的发展实现全人类的彻底和平和自由的教育目的。

第五节 蒙台梭利教育思想的教育学来源
——裴斯泰洛奇的教育思想

约翰·亨利赫·裴斯泰洛奇（Johann Helnrich Pestalozzi，1746~1827），瑞士著名教育家。一生从事贫民教育工作，对教育理论和实践都作出了很大贡献，他的教育经验和改革驰名全欧。他提出了人的能力和谐发展的思想，重视家庭教育，实施教育与生产劳动相结合的思想。他扩大了初等教育课程，提出"教育心理化"口号，探索简化教学方法的途径，提出了要素教育论。对西方近代国民教育的发展有过广泛的影响。

一、爱的教育

裴斯泰洛奇教育思想中最突出的一点就是强调情感教育和爱的教育。他强调教育者首先必须具有一颗慈爱之心，以慈爱赢得学生们的爱和信赖。裴斯泰洛奇热爱儿童，尊重儿童，热爱教育事业，是教育史上实施爱的教育的典范。"不是死亡，便是成功。我热切地志愿要完成我生命的理想，凭一股气也好，用一把火也好，这志愿必然会使我升到阿尔卑斯山的高峰。""教育的主要原则是爱。"

因此，教师要精心照顾好儿童，注意儿童的需要，对儿童的进步和成长报以慈爱的微笑。教师要用亲切的话语、情感、面部表情及眼神打动儿童。当爱和信赖在儿童心中扎下根以后，教师要尽力激励它、增强它，使之不断升华。

裴斯泰洛奇也强调教师的权威性，但这种权威性不是来自对儿童的惩罚、告诫、命令和指示，不是来自凌驾于儿童之上的特权，而是来自教师对儿童强烈的爱和责任感。

二、教育心理学化

在教育科学的发展史上，裴斯泰洛奇首次提出了"教育心理学化"的设想。所谓教育心理学化，就是把教育与教学建立在心理学的基础上，以使教育与教学符合人类智慧发展的规律。在裴斯泰洛奇看来，教育可以以心理学为基础，也必须以心理学为基础。因为只有以心理学的原理为基础，教育者才能了解教育对象即儿童，从儿童的实际出发，按照儿童的天性进行教育。他指出："我……寻求人类心智的发展必须服从的规律。我认为这些规律一定如同物质的大自然的那些规律一样，并且确信初等教育的心理学方法，可以在这些规律中寻求可靠的思路。"

三、心智教育

传统观念中，智育被看成是教师传授知识，学生简单地接受知识。在这一过程中，学生盲诵枯记，被动消极，思维处在一种抑制状态。裴斯泰洛奇认为这样是违反心理学的原则的。裴斯泰洛奇的观点是，人生来就蕴藏着各种能力和力量的萌芽，而这些萌芽渴望获得发展。正像他所指出的：眼睛要看，耳朵要听，脚要走路，手要抓物，心要信仰和热爱，智力要进行思维。心智教育的根本任务就在于激发和培养儿童的这些天赋的才能和能力。

根据"智力要进行思维"的要求，裴斯泰洛奇认为心智教育的根本任务是在帮助儿童积累一定范围知识的基础上发展他们的智力。他极力反对督促学生死记硬背式的教学方法，而主张在教学中重视智力发展，把发展思维能力放在首要的地位。思维能力主要包括"思考的能力"和"判断的能力"，以及表达的能力和接受印象的能力。

四、道德心理及其教育

（一）母爱是道德教育的基础

裴斯泰洛奇十分重视家庭教育。他把家庭教育看作是自然教育的原型、社会教育的榜样，认为家庭教育是教育的基础。他认为对儿童的教育必须从他诞生的第一天开始。

裴斯泰洛奇重视母亲对儿童教育的作用，认为母亲是天生的好教师，教育孩子是母亲的天职。儿童道德心理的发展应建立在母爱的基础上。母爱是形成儿童诚实、善良、公正、人道和关怀等道德品质的基础。随着身心的发展，儿童从与父亲以及兄弟姐妹的接触中形成了一种隶属于家庭的成员感，他感到家庭中其他成员也是可靠的，值得信任的，这时他对母亲的那种信任和热爱的情感就扩展到父亲和兄弟姐妹的身上。随着交往范围的扩大，这种情感逐渐扩展，由家庭成员扩展到邻居、伙伴、同学和老师。所以，母爱作为最基本的动力因素，是儿童形成许多道德品质和道德情感的基础。

（二）道德心理的发展

裴斯泰洛奇描绘了在母亲的照料下，儿童心理发展的四个阶段。

第一阶段是情感发展阶段。儿童的许多道德情感，如爱、关怀、信任等都是在这个时期发展起来的。对于这个阶段来说，母爱是最重要的，母亲提供给儿童的爱抚与关怀，是儿童道德情感发展的基础。

第二阶段是意识发展阶段。随着儿童活动范围的扩大，儿童的感知能力逐渐获得发展，对周围环境的认识更进一步。在这一时期，母爱仍是不可缺少的。有了母爱，就有了安全感，缺乏母爱往往使得儿童在探索周围环境的过程中退缩、胆怯。

第三个阶段是知识和能力发展阶段。在少年时期，儿童在教师的指导下，学习知识，发展能力，参与社会生活，使各方面的能力和天赋和谐发展。裴斯泰洛奇主张"母爱教育"，他要求教师要像母亲那样，从儿童的实际出发，满足儿童的兴趣和需要，给儿童以爱与关怀。

第四个阶段是行为发展阶段。经过前三个阶段后，儿童进入青年期。此时，儿童发展了一种自己的道德力量的内在意识，可以自己调节和控制自己的行为，自觉排除各种不良的影响。裴斯泰洛奇强调培养儿童的道德意志。他认为善良的行为取决于善良的意志，意志将决定一个人的行为的方向。但是，裴斯泰洛奇也指出意志的作用依赖于教育形成的道德情感和道德认识，所以他要求把道德教育和心智教育相结合，提出了教学要有教育性的主张。

五、教学原则

（一）直观性原则

在裴斯泰洛奇看来，人的认识过程是一个由低级到高级、由混乱模糊的感觉印象上升到清晰观念的过程，这一过程存在着三个明显的阶段。

第一阶段是模糊的感觉印象。此时对客体的印象混乱模糊，令人捉摸不定，有如波涛起伏的海洋。

第二阶段是清楚明晰的感觉印象。模糊的感觉印象逐渐明显，某些客体的印象从模糊的印象海洋中突现出来，并变得清楚明白，此时人们可以在想象中或使用语言描绘这种感觉印象。

第三阶段是确定的观念。此时人们可给它下定义，了解它的性质及其与其他客体的关系。

（二）循序渐进原则

裴斯泰洛奇指出，教学必须符合儿童的"心理秩序"，亦即儿童心理发展的连续性与渐进性的特点，循序渐进，由近及远，由简单到复杂，由个别到一般，由部分到整体。他指出："智力和才能的发展，要有一个适合于人类本性的、心理学的、循序渐进的方法。"无论是观察力与记忆力的训练，还是判断与推理的训练，都必须在严格的顺序中进行，采用一系列由简单到最复杂的练习，有条不紊，逐步深入。

（三）自主性原则

自主性原则指的是教学过程中发挥学生的主动性与积极性，使学生自发地、积极地提出问题与解决问题，经过自己的努力，达到获得知识与发展能力的目的。

裴斯泰洛奇提出的自主性原则是对经院主义教育的挑战。传统上，教学过程被看成是教师讲授、学生被动接受的过程。特别是在经院主义教育占统治地位的时期，由于要向儿童灌输各种宗教信条、封建传统道德，因而教学中只要求儿童死记硬背、机械地服从教师的训导，完全忽视儿童学习的积极性与主动性，抹杀了儿童自我能动性的发展。裴斯泰洛奇指出，能力的发展"来自我们自己获得观念、知识和能力的强烈欲望；来自获得感觉印象的自发努力"。因此，为了发展儿童的能力，教师不应该代替学生决定一切，而应让学生通过思维和判断，自己为自己设定目标，通过自己的努力解决问题。

六、要素教育论

（一）要素教育的含义

在裴斯泰洛奇创建其教育理论的时期，心理学家对认识过程的了解非常有限。许多学者把认识过程看作心理元素（或要素）的简单结合过程。他们认为，复杂的观念是由简单的感觉印象组合而成，最复杂的观念通过分析也可以找出组成它的简单要素。裴斯泰洛奇深受当时观点的影响，认为人的思维来自感觉，而感觉又是建立在简单的要素之上，人们把简单的要素搞清楚了，最复杂的感觉印象也会变得简单明了。因而，他主张教育应该从最简单的要素开始。

在裴斯泰洛奇看来，"要素教育"的基本含义是：教育过程要从一些最简单的、为儿童所理解的、易于为儿童所接受的"要素"开始，再逐步过渡到更加复杂的"要素"，以促进儿童各种天赋能力的全面和谐发展。裴斯泰洛奇认为，在一切知识中，都存在着一些最简单的要素，如果儿童掌握了这些最简单的要素，就能够认识他们的周围世界。他强调说："最复杂的感觉印象是建立在简单要素的基础上的。你把简单的要素完全弄清楚了，那么，最复杂的感觉印象也就简单了。"因此，儿童的教育与教学的工作必须从最简单的"要素"开始，然后逐渐转到复杂的因素。

（二）教育的基本要素

1. 体育

体育的最简单的要素是各种关节运动。它表现为最简单的搬、推、捡、摇等基本动作。这些基本动作结合起来，可以构成各种复杂的动作。这是自然赋予儿童的能力，是儿童体力发展的基础，也是进行体力活动和体育运动的基础。母亲对婴儿的爱是在满足其身体的需要的基础上产生的。当婴儿得到母亲的照顾、关怀和帮助，爱和信任的情感就会在孩子的心中萌生和发展。从对母亲的爱，很快扩展到那些与母亲亲近的人身上；在爱母亲和亲人的基础上，扩展到对周围邻居的爱，最后直至爱全人类和爱上帝。随着这种爱的进一步发展，一个人的道德力量逐步得到形成。

2. 智育

智育的最简单的要素是数目、形状和语言。裴斯泰洛奇明确指出，"使一切通过感觉印象而获得的认识得以清晰的手段来自数、形和词。"原因在于数、形和词是一切事物所共有的三个基本特征。儿童若要获得清晰的概念，必须以这三个基本特征作为手段去认识事物。为了使儿童抓住事物的基本特征，必须使他们具有与数、形和词三种手段相对应的三种能力，即计算能力、测量能力和说话能力，智育必须从培养这三种能力入手。"教学艺术首先要用来培养基本的计算能力、测量能力和说话能力。"这些能力是一切精确认识物体意义的基础，通过建立在心理学基础上的教学，来培养和强化它们，并作为发展和教育的手段。

七、论普及教育与人的能力的和谐发展

（一）论普及教育

裴斯泰洛奇主张通过教育消除贫穷和改造社会。他认为，教育必须成为所有人的财富，学校是改造社会最重要的杠杆之一。实质上，他并不是从根本上推翻这个等级性的国民教育制度，他的人人受教育的概念仅仅要求每一个人都获得符合他社会地位的教育，也就是说，富人和穷人、贫民和贵族受不同的教育。他的功绩，在于提出了初等教育普及问题；他在布各多夫的教育实验被称为"近代小学教育的摇篮"。

（二）论人的各种能力和和谐发展

裴斯泰洛奇认为，教育的目的在于发展人的一切天赋力量和能力，使人的各种能力和谐发展。教育者必须适应自然，对儿童施加与儿童本性相一致的影响，发展儿童道德的、智力的和身体的能力，并使德、智、体一体化，使儿童的"头、手、心"和谐、全面地发展。他认为，人是社会性动物，人的发展是有社会目的的，人的各种能力的发展，乃是"人类的普遍需要"。

在世界教育史上，裴斯泰洛奇是一位鞠躬尽瘁于贫民儿童教育和国民教育事业的教育家，他希望通过教育使人完善，进而改良社会。他在教育史上第一次明确提出了教育心理化的口号，开启了19世纪欧洲教育心理化运动。他提出要素教育思想，并在此基础上建立了初等教育分科教学法体系，极大地推动了近代国民教育的普及与发展，被誉为"国民教育之父"。他的主要著作有《林哈德和葛笃德》《隐者夕话》《论教学方法》《天鹅之歌》《葛笃德怎样教育她的孩子们》等。

八、蒙台梭利与裴斯泰洛奇

蒙台梭利吸收了裴斯泰洛奇教育学理论中"尊重儿童的人格"的思想以及教育儿童的方法，可以说裴斯泰洛奇的理论是她思想的教育学基础。

蒙台梭利同裴斯泰洛奇一样，认为儿童有"内在的生命力"，教育就是要使这种"内在的生命力"自然地发展，但蒙台梭利认为裴斯泰洛奇没有完全做到这一点。蒙台梭利还继承了裴斯泰洛奇教育目的思想，将其教育的个体目的发展升华为社会目的，即为世界的最终和平而教育。

在教学方面，蒙台梭利与裴斯泰洛奇有着极大的相关性。可以明显看出，在蒙台梭利的教具中几乎涵盖了裴斯泰洛奇的形状和数目教学手段，教学方法也基本一致。例如，裴斯泰洛奇主张让儿童通过绘画掌握形的表象，进而过渡到文字的书写。蒙台梭利则发展了这一思想，提出让幼儿勾勒各种几何图形，并在此基础上让儿童熟练掌握握笔姿势，从而学会书写，这一学习模式取得了良好效果。

第六节 蒙台梭利教育思想的教育学来源
——福禄培尔的教育思想

弗里德里希·威廉·奥古斯特·福禄培尔（Friedrich Wilhelm August Fröbel，1782~1852）是德国著名的教育家，幼儿园的创始人。其教育理论以德国古典哲学和早期进化思想为主要根据，以裴斯泰洛奇的教育主张为教育思想的主要渊源。他热爱儿童，把毕生的心血献给了幼儿教育事业。福禄培尔创办了世界上第一所幼儿园，并重视幼儿园教育与家庭教育的联系；撰写了大量有关学前教育的文章，成为近代学前教育理论的奠基人；积极组织幼儿园教师培训。福禄培尔创立的幼儿园及其幼儿园教育理论对19世纪后半期至20世纪初期的世界幼儿教育有着广泛而深刻的影响，也影响到小学教育方法的改进，作为"幼儿园之父"，福禄培尔在世界教育史上占有重要地位。

一、论教育与人的发展

福禄培尔认为儿童生而具有各种能力，儿童天赋能力的发展是有其内在规律的；教育的目的就在于发展儿童的天赋；一切教育都必须遵循自然法则进行，既要适应儿童的内在发展规律，又要考虑儿童生长的自然环境。在福禄培尔看来，儿童好比花木，教师如同园丁，学校就是儿童自由活动的园地，教师要像园丁一样为儿童提供合适的生活环境，使其天性得到自然的发展。

（一）教育的原则
1. 顺应自然的原则

在福禄培尔看来，既然神性是人性的本质或根源，人性肯定是善的。因此，按上帝精神的作用和从人的完美性和本来的健全性来看，教育、教学和训练的最初的基本标志必然是容忍的、顺应的，不仅仅是保护性的、防御性的。"一切专断的、指示性的、绝对的和干预性的训练、教育和教学必然地起着毁灭的、阻碍的、破坏的作用。"其危害就在于会使存在于人身上的上帝的精神（自由与自觉）丧失掉，而自由与自觉正是全部教育和全部生活的目的与追求。

福禄培尔认为，虽然人性本善，却有两个原因导致儿童生活中出现不良现象：一是人的本质的各个方面的发展被完全忽略；二是发展过程中受到不良干预。人身上的缺点的一切表现，是由于他的善良的品性和良好的追求遭到压制或扭曲，被误解或往错误方向引导。因此，克服和清除一切缺点、恶习和不良现象的唯一切实可行的方法，在于努力寻求和发现人固有的善良的源泉，然后加以培养、保护、确立和正确引导。只有在发现人的原始的健全性确已遭到破坏时，才可以采取直接的强制性的教育措施。

2. 发展的原则

福禄培尔在教育史上第一次把自然哲学中"进化"的概念完全而充分地运用于人的发展和人的教育，他把人性看成一种不断发展和成长的东西。人的发展过程也和自然界的进化过程一样，经历了从不完善到完善、从低级到高级和由简单到复杂的前进序列。"每一个后继的阶段以一切和个别先行的生命阶段的强有力的、完全的和特有的发展为基础……因为只有每一个先行的发展阶段上的人的充分发展，才能推动和引起每一个后继阶段上的充分和完满的发展。"

（二）人的发展和阶段性的教育

福禄培尔强调，发展不仅是分阶段的，更是连续的和联系的。他反对把人的不断前进的一系列发展的年岁划分为明显的界限和造成截然的对立，认为这会导致完全忽视持续不断的进步、活生生的联系和生活的本质，起着阻碍的甚至是破坏的作用。福禄培尔指出，人的发展的各个阶段之间实际上是没有裂隙的，彼此是相互过渡、不间断地前进的。一个人未必由于到达成年期而成为成年人。只有当他真正符合了他的幼年期、少年期和青年期的要求时，才成为成年人。那种希望儿童可以跳越少年期和青年期，在各方面表现得像一个成年人的想法，会给后面的教育带来不可克服的困难。

福禄培尔进一步指出，儿童的生长是一个持续不断的过程，是由不同的阶段组成的。他把儿童的发展分为三个时期，即婴儿期、幼儿期、少年期。福禄培尔强调指出，儿童的发展既有阶段性，又有连续性，二者是相互联系的；前一阶段是后一阶段的基础，后一阶段是前一阶段的延续，儿童的发展必须循序渐进。

1. 婴儿期

婴儿期教育的主要任务是照应婴儿，发展他们的外部器官。根据福禄培尔的论述，婴儿期主要是"生的阶段，仅仅是为了活着的生活本身的阶段"，是进行感官、身体和四肢活动的时期。因此，这个时期主要是"保育的时期"，是对身体的照料和保护的时期。

另一方面，婴儿期也是从外界"吸收"多样事物的时期，同时也是"共同感情"的领悟时期。这种感情最初在母子之间，然后在父亲或兄弟之间，最后在其他人与孩子之间。由于领悟、发展，最终成为人类与上帝的一体的感情。在这种感情上有同胞爱、祖国爱及人类爱等所有人道主义的道德基础及真正宗教信仰的基础。因此，他特别重视由母亲在婴儿期培育的"共同感情"。为此，他要求婴儿周围人们的目光、容貌必须是安详的、宁静的、使人安心的，应当使孩子们感到安全和信赖。环境本身必须是宜人的，清爽的空气、明亮的光线、清洁的房屋……都是必要的。

2. 幼儿期

幼儿期教育的主要任务是进一步发展外部器官和发展语言，还要注重幼儿的游戏、艺术教育和在大自然中的运动。按照福禄培尔的观点，幼儿期是"具有把内心的精神开始在外部表现"并"开始使用语言"的心智的活动时期，是把内心的思想外表化的阶段，也是人类语言能力的发展阶段。随着语言的发展，幼儿的内在的东西组织起来了，进行分化了，力图使自己被人知道，努力使内部存在表现于外部，使内部和外部统一起来。这时可以减少对儿童身体的照顾和保护，而对他们心智的发展需要多加关注。这就是真正教育的开始时期。这时期的教育必须通过生活，包括儿童自身的生活、父母及家庭的生活来实现。他说："家长生活在儿童生长的每一个时期，不，在人的整个一生中，是无可比拟的重要的。"

福禄培尔先是主张幼儿教育完全要由母亲、父亲、家庭成员及幼儿本身通过自然或利用自然成为一个整体来进行。并认为，幼儿期的前半期应该由母亲来指导，而后半期则主要由父亲来指导。因此，他对父母们号召："让我们的孩子们活起来吧！"特别是对父亲们号召："无论你们在什么地方，无论你们做什么工作，孩子们总是缠在你们身边。不要不亲切地斥退他们，或赶走他们；不要在孩子们提出问题或纠缠不休反复提问的时候，给以不耐烦的颜色。你们每一次固执地轰走他们，或是说出拒绝的语言，都是破坏他们生命之树的嫩芽，破坏他们将要成长的冲动力。"另一方面，他又看到大多数父母缺乏足够的教育知识和训练，不能承担幼儿教育的重任，因此他要求建立专门的机构——幼儿园，帮助家庭对幼儿进行合理的教育。

在福禄培尔的晚年，开创了幼儿园之后，便将对父母的要求扩大到教师以及社会上的人们，使幼儿受到更全面的教育。

3. 少年期

少年期是学校教育时期，主要是使外部的东西成为内部的东西的时期，向少年传授知识，熏陶他们的意志，以使他们形成优秀的品格品质，少年期即学习的时期。这一时期"主要是让儿童懂得事物的特殊关系和个别事物，以便他们以后能够引出它们内在的统一性"，指导少年儿童、教学和学校的主要目的是通过激发和养成坚强的、经久不渝的意志，使纯洁的人性得以实现和表现，借助实例和言语进行的教学是达到这一目的的途径和手段。

在少年期，游戏与家庭生活仍是教育过程中的要素。幼儿的很多本能到这时期发展为塑造的冲动，他们为了创造物和成果而活动。父母应让孩子有机会分担自己的工作，即使做出一些牺牲和克制也在所不惜，否则会使孩子的内在力量遭到削弱。当季节和环境不容许儿童在户外游戏时，应在室内开展作业活动。寓言、童话、故事、唱歌也是这一阶段的儿童迫切需要的，这些都是儿童借以表达自己内心活动的主要方式。

二、论学前教育

（一）学前教育的意义

学前教育的对象是幼儿期的儿童，福禄培尔极为重视幼儿期儿童的教育。他认为，婴儿期是生活的时期，幼儿期则是学习和教育的时期，这个时期的教育影响人的一生，儿童对自然、社会及家庭的初步认识是在这个时期形成的。如果儿童的发展在这个时候受到伤害，则以后的弥补就异常困难。因此，真正的人的教育在这个时期就开始了。

福禄培尔认为，家庭在幼儿期的教育中具有重要作用，因为儿童的教育此时完全托付给了父母和家庭。家长应特别努力，从小培养儿童的活动本能。为了指导母亲们正确地教育自己的子女，福禄培尔特意为她们编写了《慈母曲及唱歌游戏集》。但是，鉴于大多数父母或成人没有受过教育的训练，不懂得教育方法，难以胜任幼儿教育的工作，福禄培尔建议将儿童送到专门的学前教育机构——幼儿园中接受教育。

（二）学前教育的内容

1. 游戏

福禄培尔认为，儿童的天性是在活动中发展的，因而活动在儿童的生活和教育中居重要地位；幼儿活动的主要表现形式为游戏，它是儿童生活的一个重要组成部分，因而游戏也是学前教育的一个主要内容。

在福禄培尔看来，游戏并不仅仅是一种消遣，而且可以增强幼儿的体质，开发儿童的智力，培养儿童优秀的品质。经过长期的实践和探索，福禄培尔设计了一系列游戏活动，并借助他为儿童特制的玩具——恩物来进行。

福禄培尔认为，自然界是上帝对人类的恩赐，要让儿童认识大自然，就必须以大自然为基础制作各种玩具。恩物就是上帝恩赐给儿童的玩具物品。

福禄培尔制作的恩物主要有6种。前2种是最基本的，是供3岁以前的儿童使用的，由6个不同颜色的小球和立方体、球体、圆柱体组成，借此让儿童认识事物的颜色、形状及其关系。后4种为积木式的立方体，供3~7岁儿童使用，旨在训练儿童对各种几何图形的认识，发展他们的想象力和创造力。

此外，福禄培尔还设计了一些辅助性的游戏材料，包括形状各异的彩板、纸片、小棒、金属环等，让儿童学习计算和造型。

2. 作业与劳动

作业是福禄培尔学前教育的又一重要内容，是儿童进行的各种手工制作活动。福禄培尔为儿童设计了一系列作业，如纸工、厚纸工、模型制作等，并为儿童提供了各种作业材料，如针、剪、刀、纸等，让儿童利用这些作业材料制作某种物件。

劳动也是学前教育的一项内容。福禄培尔指出，儿童的劳动除了自我服务活动以外，还应让他们参加一定的家务劳动，分担父母的一部分工作；父母尤其不要打击儿童的劳动积极性，要从小培养孩子爱劳动的习惯；应当为儿童开辟一块劳动园地，让儿童在这里种植作物，从中观察和认识大自然。

三、论学校教育

福禄培尔认为，儿童从幼儿期进入少年期，真正的学校教育便开始了；学校教育的目的在于使儿童认识一切事物及其之间的关系；教学是达成这一目的的重要手段；教师不仅要向学生传授各种事物的知识，而且要教给他们事物之间的联系及其统一性，否则，教学就成了"没有思想的游戏，它们对人的头脑和心灵、精神和情感不会发生任何作用"。

关于学校的教学内容，福禄培尔根据这一时期儿童的全部生活作了论述。他认为，少年期儿童的生活包括外部的物质世界和内部的精神世界，而语言则是联结这两个世界的纽带。因此，学校应当向儿童传授三方面的知识：关于人的知识；关于上帝的知识；关于自然和外界的知识。福禄培尔强调指出，这三个方面的知识是统一的，不可分割的。

（一）宗教

福禄培尔认为，宗教是人的心灵的反映，宗教教学的目的在于培养学生的宗教信仰，使之认识人与上帝的关系，永远信赖上帝，并且按照上帝的旨意行事。福禄培尔认为，宗教应当在学校教育中处于优先地位。

（二）自然常识与数学

福禄培尔认为，"凡宗教说到和表达的东西，自然都会显示和表现出来。"自然界是上帝意志的体现；只有信仰上帝，才能认识自然；只有基督徒，才能研究自然。自然界的万事万物都是相互联系和统一的；应当把自然作为一个整体来认识；应当让儿童在观察和接触自然的过程中认识事物之间的关系，掌握基本的自然常识。

数学在自然教学中居于极其重要的地位，因为它既属于人又属于自然，是人与自然、内部世界与外部世界、思维与感觉之间的媒介；它是思维的产物，同时又反映了自然界的统一性，其数、形、量三方面构成了一个不可分割的三位一体。因此，福禄培尔认为没有数学的教育是站不住脚的、不完全的。

（三）语言

福禄培尔认为，宗教和自然分别属于内部与外部两个不同的世界，而把这两个世界联系在一起的是语言。三者组成了一个不可分的统一体，其共同的目的是把内在的本质揭示出来，而语言的这种作用更为明显。语言和数学一样也具有双重性，它既是人的精神活动的表现，又具有一定的自然属性，如文字、语音等。

福禄培尔进一步指出，书写和阅读练习在语言教学中具有重要作用。只有学习书写和阅读，人才会成为具有人格的人，儿童才会成为真正的学生，学校也才有可能成为真正的学校。因此，儿童必须在阅读和书写上花费一定的工夫。

（四）艺术

福禄培尔指出，人除了追求宗教和自然以外，还要追求人的自我表现，即表现人的内心生活，这便是艺术。艺术教学的目的不在于培养艺术家，而是培养学生的艺术欣赏能力，使人得到全面充分的发展。

按照艺术表现的材料和方式的不同，福禄培尔将艺术划分为音乐、绘画、雕塑三种。他指出，儿童在幼小的时候便表现出了艺术才能的萌芽，如通过颜色和绘画等表现自己的要求，因此，艺术教育应从小进行，作为学校的正式科目。

四、论家庭与学校之间的关系

福禄培尔十分重视学校与家庭的联系，认为两者的协调一致是学校教育首要的、必不可少的条件。他把学校与家庭两者所拥有的共同生活分为十个方面：宗教意识的培养；身体的锻炼；由近及远地获得有关自然和外部世界的知识；学会那些反映自然和生活的短诗；语言的练习；由简到繁的手工练习；线条练习；各种颜色的辨别和着色练习；游戏；讲述故事、寓言、童话等。

福禄培尔指出，上述所有活动分散在学校和家庭生活之中，分散在人类的一般生活中。为此，应当让儿童参加一定的家务劳动；根据儿童的年龄特点，安排他们从事相应的家务劳动。福禄培尔把劳动称为"劳作浴"，认为学生经过劳动的洗浴之后，不仅身体得到锻炼，而且精神活动得到加强，"能够以新的力量和新的生命去投入它的智力活动"。

五、恩物及其作用

（一）供3岁以前儿童使用的恩物

第一种恩物是6个不同彩色（红、绿、蓝、黄、紫、橙）的绒线球。每个球各系一线，线色与球色一致。当儿童在尚未说话之前或稍后，母亲指引着儿童观察、抓弄这些柔软的小圆球，让他初步熟悉它们的形状、颜色和动静状态，发展儿童的辨色能力。随着儿童知觉和思维语言的发展，母亲一边把球向各方甩动，一边说前后、上下、左右，以发展儿童的空间观念。还可把球放于掌心，表示"有"，然后吸起来，空出掌心，表示"无"，借以发展儿童肯定和否定的观念。福禄培尔通过观察和实验，设想出运用6个小球的50种玩法，系统地训练了儿童的各种能力。

第二种恩物是木制的球体、立方体和圆柱体，其高度和直径都是一寸半，后两者有穿孔，并附有木棒为细绳。球代表动，立方体代表静，圆柱体则动、静兼备。通过这种"恩物"，可以使儿童认识物体的各种形状、性质和彼此的关系，并且可以用它们拼成小桌子、小凳子、炉灶及其他物体。通过种种玩法和组合方法，来发展儿童的创造力和想象力。

（二）供3~7岁儿童使用的恩物

第一种恩物是木制立方体（积木）。可以分为8个小立方体，合起来成为一个大的正立方体。这种"恩物"可以使儿童认识物体的各种形状、性质以及理解部分与整体的关系及其观念。通过各种形状的堆砌，还能锻炼儿童的创造性的组合能力、造型、建筑艺术及象征性联想的能力等等。

第二种恩物是可分为8个小长方体的木制立方体。8块长方木块各长5厘米，宽2.5厘米，厚1.25厘米，合起来成为5厘米的正立方体。儿童在游戏中可通过长方体的比较获得长、宽、厚的概念等等。

第三种恩物是可以分为27个等值的小立方体的木制立方体。其中有3个小立方体又分别对分，形成6个三角体；有3个小立方体分别4等分，形成12个三角体。

第四种恩物是可以分为27个小长方体的木制立方体。其中一些还可分木板、斜角等更小的部分。

福禄培尔创建了第一个以"幼儿园"命名的学前教育机构，对幼儿教育进行了革新，研究了学前教育的理论、体系和教学方法，培训了大批的幼儿园教师，宣传了幼儿教育的重要意义，是他的重要功绩。他对世界各国幼儿教育的发展产生了极大影响。

福禄培尔作为幼儿教育的一位先驱者，为儿童的教育事业贡献了一生。福禄培尔以发展的观点看待儿童，重视儿童身心在体、智、德、美各方面的发展，强调儿童本身的自主活动，注意对幼儿语言的培养和对大自然的认识，用实物教学，发展儿童的感知觉，拟订了幼儿园的作业、劳动和游戏的教育内容及方法，尤其是指出游戏是幼儿的主要活动，是极其难能可贵的。他的许多教育原则和措施，特别是他的"恩物"，至今仍被世界各国的幼儿教育工作者作为玩具，广泛地利用并加以发展、充实和改进。

然而，福禄培尔的基本教育思想是唯心的、象征主义的，充满着宗教的色彩。他的某些教育原则是错误的，教育方法是呆板的、形而上学的。他设计的"恩物"是有教育意义的，但也是抽象的、脱离生活实际的，并有神秘主义的缺点。

福禄培尔的主要著作有《人的教育》《母亲——游戏与儿歌》《幼儿园教育学》《幼儿发展中的教育》等。

六、蒙台梭利与福禄培尔

蒙台梭利从福禄培尔的教育思想中汲取了丰富的营养，蒙台梭利的学前教育思想有明显受福禄培尔影响的痕迹。

蒙台梭利与福禄培尔的教育思想有着相同的渊源：都受到了卢梭的强烈影响，反对传统教育对儿童身心的束缚和压迫，反对外因论；信奉性善，赞同内发论，主张以儿童为本位；要求认真研究儿童的特点，遵循自然，强调教育中自由及活动的重要性。他们都受到宗教唯心主义的影响，福禄培尔对儿童的本性作了神秘主义的解释，并认为教育目的就是使儿童心中"神的本源"显露出来；而蒙台梭利的生命学说亦含有神秘的色彩。

蒙台梭利与福禄培尔的观点有很多相似之处：关于儿童的发展，他们都认为儿童有内在的本能或潜在的生命力；关于活动，都认为活动能够使儿童的潜在力得到发展，活动是教育的手段；关于师生关系，都认为教师本能压抑儿童的个性，教师是活动的指导者；关于教育的作用，都极其重视幼儿期（尤其是1~6岁幼儿期）教育，重视童年生活对人生的影响，倡导建立专门的幼儿社会教育机构及培训大批合格教师来从事幼儿教育工作；关于教具，都认为教育要通过儿童对教具的操作来实施，并且都创造了整套的教具，福禄培尔的"恩物"给了蒙台梭利重要的启迪。

蒙台梭利与福禄培尔的观点也存在明显不同：在理论基础上，福禄培尔以德国古典唯心主义哲学为基础，同时受到宗教影响，往往从神秘主义或神学出发来论述人的发展和教育问题，所以许多观点充斥了符号及谜样的象征哲学意味。蒙台梭利虽也受到宗教的影响，但其教育理论主要以近代科学、哲学及心理学，特别是生物学、生理学为基础，其宗教唯物主义色彩远较福禄培尔为轻。

在具体教育观点上，蒙台梭利强调通过主体与环境的相互作用来促进儿童的发展，福禄培尔则倾向于个体复演说。福禄培尔倡导"游戏""恩物""作业"（绘画、纸工、手工），认为游戏是幼儿自我表现的最高形式，强调应通过游戏来发展幼儿的想象力和创造力。蒙台梭利则主张"工作"，自动教育、感官教育（包括读、写、算的练习）、实际生活练习等，认为工作才是幼儿特有的有价值的活动，反对有想象活动的游戏及玩具，否定了创造性游戏在幼儿教育中的重要作用。在教学组织形式上，在福禄培尔的幼儿园中，儿童的活动是以小组为单位进行的，要求组织集体教学；蒙台梭利则主张个别活动，单独的学习，在蒙台梭利的"儿童之家"中，儿童完全是个别活动。在教师作用问题上，在福禄培尔的幼儿园里教师被视为"园丁"，须承担对幼儿的关心、指导乃至教学（如"恩物"的演示、说明）的职责；而在蒙台梭利幼儿学校中教师由主动转向被动，被称为"指导者"，只是承担指导、引导及环境保护、看护的责任。在教育对象上，福禄培尔幼儿园主要招收中产阶层子女，实行半日制，不供膳；蒙台梭利幼儿学校则主要招收贫民子女，实行全日制，供膳。

思考与延展

1. 简述哲学、自然科学对蒙台梭利教育思想的影响。
2. 简述蒙台梭利教育思想与伊塔、塞贡医疗教育学的内在联系。
3. 试分析蒙台梭利教育思想与夸美纽斯教育思想的内在联系。
4. 试分析蒙台梭利教育思想与卢梭教育思想的内在联系。
5. 试分析蒙台梭利教育思想与裴斯泰洛奇教育思想的内在联系。
6. 试分析蒙台梭利教育思想与福禄培尔教育思想的内在联系。

第三章

蒙台梭利的儿童观

儿童观是社会看待和对待儿童的根本看法或观点，涉及儿童的特性、权利与地位、儿童期的意义以及教育和儿童发展之间的关系等问题，是形成教育理论的基础，是开展教育实践的前提。蒙台梭利的儿童观不仅是其教育体系的重要组成部分，更是她教育思想和教育实践的基础与依据。她接受并总结了夸美纽斯、卢梭、裴斯泰洛奇、福禄培尔的自然教育和自由教育的观点，以自己的实际观察和实验研究为根基，运用生物学、遗传学、生理学、生命哲学的理论，力图科学地阐明儿童的生命自然发展观、心理胚胎期、发展的敏感期等特征，并揭示其在教育上的意义。

第一节 生命自然发展观

蒙台梭利的儿童观站在当时旧儿童观的对立面，主张儿童心理发展是天赋能力的自然表现，儿童心理发展具有敏感期和阶段性，儿童的心理在工作中实现发展；呼吁重视儿童的自我发展，重视儿童发展的敏感期和阶段性，重视儿童的活动；反对成人用不恰当的标准干涉和妨碍儿童，希望通过确定儿童发展的敏感时期和阶段来研究儿童心理发展的规律，并通过为儿童提供有准备的环境来保障儿童的自我活动。

一、生命自然发展

（一）内在生命力的力量

蒙台梭利认为：人从出生的那一刻起，精神生命就已潜藏在尚未发达的肉体之中，肉体只不过是精神的一个容器，精神生命从它存在起就具备自我发展的积极力量，并有它自己的发展规律：心理（或精神）胚胎的发展速度惊人，每个儿童的心理（或精神）胚胎各不相同，特别是心理（或精神）胚胎的发展需要特殊准备的环境；伴随着幼儿身体的发展，会发生肉体化过程，即意志、心理等精神因素"归于肉体"并支配肉体的活动；潜在的生命力会逐渐分化并形成复杂的心理现象；具有吸收性的心智能帮助幼儿获得关于环境中的各种经验，使之成为自己心理的一部分，并在此基础上形成自己的个性和行为模式。

通过观察，蒙台梭利注意到生命"自然发展"的事实，她发现人的"完成"实际上是经过自身的不断活动来达到的。她说："生长，是由于内在的生命潜力的发展，使生命力显现出来，它的生命力量是按照遗传确定的生物学的规律发展起来的。"

蒙台梭利认为，儿童的成长是因为他们的体内存在着与生俱来的"内在的生命力"或"内在潜力"，可以把它综括为"人类的潜能"。这种生命力是一种积极的、活动的、发展着的存在,它具有无穷无尽的力量。从个体胚胎开始,为了得到发展,会有很多内在的需要出现。内在需要会导致个体主动地去寻求自己所需要的东西,以满足迅速成长的目标,儿童就是在这种生命力的爆发下成长的。所以说,儿童是有生命力的,是能动的,是发展着的。教育的任务是激发和促进儿童的"内在潜力"的发现,并按其自身规律获得自然的和自由的发展。

(二)顺应的教育

蒙特梭利认为:不应该把儿童看作是物体来对待,而应作为人来对待,儿童不是成人和教师进行灌注的容器,也不是可以任意塑造的蜡或泥,也不是可以任意刻画的木块;不是父母和教师培植的花木或饲养的动物,而是一个具有生命力的、能动的、发展着的一个活生生的人;所有的教育家、教师和父母都应该适应儿童这种潜在的能力的召唤,仔细地观察儿童,研究儿童,了解儿童的内心世界,发现"童年的秘密",揭示儿童的自然发展进程及规律性;热爱儿童,尊重儿童个性,在儿童自由和自发的活动中,帮助儿童智力的、精神的和身体的、个性的自然发展,满足他们的需要,从而更好地激发和促进他们按照自身规律获得自然的发展。蒙台梭利关于幼儿教育的目标和任务的阐述是:"激发生命,让生命自由发展,这是教育者的首要任务。"

"为了避免成为孩子正常发展的阻力,成人一定要保持顺应的态度,绝对不能盲目地、不合时宜地干预孩子。儿童需要成人的帮助,而不需要他们的灌注;需要成人的理解和尊重,而不需要他们的干预和支配。就教育的立场来说,成人所能做的就是为儿童提供一个良好的学习环境,满足孩子的内在需要,任由孩子在其中自由地选择,保证孩子不受干扰,使生命能够自然健康地发展。"因此,蒙台梭利课程由一系列操作实现,强调儿童的自我学习和自我纠正,顺应儿童生命力发展的自我需要,促进其自我发展。

二、生命独立成长

(一)生命独立成长理论

蒙台梭利所说的"成长"就是要使自己更有能力,而为了要使自己更有能力,生理和心理都必须要逐步地发展成熟。"生命独立成长论",实际上包含两层意思:一为"独立"是成长的主要目标——能成为一个独立的人,具有延续生命的能力;二为"独立"是成长的必备条件——各项生理、心理功能上的成熟。

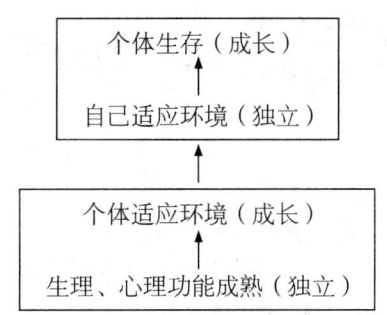

图3-1 蒙台梭利生命独立成长论示意图

从很小的年龄开始,儿童就希望能够独立。在3岁以前,他要经过五个里程碑式的阶段:一是在脐带被剪断时,个体独立于母体之外;二是六个月左右的断奶期,从母乳的供应中独立,能以大自然的食物生存,而不依赖母亲;三是一岁半到两岁半的行走,是第二次的出生,不必依赖任何成人,自己就可以到任何地方;四是语言的获得,使自己成为一个可沟通、能思考的人;五是从拒绝成人的协助中,成为一个独立自主的人。

儿童成长之路是儿童生理和心理功能不断完善的发展过程,其最终目标是形成独立的个体。个体只有真正独立了,才能靠着自己的努力,完成生命发展中所需要的各项活动。这一连串的过程,他人是无法替代的。

(二)非干预的教育

蒙台梭利的教育理论和方法是建立在较少（或尽量减少）干预儿童主动（或自发性）活动的基础上的。她的培养目标是：运用科学的方法，促进"人类的潜能"的发展，使他们能够独立思考、独立判断和独立工作，并能适应现代科学技术和工业发展的时代潮流，保持社会文明和科学进步，促进人类和平的强有力的新一代。哈佛大学教授霍姆斯（E.G.Holmes）于1913年2月4日给《时代教育增刊》的信中写道："蒙台梭利理论体系的精华是她对下面这个真理的有力论断（或再论断）：除非在自由的气氛中，儿童既不可能发展自己，也不可能受到有益的研究！"

蒙台梭利对旧式教育压抑儿童个性的做法给予了猛烈的抨击。她指出：旧式教育忽视了儿童发展的内在力量，把成人的思想、要求强加给儿童，对儿童横加干涉，压抑了儿童的本性，窒息了儿童创造力的发展。在旧式学校中最普遍的做法就是把儿童束缚在课桌椅上，儿童就像是被钉子固定的蝴蝶标本一样，这给儿童的身体、心灵都带来极大的痛苦，且不利于儿童智力的发展。她在书中这样写道："儿童是在学校里工作的。他们被关在学校里，和奴隶一般，受到社会强加的痛苦。……由于长时间关在狭小、闭塞的屋子里，整个身体被毁坏，好像被窒息了。"她又进一步分析说："儿童所受的痛苦不只是身体上的，在智力活动方面也遭受痛苦。学习是强制性的，充满了厌倦和恐惧，儿童的心智疲劳了，他们的神经系统倦怠了。他们变得懒散、沮丧、沉默、耽于恶习，对自己失去信心，毫无童年时期的快乐可爱的景象。"她发自内心地喊出："不幸的儿童！受压迫的儿童！"她大声疾呼："今天整个社会必须关心儿童，注意到儿童的重要性……必须为儿童建设世界，并承认儿童的社会权利。"她要求彻底改变旧式教育那种压抑儿童本性，限制儿童自由活动的做法。

在儿童的发展和对儿童的教育中，自由活动就具有至关重要的作用。蒙台梭利主张，教育者应当为儿童创造一个自由活动的环境，使儿童根据自己的内在需要从事各种活动，选择各项作业。只有在自由的活动中，儿童才能真正体验到自己的力量，从而获得不断发展的强大动力。她提倡新教育应让儿童过一种自然、自由的生活，成人尽量少去干扰儿童，而让儿童充分地自由活动。她要求新教育应本着自由的原则进行，要重视儿童发展的内在力量，在儿童的自由活动中促使其潜在能力得以提高。帮助儿童"独立"的要诀之一，就是"放手让孩子自己去做"。成人代替儿童完成任务的行为很残忍，不但剥夺了儿童学习的机会，也剥夺了他们的自尊。

第二节 心理胚胎期

蒙台梭利认为，儿童是一个发育着的机体和发展着的心灵，其连续的自然发展过程包括生理和心理两个方面。在生理方面，幼儿的个体不断发展，并使潜伏着的生命力量逐渐显现出来；在心理方面，儿童是一个"精神（心理）的胚胎"，幼儿不仅作为一种肉体存在，更作为一种精神而存在。在0~3岁这段时间，幼儿依靠他的环境，构筑起一个精神世界。

一、"心理胚胎期"

蒙台梭利所谓的"心理胚胎期"是和"生理胚胎期"相对而言的。在蒙台梭利看来，人和动物的一个重要区别是，人有两个胚胎期——生理胚胎期和心理胚胎期，而动物只有生理胚胎期。在生理胚胎期，人和其他动物一样，开始时一无所有，以后由一个细胞分裂为许多细胞，然后形成各种器官，并生长发育至瓜熟蒂落。心理胚胎期则是人类特有的，新生儿期就是从这个心理胚胎期开始。心理胚胎期既区别于儿童在母腹中的生理胚胎期，又不同于成人的心理活动，是儿童通过无意识地吸收外界刺激而形成各种心理活动能力的时期。

蒙台梭利认为，处于0~3岁的儿童，其心理胚胎期的心理发展与生理胚胎期的生理发展经历着同样的路线：从开始的一无所有，经过吸收各种各样的外界刺激，形成许多感受点和心理所需要的器官，逐渐表现出令人惊叹和不可思议的心理活动，显现出自己特有的个性，然后才产生了心理。

二、"吸收性心智"

（一）"吸收性心智"

蒙台梭利认为，在各个物种中甚至在昆虫中都存在着一种无意识心理。它驱使生物主动地吸收外界的养料，以满足自己生长的需要，儿童亦不例外。受生命潜能的驱使，所有儿童天生具有一种"吸收"文化的心智，他们因此能自己教自己。

在蒙台梭利看来，"心理胚胎"是婴儿出生时才开始发育，这时儿童的大脑空无所有，但它有一种积极地、能动地从周围环境中吸收各种事物的印象的能力。幼儿的精神生命独立于、优先于和激发所有外部活动，具有一种下意识的感受能力，积极地和有选择地从外部世界中进行吸收，成为他自己心理的一部分。因此，蒙台梭利把幼儿的心理称为"吸收性心智"。一个人在童年时期所获取和吸收的一切会一直保持下去，甚至影响其一生。

蒙台梭利观察到，从婴儿期开始，儿童就对每种经验具有很强的吸收力，而且这种吸收是直接的。在儿童吸收经验的过程中，心理就逐渐得到发展。所以，儿童直接从他所处的物理和社会环境中吸收经验的同时，发展了内部的精神力量。正如蒙台梭利所说："印象不仅仅进入他的心理，而且形成心理。它们被儿童纳入自己的体内，变成儿童自身的一部分。儿童创造了自己的'精神肌肉'，用于吸收从周围世界中积累的经验。我们把这种心理称作吸收性心智。"

根据蒙台梭利的观点，这一阶段是从出生到3岁，这时儿童处于无意识吸收阶段。此时的儿童通过感知觉和动作探索环境，同时学习所处文化环境的语言。儿童会记住这些经验，但他们自己没有意识到。也就是说，这些经验不能因儿童的使用需求而有意识地提取。蒙台梭利指出，"如果我们把成人心理称作有意识心理，那么必须把儿童（3岁以下）的心理称作无意识心理。但无意识心理并不一定是低级的。无意识心理可能是最富于智慧的。"

（二）环境是吸收的源泉

在蒙台梭利看来，"这一发现给教育界带来了一场革命"：其一，我们不应再把儿童视为一种弱小的生物，而应赋予儿童一种巨大的创造能力，他们正在进行着创造人的活动；其二，这种能力属于无意识心理，而只有通过活动、通过生活经验才能变为意识。因此，我们应意识到，儿童心理不同于成人，我们不能通过文字教学来达到目的，也不能直接干涉儿童所经历的从无意识到有意识的过程。蒙台梭利据此认定："教育并非教师教的过程，而是人的本能发展的一种自然过程。不是通过听，而是依靠儿童作用于环境获得的经验。教师的任务不是讲解，而是在为儿童设置的特殊环境中预备和安排一系列有目的的文化活动主题。""儿童教育所要求的第一件事就是为儿童提供一个能够发挥大自然赋予的力量的环境。"

蒙台梭利指出，正如作为生理胚胎的儿童的发育需要母亲的子宫这一特殊环境一样，作为心理胚胎的儿童的发展也需要一种相适应的特殊环境。这种特殊环境要求尽可能排除有害于生命力呈现的任何不利因素，要尽可能专门设置能满足儿童内在需要和兴趣的、能够诱发儿童自发学习、动作的环境。蒙台梭利特别强调儿童的学习室（教室）的设置，包括适应儿童力量和体形的桌椅、促进儿童感官发展和运动协调的教具，即按照物体属性的类别所设计的各种系列的分等级、分层次的程序教学材料，以及不断观察并及时给予指导的教师等。这样，可以使儿童获得知识技能和发展各种能力。

因此，蒙台梭利根据儿童6岁以前的敏感期与吸收性心智，创设了一种以儿童为本位的环境，让儿童自己生活。这个环境是"有准备的环境"，其意义并不仅仅只是环境，而是儿童不久将要面临未来世界及一切文化的方法与手段。在这个环境中必须充分发挥儿童的节奏与步调，儿童以其特有的步调感知世界，获得特有的节奏以成为他们人格的一部分，成人在复杂、多变的文化环境中生存时，必须愈加保护儿童特有的节奏或步调所需的环境；必须给儿童安全感，当孩子的身体感到危险时，用温柔、鼓励的眼神关爱孩子，才能使他们自由、奔放地行动；必须配备可自由活动的场所与用具，能让儿童持续接触东西——收集、分解、移动、转动、变换位置等，可自由活动的用具与场所必须具有美，美对儿童是非常具有吸引力的，儿童最初的活动欲是因美引起的，所以在儿童周围的物品，不论颜色、光泽、形状都必须具有美的感觉；必须提出必要的限制，儿童的周围不可有太多的教材或活动的东西，太多的东西反而使儿童的精神散乱迷惑，不知该选择何种教材或从事何种活动；必须有秩序，儿童会以秩序感为中心，运用智慧进行区分、类比的操作，将周围的事物加以内化；必须与整个文化有连贯性，能够独立专注于自己世界内活动的儿童，才能真正在下一个阶段的成人世界中活动。而秩序应表现于"有准备的环境"中与成人的文化世界相连贯。

蒙台梭利同样十分重视家庭环境和社会环境的影响，要求父母、成人改变对待儿童的错误观念和行为，呼吁社会关心儿童、保护儿童的权利。废除一切压制儿童个性和情感、摧残和折磨儿童身心的种种方法和手段，让儿童的"内在潜力"得以充分地展现和发展。

家庭中父母应创设孩子所需要的环境，提供能够让孩子发展的工具；发现孩子的意愿，让孩子自己去选择；在给孩子提供了合适的工具以后，应该给孩子示范这些工具的用法，动作应该缓慢，语言简单明了，让孩子学会自己感兴趣的内容，自由选择工作；衡量孩子的旧经验，运用各种方法来发现并引导孩子探索新事物的兴趣用这些工具；给孩子示范用法以外，还应该仔细观察孩子，并且诱发孩子自发性的活动；在孩子遇到困难的时候给予帮助，但是要记住，应该引导孩子自我发现错误、改正错误，而不是直接过去纠正孩子的错误。

现实生活中，很多成年人不能把幼儿想象成有智慧的人、能够学习的人。因此，蒙台梭利提出了一个真实的呼唤："发现儿童！"也就是说，更好地理解孩子的能力，重视孩子尚未被挖掘出来的潜质。蒙台梭利强调儿童内在的敏感性，儿童有一个能一直持续到5岁的敏感期，这个时期内，孩子能以惊人的方式从环境中感知印象。儿童是积极的观察者，他能够利用感官努力地去感知外部世界，但是这并不意味着他是像镜子那样去接受外界事物。真正的观察者是根据他的内在冲动，以某种感觉或特殊的兴趣来挑选他的感官对象的。被蒙台梭利称为"有吸引力的心灵"或"吸收性心智"能够帮助儿童自动、积极地选择、尝试、摸索，快速了解和学习新事物。儿童就是在"吸收性心智"的驱动下进行学习的，不仅与成年人的学习不同，而且速度惊人。儿童就是因为有这种能力，才会从"无"到"有"地奠定智力的基础。

第三节　发展的敏感期

敏感期是指生物在其发展过程中，对环境中某事物的感知极其敏锐，产生无法抗拒的冲动，而且相应器官的机能也急速发展的时期。从发展的观点出发，蒙台梭利认为，儿童是一个发育着的机体和发展着的心灵，儿童发展的时期是人一生中最重要的时期。儿童处在不断生长和发展变化的过程之中，在不同发展阶段儿童对某种事物或活动会特别敏感或产生特殊的兴趣和爱好，即发展的敏感期。儿童会主动地观察与模仿，学习也特别容易而有效，这些阶段是教育的最佳时期。

一、儿童发展的连续性

蒙台梭利把儿童看作是发展着的个体，儿童的发展是个体与环境交互作用的结果。由于儿童内在生命力的驱使或生理和心理的需要而产生一种自发性活动，从而不断地与环境交互作用而获得经验，积累经验，促进儿童生理和心理的发展，因此儿童的发展是一个连续的不断前进的过程。

在这一连续的发展过程中，前一个阶段的充分发展是后一阶段的基础，后一阶段的发展是从前各个阶段充分发展的积累和延续。这种发展随着儿童生命岁月的增长，从无意识逐步进行到有意识，从自发活动进到自由选择性活动。但是，儿童（包括成人）的无意识（或下意识）的自发活动在发展进程中始终存在着，只是生命的本能冲动在逐步减少，而心理的内在需要在逐步增加。

蒙台梭利强调儿童早期的环境经验对于以后阶段发展的重要性，尤其是对于儿童智力发展的重要意义。她在"儿童之家"解决贫民儿童饱受"文化剥夺"问题的教育改革实验研究中，得出了重要的结论："特别重视丰富儿童的早期经验，重视儿童早期教育。"这一论断的正确性已为当代心理学所肯定。

二、儿童发展的阶段性

蒙台梭利用发展的观点看待儿童,她认为儿童处于一个不断发展的过程中,这种发展又呈现出阶段性。在发展的每一阶段,儿童的生理、心理和社会性的特点都和前一阶段不同,而每一阶段的发展又为下一阶段的发展打下基础。以当时心理学研究成果为依据,蒙台梭利研究了儿童发展的阶段性及其特征,并指出了与此相联系的各阶段教育的重点。

第一个时期:0~6岁是儿童个性形成的最重要时期。出生头3年是心理的胚胎期,儿童不能接受成人的任何直接影响。后3年才是儿童个性的形成期,儿童仍然保持相同的心理类型,但开始在某些方面能够接受成人的影响。

第二个时期:6~12岁是儿童增长学习能力和艺术才能的时期。儿童成长的特点是稳定性,开始具有抽象思维的能力,产生道德意识和社会感。这时教育的重点由感觉练习转向抽象的智力活动。

第三个时期:12~18岁是青春期。这一时期变化之大使人回想起第一个时期。它又可以分成两段:12~15岁和15~18岁。这一时期的人不仅在生理上有许多变化,身体达到完全成熟,而且有理想,产生爱国心和荣誉感,能根据自己的兴趣探索事物。因此,可以对他们进行像成人那样的宣传教育。

三、儿童发展的敏感期

蒙台梭利通过蝴蝶幼虫的择食来阐释敏感期,她描述了这样的实验:某种蝴蝶刚孵化出来的幼虫最初不吃厚硬的树叶而只吃小树枝顶端的嫩芽,原因并不是它生而知之所需的嫩芽位于树枝的顶端,而是因为它生来最初的日子里对光有一种强烈的感受性,这种对光的强烈的感受性自然地引导幼虫以独特的方式爬往明亮的地方,最后到达树枝的顶端,从而得以享用嫩绿的幼芽。但是,当蝴蝶的幼虫对光的敏感消失了,即蝴蝶幼虫对光的敏感时期结束后,它就可以啃吃较为厚硬的树叶了。蒙台梭利认为,幼儿的发展也有敏感期,在这个时期里,如果儿童处在适当的环境之中,便可以于无意识之中悠然自在地掌握某种能力,如果错过了这一时期,即使付出数倍的努力也不一定能有满意的成就。

(一)敏感期的划分

1. 敏感期的含义

受荷兰生物学家弗雷斯的影响,蒙台梭利把感觉训练和智力发展作为研究的重点。她从生物学在动物实验中发现"敏感期"得到启示,认为儿童与各类生物一样,在发展的过程中对特殊的环境刺激都有一定的敏感时期,从而观察和研究儿童各年龄阶段的感觉活动及其心理特征。

蒙台梭利解释儿童心理发展过程中"敏感期"的含义是:在不同发展阶段,儿童表现出对于某种事物或活动特别敏感或产生一种特殊的兴趣和爱好,学习也特别容易而迅速,是教育的最好时机。但是,这种现象经过一定时间便随之消失。这种情况和生长现象密切相关,并和一定的生长阶段相适应。当某种敏感期出现时,儿童就表现出对一定目标和操练的特殊兴趣,并表现为一种"精神饥渴",它驱使儿童长时间地重复某种练习,并最终能自如地对付和学习其特殊敏感性所及的事物。她说:"正是这种敏感性,使儿童用一种特有的强烈程度去接触外部世界。在这时期,他们对每样事情都易于学会,对一切都充满了活力和激情。"而人的智力发展正是建立在幼儿敏感期所打下的基础上的。

2. 敏感期的划分

蒙台梭利根据对儿童的观察与实验,区分出儿童发展过程中的九大敏感期。

(1)语言敏感期(0~6岁)。幼儿开始学习说话,他所获得的语言是儿童从周围环境中听到的。当他说第一句话时,并不需要为他准备任何特殊的东西。幼儿开始是喁喁学语,然后说单词,接着将两个单词组成句子,再就是模仿更复杂的句子。这些阶段是以连续的方式出现的,而不会截然分开。在蒙台梭利看来,语言能力的获得和运用,是幼儿智力发展的外部表现之一。

学习语言对成人来说,是一项令人头疼的大工程。但是,对儿童情况则完全不同!儿童能够很容易地学会母语,正是因为儿童具有自然所赋予的语言敏感力。

(2)秩序敏感期(2~4岁)。这是幼儿的一种内部的感觉,以区别各种物体之间的关系,而不是物体本身。儿童需要一个有秩序的环境来帮助他认识事物、熟悉环境。一旦他所熟悉的环境消失,就会令他无所适从。蒙台梭利在观察中发现，儿童会因为无法适应环境而害怕、哭泣，甚至大发脾气，因而确定"对秩序的要求"是幼儿极为明显的一种敏感力。儿童的秩序敏感力常常表现在对场所、顺序、所有物、生活习惯和约定的要求上。蒙台梭利认为，如果成人未能提供一个有序的环境，儿童便"没有一个基础以建立起对各种关系的知觉"。当孩子从环境中逐步建立起内在秩序时，智能也会逐步建构。

（3）感官敏感期（0~6岁）。儿童从出生起，就会借着视觉、听觉、嗅觉、味觉、触觉五种感官来熟悉环境、了解事物。3岁前，儿童通过潜意识的"吸收性心智"吸收周围事物，3~6岁则是具体通过感官判断环境里的事物。因此，蒙台梭利设计了许多感官教具用来敏锐儿童的感官，引导儿童产生智慧。

蒙台梭利要求提供给儿童的东西不仅真实、自然，而且要符合幼儿年龄及身高的尺寸。成人必须保护幼儿能专心地以五种感官知觉去操作这些教具，精练这些技巧。

（4）细节敏感期（1.5~4岁）。儿童的注意力往往集中在最小的细节上。这表明儿童的精神生活的存在，以及儿童和成人具有两种不同的智力视野。忙碌的大人常会忽略周边环境中的细小事物，但是儿童却常能捕捉到个中的奥秘。

（5）动作敏感期（0~6岁）。这是在儿童的发展中最容易观察到的一个敏感期。儿童行走的第一步，通常标志着他从1岁进入2岁。这时候，似乎有一种无法抗拒的冲动驱使幼儿去行走。儿童通过个人的努力学会走路，并逐渐取得平衡和获得稳健的步伐。

2岁的儿童已经会走路，这个年龄是活泼好动的最活跃时期，成人应让儿童充分运动，使其肢体动作正确、熟练，并促进左、右脑均衡发展。除了大肌肉的训练外，蒙台梭利更强调小肌肉的练习，即手眼协调的细微动作教育。这不仅能帮助儿童养成良好的动作习惯，也能帮助其智力的发展。

（6）社会规范敏感期（2.5~6岁）。2岁半的儿童逐渐脱离以自我为中心，而对结交朋友、群体活动有了明确倾向。这时，成人应与儿童建立明确的生活规范、日常礼节，使儿童日后能遵守社会规范，拥有自律的生活习性。

（7）手的敏感期（3.5~4.5岁）。儿童会朝着外界的物体伸出小手。这个动作的最初动力代表儿童自我要进入外部世界之中。在1岁半至3岁之间，儿童经常抓握物体，特别喜欢把东西打开，随后又把它关上。蒙台梭利认为，正是通过手的活动，儿童才能发展自我，发展自己的心灵。随着年龄的增长，儿童的手将能按照他所看到的成人那样，以一种清晰的合乎逻辑的方式行动。

手是儿童认识世界的工具，通过书写，儿童可以将个人思想用文字的方式表达出来。书写包括了一连串复杂的动作，儿童在写字之前必须具备一些技能。通过日常生活及感官教具的练习，可以增进儿童大小肌肉的控制能力，间接地发展握笔和书写的能力。

（8）阅读敏感期（4.5~5.5岁）。虽然儿童的书写与阅读敏感期出现较迟，但如果儿童在语言、感官、肢体动作等敏感期内，得到了充足的学习，其书写、阅读能力便会自然产生。

（9）文化敏感期（6~9岁）。蒙台梭利指出儿童对文化学习的兴趣萌芽于3岁，到了6~9岁则出现探索事物的强烈欲望。因此，这时期"孩子的心智就像一块肥沃的田地，准备接受大量的文化播种"。成人可在此时给儿童提供丰富的文化资讯，增加儿童的文化知识。

蒙台梭利关于敏感期的论述有重要的意义。首先，她的有关思想充分肯定了幼年期在人的发展过程中的价值，为早期教育的重要性找到了科学的依据。其次，她提出了教育和学习的最佳时机问题，预见并激起了研究儿童学习准备状态的兴趣。这些问题后来成为教育心理学家研究的主要课题，并成为教学法的重要基础。

（二）敏感期的教育

1. 敏感期的价值

蒙台梭利对敏感期的教育价值给予了极大的重视。蒙台梭利认为，儿童发展的各种敏感期与儿童的智力发展有密切的关系，在儿童发展的敏感期内为他们提供适宜的环境，便可以极大地促进儿童智力的发展。蒙台梭利形容"经历敏感期的儿童，其无助的身体正受到一种神圣命令的指挥，其小小心灵也受到鼓舞"。敏感期不仅是儿童学习的关键期，也是影响其心灵、人格发展的特殊时期。因此，成人应尊重自然赋予儿童的行为和动作，并提供必要的帮助，以免错失一生仅有一次的特别生命力。

蒙台梭利认为，把学习的难易程度归因于事物本身的复杂程度是不正确的，实际上，某种学习的难易程度应该取决于它和儿童该能力发展的敏感期。因此，成人必须随时留心观察儿童的实际生活及其表现，发现和把握儿童在各个阶段出现的各种心理现象，并及时地进行引导、帮助和鼓励，否则将对儿童的发展造成难以弥补的缺陷，会由于没有了某些特殊才能而终身遗憾。正如福禄培尔所指出的：我们对于儿童的帮助不宜过多、过早、过快，也不宜过少、过迟、过慢，应不失时机和恰如其分。蒙台梭利提出的"敏感期"概念，为她的感官训练和感觉教育提供了理论依据。

2. 敏感期的差异性

蒙台梭利认为敏感期的出现对于同一年龄的儿童来说也存在着个别差异，把敏感期的出现仅仅看成是与年龄增长有关的现象也是不正确的。因此，不应要求教师按照安排好了的教学计划将预定的内容在预定的时间内强塞给儿童，而是应该开发更有效、更有趣、适合儿童敏感期特点的学习内容和学习速度；不应要求教师按一样的标准要求所有的孩子，而是应该以每一儿童自发的学习为中心，重视每一孩子的个性特征，重视对每一孩子的个别辅导。在蒙台梭利眼里，环境是一个重要的因素，是儿童心理发展的必要条件。

3. 敏感期的暂时性

蒙台梭利还论述了敏感期的暂时性，认为敏感期是一种与成长密切相关的现象，并和一定的年龄相适应，它只持续一段短暂的时期，只要消失就永远不可能重新出现。由此，蒙台梭利认为，如果不能有效地利用敏感期而虚度这一时光，则宝贵的敏感期就会在未成熟的状态下稍纵即逝，造成儿童发展方面的种种障碍，使其无法达到完全的发展。

在敏感期内，只要环境与儿童对某种敏感事物的要求协同一致，这种能力就会自然地、完美地发展；而如果环境与儿童对某种敏感事物的要求相背离，这种能力就不会得到良好的发展。如果幼儿在心理发展过程中，遇到一个有敌意的和不相容的环境，加上成人的盲目压抑和干涉，往往会在人们毫无知觉的情况下出现各种心理畸变：幼儿会坐立不安地乱动，表现出心灵神游的现象；幼儿过分依附于成人，使自己的创造性能力衰退；幼儿把自己依附于某种物质的东西，表现出强烈的占有欲；幼儿的权力欲使他想通过利用成人，以满足自己无止境和变化无常的欲望；幼儿会产生沮丧和缺乏自信的情绪，表现出自卑感；幼儿会出现说谎的现象，等等。在幼儿身上，这些心理畸变并不是孤立存在的。由于随着一种心理畸变的产生，往往又会产生另一种相关的心理畸变，因此，在一个幼儿身上就可能会同时出现几种心理畸变的情况。因此，蒙台梭利要求教育工作者善于辨别环境是否适应了某种敏感能力的要求，从而更有效地利用各种敏感期。

蒙台梭利把儿童的发展解释为在先天的因素与环境相互作用的过程中生命潜力的不断展现，揭示了这种发展过程的动态性、节律性和阶段性的特征，强调了主体的能动性在发展过程中的作用，并主张根据儿童发展的阶段性特征采取相应的教育方式。这些思想不仅在当时具有革新的意义，至今仍有其合理性。但是，蒙台梭利受其宗教世界观和当时的科学发展水平的限制，有把儿童生命本能的作用夸大和神秘化的倾向，过高估计了儿童的自塑能力，并把这种能力视为某种先天的东西，显然反映了蒙台梭利世界观的局限性。

第四节 蒙台梭利幼儿心理学基础

随着20世纪心理学研究的兴起与发达，幼儿教育逐渐受到儿童发展与学习理论的启示。心理学研究中对幼儿教育影响最为深远的有以下七个学说。

一、皮亚杰理论

第一，幼儿的心理结构在质的方面与成人不同，幼儿并非小成人。

第二，幼儿是主动的学习者，成人无法将知识传授给幼儿，知识必须通过幼儿自身的活动来进行探索与建构，动作可以帮助心智的发展，而心智又更新下一个动作的表达方式，两者为一种循环的关系。

第三，真正持久而稳固的学习，有赖于智能结构的重建，如果必要的智能结构没有出现，便不是真正的学习，而且不会持久。

第四，人类智能的发展可区分为4个阶段：感觉动作期(出生至2岁)；前运算期(2~7岁)；具体运算期(7~12岁)；形式运算期(12岁至成年)。

第五，所有儿童的智能发展都遵循一定的顺序，但是每个人所经历的年龄不一定完全相同。

第六，幼儿的心理结构能从较低层次发展至较高层次，主要是受四个因素影响：成熟、经验、社会行为的互动、平衡。

第七，认知功能包括"组织"与"适应"智能的发展，是依据组织与适应这两种与生俱来的功能而发生的，二者同属一种机械作用的两项互补历程。"组织"代表机械作用的内在方面，是指整体在与环境互动的过程中，其心理结构由简单的看、触摸、命名而重新建立高层次的心理结构，个体因此建构属于自己的系统来考虑这个世界。"适应"建构机械作用的外在方面，是指个体受环境限制而不断改变认知结构，以求其内在认知与外在环境经常保持平衡的历程。

第八，个体在适应时，会有同化及调整两种彼此互补的历程。同化是指个体以其既有的认知结构为基础，去吸收新经验；调整是指个体遇到新的情境，原有的认知结构不能适应环境要求时只得改变原有的认知结构，来适应环境要求。

第九，知识可分为如下3种形式：(1)物理的知识，是指物体的特性和物理作用，此种知识可以通过直接经验与观察而获得，如物体的大小、形状、颜色等。(2)逻辑数学的知识，是指物体间的关系，例如分类、序列、数字等，这种知识在7到12岁之间的儿童才会充分发展。(3)社会知识，是指与社会有关的文化习俗，如语言音乐，这一类知识通过语言示范传递的。

第十，幼儿园的幼儿属于前运算期的直觉阶段，此阶段的幼儿是以直觉方式推理，而非逻辑的思考，这些幼儿具有下列特征：(1)不理解事件发生的次序；(2)不能解释事件的因果关系；(3)不能理解数字之间的关系；(4)不能精确地了解说话者的真正意思；(5)不理解规则，不善于思考整体与部分的关系。幼儿在幼儿园期间学习什么，用什么方式学习是受智能和心智发展限制的。

第十一，幼儿的道德认知。道德的发展与认知能力的发展齐头并进，强调道德认知是以个体认知结构为基础的自然发展，皮亚杰将道德认知的发展分为3个时期。

（1）无道德期，5~6岁儿童，这个年龄段的孩子，表现为规则意识很有限，倾向于盲目服从，由于智能结构的限制，使他们不善于从另一个角度来思考事情。

（2）他律期，5~8岁儿童，这个年龄段的儿童逐渐有规则意识，但认为规则是不可改变的，他们相信一个人行为的对错以及是否受到惩罚，取决于是否遵守规则。

（3）自律期，7~12岁儿童，这个年龄段的儿童不再盲目服从权威，他们认为一个人行为的对错，除了要看行为的结果，也要考虑当事人的动机作为判断的标准。

二、布鲁纳理论

布鲁纳是一位认知发展学论学者，他提出教学的理论，以促进儿童的认知发展为最终目的，他认为儿童的认知发展会经过3个阶段。

（1）动作的阶段。幼儿从出生到两岁左右，多靠身体的动作去了解周围的世界，从倾听、走路、观看、品尝、触摸等感觉中获得知识，探究的最好方式就是从游戏开始。

（2）形象的阶段。3~5岁的幼儿能够利用影像、图片、模型等来学习。

（3）符号的阶段。6~7岁以后，幼儿能够运用抽象的符号吸取知识，而且也可以运用文字、数字、图形来表示。布鲁纳认为，求知是一种过程，而非结果，他主张采用发现教学法，让学生自己有尝试和探索的各种机会，使儿童操作各种教材处理冲突的问题。布鲁纳和皮亚杰一样，强调幼儿学习的目的不在于结果而在于过程。布鲁纳提出："任何一门学科，都可以利用某种心智上真实的方式，有效地教给任何发展阶段的任何儿童。"若能适合儿童的发展，儿童就可以学习任何学科和教材。

三、弗洛伊德心理分析论

弗洛伊德是心理分析论的创始者，他认为基本的人格构架是在幼儿5岁之前建立起来的。幼儿5岁之前的亲子关系及父母的教养方式会影响幼儿一生的发展。

1. 人格结构

弗洛伊德认为，人格是一个整体，这个整体是由三部分构成。

（1）本我

人格结构中最原始的部分，如饥渴和性冲动。弗洛伊德认为，新生儿的人格结构是由本我的原始冲动组成，例如，婴儿肚子饿的时候会哭闹要喝奶，如果欲望被满足就会停止哭闹。"本我"是人受到享乐原则所支配的。

（2）自我

人格结构中合乎理性，有计划有组织的部分。它主要的功能在于帮助个体适应现实人生中的挫折，控制本我本能的冲动，以及调节本我与超我之间的冲突。弗洛伊德指出，自我是在婴儿出生后至第二年之间逐渐由本我分化而来的，基本上自我是受现实原则所支配的。

（3）超我

在人格结构中，超我是自我和本我的监督者，是受行为规范和道德准则所约束的。这是人格结构中居于管制地位的最高部分，是由于个体在生活中接受社会文化道德规范的教养而逐渐形成的。超我有两个重要部分：一为自我理想，是要求自己行为符合自己理想的标准；二为良心，是规定自己行为免于犯错的限制。因此，超我是人格结构中的道德部分，从支配人性的原则看，支配超我的是完美原则。

人格结构中的这三个层次相互交织，形成一个有机的整体。它们各行其责，分别代表着人格的某一方面：本我反映人的生物本能，按享乐原则行事，是"原始的人"；自我寻求在环境条件允许的条件下让本能冲动能够得到满足，是人格的执行者，按现实原则行事，是"现实的人"；超我追求完美，代表了人的社会性，是"道德的人"。

在通常情况下，本我、自我和超我是处于协调和平衡状态的，从而保证了人格的正常发展。如果三者失调乃至破坏，就会产生心理障碍，危及人格的发展。

2. 佛洛伊德人格发展理论中人格发展的5个时期

（1）口腔期（oral stage，0~1岁）

原始欲力的满足，主要靠口腔部位的吸允、咀嚼、吞咽等活动获得满足。婴儿的快乐也多得自口腔活动。此时期的口腔活动若受限制，比如不让婴儿吮吸手指或乳头，可能会留下后遗性的不良影响。成人中有所谓的口腔性格，可能就是口腔期发展不顺利所致。在行为上表现贪吃、酗酒、吸烟、咬指甲等，甚至在性格上悲观、依赖、洁癖者，都被认为是口腔性格的特征。

（2）肛门期（anal stage，1~3岁）

原始欲力的满足，主要靠大小便排泄时所产生的刺激快感获得满足。此时期卫生习惯的训练，对幼儿而言是关键。婴幼儿时期过于严苛的排泄训练，而不是遵循幼儿的自然排泄规律，可能会留下后遗性的不良影响。成人中有所谓的肛门性格者，在行为上表现冷酷、顽固、刚愎、吝啬等，可能就是肛门性格的特征。

（3）性器期（phallic stage，3~6岁）

原始欲力的需求，主要靠性器官的部位获得满足。此时幼儿对自己的性器官产生好奇，幼儿在此时期已能辨识男女性别。

（4）潜伏期（latent stage，7岁至青春期）

7岁以后的儿童，兴趣扩大，由对自己的身体和父母感情，转变到周围的事物，故而从原始的欲力来看，呈现出潜伏状态。此时期的男女儿童之间，在情感上较以前疏远，团体性活动多呈男女分离趋势。

（5）两性期（genital stage，青春期以后）

此时期开始时间，男生约在13岁，女生约在12岁，此时期个体性器官成熟，生理上与心理上所显示的特征，两性差异开始显著。自此以后，性的需求转向相似年龄的异性，开始有了婚姻家庭的意识，性心理的发展日渐成熟。

3. 弗洛伊德的"冰山理论"

弗洛伊德认为：人的心理活动好比漂在大海上的一座冰山，人所觉察到的意识只不过是露出海面的那一小部分，潜藏在海平面下的那一大部分则是人的潜意识。发生在很久以前曾引起过情感强烈波动的一些生活事件，表面上似乎被遗忘了，实际上并未从记忆中消失，只不过被压抑到潜意识中。与这些事件相伴随的被压抑的情感，并未善罢甘休，而是蠢蠢欲动，造成各种心理冲动，可影响个体行为，或成为患病的原因。让病人通过自由联想，回忆过去遭受情绪创伤时的情景，重新体验当时的情感，使被压抑在潜意识中的心理活动得到"发泄"，并对它进行分析可使病人痊愈。弗洛伊德发现病人在自由联想过程中时常回忆和报告他们所做的梦。他认为人们的梦往往是不受检查的，代表着觉醒时被压抑的欲望满足，通过梦易于暴露潜意识的活动。他教病人从所梦的情节开始自由联想，以便较快地挖掘出隐藏在潜意识深处的情结（complex）。这种儿童时代的幻想代表了当时没有得到满足的愿望，所以必须通过自由联想和梦的分析找出幼时影响情绪较深的事件，疾病才能得到根治。

弗洛伊德把研究梦的结果和提出的解释写成《释梦》（1901年）一书，说明被压抑的欲望对日常生活的影响。对许多心理或病理现象进行了分析和推理，形成了精神分析学说。在他的学说中，引起了潜意识、欲望、压抑、欲力（力比多libido）、冲突、本我、超我等概念，成为说明人类心理、行为、正常或变态的心理学理论。

4. 弗洛伊德将心理活动解剖为三个层次：意识、前意识、潜意识

（1）意识（consciousness）

这是当前注意到的心理活动，感知外界的条件刺激。意识活动是遵循"现实原则"（principle of fact or reality）来行事的，即合乎社会规范和道德标准的各种观念才能进入意识界。

（2）前意识（preconsciousness）

这是当前未曾注意到，但一经他人提醒或自己集中注意、努力回忆即可进入意识的心理活动，介于意识与潜意识之间。潜意识内的观念首先进入前意识才能到达意识界。前意识的作用是保持对欲望和需求的控制，使其尽可能按照外界现实要求和个人的道德来调节，是意识和潜意识之间的缓冲。

（3）潜意识（unconsciousness）

又译成无意识，是不能被人意识的。正常人的大部分心理活动是在潜意识中进行的，大部分的日常行为是受潜意识驱动的。一个人如果把生活中所有的愉快的或不愉快的信息或经验都保存在意识领域中，那是承受不住的。于是，那些为自己的道德理智所不容的欲望就被排挤到潜意识领域中，这一过程被称为压抑（repression）。潜意识里的心理活动内容包括人的原始的盲目的冲动，各种本能活动和被压抑的愿望。按弗洛伊德的观点，被压抑的愿望主要是与幼儿时期性发育过程中的创伤性经验有关。潜意识是人类心理原动力所在，其活动是遵循"享乐原则"（principle of pleasure）。因此，这些活动的内容、观念或欲望如要进入意识，就要受社会道德标准的检验而遭到拒绝。如不闯入意识界，就得不到满足。然而，人的一切活动都是以满足其愿望或欲望为前提的。为了使这些被压抑的观念或欲望能出现在意识中，只能乔装打扮，变相出现而获得间接满足。梦就是以这种形式来获得愿望的满足。潜意识的概念是弗洛伊德学说的基础，而对梦的研究则是了解潜意识活动的有效方法。

5. 弗洛伊德对他的学说作了修正和补充

他所指的欲望主要是指力比多（libido）即"性力或欲力"，一种有很大动力的本能。凡能引起快感满足自己需要的活动皆属于"性（欲）力"的活动。人生下来就开始了"性"的活动，从母亲的乳头或人工乳头中满足了饥渴的需要。从出生到一岁半左右主要从刺激口腔的部位得到快感，称为口欲期。以后随着年龄的增长，性欲的部位和感觉也有了改变。一岁半至2岁时期，多半从自身大小便中得到快感满足，称为肛欲期。3岁至5岁，儿童开始注意两性之间的差别，而转入性器官欲期。6岁至12岁，儿童的性力从自己的身体转移到外界：学习和游戏，这一时期称为潜伏期。最后到青春期就进入两性期。弗洛伊德把性力的顺序发展作为人格发展的动力。婴儿从母亲的乳房和爱抚拥抱中得到满足，如果婴儿失去母爱就会在人格上发生倒错。在幼儿期男孩因爱母而仇父，形成恋母仇父情结，即所谓俄狄浦斯情结（Oedipus complex）。俄狄浦斯是古希腊神话中的人物，他杀了他的父亲，娶了他母亲，犯了杀父、乱伦两种罪恶。俄狄浦斯原来是一个弃儿，并不知道他杀的娶的是他的父母，弗洛伊德使用这一术语并不恰当，仅是说明幼儿如产生这种念头和行为是不为大人所允许的，于是就把这种欲望压抑到潜意识层去形成情结。情结是指在潜意识层中挟有情感力量的一组观念。如果欲力在前三个时期中得不到满足，人格的发育就会受阻而停滞在这个阶段。因为这时期性欲的目的和对象都是错的，所以影响了他的人格的发展，至成年期成为性倒错者。弗洛伊德以欲力的动力变化说明人格的发展，所以他的学说称为精神动力学说。

四、埃里克森的心理社会发展论

埃里克森为当代心理分析大师之一，他以弗洛伊德的理论为基础创新一种新的心理社会发展论。尤其在幼儿教育方面贡献重大。他认为，人在经历每个发展阶段时受到的文化与社会的影响，会形成某些重要的基本行为态度。在任何阶段，如果发生社会适应的困难，那么在心理上就会产生心理危机，并阻碍将来的发展。他将人生分为八个阶段。以下简略说明0~6岁幼儿的三个阶段。

1. 信任和不信任

0~1岁半幼儿，人格发展第一阶段的主要任务是培养婴儿的信任感。使他对人产生最基本的信任。母亲或母亲替代人，若适时适量地满足婴儿的要求，对母亲产生信任会扩展为对周围人的信任。

2. 活泼主动和害羞怀疑

1~3岁半幼儿，此阶段的主要任务为培养幼儿的自主性。当孩子开始尝试说话、走路时不随意责骂或惩罚，有利于幼儿培养自主意识。

3. 积极进取和愧疚罪恶

3~6岁幼儿，幼儿的重要发展是主动探索外在的环境事物，表现出好奇心和创造性。如果幼儿的主动探索常受到限制和阻止，幼儿可能产生退缩的心理。如果积极鼓励，幼儿会形成积极进取意识。

五、马斯洛的人本心理学

马斯洛的人本心理学强调个人基本上是统一的个体，生命的意义在于自我的实现。人本主义理论强调人的尊严和价值。促使幼儿教育者注意到幼儿整体的发展，及各方面潜能的实现，同时也注意到幼儿的感觉和关系为中心的情感教育。马斯洛的需求层次论：生理需求、安全需求、爱与隶属需求、尊重需求、自我实现需求。

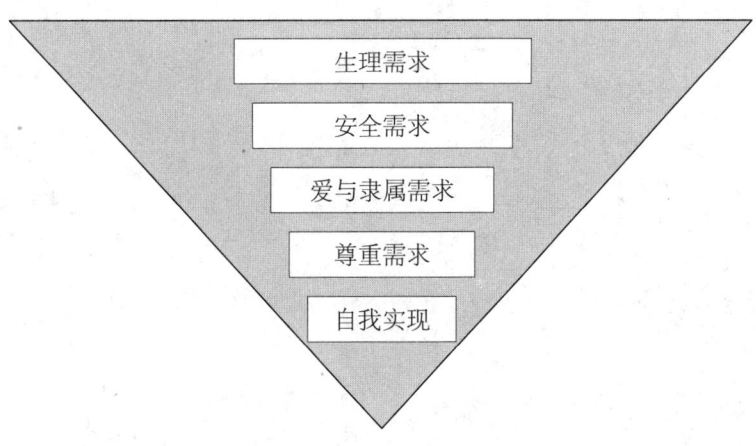

图3-2 马斯洛的需求层次论

六、班杜拉社会学习论

班杜拉是行为学派学者。他提出行为主义过于重视外在强化作用的控制，而忽略个体对其行为的自主性与社会因素，于是从交互决定论的观点提出社会学习论。班杜拉认为，行为的学习除了通过幼儿本身的直接经验外，间接经验也扮演十分重要的角色，幼儿在行为上的学习大多通过模仿和观察获得。

七、蒙台梭利心理学

蒙台梭利是意大利的教育家，她的教育思想融合了哲学与科学，受心理学影响，下面就是蒙台梭利心理学的重要理论。

吸收性心智，年龄：0~6岁的幼儿。幼儿的心智与成人不同：成人和所获得的知识之间是分离的，幼儿学习到的东西会融进其人格，对将来的心智的发展是有所影响的。

吸收性心智，可以从弗洛伊德心理解析的三个层次解说。

（1）0~3岁儿童处于无意识，它是与生命冲动相依存，是幼儿园环境互动的原始力。

（2）3~6岁儿童处于潜意识，是通过这些互动经验而建立的一种心智状态。

（3）6岁以上儿童处于意识，是由幼儿逐渐苏醒的意识建立起来的。

 思考与延展

1. 简述蒙台梭利儿童生命自然发展的观点及其启示。
2. 简述蒙台梭利心理胚胎期的观点及其启示。
3. 简述蒙台梭利"吸收性心智"的观点及其启示。
4. 简述蒙台梭利儿童发展的连续性与阶段性。
5. 述评蒙台梭利儿童发展的敏感期。

第四章

蒙台梭利的教师观

第一节 蒙台梭利式教师的角色

在蒙台梭利看来，教师是儿童的观察者和引导者，主要职责是给幼儿准备一个适宜的环境，给他们开个头和作些必要的指导就够了，其余的应该让幼儿自己去发展。她说："应用我的方法，教师教得少而观察得多；教师的作用在于引导儿童的心理活动和他们的身体发展。"基于这一点，她把教师的名称改成指导员。

蒙氏教师扮演的角色与传统教师不同。在传统教学中，教师的主要任务是将知识和技能传授给幼儿，所使用的教具具有辅助性，主要由教师使用；而蒙氏教师必须是受过专业培训的，对蒙氏教学法的理论和实践有着深入的了解与体会。蒙台梭利要求蒙氏教师让幼儿自己去接触教具，教师则成为幼儿与教具之间的桥梁，如此蒙氏教师与幼儿间便建立了一种新的师幼关系。

一、教师是观察者

（一）教师观察的重要性

教师的观察研究及其成果是设计、安排和不断改进与更新教具材料及其正确地进行指导的基础和依据，也是激励和促进教师更加热爱儿童，热爱幼儿教育事业，不断改进、提高、日臻完善的动力。这是一种经常性的、极其复杂和艰巨的工作，教师必须具有坚强的意志、耐心、毅力和科学家的求实与献身精神。蒙台梭利善于观察和研究儿童，向"儿童学习"，坚持不懈，耐心细致，发现问题能及时改进，这是她取得惊人成就的原因。她的主要教育著作都是她一生中长期观察研究儿童和进行改革实验的成果。

（二）教师观察的要求

幼儿教师应是一位观察者，他必须以科学家的精神，运用科学的方法去观察和研究儿童，揭示儿童的内心世界，发现童年的秘密。但是，教育科学的观察研究不同于一般科学，它的对象不是物而是人，是富于情感和有思想的活生生的人，特别是活泼好动的儿童，其目的是激发儿童的生命活力、培养和发展其个性，使之成为适应现代社会和科学技术发展的独立自主的人。因此，蒙台梭利强调必须在自然条件下，在儿童的自由活动中去观察研究"自由儿童"及其表现，而不是在"实验室"或在特殊控制下的儿童。

蒙台梭利还指出，人是社会的产物，教师不仅要观察研究儿童本身及其表现，而且要了解家庭和周围环境对他的影响。她着重指出，如果要使你对儿童的观察研究获得的结果准确、可靠，结论合乎科学，最重要的是必须与儿童保持亲切友好的合作，因此，教师要关心儿童，热爱儿童，尊重儿童的个性，经常与儿童在一起生活和工作。蒙台梭利在国立特殊儿童学校以及罗马的圣罗伦佐"儿童之家",都是整天和儿童在一起。

二、教师是指导者

(一)指导者角色

蒙台梭利认为教育不是教师自上而下的教授,而是教师协助儿童自下而上地自我发展。从这种教师观出发,蒙台梭利把"儿童之家"的教师称为"指导员",而不是"教师"。幼儿教师必须是一位明察秋毫、反应敏锐、冷静沉着、精明能干,有教育艺术才能的、儿童活动的自觉指导者。

作为儿童活动的指导者,蒙台梭利式教师应承担以下四种角色。一是环境的提供者,在蒙台梭利看来,由于儿童是在吸收环境的过程中发展的,所以教师应为儿童提供适当的有准备的环境。有准备的环境主要由两个部分构成,即物质环境和人文环境。物质环境主要是指蒙台梭利教具,各种符合儿童尺寸的室内设施以及教师自制的各种教学材料;人文环境则主要是指各种有价值的人类的文化遗产。二是示范者,在儿童自我选择、使用教具材料之前,教师首先为孩子示范教具的正确操作方法。教师对教具材料作简单的介绍、示范时,话要简短、明确、客观,内容必须是直接涉及要解决的问题,不讲不必要的话。当孩子模仿出现错误时,教师不要直接告诉孩子,而是再一次示范或引导选择另一个新的教具。三是观察者,教师随时观察孩子的行为,"以不带成人偏见的眼光来看孩子"。在儿童摆弄和操作物体的时间里,教师的主要职责是了解儿童的自由表现,观察儿童对教具材料的兴趣及兴趣持续的时间,甚至还要注意他的面部表情。观察的目的在于了解儿童的发展和需要,然后以此来提供适宜的环境。四是支持者和资源者,蒙台梭利认为儿童发展是通过吸收环境而自我达到的,但同时也强调教师是儿童发展的支持者和资源者,离开了教师的协助,儿童的发展难以实现,孩子需要时,教师会随时出现在孩子的身边,成为孩子情感的支持者和学习活动的最佳资源。

(二)蒙台梭利式教师的指导要求

1. 要准备好环境

把教室布置得美观、大方、整洁,一切陈设(包括教具)秩序井然,符合儿童的心理特点;提供的教具材料依等级、层次、类别存放在固定的橱柜架上,方便儿童取用。

2. 让儿童平静下来

教师引导儿童自由选择一种与自己心理发展水平相"匹配"的作业,在开始的阶段教师必须指导,随后儿童可以根据自己内在的兴趣和需要自由选择适当的教具,教师的指导逐步减少,或只限于年龄较小的儿童。

3. 指导儿童独立操作教具材料

此时教师的指导大致可分为两种情况:如果儿童开始接触教具但还不会使用时,先鼓励他使用,教师可以作一次示范性操作;如果儿童对某些较复杂的教具材料已做过试用,却还不理解教具的内在结构及相互联系,使用起来产生困难,这时教师可作适当解释,但必须简单、明了、准确。在儿童各自独立操作的过程中,教师可坐在全体儿童都能看见的地方,也可以在教室里巡回走动听候儿童召唤,以便及时对他们进行帮助、指导、暗示和启发诱导。蒙台梭利特别指出,教师的指导要把握时机,恰如其分,避免作直接纠正,肯定或否定回答,以免抑制和代替儿童独立思考。同时,教师必须仔细观察儿童在使用教具过程中对教具材料的种种反应:难度、使用的时间、进度、兴趣等等。

4. 保持教室的纪律和秩序

蒙台梭利指导儿童的过程中充分尊重他们,但不是放任。儿童由于年龄特点,在操作中会存在违反纪律的行为,针对这种不良现象,教师应及时制止。

教师作为观察者和指导者的任务与工作,与传统的幼儿学校相比,不是轻了而是更重了;教师的地位和作用不是降低了,而是提高了。更为重要的是,改变了旧学校教师与儿童之间的关系和课堂气氛,儿童的精神解放了,他们的"内在潜力"得以充分展现和发展。儿童学得的知识不是少了,而是学得更多、更活、更全面和更有用;儿童的能力得到了全面的锻炼。这是传统的幼儿学校不可企及的。

因此,蒙台梭利对教师提出这样的要求:教育儿童的前提首先要了解儿童;教师的精神状态比技能更重要；机警、稳重、耐心、爱心、谦虚；不以自己的智慧代替儿童的智慧；对进步慢的儿童要有无止境的耐心；在观察的同时耐心等待，充满乐趣执著地观察儿童。

第二节 蒙台梭利式教师的准备

由于蒙台梭利学校的教育以自我教育为主，教师不是传统意义上的自编、自导、自演，而是扮演着观察者和指导者的角色，因此成为蒙台梭利学校教师需要接受专门的训练，做充分的准备。

一、教师训练的必要性

（一）蒙台梭利式教师需要接受训练

蒙台梭利一直坚持认为，要成为蒙台梭利式的教师，就必须准备自己，至少要参加关于"儿童之家"方法的训练班，以便掌握方法的基本原则。"要学会以沉默的能力取代表达的技能，必须用观察取代灌输式教学，必须以谦恭取代那种自诩为一贯正确的骄傲感。"这些也就是传统学校教师与蒙台梭利式教师的主要区别。蒙台梭利式教师必须意识到在儿童内心深处隐藏着神秘的力量，它是儿童发展的源泉。这种力量的呈现和发展依靠的是聚精会神的"工作"。儿童将通过工作显示自己。蒙台梭利试图通过教师培训对学校进行改革，以发展一种科学教育学体系。

蒙台梭利在世界各国举办的教师训练班，除学习必要课程之外，还要求每个学员在蒙台梭利学校至少用50个小时观察蒙台梭利方法的实际运用。在6个月训练班结束时，学员要经过书面考试和口试，并写出一份关于蒙台梭利教学材料的报告，最后才获得一张有蒙台梭利亲自签名的文凭，证明他可以开办一所蒙台梭利学校，并作为学校的指导员。

（二）蒙台梭利式教师成长的阶段

成为蒙台梭利式教师是一个复杂、个别化且循序渐进的过程。这是一项长期的工作，只有不断地充实知识，自我鞭策，才能提升各项能力，增进自信，从而达到自我实现的心灵升华。成为优秀的蒙台梭利式教师需要经过以下几个阶段。

第一阶段：知识的获取。进入蒙台梭利教学领域的初学者，通常以记忆性方式记取授课内容，处于知识的启蒙期，没有实际的教学经验。这个阶段的教师通常会学习到儿童的身心发展、蒙台梭利教育理论、教具示范、观察记录等知识，但还不能以儿童的角度思考他们想要"学什么"。

第二阶段：理解。在这个阶段，每项学习的说明必须经过理解才能做出有效的回答。为了溯本求源、探讨问题，收集资讯、增加知识是很必要的，使现阶段与前阶段交错在一起。这时期的教师会观察儿童在教室里的状况，思考"为什么"，寻求解释之道。理解是比知识的获取更复杂的一个阶段。

第三阶段：应用。应用是将获得的知识及个人对事物的理解，运用到工作上的能力。这种运用先前所理解的模式是一种固定式的应用，称之为"我学习的模式"。当应用的过程中出现盲点时，又会回到理解的阶段去寻求突破，如此反复的过程，又为下一阶段的学习做催生。

第四阶段：分析。透过分析将观念解析成各个不同的部分，经过思考才能将每个部分与整体的关联性构成一种组织，这种分析能力能够使教师更明白彼此间的关系。蒙台梭利式教师从应用学到考虑儿童的个别需要，这种方法并没有一定的标准，而是不断的积累，真正看到儿童是什么，会为儿童的个别需求去研究探索，去思考"孩子要什么"，而不是"我想教什么"。这个阶段还须大量阅读与蒙台梭利教育相关的书籍。

第五阶段：统整。在此阶段，许多先前经验被组织成一个系统，皮亚杰说："一个孩子想要了解某些事情，他必须要建构自己，还必须再创造自己。"这种说法也适用处于这一阶段的蒙台梭利式教师，教师要创造自我意识，每位教师都必须找出自己的典范，以蒙台梭利的哲学精神去支持自己的典范，营造与孩子的互动关系与方式。

第六阶段：评估。评估能力有赖于前面各阶段做基础，这也是一个学习的过程，而资讯的获得将更有效地帮助评估。

二、教师的准备工作

蒙台梭利认为，教师应该接受专门的训练，从精神上做好准备，熟悉心理学的原理和方法，熟悉教具的性质和使用，掌握教育的方法，成为适宜的环境的保护人。她强调说："指导员的作用比一般人所理解的重要得多，她不仅是一位教师，还要是位心理学家，因为她指导儿童的生活和心灵。"她还说："如果没有一位受过训练的教师，那么适宜的环境将是无用的，甚至可以说比无用还要糟糕。"

（一）精神的准备

在儿童的生长和发展中，儿童和包括教师在内的成人往往会发生冲突。蒙台梭利认为，这种冲突主要是由于成人引起的，因为成人始终像一个拥有惊人力量的巨人站在儿童旁边，等待着猛扑过去并把儿童压垮。要消除这种冲突，就必须在包括教师在内的成人中间进行一次剧烈的变革，对儿童采取一种新的态度。她强调指出：必须"根除潜藏在我们心中的偏见……我们必须消除可能会阻碍我们理解儿童的那种成人所特有的思想观念"，真正认识到"儿童是成人之父"。

为了使儿童的生理和心理得到正常的发展，教师应该是心理学家，能真正理解儿童和了解儿童的内在需要，不压抑儿童的兴趣和自由活动。教师"所面临的最紧迫的任务，就是去了解这个尚未被认识的儿童，并把他从所有的障碍物中解放出来"。要完成这个任务，教师就必须去掉自己内心里的傲慢和发怒等脾性，放弃过去被认为是教师"神圣权利"的那些特权，使自己不仅在仪表上具有吸引力和令儿童喜爱，而且具备沉静、谦虚、慈爱、耐心、机智等品质。他们应该为儿童的发展和教育以及形成良好的人类而献出一切。他们应该耐心地对儿童进行观察，对儿童的困境进行反思，引导儿童自己去进行活动并提供必不可少的帮助和指导。蒙台梭利强调说："教师和儿童之间的积极关系是教育成功的唯一基础。"但是，这种积极关系绝不是说教师可以代替儿童自己去活动。

（二）教学的准备

蒙台梭利要求教师必须注意儿童即将出现的"聚精会神"。她通常要做三个阶段的准备工作。

第一阶段，教师应成为环境的保护者和管理者。所有教具都小心地依次放置，永远保持美丽、光泽与完美，对儿童富有吸引力，并便于他们取用。教师的仪表有助于赢得幼儿信任和尊重，也是儿童生活环境的一部分。轻盈和文雅是对于教师仪表的基本要求。

第二阶段，教师要激发、调动儿童学习的兴趣。蒙台梭利说："关键是要激发儿童的兴趣，使他的整个人格都参与活动。"为此，教师必须像火焰一样用自己的温暖去振奋、活跃和鼓舞所有的儿童。她能讲故事、做游戏、哼摇篮曲、朗诵诗歌，吸引儿童做各种练习。

第三阶段，教师要进行正确的指导。当儿童获得专心于某件事的能力之后，教师才可在实际生活的练习中向儿童呈现相应的教具。一旦儿童表现出对某种教具发生了兴趣，教师就一定不要打断他。在蒙台梭利看来，儿童的兴趣不只是集中于操作本身，而通常是以克服困难的愿望为基础的。如果教师试图帮助他，他常会让教师去做，自己却跑开了。这种不必要的帮助实际上成为儿童天然能力发展的障碍。

（三）教学方法的准备

蒙台梭利主张3~7岁儿童的教育不能以填鸭式的灌注知识为主，而应以活动为主，儿童在教师的指导、关心、鼓励、启发、诱导和帮助下专心致志于自我活动，从活动中获得实际知识和经验，从而促进儿童身心的协调发展。

儿童之家的授课以个别方式进行，其特点是简洁、明白和客观。所谓"简洁"，就是少说废话，这是个别教学的主要特征，因此要求教师在备课时要考虑衡量每句话的价值。所谓"明白"，就是指教师要删除一切不明确的内容，不讲含糊不清的话。所谓"客观"，是要求授课仅仅突出教师想要孩子注意的客观对象，解释客观对象并教儿童怎样使用，而不要表现教师自己的个性。

教师授课的基本指导方法是观察法。蒙台梭利强调教师必须具备科学家的精神。教师每上一次课，就相当于做一次实验。为此，教师首先应当热爱儿童，和被观察的儿童个体之间建立内在的亲密关系。其次，必须通过实践培养观察的习惯，这是走向科学的必由之路。教师应观察孩子是否对对象感兴趣，怎样感兴趣，兴趣持续的长短，甚至应注意孩子的面部表情。再次，教师必须特别谨慎，避免违反自由原则，不要勉强孩子做出努力。如果教师是严格按照简洁、明白、准确的要求备课和讲课，儿童却不懂，说明儿童尚未达到这一发展水平，就不要再上这样的课。此外，也不要让孩子感觉他自己犯了错误，或他不懂。因为这会使儿童故意努力去理解，这就会改变教师进行心理观察所要利用的自然状态。

(四) 蒙台梭利式教师的素质

成为蒙台梭利教师需要做充分的准备，最终应具备以下综合素质。

第一，专业素质。蒙台梭利式教师必须受过专门训练，系统接受多学科（如心理学、人类学、医学、教育学等）的基础知识，掌握教育的基本原则，熟悉工作材料的操作方法，学会观察儿童的内在生命和真实生活，洞察儿童的精神状态并及时把握儿童潜能萌发的契机及其发展的敏感期，等等。

第二，个性品质。蒙台梭利式教师必须机警、稳重、有耐心、充满爱心、态度谦虚，绝不以自己的智慧代替儿童思考，既不做儿童的统治者，也不做儿童的仆人，只需做一个"指引者"。蒙台梭利认为，"儿童是一个充满渴望的观察者，特别易于为成人的行动所吸引，并想要模仿成人。关注儿童是成人的使命，他们是儿童行为的灵感之源，是一本打开的书，儿童可以从中学习如何生活。但是，一个适合的指导者必须常常冷静地、慢慢地行动，以便儿童能以自己的特殊方式清楚地观察成人的动作。"因此，以儿童为中心的蒙台梭利教育绝不意味着教师可以不作为，与传统的幼儿教育相比，蒙台梭利教育中教师的作用不是减弱了，而是加强了。

总之，蒙台梭利式教师应具备这样的特质：谦卑的态度；站在别人的角度考虑问题；环境的创设、保护者，也是与儿童的沟通者；是观察者、引导者、不是主导者；是家长的沟通者；接受自己，接受别人；活泼地与儿童在一起，但不能把自己作为教室的中心点；热心、爱心、耐心、尊重心、责任心；机警、思维敏捷；动作优雅迷人，外表整洁，品质高贵；善于聆听儿童的心声。

在蒙台梭利的教育体系中，传统幼儿教育中的师生关系得到根本的改变。在自由教育和自我教育原则的支配下，师生关系的模式由直接交往而变成教师—教具—儿童的关系。儿童成为教育活动的中心和主体。教师因人施教，成为儿童活动的观察者和指导者。相对传统学校的教师来说，蒙台梭利式教师必须具有更多的奉献精神和更高的素质。研究蒙台梭利的著名学者斯坦丁（E.M.Standing）指出："蒙台梭利教学体系中教师的教学艺术关键在既信奉不干预原则，又知道在何时必须干预，在什么情况下干预到何种程度。"这道出了蒙台梭利教学方法的重点和难点。

 思考与延展

1. 简述蒙台梭利认为教师应扮演的角色。
2. 简述蒙台梭利式的教师应做什么准备。
3. 试分析如何成为一名蒙台梭利式的教师。

第五章

蒙台梭利的教育思想

蒙台梭利的教育思想与同时代的许多改革者一样,蒙台梭利承认教育具有影响社会发展的功能。她把教育视为促进人类文明的一条重要途径,看作实现社会重建和拯救人类的最佳手段。教育作为环境的一部分,其理念直接影响儿童的发展。在儿童的发展和对儿童的教育中,自由活动具有至关重要的作用。蒙台梭利主张,教育者应当为儿童创造一个自由活动的环境,即"有准备的环境"。

第一节 蒙台梭利的环境教育思想

一、论教育目的、功能与原则

蒙台梭利重视教育的作用,尤其重视学前儿童的教育,她把教育视为促进人类文明的一条重要途径,希望用自己的新方法培养品质优异的人。教育应该通过其自身进步所取得的利益慷慨地回报社会。

(一)教育的功能

蒙台梭利重视教育的社会功能,把教育看作实现社会重建和拯救人类的最佳手段。同时她也意识到,教育的这种社会功能的实现要通过影响个体的发展来达到。她指出:"要想帮助和拯救世界只能依靠儿童,因为儿童是人类的创造者。儿童被赋予各种未知的能力,这些能力能够引导我们走向一个光辉灿烂的未来。如果我们确实渴望一个新世界,那么教育就必须把发展这些潜在的可能性作为它的目标。"

因此,蒙台梭利认为社会必须关心儿童,承认其权利,满足其需要。父母必须担负起他们的责任,而社会要给其以必要的指导。社会必须给予教育以物质上和精神上的帮助,尤其是应给教育投入更高比例的资金。可见,蒙台梭利把儿童的发展同社会的发展紧密联系起来,希望通过人的生理和心理的完善使新世界从旧世界中缓慢地产生出来,通过革新教育的方法防止革命和战争,实现世界和平。

(二)教育的目的

蒙台梭利追求美好理想,把眼光从教室放眼到社会、到世界,关心社会的发展,其教育目的包括两方面:一是直接的教育目的,即促进儿童的健康发展;二是间接的教育目的,即通过培养新人类来达到和平理想的社会。因此,蒙台梭利指出:"我们的教育目的,一般地说是双重的,即生物的和社会的。从生物学角度来讲,我们希望帮助个人自然地发展;从社会学角度来讲,我们的目的是使个体对环境做好准备。"

尽管蒙台梭利同时强调两方面的目的，但从她的基本思想来看，重心是在生物学方面的目的。所以，蒙台梭利认为没有一个人是由别人教育出来的，他必须自己教育自己。一个真正受过教育的人，即使在结束蒙台梭利教室的课程之后很久，仍能持续不断地学习，因为他具有一股发自内心的对于知识的好奇及热爱，不断激发他的学习动机。蒙台梭利指出，在童年早期教育的目的，应该不是将一些经过选择的事实塞给小孩，而是培养其自发的学习欲望。

蒙台梭利认为，通过教育促进儿童的健康发展应该培养十一种健康人格特征：（1）具有旺盛自发的活动力；（2）喜爱反复地集中工作；（3）自由选择工作材料；（4）喜爱工作胜过游戏；（5）爱好秩序，保护秩序；（6）喜欢安静；（7）拒绝奖赏；（8）强烈的求知欲；（9）在比较、选择、思考后行动；（10）纯朴高尚；（11）学习社会性。其核心是重视责任。

在蒙台梭利看来，在儿童个性形成的时期（婴幼儿时期），主要应帮助儿童身心的自然发展；而在急速发展时期过后，应更多地注意社会学的目的，即使人能适应环境。

蒙台梭利重视学前儿童的教育，在引起社会对学前儿童及其教育改革的关注和促进学前社会教育的发展方面，都有着积极的作用。她希望用自己的新方法培养品质优异的人，相信通过努力可以出现一个新的、更美好的世界。她将新式教育视为一场"和平革命"，一场非暴力的、不流一滴血的、最终将暴力完全排除在外的革命。这是人类新的光明和希望之所在。

（三）幼儿教育的原则

在蒙台梭利看来，儿童教育是人类最重要的一个问题。为了促使儿童生理和心理得到良好发展，儿童的教育应该开始于诞生之时。在幼儿的教育中，应遵循两条原则。

1. 自由的原则

根据蒙台梭利的儿童观，儿童的内在冲动是通过自由活动表现出来的，他们能根据自己的心理需要和倾向以及自己的特殊爱好选择物体进行活动。蒙台梭利强调说："科学教育学的基本原理是学生的自由：允许个人的发展和儿童天性的自由表现。"她认为，在儿童身上存在着一种强烈的、天赋的内在潜力，它规定和制约着儿童的成长与发展。这种内在潜力的不断展现构成了儿童的发展。儿童的生命力则是通过自发冲动表现出来的，这种自发冲动的外在形式就是自由活动。因此，蒙台梭利要求新教育应本着自由的原则进行，要重视儿童发展的内在力量，在儿童的自由活动中促使其潜在能力得以提高。

幼儿有充分活动的自由并不意味着他可以为所欲为，想做什么就做什么。蒙台梭利认为，幼儿必须在自由的基础上培养纪律性。儿童之家的幼儿要遵守以下的规则：保持个人的整洁；服从教导；表现良好的品行等。在她看来，自由并不是放纵，自由和纪律是同一个事物不可分离的两个方面。自由活动是形成真正的纪律的重要方式，而真正的纪律也必须建立在自由活动的基础上。

儿童之家甚至连课程安排也打破了一节课有固定时间长度的规定，强调个人学习和个别活动，希望在儿童的自由活动中排除成人强加给儿童的影响，让儿童在自由活动中体验到自己的力量，从而促使他们自觉地发展，并使这种自我力量的认识成为他们进一步发展的动力。蒙台梭利认为，教育的作用就在于帮助儿童内在力量的发展，作为教育者必须信任儿童潜在的力量。她说：教育的任务就是"使每个儿童的潜能在一个有准备的环境中都能得到自我发展的自由"。

2. 工作的原则

蒙台梭利认为，使儿童身心协调发展的活动就是"工作"。如果儿童能全神贯注地工作，正说明这种工作能满足他内在的需要。在敏感期，给儿童满足其内心需要的活动，他就能专注地和独自地反复进行练习。这个过程也就是儿童生理和心理实体化的过程。这不仅使儿童得到了心理上的满足，而且也使他获得了独立的能力。蒙台梭利强调说："每次当儿童经历这种体验之后，他们就像经过休整的人，充满着活力，仿佛感受到某种极大的欣喜。"她又说："人之所以成为人，不是因为教师的教，而是因为他自己的工作。"总之，工作对于儿童来说是极有帮助的，能有助于他们的肌肉的协调和控制，能使他们发现自己的潜力，能有助于他们培养独立性和意志力，能使他们在生命力不断展现的神秘世界中练习自己并进一步完善自我。

二、教育环境论

由于儿童的生长和发展有赖于不断地使儿童和他的环境之间的关系变得密切起来，有赖于良好的外部条件,可以说,儿童是利用他周围的一切塑造了自己,所以蒙台梭利始终强调一个适宜的环境,实际上为儿童开拓了一条自然的生活道路。"如果儿童没有这种环境,他的精神生命就不能发展,而一直处于虚弱、乖戾和与世隔绝的状态。"给儿童提供一个适宜的环境,也就是提供最有利于儿童生长和发展的外部条件。

(一)环境对儿童心理发展的作用

1. 遗传与环境对儿童心理发展的影响

蒙台梭利关于环境对于儿童心理发展的影响的思想有一个发展变化的过程。在早期,她倾向于强调遗传的作用,认为"儿童成长是由于内部潜在的生命的发展""是由于生命的胚胎按照遗传决定的生物学规律发育"。内部因素是物种变异和个体变异的基本力量。相对而言,"环境是生命现象的第二因素,它可以促进和阻碍生命的发展,但决不能创造生命"。但到后期,蒙台梭利依据心理学研究的新成果,修正或完善了自己的观点,她倾向于强调环境的主导作用以及有机体与环境之间的相互作用。蒙台梭利指出:"除遗传因子的作用外,还有它们对之起作用的环境的影响。环境在成熟的过程中起着主导作用。"心理变化只有通过有机体与环境之间的相互作用才能产生,"并只有通过对环境进行的自由活动所得的经验才能完成"。

以格塞尔(A.Gesell)为代表的"一元论学说"持有"由于儿童的发展进程,他的智力水平与身体发展成正比"的观点。蒙台梭利针对这种观点,指出:儿童的成长虽然受到自然法则的影响,但伊塔教育"阿维龙野孩"的事例说明,"我们若在一个远离人烟、与世隔绝的地方将孩子养大成人,只给他们物质食粮,别的什么也不给,那么孩子的身体发育会是正常的,而大脑的发育却受到严重损伤"。

在蒙台梭利看来,儿童的各种本能(生命潜力)只要在适当的、有准备的环境中,通过适当的活动,就可以被引申出来,从而达到发展的目的。应该说,蒙台梭利强调环境对儿童发展的重要作用,并重视儿童本身的独立活动,这是很值得我们借鉴的。她在此思想指导下,为儿童专门设计的物质设备、用具和教具,也是很有价值的。但是,蒙台梭利把环境理解为简单的自然物质环境,并把环境仅仅看作儿童发展的外部条件,认为在适宜的环境下儿童的本能便可以自然地呈现出来,这就很值得进一步探讨。

2. 教育的三因素

蒙台梭利认为,儿童的内在潜能是在环境的刺激、帮助下发展起来的,是个体和环境之间相互作用的结果。她指出,旧式教育只包括教育者和儿童两个因素,而忽视了环境的作用。新式教育应当包括教师、环境和儿童三个因素。在蒙台梭利教育体系中,除了教师和儿童发生关系外,教师和儿童都要和环境发生关系。这个环境是个"有准备的环境",即通过成人的帮助,提供给儿童一个适合其发展的环境。

(二)创设"有准备的环境"

1. "有准备的环境"(prepared environment)

蒙台梭利强调指出,对于儿童生理和心理的正常发展来说,准备一个适宜的环境是十分重要的。她说:"必须注意为儿童期设置一个适当的世界和一个适当的环境,这是一个绝对迫切的需要。"因为正在"实体化"过程之中的儿童需要自己特殊的环境,需要外界环境的保护,这正如胚胎在母亲子宫这样一个适宜的环境中发育成熟一样。蒙台梭利建议兴办新型的学校教育,为儿童的身心发展提供一个良好的环境。

在这样的环境里,应该充满着爱和温暖,有着丰富的营养,所有的东西都不会对儿童有害。虽然儿童心理的发展是受其内在本能所引导的,但外部环境为儿童心理的发展提供了媒介。只有给儿童准备一个适宜的环境,才能开创一个教育的新纪元。因此,蒙台梭利说:"我首先把注意力集中在环境的问题上。""我们教育体系的最根本特征是对环境的强调。"

蒙台梭利认为,给儿童提供的环境应该是一个自由发展的环境,在那里应尽可能地减少障碍物,使儿童自然地得到发展,有助于儿童创造自我和自我实现。有准备的环境应该是一个有秩序的环境,在那里儿童能安静而又有秩序地生活,有规律地生活,减少生命力的浪费,以便不断地完善与发展他们自己的生理和心理。有准备的环境也应该是一个生气勃勃的环境,在那里儿童充满生气、欢乐、真诚和可爱,毫不疲倦地工作,精神饱满地自由活动,并不断地完善各种活动。有准备的环境还应该是一个愉快的环境,在那里几乎所有的东西都是为儿童设置的,适合于儿童的年龄特点和身体发育,对幼儿具有极大的吸引力。

2. "儿童之家"的环境

蒙台梭利在她的儿童之家里专门为儿童设计了活动室和休息室。为了有利于儿童的自由活动，活动室和花园相连，儿童可以自由地在花园中玩耍，随时都可以自由地进出活动室。室内的桌椅也很轻巧，可以按儿童的意愿随便移动，还可以搬到花园里去。活动室是儿童之家的最重要场所，各个活动室里都放置一个矮柜，里面放有许多种教具，供儿童自由选择，随意取用。墙上挂着黑板，儿童可以在上面绘画、写字，墙上还贴着儿童喜爱的各种图片，并经常更换内容。活动室的一个角落还铺有地毯，儿童可在地毯上活动。在这样的环境中，儿童愉快地活动，活动的内容包括运动、手工、唱歌、照料动植物、各种感官训练和知识学习等。

3. "有准备的环境"的要求

蒙台梭利指出，"有准备的环境"是为了让精神处于胚胎状态的儿童能够顺利成长，将秩序与智慧等精神食粮的环境预备好。对6岁以前的儿童而言，成人的环境与儿童的环境在大小及步调上相差悬殊。因此，儿童在活动时须时时依赖成人协助。但是，儿童一直依赖成人的协助便无法完成应有的成长，不能支配自己的生活、教育自己、锻炼自己。如果没有理想的环境，儿童就无法意识到自己的能力，这样永远无法脱离成人而独立。因此，蒙台梭利早教之家根据儿童6岁以前的敏感期和吸收性心智，创设了一个以儿童为本位的环境，让儿童自己生活。这个环境是"有准备的环境"。其意义并不仅仅是环境，而且是儿童不久将要面临未来世界及一切文化的方法和手段。因此，蒙台梭利提出以下标准和要求。

（1）充分发挥儿童的节奏与步调。儿童与成人在心理和生理方面差异悬殊，儿童以其特有的步调感知世界，获得很多成人无法想象的事情。儿童特有的节奏已成为他们人格的一部分。成人在复杂、多变的文化环境中生存时，必须保护儿童特有的"节奏或步调"所需的环境。

（2）给儿童安全感。人类的孩子比其他动物的成熟来得迟，因此他们更需要庇护。当儿童的身体感到危险时，用温柔、鼓励的眼神关爱孩子，使他们自由、奔放地行动。这个环境必须像个家，也就是说，不能只是一两间同样大小的教室，必须有几个房间，有庭院，院子里要有遮风避雨的设备……孩子可以在户外活动，让他们放些自己喜爱、自己照顾的小花小草、小动物、小摆设。

（3）可自由活动的场所和用具。儿童必须依靠运动来表现其人格。尤其是他们的内心，一定要与运动相结合，才能够充分获得发展。因此，需要让儿童持续接触东西——收集、分解、移动、转动、变换位置等可自由活动的用具和场所。

（4）美。美对儿童是非常具有吸引力的，儿童最初的活动欲望是因美而引起的。所以，在儿童周围的物品，不论颜色、光泽、形状都必须具有美的感觉。但是，美并不是"昂贵的，就是最好的"，过分的奢华耀目或复杂精巧对孩子并没有好处，只会分散他们的注意力。

（5）必要的限制。儿童的周围不可有太多的教材或活动的东西。太多的东西反而使儿童的精神散乱迷惑，不知该选择何种教材或从事何种活动，以致不能将精神集中在对象物上。为避免儿童做不必要的活动而导致精神疲惫、散漫，教材及活动必须有某种程度的限制。

（6）秩序。"有秩序"不仅指每样东西的摆放都有条不紊，更强调物品陈设的顺序要考量儿童的接受程度和需要，以及使用和归还是否方便。秩序对儿童的意义重大，儿童会在有秩序的环境中，通过"自己的观察"找出自身之外物与物以及自己和它们之间的关系，儿童会以秩序感为中心，运用智慧进行区分、类比的操作，将周围的事物加以内化和类化，借以促进心智的吸收。儿童的秩序感以2岁为高峰，其后的数年间，儿童的秩序是极特殊的。所以，"秩序存在于有准备的环境中的每一部分"。

给儿童提供一个适宜的环境，也就是提供最有利于儿童生长和发展的外部条件。因为儿童的生长和发展有赖于不断地使儿童和他的环境之间的关系变得密切起来，有赖于良好的外部条件。可以说，儿童正是利用他周围的一切塑造了自己。所以，蒙台梭利始终强调，一个适宜的环境实际上为儿童开拓了一条自然的生活道路。"如果儿童没有这种环境，他的精神生命就不能发展，而一直处于虚弱、乖戾和与世隔绝的状态。"

蒙台梭利不是环境决定论者，她认为儿童的发展是个体与环境交互作用的结果。环境是新教育中的重要因素，对儿童的发展、社会的进步起着不可估量的作用。儿童是热爱他的环境的，这种热爱是一种精神上的能力，不仅是情感上的反应，更是智力发展的需求。它能促使儿童去看和听，进而不断地成长。

第二节 蒙台梭利的"工作"思想

"工作"是蒙台梭利教育思想中的一个基本概念,是一种手脑结合、身心协调的活动,其本质与成人的工作截然不同。由于其自由、自主、自助的特性,虽与游戏有着密切的联系,但又不等同于游戏。

一、蒙台梭利的儿童"工作"

在蒙台梭利的教育体系中出现了"工作"的教育术语。根据蒙台梭利的儿童发展学说,儿童的生命潜力是通过自发的冲动表现出来的,其外在表现就是儿童的自由活动。因此,她十分重视儿童的活动。她给活动以极高的评价:"活动、活动、活动,我请你把这个思想当作关键和指南;作为关键,它给你揭示了儿童发展的秘密;作为指南,它给你指出应该遵循的道路。""工作"就是活动,是儿童的自由活动。

蒙台梭利所说的"工作"是儿童在"有准备的环境"中,与环境相互作用的活动,是一种自由、自主、自助的活动,是满足儿童内在活动需要的活动,是儿童喜欢并乐在其中的活动,是一种手脑结合、身心协调的活动。她说:"儿童只有靠环境经验才能得到充分的发育。我们称这种经验为'工作'。"经验的获得来自自由活动。蒙台梭利的"工作"内涵的主要特征是自发的需要,即"这工作不能由外界武断地提供,……它必须是人们本能地想的,在这工作中,生命由潜能而自然地出现,或者说,个人逐步地上进"。"工作"的外延包括:"每个人都专注于自己的作业,有的在进行感官练习,有的在做算术练习;有的在摆弄字母卡片,有的在画画,有的在练习穿衣和脱衣的动作,有的在扫地。"这里,似乎很难区别工作和活动的差异。在蒙台梭利的体系中,着重区别的是自发的活动还是违背儿童本能而强加的活动。因此,这里"工作"可广义地理解为"自发的活动"。

蒙台梭利为学前儿童设计的教育训练内容、方法、教具教材的使用,以及整个教育过程的组织安排,都严密地考虑其教育意义和目的性。她指出,我们必须把儿童的每一项学习都看作是工作,也只有工作才能使儿童走上纪律之路,因为工作是养成儿童纪律的基本途径。

二、儿童"工作"与成人的工作

蒙台梭利"工作"与成人的工作是不一样的。蒙台梭利的儿童"工作"是儿童的自由活动,是非强制性的。儿童工作的目的就是工作本身,它不是为了实现一个外部目的,也不遵循劳动效益规律。儿童把大量的精力消耗在一个满足其内在需要的目的上。成人的工作虽然也是一种创造性、活动性与建构性的活动,但它"有意识地把顾及后果作为活动的一部分","当后果在活动以外作为一种目的,活动只是达到目的手段时,工作就变成强迫劳动"。强迫劳动不是以自我实现为目的,也不是为了形成与塑造自己的人格。总之,这种不同集中表现为儿童是"为工作而生活",成人是"为生活而工作"。

蒙台梭利认为儿童的"工作"与成人工作的本质区别在于是否遵循自然法则。儿童的"工作"具有如下特质:

第一,遵循秩序法则:儿童在工作中有一种对秩序的爱好与追求;

第二,遵循独立法则:儿童要求独立工作,排斥成人给予过多的帮助;

第三,遵循自由法则:儿童在工作中要求自由地选择工作材料、自由地确定工作时间;

第四,遵循专心法则:儿童在工作中非常投入,专心致志;

第五,遵循重复练习法则:儿童对于能够满足其内心需要的工作,都能一遍又一遍地反复进行,直至完成内在的工作。

三、儿童"工作"的价值

蒙台梭利认为,工作是人类的本能与人性的特征。她声称在"儿童之家"发现了一件令人惊讶的事实:儿童竟然"喜欢工作甚于游戏"。儿童喜欢操作教具,并从教具中得到满足与乐趣,毫无厌恶与疲倦的表情。她说:"儿童的'工作欲'正象征着一种'生命的本能',在顺利的环境下,工作这种本能会自然地从内在冲动中流露出来。"

蒙台梭利认为"人是通过工作而塑造自己的"。"儿童通过运动的生长,他那建设性的努力构成了一种在外界环境中发生的真正工作。"人们不易理解和接受在3~7岁儿童教育中运用"工作"这一相当严肃的概念。蒙台梭利指出,儿童的"工作"只是与成人工作的目的和要求的程度不同,但其主要特征基本一致。工作是人类的天职和生活的需要,也是儿童的内在需要;儿童喜欢做事,他们常常模仿成人工作。教育为未来生活做准备,儿童的早期教育有可能,也有必要使儿童获得一些实际生活的基本技能和养成从事工作的初步行为习惯。

幼儿工作的性质和特点决定了它能对儿童的生理和心理发展产生一定的促进作用,儿童通过工作实现了生理和心理发展。生理上,工作有助于儿童肌肉的协调和控制。工作作为一种手脑结合、身心协调的活动,正好可以促进其肌肉的协调和控制,发展正确支配自己行动的能力。心理上,工作有助于意志力培养,使儿童全神贯注于作业是培养意志的一个途径。工作是儿童最主要和最喜爱的活动,专注于活动对儿童的意志力是一个极大的锻炼和提高。工作还有助于培养儿童自我支配的独立性,使儿童依靠自己的器官满足自己的欲望和要求。

四、"工作"与游戏

(一)"工作"不是游戏

蒙台梭利认为"工作"不是游戏,两者有着实质性的区别。最显著的区别就是游戏的假想性以及蒙台梭利对这一点的排斥。她把儿童的活动称之为"工作"而不是像福禄培尔一样称之为"游戏",是因为她认为游戏特别是假想游戏会把儿童引向不切实际的幻想,不能培养儿童严肃、认真、准确、求实、责任感和严格遵守纪律的精神和行为习惯。她在"儿童之家"里发现儿童"喜欢工作,甚于喜欢游戏"。因此,在她看来,"工作"才能培养儿童多方面的能力并促进儿童心理的全面发展。

蒙台梭利认为,诚然儿童的自发活动的确十分重要,也是儿童教育赖以进行的起点和基础,但是,如果把游戏作为一种教育手段,尤其企图通过"假想"的游戏来实现教育的目的,特别是纪律教育,将会把儿童引向不切实际的幻想,不可能培养儿童严肃认真、准确、求实、责任感和严格遵守纪律的精神和行为习惯。她不十分赞成"寓教育于游戏"的儿童教育观。因此,在蒙台梭利的教育体系中出现了"工作"的教育术语。

(二)蒙台梭利不排斥游戏

活动是儿童内在生命力的外部表现。儿童喜爱活动,就儿童的本性来说,他们的活动不是在破坏或捣乱,而是在探索、发展、建设,活动甚至比食物还重要。人们通常把儿童的活动叫做游戏。

蒙台梭利的工作和游戏有着密切的联系。她的教学法是从儿童自然游戏中括出主要因素(如儿童喜爱摆弄实物,游戏能带来愉悦,能调动儿童的积极性等),并把这些因素组织起来系统化而成的。蒙台梭利设计了14种教具,儿童在操作教具的过程中进行自我校正,获得感知觉和智力发展。这些教具中的一部分(如插板、嵌板)经改进,已成为幼儿园常用的游戏材料。

幼儿在游戏中的独立性、自主性往往体现在是否能够根据儿童自己的需要、兴趣和发展要求来支配自己的行动。这在很大程度上符合蒙台梭利对工作的论述。其联系性表现在:第一,它们都遵循自然法则,服从内在本能的引导;第二,它们都注重活动的过程;第三,它们的最终结果都指向于儿童的发展。

蒙台梭利反对的是将儿童引向幻想的、虚无缥缈的游戏,而主张以现实为基础的游戏,只不过她将这种游戏称之为"工作"而已。

第三节　蒙台梭利的纪律教育思想

纪律教育是蒙台梭利教育法中的重要组成部分，她曾经描述"我心目中纪律很好的教室景象应该是：教室里孩子有效地、勤勉地、自动地活动着，却没有出现粗鲁、野蛮的行为"，即认为"纪律须来自自由"。自由是蒙台梭利教育方法的基本原理，蒙台梭利称她的教育方法是"以自由为基础的教育法"，又被称为"自由研究的教育"。纪律是建立在自由基础之上的一种积极的状态，通过学校对新生一代进行纪律教育，为其参加社会生活做准备，是实现教育的社会功能的一个重要途径。

一、自由与纪律

自由活动是蒙台梭利教育思想的最基本的特征之一。她指出："科学的教育学的基本原则应该是学生自由的原则——这一原则允许个性发展，允许儿童天性的自发表现。如果新的教育科学产生于个性研究，那么这种研究就必须从事于对自由儿童的观察。""这种'自由'是我所提倡的教育体系的不可动摇的基础。"实施纪律教育是为儿童将来参加社会融入自然环境做准备，其重要性不言而喻。

（一）教育上的自由概念

1. 自由的本能

蒙台梭利认为，儿童生命力的自发性就是自由。自由是儿童可以不受任何人约束，不接受任何自上而下的命令或强制与压抑的情况，可以随心所欲地做自己喜爱的活动。

蒙台梭利认为，在卢梭时代人们虽曾为儿童的自由而呼吁，但往往把社会自由的概念与教育自由的概念等同起来。在她看来，为教育学上的自由概念奠定科学基础的是19世纪的生物学。她说："从生物学观点看，幼儿早期教育的自由概念必须理解为：他们的环境必须适合幼儿个性的最有利的发展。"

蒙台梭利指出，为照顾儿童的个别差异必须个别施教，其前提是观察了解儿童。但是，如果不给儿童以活动的自由，他们就无法表现自己的个性。在生命的最初几年，儿童有一种内在的敏感性为精神发展所必需，而错误的引导或压抑的教育会使之消失。因此，我们必须耐心等待，使儿童的精神自由发展和表现出它的力量，而不要干涉儿童的努力。"自由的本能"会引导儿童克服一切障碍，不断从胜利走向胜利。

2. 自由的活动

蒙台梭利把"活动"看作实现儿童自由的关键。"自由就是活动。"心理的发展总是借助于在环境经验的过程中进行各种活动。尤其是幼儿，他们是通过某些含有动作的活动来吸收知识的。他们只有凭借自发的行为活动才能进行学习。因此，提供儿童自由活动的场所是形成一个人的重要条件，将有助于儿童自我训练和自我发展。为使儿童能充分自由地活动，蒙台梭利在"儿童之家"精心创造了一个特殊的世界。在那里，每一样东西的大小都与幼儿的身材相称，并都轻巧、美观和富有吸引力。儿童可以自由走动，随意取用，进行各种真实的活动。人们称她的做法是"教育观念的惊人革新"。

对于当时学校中压抑儿童的种种做法，蒙台梭利提出了尖锐的批评。她把固定的桌椅、物质奖励和惩罚等控制学生的方法称作"损害肉体和精神的工具"。它们所激起的努力是被迫的而非自然的，因而决不会给儿童带来自然的发展。

（二）教育上的纪律

1. 自由的纪律

蒙台梭利所谓的纪律是一种内在的自我约束的品质，当儿童意识到"需要遵从某些生活准则的时候，他能够节制自己的行为"。纪律是接受和遵守集体的规则，也包括由于儿童在活动中理解纪律而产生的思考力和理解力。一个有纪律的人应当是主动的，在需要遵守规则时能自己控制自己，而不是靠屈服于别人。

蒙台梭利认为纪律是建立在自由的基础之上的一种积极的状态。积极的纪律包括一种高尚的教育原则，它和由强制而产生的"不动"是完全不同的。蒙台梭利指出"我们并不认为当一个人像哑巴一样默不作声，或像瘫痪病人那样不能活动时才是守纪律的。他只不过是一个失去了个性的人，而不是一个守纪律的人。有独立自主的精神的人，无论何时何地当他意识到需要遵从某些生活准则的时候，他能够节制自己的行为"。在这个意义上讲，纪律就意味着自由。

她批评传统教育理论把纪律仅仅看作是"维持教育和教学的外部秩序的手段"，从而制定出一整套"威胁、监视、惩罚、命令和禁止"的方法，以压制儿童天生的"野蛮的顽皮性"。旧学校奉行这种"权威"的理论，强迫儿童呆坐在固定桌椅的座位上，两眼直瞪瞪地望着教师，不许左顾右盼；手脚放在一定位置，禁止自由活动；听从老师把一些枯燥乏味的"知识"塞进儿童的小脑袋里；用奖励和惩罚诱逼儿童服从强加的纪律。家庭也十分赞同这种"严加管教"，甚或变本加厉！儿童不仅在身体和精神方面遭受种种折磨，造成他们极大的痛苦，而且在智力和道德上也受损害。"强制的学习导致了恐惧厌倦和精力的耗竭。他们变得毫无信心，忧郁代替了自然的欢乐。"旧学校实行强迫的、屈从的、被动的、静止的纪律，不仅扼杀了儿童活泼好动的天性，抑制了儿童的生命潜力，窒息了儿童的好奇心和求知欲，而且只能培养出反应迟钝、智力低下、奴性十足的人。蒙台梭利指出，采用种种强迫手段培养的外表纪律，完全是虚假的，而且是不能持久的。

2. 纪律为生活做准备

纪律，实际上就是人类社会或自然界需要维系其内部和外部关系的各种行为准则。真正的纪律是积极的、活动的、主动的、内在的和持久的，而不是消极的、静止的、被动的、外表的和暂时的。

当纪律作为一个普通概念，它的含义十分广泛，任何社会群体都存在纪律。时代和社会性质、法律制度的不同，整个国家及其机构、各种社会团体都有着维系其内部和外部关系及生活方式的纪律和各种行为准则，对纪律的内容和要求也不尽相同。纪律教育的重要性是众所周知的。教育作为一种社会现象，虽然它的形式和手段多种多样，但学校通过对新生一代进行纪律教育，为其参加社会生活做准备，使记录成为实现教育的社会功能的一个重要途径。实施纪律教育的目的是为儿童将来参加社会融入自然环境做准备，儿童的学习不是为学校做准备，而是为未来生活做准备；他们习得的纪律行为不应该只限于学校环境，也必将带到社会实际生活中去。

（三）协调自由与纪律

1. 自由与纪律

人们往往把纪律与自由对立起来，所以在通常的想象中，实施自由教育的儿童之家里肯定是乱哄哄的。但是，当他们带着这个疑虑前往罗马参观时，所看到的却是每个孩子在认真地从事自己所选择的活动，到处秩序井然。这使得参观者为之感动得热泪盈眶。在要不要纪律的问题上，蒙台梭利肯定地回答：蒙氏教室是要纪律的，而且在教室里，儿童也是守纪律的。那么，蒙台梭利是怎样成功地使自由与纪律协调起来的呢？

对于自由与纪律的关系问题蒙台梭利有自己独到的见解。她指出："自由与纪律如同一枚徽章的两个面，因为科学的自由会导致纪律。"自由不等于放任或为所欲为。尤其当儿童尚未发展起控制能力时，"让儿童想干什么就干什么"是与自由观念相违背的，无助于儿童的发展。所以，儿童之家毫无疑问是需要纪律的。

2. 协调自由与纪律

儿童的自由是有范围和限度的。

蒙台梭利在《蒙台梭利方法》第五章中明确指出：

第一，儿童的自由以不损害集体利益为限度；

第二，不冒犯或干扰他人，对他人不礼貌或粗野行为就应加以制止；

第三，有益于儿童的各种表现和发展的——不管是什么行为，无论用什么形式表现出来，教师不仅允许，而且还必须进行观察。

蒙台梭利的教育原则和方法是在"有准备的环境"和特定的条件下给儿童以最多的自由和活动的权利，并在组织得井然有序的自由活动中让儿童自然而然地受到纪律和道德方面的教育和训练，它植根于儿童心灵深处并逐渐地养成习惯。所谓"习惯成自然"即变成他的"第二天性"。她指出："纪律不可能通过命令说教或任何一种维持秩序的手段而获得。"一切想直接达到纪律的目的都是不能实现的，真正的纪律对于儿童来说必须是主动的，只能建立在自由活动的基础上。

二、纪律的培养

蒙台梭利认为纪律是一种积极的、工作的纪律，而非静止不动的、被动的和屈从的纪律。这种纪律绝不是靠命令、说教以及常为人们所称道的惩戒性措施所得到的，而是通过间接的方法，即通过自发工作以及开展活动的方式建立起来的。

（一）纪律来自"工作"

蒙台梭利指出："真正纪律的第一道曙光来自工作。"在蒙台梭利看来，成长源于环境经验是大自然的规律。儿童的"工作欲"是生命本能的表现。正常化是儿童"全神贯注"于某件工作的结果。

蒙台梭利认为，工作可以使儿童肌肉和肢体动作协调，手脑并用，促进身心和谐发展，通过工作儿童自由选择作业，独立操作，聚精会神，克服困难，反复练习，从而磨炼意志，增强自制力、勇气和自信心，培养独立自主精神，受到严格的纪律训练，同时也满足自己的心理需要。如康纳尔所说："通过连续完成手头分级推进工作，儿童完善自己，磨炼自己。随着能力的增长，儿童满足其愿望的自由度也增加了，儿童的纪律与自由是并行成长、相互依赖的。"

蒙台梭利指出，纪律必须也只能建立在自由活动的基础上，也表现在自由或自发的活动中。自发活动和自由活动不仅为我们揭示儿童生命潜力展现和自然发展的规律，也为我们指出培养儿童良好纪律的自由之路。

自由选择的有趣工作能满足儿童的内在需要，为儿童提供"活动动机"。遵守纪律不是通过听别人说教学会的。"当儿童将其注意集中于他感兴趣的、不仅为他提供有益的练习而且提供错误的控制的某种物体时，纪律也就产生了。"这样，合理组织儿童工作的自由的原则代替了教师的批评和说教，使儿童的精力在工作中得到发挥，"自我"得到自由发展，独立性得到培养，意志力和社会性亦有了发展。这不仅有助于纪律的形成，更使儿童的发展趋向完善。良好的纪律的形成需要经过一系列成套的动作准备。根据蒙台梭利的经验，有三个重要步骤：第一，使儿童在思想上分清好坏，不要混淆"好"与"不动"，也不要将"坏"与"活动"相等同，而旧式纪律常将它们混为一谈；第二，自由选择的有趣工作是形成纪律的关键环节；第三，用"肃静课"来巩固所取得的纪律。

蒙台梭利指出，以自由工作为基础建立起来的纪律显然不同于常规压制和命令训练出来的服从。压制和命令训练出来的服从导致教育上最大的弊病，即个性的泯灭。用新方法培养的儿童，就不再是"原先那个只知道驯服地为善的人，而是一个自己使自己更善的人"。她反对用"说理"的方法去规范儿童的行为，她认为儿童处于这一时期，成人的说教是不会奏效的。此外，用强制命令和规范去束缚儿童，会压抑儿童的个性，也是违反自由原则的。她主张通过自由活动的方式让儿童自觉地形成纪律，她明确地指出，纪律必须通过自由而来。

（二）无奖惩教育

蒙台梭利认为儿童本质上是自我教育的。幼儿完全能够通过自己的自发活动学习重要的概念和知识。成人没有必要强迫儿童学习，或使用惩罚与奖励。奖惩对幼儿的学习、纪律的培养不能产生"诱因"，不但无效，而且有害。

蒙台梭利否定奖励、惩罚等强化的作用，强调儿童的内在力量、主观能动性。她认为，人类的进步都是靠内部的动机，惩罚是一种压制。奖惩的办法只能鼓励儿童从事那种不自然的、被迫的行动，不能促进他们的自然的发展。她认为，儿童的内部需要得到满足后就会变得沉静，并且继续前进，获得满足和快乐，教育不能使人屈服于压力。蒙台梭利说，我们不抢，不杀人，不放火，是由于我们热爱和平，对于儿童来说，应让儿童对这种行为进行自我控制，自己选择，减少以大人为中心的奖惩办法，尽量要废除这种奖惩办法。

经常受到鼓励的儿童，其人格建立在自我认知和自我约束之上，但是悬赏式的奖励，只会诱使其"有奖才做"，影响到"价值观"的形成，造成只以名利为衡量的标准。如果儿童必须受到处罚或者奖励，才会停止他偏差的行为，那么他听话是完全因为害怕被惩罚，而不是自我控制的举止，会导致做事不主动、缺乏自信，很难具有创新能力。工作本身的成功与否就是对儿童最大的奖励和惩罚，教师不应该奖励儿童成功的行为，应该奖励儿童专注的精神和耐心的品质。如果儿童在工作的过程中不尊重教具，或者是破坏团体利益，蒙台梭利提出惩罚的方法就是让他们停止工作，让他们停止工作就是对他们最好的惩罚，让他们看看别的小朋友是怎么使用教具和如何尊重团体利益。这样他们就会主动承认自己的错误。

蒙台梭利要求环境（刺激）要适合儿童的内在需要和兴趣，认为儿童不是消极被动地接受外界刺激，他们每个人都有自己的内部结构、变化和发展。只有在自由的活动当中，儿童才会发现自己在环境中的作用、地位，认识到自己能够胜任工作，有利于形成成就感、自我独立感、自信心，乃至完美人格。奖励和惩罚对于这种自由活动是画蛇添足。

正如澳大利亚学者康纳尔所指出的那样："自由、工作和秩序是蒙台梭利为儿童所构房屋的三根主要支柱。"把幼儿学习活动概括为"工作"，这是蒙台梭利的独特见解，以"工作"为中介，通过实际活动培养儿童纪律，将自由与纪律协调起来的思想是富有创见性的，认为教育应废除奖励与惩罚，对今天的教育打开了一扇窗。然而，蒙台梭利完全排斥说理教育的作用，否定"假想"游戏的教育意义，不重视集体教育，均较为偏激。

第四节 蒙台梭利的和平教育思想

宗教作为人类文明发展的产物，具备创造人类和平的精神力量。比如，伊斯兰教的复兴者穆罕默德、基督教的上帝耶稣、佛教的鼻祖释迦牟尼更被认为是"和平"的精神领袖，越来越多的信徒把他们的教义作为生活的指引和精神的寄托，宗教无疑具备一种政治无法与其抗衡的能量，它让不同的人拥有同样的精神，而且终其一生，无怨无悔。

蒙台梭利是一位虔诚的天主教信徒，她将宗教的和谐道德理念渗透到了她的教育法里，更难能可贵的是，蒙台梭利没有局限于把"和平教育"作为一种想法或理念，而是将其作为一门科学来对待，并创立了科学的实践课程，这是任何圣人所不能企及的。因其涉猎到社会学、历史学、人类学、心理学、文学、自然科学等多门学科，所以说它是一门综合性学科一点也不为过。

蒙台梭利认为，只有通过教育创造和平人类，才能实现永久和平，这一思想一度震惊世界，彻底改变了传统的和平理念，即战争的停止即是和平。蒙台梭利让全世界的人们开始重新审慎"和平"的真正定义，"和平"也从此有了真正的内涵，所以，蒙台梭利也因此在1949年、1950年和1951年三次获得诺贝尔和平奖提名，她的和平演讲传遍世界，她是伟大的教育家，更是新和平思想的布道者，学术界和政治界从此有了新的和平风向标，开启了人类真正的希望。

一、蒙台梭利和平教育理念

（一）和平教育释义

1. 各个层面的和平

什么是和平？这个看似再简单不过的词里却有着丰富的内涵与多维的视角，因为在不同的社会层面，和平意味着不同的理想状态。

经济层面的和平——是彻底消除贫困，人类经济能够持续稳定的发展。

政治层面的和平——是实现真正的民主和自由。

军事层面的和平——是放弃武力、永无战争。

法律层面的和平——是社会秩序安然有序。

社会层面的和平——是集团间不再有冲突，通过公平分配而结合在一起。

2. 儿童心里的和平

在《介绍和平教育》一文里，介绍3~7岁和8~14岁的孩子们对和平的认识。内心纯真的孩子已经道出了蒙台梭利所倡导的和平的释义。

3~7岁的孩子们认为，"和平是内心的平静""和平是内心一种非常美好的感觉""和平是当人们相处时不争吵，不攻击""和平是对自己和他人一直抱有积极客观的想法""和平从我们每个人开始"。

8~14岁的孩子们认为，"和平不仅仅是没有战争""和平是和谐相处，而不是彼此争斗""和平是精神的一种平静和放松状态""和平是积极的思想、纯洁的情感、美好的愿望的共存状态""维持和平需要力量和同情""世界和平需要通过非暴力、接纳、公平、沟通而得到发展""和平是文明社会的一个主要特征"。

3. 蒙台梭利倡导的和平

和平是一种情感，是一种人类内心高尚的情感，是一个人内心的安宁，是一种团队合作精神，从这个层面上讲，我们可以称之为内心和平。和平也是一种外在状态，没有暴力，没有战争，人与人之间和平相处，世界处于有序健康的状态，我们可以称之为外在和平。的确，内心和平和外在和平正是蒙台梭利和平释义的两个中心思想，内心和平具有无限能量，直接影响外在和平，外在和平状态的长久存在需要以内心和平为基础，蒙台梭利正是通过教育增强幼儿的内心和平力量，引导世界走向永久和平。

可见，蒙台梭利倡导的和平不仅仅是没有战争，因为战争的停止只能带来短暂的和平，而只有拥有内心和平的健康人类，才能维系一个长久和平的社会。在这样的社会中，人们一起工作，解决冲突，发展道德，彼此公平对待，满足基本需求，互相尊重，相互合作，相互鼓励，他们内心有强烈的爱，这种爱维系彼此和平的关系。这种完美的世界也许很难实现，但是蒙台梭利的和平理念可以缩短到达理想目标的时间与距离。

蒙台梭利认为，通过教育产生的新人类，可以帮助我们实现这个伟大的理想。

在很长一段时间里，和平教育集中在讨论战争的原因、国家势力的发展、可怕的战争后果等。但是，我们吸收蒙台梭利和平教育理论后，研究的将是更多的非和平因素，这些因素包括冲突、威胁、种族仇恨与歧视、偏见、不公正、不平等、贫穷、家庭暴力、资源利用、环境污染等更深更广的层面。

伊曼努尔·康德、列夫·托尔斯泰以及加尔通等西方对和平教育有贡献的人物，大多局限于对成人的教化和对现实社会的研究，没有意识到充满无限潜能的儿童能担当未来和平的重任。只有蒙台梭利开辟先河，认识到了充满人类最高品质的儿童才是世界和平的希望，她本人和其教育的追随者创立了和平教育的具体方法，并设计了许多适合儿童和青少年的具体和平课程，使和平教育自然而然地融入幼儿的日常生活，以达到一种内心和平。

人类普遍认同的价值观，是基于人类根本利益基础之上，具有维系人类正常发展的重要意义。蒙台梭利和平教育，将帮助处于人生选择阶段的儿童做出隐性的选择，什么是正确的？什么是错误的？并由他们延续人类普遍认同的价值观。与传统价值观教育或礼仪教育等不同，蒙台梭利和平教育力争通过实践来学习和感受价值观，使他们发展成为人格的一部分，然后扩大和平的研究范围，逐渐涉及成人所思考的人类和社会问题，探讨解决方案，寻求统一且具有普遍认同的真理或价值观。

蒙台梭利曾警示我们："和平科学具有一种特别的发展规律，是一切规律运动中最崇高的。人类生命的发展依赖这种规律，所以，和平科学的发展是决定我们整个文明是发展还是消失的问题。"

（二）和平教育目的

蒙台梭利关于日常生活教育、感官教育、数学教育、语言教育、科学文化教育五大领域的内容，其教育目标是培养孩子语言及动作协调性，培养逻辑思维，培养实践中的独立生活能力，让儿童了解宇宙万物。在循序渐进领略蒙台梭利教育方法的过程中，体会到她的教育有着更伟大的目的——那就是实现全社会的永久和平，让人类共享美好的幸福生活。

认真研究蒙台梭利和平教育的目的就会发现，它不是孤立的一个点或一个面，而是一个系统的有机构成，包括了从终极目标到阶段目标，从宏观目标到微观目标。

1. 蒙台梭利和平教育的宏观目标

建设和平、民主、文明的理想社会是蒙台梭利和平教育的最终理想。

经历了第二次世界大战的蒙台梭利，见证了战争的残酷，深感战争对人性的摧残。她痛恨战争的非人道，战争迫使她的学校被关闭,她的教育无法传播,她本人被迫流亡国外;也正因为战争引起了她深深的思考,从而创立了独具特色的和平教育思想,并因此令她的教育体系上升到探索人性与社会和谐的哲学层面,她关注的不仅仅是对儿童的培养,更是整个人类社会的健康发展与世界的和谐、和平。历史学家说,战争是政治的延续,是政治的必然产物。自从有了人类社会,战争就从未停止过,它以不同形式,在不同国度演绎着。直到19世纪中叶,战争居然被很多人视为一个崇高的活动,当时一位叫亨利·迪南的瑞士商人挑战了这一观念,他于1863年创造红十字会,并成为现代和平运动的奠基人之一。

其实,没有哪个伟大的人物可以依靠个人的能力来结束战争,成为"和平缔造者",而世界的和平更需要全人类的努力。

蒙台梭利的和平思想绝非仅仅是消灭战争,没有战争只是和平的初级形态,那样的和平只是短暂的,她力求寻找一种持久的和平之路。

蒙台梭利认为,真正的和平应是人与人之间的和谐,彼此之间充满关爱与理解,是和平成为人的一种生活理念,进而转变成一种生活方式,正如美特斯在其著作《教育与和平》一书中写道:"当我们谈到和平,我们不仅仅指各个国家间的片面休战,还意味着全人类一种永久的生活方式。实现这个目标,不能仅仅通过个别国家之间签订和平协议,也不在于通过政治行动来拯救一两个国家,而应该努力地解决全人类的心灵问题,并由此构建道德的清晰概念,因为这种道德是捍卫人类所必需的。"

可见,通过教育培养优秀品质的人类将成就永久和平,这正是蒙台梭利和平教育的最终目的。

2. 蒙台梭利和平教育的阶段目标

使儿童具备健全的人格是蒙台梭利实现和平教育终极目的必达的阶段目标。

要创造和平、民主、文明的理想社会,首先需要诞生高素质的"新人类"。而培养造就新人类的必经之路是教育,只有通过科学的教育来培养健全人格的"新人类",才有希望建立新的秩序社会。由此看来,这两个层面目标看似独立,实则有着密切的内在联系,只有透过每一个人人格的完善才能够进行和平、民主、文明的理想社会的建设。

儿童人格的培养在蒙台梭利五大教学领域都有具体理论与实践,培养具有良好人格的人是蒙台梭利教育区别于其他派系教育的主要特征,这种目标渗透于蒙台梭利的每一项教学法、每一种教具中。正如蒙台梭利所宣称的,培养具备"健全人格"的人是其教育法的直接目的,而使儿童人格正常化是其课程实践的主要目标。

蒙台梭利认为,在教育上"最重要的,莫过于运用工作",使儿童通过"自发的集中工作",走上正常化的轨道。

蒙台梭利说:"带着缺陷来到我们'儿童之家'或学校的儿童最初毫无秩序,喧闹不已。他们干扰其他儿童,到处乱跑,但是不久对许多活动中的一项或放在某处的教具产生兴趣。一旦儿童开始反复进行一项练习,或开始集中精神完成一项工作,那么懈怠的状态便消失得无影无踪,而且萌发出自发性活动,于是儿童便开始兴致盎然地集中工作,常常游离不定的精神也就回归于秩序并走向正常化。"换言之,一旦能保证儿童的自由,为他们创造准备好的环境,使他们能自发地集中工作,那么儿童将走向正常化。

3. 蒙台梭利和平教育的微观目标

如何对待和教育儿童,才能使他们形成热爱和平、人格健康的"新人类"呢?从蒙台梭利许多阐述中,可以归纳出其具体和平教育目标至少包括如下层面。

(1)建设和平、民主、文明的理想社会。

(2)使儿童具备健全的人格。

(3)了解生命的发展规律,珍惜生命,尊重生命。

(4)发展儿童自尊心,懂得尊重他人。

(5)发展儿童儿情商(包括理解、宽容、利他、关爱、忍耐、微笑、沟通等),珍视自己与他人的情感。

(6)理解和尊重各种文化形式与自然规律。

(7)提供非暴力形式解决冲突的技巧和经验。

幼儿阶段的和平教育是一切的基石,是儿童期、青春期乃至成人和平教育得以顺利进行的保障,努力塑造儿童的和平人格,将使其终生受益。显然,如果实现了上述的目标,不难想象,由这些人构成的社会,一定有能力有智慧以和平的方式解决好各国、各组织之间的矛盾。

二、和平教育实施方略

(一) 和平教育课程

蒙台梭利的和平理念贯穿于其教育体系的全部学科的教学中,她自己并没有创设独立的和平教育课程。不过,其后来的追随者根据其和平教育理念,发展了和平教育课程,使其更加系统和完整,主要以幼儿和小学阶段为重点。

蒙台梭利教育法内在了和平因素。蒙台梭利教育本身就是和平教育,蒙台梭利为了达到培养新人类的目的,从日常生活到科学文化教育,无不渗透了和平教育因素。比如,在感觉教育中很多教具就是培养幼儿的秩序感;在数学教具中培养幼儿的逻辑思维等。

1. 自由的环境

蒙台梭利教室充满着温馨、舒适、安静、自由,自然得就像在家一样,老师是爱的化身,孩子在这样的环境中快乐、自在地生活学习,他们的心是自由的,身体是自由的。蒙台梭利认为,真正的内在纪律是在自由的条件下产生的,不自由的环境只会压抑人性,产生负面的心理因素。自由是蒙台梭利最在意的因素,正常人格的产生有赖于自由的环境,有效的自我约束是建立在自由环境中满足内心需要的基础上产生的。在自由环境中孩子也会有冲突,但是我们更多地看到他们的和谐,看到他们正常的成长。

2. 秩序感培养

蒙台梭利试图通过环境中的这种外在秩序内化到幼儿内心,使他们的思维具有条理性,她曾讲到"有秩序的生活可以减少生命的浪费"。同时,秩序的环境就是和谐的环境,对于秩序感相当强的幼儿,这种环境可以让他们心绪安定,并获得安全感。

3. 独立性培养

从身体独立走向精神独立是蒙台梭利教育的特色之一,蒙台梭利认为具有独立精神的人才是正常的、完整的个体,精神独立使个人意志坚定,具有明晰的判断力,不盲从,对自我和他人、对善恶是非有清醒的认识,从而正确有效地控制自身的行为,并能对自己的行为负责。

4. 寂静游戏

蒙台梭利和平教育的主要观点认为,只有内心的和平才是真正的和平,寂静游戏提供了一种达到内心平和的方式,喧闹之后的沉静让儿童感受到了外在世界给予不了的东西,内心的宁静使其内心与外界达到了一种莫名的和谐状态,这种安静有利于儿童重塑自我。

5. 轮流等待

在蒙台梭利教室里,轮流等待是所有孩子必须遵守的意识规则,每个教室里之所以只设置一套教具的意图,就是培养孩子等待和礼让的品格,这正是新人类的重要品格之一。

6. 科学文化教育

在蒙台梭利幼儿与小学课程里,科学文化教育与和平教育是相辅相成、互相渗透的。

(二) 和平教育实施方法

开展和平教育,关键是更新教育观念,其核心是改革人才培养观念与体制。

开展和平教育的关键是创设和平教育环境。蒙台梭利指出,教师的责任是为儿童创造一个良好的学习与生存环境,在儿童之间营造一个非竞争的学习共同体。教师要支持、鼓励、吸引幼儿与教师、同伴或其他人交流与合作,体验和谐共处的乐趣。

创设的环境应是一个能使儿童理解和平、体验和平的环境,儿童的和平教育是在个体与环境相互作用中,尤其是在与人的交流或在工作中获得和发展的。一般来说,正常儿童的发展都要有一个和谐的环境,成人要提供这样的环境,这里讲的和平环境,包括显性和隐性环境。显性环境与其他五大学科领域一样,要有序、美观、洁净。教师可设置专门用于和平教学的场所,里面放置和平教学用具,播放优美动听的和平音乐,如同其他学科领域的教学一样,教师要鼓励孩子尊重和平环境中的每个事物,让儿童深入其中,反复尝试,以达到和平的最高境界——内心和平。另外,教师还要组织学生建立和执行教师和平规则,实施礼仪、道德教育等。隐性的和平环境,是指一个充满爱心、关怀、尊重、自由、独立、舒适的积极心理环境。良好的隐性和平环境可以化解或降低许多不易处理的冲突,幼儿的精神胚胎更需要爱的环境来保护。老师的态度和行为就是隐性环境中重要的一部分。隐性环境要做到给孩子最大限度的自由、舒适,最大限度的独立。

蒙台梭利用了大量的文字强调保护儿童人格的重要性,她强调人们观念的改变,将成人与儿童都视为同等的公民。要为儿童创造属于他们自己的小世界,为儿童建立的社会环境必须保护儿童与生俱来的尊严,这个世界充满了尊严、关爱、自由等等,儿童要想完成和平这一伟大任务,其所必须拥有的环境仍然需要成人的帮助。

(三)和平使者——教师

要有好的教师,才有好的教育,才有高素质的新人类,才能实现人类社会的永久和平。教师对孩子的成长,尤其人格成长非常重要,是影响幼儿思想的重要人物。

相比其他教育领域来说,和平教育对教师的要求更高。因此,开展蒙台梭利和平教育,要严格教师师资,提升教师素质,努力造就一批师德高尚、业务精湛、结构合理、充满活力的高素质专业化教师队伍。教师、家长与社会应共同创造有利条件,共同开展和平教育,鼓励教师和家长在实践中大胆探索,创新和平教育思想、教育模式和教育方法。

第五节 蒙台梭利的混龄教育思想

蒙台梭利的教育思想强调"有准备的环境",而将不同年龄的幼儿混合编制在一个班级里就是经充分准备而设置的环境,更是蒙台梭利教育法的一个重要特点,也是其教育的标志和特色之一。蒙台梭利的混龄教育形式为不同年龄层次的幼儿提供了一个充分认识自我、认识他人、增进交往与互动的机会与环境,也就从根本上为幼儿的人际关系智能、自我认识智能发展创造了空间。

一、混龄教育的内涵

所谓混龄教育是指打破班级和年龄界限,把不同年龄段的儿童混合在一起活动的管理教育方式。儿童在教师的指导下共同游戏、共同学习、共同开展活动。

蒙台梭利认为"按年龄实行隔离是一个人能够做的最残酷最不道德的事情之一,对儿童也是如此。它打破了社会的契约,剥夺了生活的滋养。在大多数学校里起初是按性别,然后是按年龄进行分班的——这是一种人为的隔离,阻碍了社会意识的发展"。因此,她提出混龄班有利于幼儿的交往与合作。"我们学校的经验表明了不同年龄的儿童之间可以相互帮助。年龄小的儿童可以看年龄大的儿童做事并请他们说明解释,他们是很乐意这样做的。这样的教学才真正有价值,因为相比成人而言,5岁儿童的心理更接近3岁儿童的心理,幼儿很容易学会我们认为是难以传授的东西。在他们两者之间存在着一种人们在成人与幼儿之间很少发现的交流与和谐。""有很多东西教师是不能传授给3岁儿童的,但5岁的儿童却能轻而易举地做到。在他们之间,存在着一种自然的心理渗透。"

二、混龄教育的意义

(一)让儿童教育儿童

1. 吸收性心智需要混龄教育

在蒙台梭利的教学中,0~6岁的儿童对学习有一种独特的能力,这种能力是"吸收性的心理"。蒙台梭利认为儿童的心理不同于成人的心理,成人通过运用心理来获得知识,然而儿童吸收知识直接进入其心理生活。儿童的心理、儿童的语言等并没有遗传的行为模式可以遵循,而是通过对外部世界的吸收来实现。他们通过吸收在周围发现的一切,从而形成自己的个性。吸收性的心理是一个从无到有的生成过程,如果把心理的吸收力作为一种"力"来考虑，那么其特性与接受力、理解力等教育学中所谓的"力"的特性有所不同。

2. 混龄教育符合年龄特点

儿童向儿童学习比向成人学习更加自然而有效，模仿起来更容易，而且不感到受压抑。"3岁的儿童对5岁儿童所做的事情是非常感兴趣的，因为这些与他自己的能力相差不远。所有年龄大些的儿童变成了英雄和教师，而幼小儿童就成为他们的羡慕者。他们从前者那里得到灵感，然后继续做他们的工作。"并且，在这个过程中年长的儿童不但可以巩固加深自己的知识，还将意识到他们所做的一切会被年幼者重复，从而督促自己要为年幼者做出积极的、正确的行为示范。

3. 混龄教育不会阻碍儿童的发展

有人担心混龄教育会影响大龄儿童的进步，"但是首先他不是整天教，而且他的自由是受到尊重的；其次，教能帮助他更好地理解先前懂得的知识。在他教给别人时他必须对他掌握的小范围的知识进行分析和重新安排,因此他的牺牲不会使他退步"。对此3~6岁儿童的教室甚至可以不与7~9岁儿童的教室严格分开。这样一来，一个3岁的儿童也可以看另一个9岁的儿童用珠串进行求平方根的算术练习；一个6岁的儿童也可能会对9岁儿童所做的事情有所理解,会留下来观看,从中学到点什么。为此,每一个儿童都可以随时随地、自由地进行智力散步。这种自由也能使观看者注意到每个年龄理解力的局限性。因为儿童的进步不是取决于年龄，而是取决于他能够自由地观看周围的一切。"理解大龄儿童所做的事情使小龄儿童充满了热情。大龄儿童很高兴能够传授他们所知道的事情。这样不仅不会产生自卑心理，而且每个人通过精神能力的相互交换都能获得健康的正常发展。"混龄教育中，小龄儿童他们不会因为年龄大的儿童懂得比他们多而羞愧，因为他们觉得当他们长大后也会如此。大小龄儿童两者之间存在着爱和羡慕，而"这种保护和羡慕的气氛在实际中会变得多么浓厚。班级逐渐由挚爱凝结成一个群体。最终儿童渐渐了解了各自的品格而且为了相互的价值而产生一种互补情感"。

（二）培养儿童的社会交往能力

"独生子总是很难办，这不全是因为他们爱损坏东西，而是由于他要更多地饱尝没有伙伴的痛苦。第一个出生的孩子比以后出生的孩子更让父母感到头痛。他们将其归咎于自己没有经验，实际上这是因为以后出生的孩子都有着同伴间的友谊。"因此，在蒙台梭利的"儿童之家"里，打破了班级和年龄的界限，并根据儿童的年龄特点进行教育。这样，儿童在活动、游戏中就容易产生角色换位，且愿意设身处地地体验别人的想法、情感，学会理解别人，还可以更好地实现个体心理发展过程的去自我中心化，有利于儿童的社会化形成。

1. 有利于培养儿童积极的个性

培养幼儿社会交往能力是幼儿教育的重要目标，是促进幼儿社会性发展的前提，而幼儿社会交往能力又与幼儿社会情感（如移情，乐于交往，人际敏感性，爱心，乐于合作等）相互影响，相互促进。因此，培养幼儿的社会性情感是发展幼儿交往能力的条件和前提。社会情感总是在社会性相互作用的活动情境中获得和体验到的。经过了混龄教育的儿童，自理能力有明显提高；生活礼仪与文明行为习惯增强；幼儿之间的爱心增加，冲突减少，平等关系建立。

2. 有利于儿童心理健康

每位儿童在成长阶段都会产生人际交往的心理需要。混龄活动的创设，使不同年龄的幼儿集聚在一起，为幼儿营造了一个类似兄弟姐妹式的家庭氛围，弥补儿童缺乏与不同年龄儿童交往的机会，更多地满足幼儿交往的需要。幼儿在交流中相互学习、了解一些信息和知识，推动幼儿社会性品质的发展，对其交往能力有着不同程度的促进作用。对于年幼的幼儿来说，通过在混龄活动中与年长的幼儿交往，其领会能力、观察能力及跟随模仿能力均得到了增强；而年长的幼儿与年幼的幼儿一起游戏时，其责任感和榜样的作用增强，谦让和友好的行为也随之增加。面对比自己小的幼儿，大龄幼儿更愿意和他们分享，更愿意在有冲突的时候谦让。

因此，混龄编班对于促进儿童的社会性发展发挥出了独特的作用。混龄教育可以消除儿童的自卑、孤僻；可以消除孩子的粗心和浮躁；可以减少孩子的任性、固执；混龄教育消除了孩子对成人的过分依赖。

三、混龄教育的实施

(一)混龄教育的模式

1. 全园性混龄晨间活动

在晨间活动中,鼓励幼儿到自己感兴趣的游戏区域去活动和交往,在活动中培养幼儿合作、交往、关心、谦让等良好个性品质。

2. 区域化学习活动

幼儿可按自己的意愿到各活动区去活动,由于幼儿在晨间活动中已相互认识,因此他们都比较自然地交往合作,大胆尝试,相互帮助,显得亲密无间。

3. 跨班活动

在良好的混龄活动的基础上,不定期地开展跨班活动。

(二)混龄教育的内容

及时发现幼儿感受兴趣的事物、游戏和偶发事件中所隐含的教育价值,把握时机,实施方案教育。在方案活动中幼儿可以以不同的方式掌握各种知识,提高技能技巧,在交往中学会学习,提高解决问题的能力。小年龄幼儿模仿大年龄幼儿,容易掌握方法,主动学习新知识。大年龄幼儿自然地提高自身的能力,并养成乐意助人、自信的好品质。

(三)混龄教育应注意的问题

1. 要通过幼儿自身主动参与的实际活动来进行混龄教育。
2. 混龄教育注重幼儿情感教育。
3. 与家长密切配合实施混龄教育。

思考与延展

1. 简述蒙台梭利儿童"工作"的思想。
2. 评述蒙台梭利的游戏主张。
3. 简述蒙台梭利关于环境对儿童发展影响的观点。
4. 评述蒙台梭利对"有准备的环境"的主张。
5. 简述蒙台梭利关于自由与纪律的关系。
6. 简述蒙台梭利关于儿童纪律的培养。
7. 简述蒙台梭利和平教育思想的主要内涵。
8. 简述蒙台梭利混龄教育思想。
9. 剖析蒙台梭利教育思想的现实价值。

第六章

蒙台梭利的教学思想

蒙台梭利的教学思想在蒙台梭利的教育体系中，儿童教育的内容和方法是非常重要的组成部分。

蒙台梭利教育法的基础是儿童在准备好的环境中的自由活动，她努力将儿童置于成人干涉最少而自我教育机会最多的环境之中。蒙台梭利根据下面这些观点来安排儿童之家的教学活动。

第一，必须有效地发展儿童的三种功能：运动功能、感觉功能和身体适应功能。儿童生性活跃，对劳动感兴趣，对他们的基础教育就应通过细心组织的活动和劳动来发展这三种功能。

第二，蒙台梭利受到塞贡的有关影响，并结合自己多年探索的经验，认为儿童的教育应遵循这样的发展路线：从肌肉系统到神经和感觉系统，从感觉训练到一般概念，从一般概念到抽象思维，从抽象思维到道德。

第三，关于儿童发展的整体性思想，蒙台梭利认为，儿童发展的各个方面并不是孤立地进行的，"事实上，人的性格、智力、情感与成长是同步进行的"。各认识过程的发展之间，认识过程与情感意志过程的发展之间，以及认识过程和个性形成与发展之间，都有着不可分的联系。她设计的所有练习不仅训练技能、开发智力，也锻炼意志力和培养纪律性。

根据上述思想，蒙台梭利在儿童之家推行的教学内容包括实际生活练习、肌肉训练、自然教育和体力劳动、感觉训练，以及读、写、算练习等。对于课程的编排采取了齐头并进的方式，各种不同练习大部分同时开始。并且，这些练习都是审慎地分级推进的，可以自我矫正，儿童只需成人的最低限度的指导就能进行。

第一节 日常生活练习

儿童之家作为培育3~6岁儿童的园地，以一系列实际生活的练习作为一天的开始。蒙台梭利指出："从整个方法考虑，工作必须以为孩子适应社会生活方式做准备开始，必须吸引他们对这些生活方式的注意。"

一、实际生活练习的意义

所谓日常生活练习，实际上就是给儿童"与日常生活息息相关"的动作教育。

日常生活的学习是蒙台梭利教育的起点，它引领孩子由一个自然人成为一个拥有秩序感、专心、动作协调、身心独立、喜好学习的个体，是孩子进入蒙台梭利教室首先要学习的内容。

蒙台梭利十分重视儿童的日常生活练习。她认为儿童的实际生活练习不仅可以培养儿童的独立性和掌握技能，还可以练习各种动作，使儿童更完善起来。通过日常生活练习，可以培养儿童独立生活和适应环境的能力。

二、实际生活练习的内容

蒙台梭利设计的实际生活练习可以分成两大类:一类是与儿童自己有关的;另一类是与环境有关的。

(一)与儿童自己有关的日常生活练习

与儿童自己有关的实际生活练习主要是自我服务,如穿脱衣服、梳头、刷牙、洗手、洗脸、刷鞋、洗手帕等。与儿童自己有关的实际生活练习具体包括四项内容:清洁、秩序、安静和会话。

(二)与环境有关的日常生活练习

与环境有关的实际生活练习主要是管理家务的工作,如卷小毯子、扫地、拖地板、擦桌子和椅子、整理房间等,还包括园艺活动和手工作业,这不仅符合儿童的兴趣,而且有助于他的生理和心理的发展。

另外,幼儿也可以用泥土做常用的生活用品和各种物品的小模型。应该让儿童按照自己所喜欢的方式去做。但是,蒙台梭利反对通过绘画等工作来培养儿童的想象力。

表6-1 日常生活练习四项内容

基本动作	照顾自己	照顾环境	生活礼仪
抓毛线球	衣饰框	打扫地板	表达谢意
开关抽屉	洗手	洗碗	打招呼
倒米粒	擦亮鞋子	擦洗桌子	递交物品
搬椅子运动	擤鼻涕	擦亮银器	打扰、打断的礼仪
系鞋带、蝴蝶结	穿、脱衣服	照顾动植物	解决冲突
穿珠练习	梳头	清除灰尘	进食的良好环境
剪纸练习	照镜子	折叠桌布	尊重他人及环境
缝纫练习	穿、脱鞋子	拖地	听从指令
转瓶盖练习	刷牙、洗脸	刷洗地板	和平教育
叠方巾	吃饭、喝水	准备餐桌	感谢与道歉

三、实际生活练习的实施

为了有利于儿童参加实际生活练习,蒙台梭利认为,儿童之家应该摆设与幼儿身材相适应的小型家具、小桌子、小扶手椅,以及儿童自己可以方便地打开的小橱;还应该备有小扫把、色彩缤纷的抹布、小刷子、小肥皂和轻便的清洁卫生用具等。室内应有足够的空间,让儿童自由地活动和练习。她还设计了专门的教具,使儿童通过反复练习,学会扣纽扣、系鞋带、打结等动作。等到这些动作熟练后,儿童们就会想到自己穿衣服或帮其他人穿衣服来试一试。

通过使用蒙台梭利日常生活教育的教具,采用线上步行练习和肃静练习等方式帮助儿童形成良好的生活习惯和技能。

第二节 肌肉训练

蒙台梭利作为一名医生,非常强调儿童身体的发育以及体操活动的作用,强调指出肌肉训练不仅有助于儿童的身体发育和健康,而且有助于儿童动作的灵活、协调和正确,还有助于锻炼儿童的意志和发展幼儿之间的合作关系。

一、肌肉训练的意义

儿童之家的肌肉训练具有促进儿童身心两方面发展的作用。

(一)肌肉训练具有保健作用

蒙台梭利认为,幼儿期是肌肉训练的一个重要时期,根据医学解剖学的结论,婴幼儿体形发育的特点是躯干比下肢发达,整个骨骼尚未完全骨化,易造成畸形。因此,应用体操来帮助儿童发育。既做所需要的运动,又不致使下肢疲劳而变形。

(二)肌肉训练能促进儿童心理的发展

蒙台梭利批评当时最大的错误是孤立地考虑运动问题,而忽视了运动与心理发展的密切联系。根据生理学和心理学的研究成果,蒙台梭利指出了肌肉与中枢神经系统的关系,认为大脑、感官和肌肉构成了神经系统的主要部分。肌肉整体的协调活动将人和周围环境联系起来。她认识到:"心理发展必须与运动相结合,而且有赖于运动。这一观念对于教育理论与实践是非常重要的。"儿童往往利用活动增强其理解力。

(三)肌肉训练能培养儿童的社会性

蒙台梭利还指出了运动的社会性,认为社会秩序真正存在于具有建设性目的的运动中。

二、肌肉训练的内容与方法

(一)肌肉训练的内容

蒙台梭利把在儿童之家实行的帮助儿童发展肌肉的训练方法称为"体操"。她的"体操"概念是广义的,包括的内容比较多样化,有以下四类活动。

1. 锻炼下肢的运动

在日常生活中的自然运动,如行走、掷物、上下楼梯、起立、跳跃等动作的协调;利用各种器械如栅栏、螺旋梯等,以使儿童的动作达到灵活的程度。

2. 自由体操

一类是有指导的、在口令下做的体操,如齐步行进操和类似福禄培尔的运动游戏的体操;另一类是自由的游戏活动,如玩皮球、铁环、装有豆子的小包和风筝等。

3. 教育体操

实际上与自然教育和实际生活练习联系在一起,如栽种植物和饲养动物中的锄地、搬运物品等都是有益的体育锻炼活动。另一类是增强手指协调动作的练习,如穿衣、脱衣、解扣子等。为此,蒙台梭利设计了专门的教材供儿童练习。

4. 呼吸体操

目的是调节呼吸运动,并有助于养成儿童正确说话的习惯。

(二)肌肉训练的方法

1. 专门器械

为了帮助儿童进行肌肉训练,蒙台梭利设计了一些专门的器械和设施,如平行木栅、摇椅、球摆、螺旋梯、绳梯、跳板、攀登架等。以绳梯为例,由于儿童攀登用麻绳做的带有横木棍的梯子爬上爬下,就可以锻炼上下肢、手的抓握以及身体的平衡等。

2. 音乐伴奏动作训练

蒙台梭利还设计了有音乐伴奏的走步、跑步和跳跃练习,既使儿童感到有兴趣,又锻炼了儿童肌肉的力量,还发展了儿童的节奏感。

3. 体操

如前所述，体操可以通过自由体操、教育体操、呼吸体操来训练儿童的肌肉。

此外，儿童还可以利用球、铁环、棍棒、豆袋、手推车等开展自由的活动性游戏。这对幼儿的肌肉训练也有很大的作用。

第三节 感官教育

感官教育在蒙台梭利的教育体系中占有重要的地位，是她的教育实验的主要部分。感官教育在她所提出的运动、感觉、语言和智力操练这一程序教学结构中处于十分重要的地位。

一、感官教育的目的和意义

（一）感官教育的目的

蒙台梭利认为，必须对幼儿进行系统的和多方面的感官训练，使他们通过对外部世界的直接接触，发展敏锐的感觉和观察力。这是幼儿高级的智力活动和思维发展的基础。因此，蒙台梭利认为感官教育具有较大的教育学的意义，感官训练不仅关系到感官能力的发展，也关系到智力的发展。蒙台梭利指出："感官训练的目的不在于使儿童认识颜色、形状和物体的不同性质，而在于通过注意、比较和判断的练习，改善他的感官。其主要目的是通过训练儿童的注意、比较和判断的能力，使儿童的感受性更加敏捷，准确和精练"。

（二）感官教育的意义

蒙台梭利从以下三个方面具体阐述了感官教育的意义。

第一，感官练习有助于儿童智力的发展。蒙台梭利的智力体操通过各种教具的合理指导，有助于儿童智力的形成。何谓"智力"？蒙台梭利受贝恩（A. Bain）有关理论的影响，认为"能区分"是智力的特征。她把对"差异"的感知看作每一个智力运动的开端，通过感觉收集材料，然后将其加以区别，这是形成智力的最初过程。通过感官练习，儿童学会了有条不紊地分门别类，这就奠定了智力发展的基础。

第二，3~7岁的儿童正处在感觉器官活动的形成期或发展感官能力的敏感时期，我们应借此时机系统地给予儿童的感官以直接刺激，以帮助感官的合理发展。同时，感觉训练还能及早地发现并纠正感官缺陷，并及时采取相应的矫正和改善措施。

第三，感官训练能把人培养成为一个观察者，为适应现代文明的工作和实际生活奠定基础。

二、感官教育的类别及其教具

（一）感官教育的种类

蒙台梭利把感官教育主要分成触觉、温觉、压觉、听觉、视觉、味觉、嗅觉和色觉等方面。这些感官练习为儿童学习文化知识做好直接的准备。

触觉训练在蒙台梭利的感官训练中是最主要的方面。蒙台梭利所说"幼儿常常以触觉代替视觉或听觉"，即常通过触觉来认识周围事物。触觉训练按其性质的不同，可以分为辨别物体光滑程度的滑度触觉训练，辨别温度冷热的温度触觉训练，辨别物体轻重的重量触觉训练，以及辨别物体大小、长短、厚薄和形体的实体触觉训练等。

视觉训练包括识别物体大小、形状和颜色的训练。

听觉训练包括辨别和比较极其微弱的声音，并对噪声产生反感。

嗅觉训练包括提高嗅觉的灵敏度。

味觉训练包括识别各种味道的训练。

（二）感官教育的教具

蒙台梭利把教具称作"教材"。在《蒙台梭利方法》中，她较为详细地介绍了感官教育的教学材料。感官练习可以通过这些教具材料单个地或多种组合地进行，蒙台梭利称之为"真正的智力体操"。

蒙台梭利设计的感官练习材料具有以下三个特点：

第一，按照用途分为不同的种类，每一类分别训练某一种感觉；

第二，各种材料使用时，要求尽可能地排除其他感官的干扰，以使所训练的感官得到的印象尽可能地纯正、清晰。

第三，教具有控制、纠正错误的功能。

蒙台梭利一再强调这些感官训练的教具是提供给儿童自己做的，可以通过儿童自己操作，尝试错误，而达到"自我教育"的目的。

设计感官教具时应注意做到孤立性、正确指引（控制错误）、吸引力、由简单到复杂、有序列性、适合幼儿的尺寸。

三、感官教育的原则

鼓励小组或个别教学；教学时教具的排列是从大到小；教具示范操作是从左到右；介绍教具时应操作最强烈的对比；采用 G·P·S 操作方法；所有学习名称的工作皆需带入三阶段教学法；语言要精简；幼儿要熟悉基本示范后才能进入延伸变化；留给孩子自由变化的空间；教具的供应的限制性。

第四节 初步知识教育

蒙台梭利认为，3~6岁的幼儿天生具有学习初步知识的能力，并且正处在学习读、写、算的敏感期，完全可以教他们学习阅读、书写和计算，为其准备适当的材料，提供正确的途径，以帮助儿童将来入学时更加容易地获得复杂文化。她认为，儿童之家的儿童"一向生活在孤独的环境里，没有机会去学习或掌握什么。一旦有了机会，就会像饥饿的狮子一样猛扑过去，渴望学习文化知识"。

一、幼儿语言学习

（一）儿童语言发展规律

蒙台梭利非常重视儿童语言的发展，并研究了儿童语言发展的特点和规律。她认为，语言同社会生活有密切的联系。语言不仅使人类形成各种群体和民族，也是人类与他类区别的重要标志、文明的根源和集体思想的工具。在她看来，儿童的语言是发展而来的，而不是教出来的。儿童语言的自然发展有如自发的创造，并遵循着适宜于所有儿童的固定法则：由简单的音节发展到较为复杂的词，最后才能掌握整个句子和文法。儿童的语言的发展并不是逐字地、均衡的、缓慢地进行的，存在着心理学家所说的爆发性现象。

儿童语言的发展需要成人提供帮助，随时辅助，使他们不至于独自摸索、盲目前进。

（二）阅读与书写前的准备训练

幼儿时期是儿童语言发展的重要时期。合理地帮助儿童语言的发展，能从根本上防止永久性的语言缺陷的产生。

蒙台梭利发现书写和阅读这两种活动并不是同时进行的。与一般想法相反，蒙台梭利认为书写先于阅读。前者是低级的语言阶段，主要是心理运动机制起作用，而后者即阅读则是纯粹的智力活动。书写方法能为阅读做准备，使阅读几乎毫无困难。她认为，通过训练，"几乎所有正常孩子都是4岁开始书写，在5岁就知道怎样阅读和书写，并至少达到小学一年级结束时的水平"。

书写练习的步骤是：掌握和运用书写工具的肌肉运动机制的练习；建立字母符号的视觉——肌肉感觉印象和建立书写的肌肉运动记忆的练习；拼写的练习。主要的书写教材包括图画教材、贴有砂纸剪成的单个字母的硬纸卡和字母表。

阅读教材由清晰书写的单词和短语的纸片和卡片组成。此外，还备有大量的各种玩具。蒙台梭利完全抛弃了旧的识字课本，精心研究出许多有助于发展幼儿阅读能力的各种游戏方法。

（三）语言发展的阶段

一般说来，婴幼儿语言的发展需要一个循序渐进的过程，语言的发展既有阶段性又有逻辑性，不同年龄的幼儿其语言发展的水平是不同的，大致可以分为七个阶段。

第一阶段：0~4个月，无意识交流阶段。
第二阶段：4~9个月，有意识交流阶段。
第三阶段：9~18个月，单词阶段。
第四阶段：18~24个月，词组阶段。
第五阶段：24~36个月，早期造句阶段。
第六阶段：3~5岁，句子掌握阶段。
第七阶段：5岁~成人，完整的语法阶段。

二、算术入门

（一）算术教育的意义

蒙台梭利认为，幼儿数学逻辑能力的萌芽出现在"秩序敏感期"内（1~3岁），在此期间，幼儿对事物之间的排列顺序、分类、配对表现出特殊的兴趣。数字、几何图形及测量敏感期则出现在4岁左右，幼儿在这个时期对数字、几何图形及测量表现出强烈的学习愿望。如果成人能抓住时机，针对幼儿在不同时期不同的学习需求给予适当的刺激，即提供必要的教具及良好的学习氛围，幼儿的数学能力就会得到迅速发展，且将受益终身。

（二）算术教育的实施

蒙台梭利利用日常生活中遇到的数字问题和游戏活动等方式对儿童进行算术教学，并将其与感觉教育联系起来，为儿童提供了多种练习计数的机会和方法。蒙台梭利在儿童之家进行算术入门教学的程序和内容是：计数、用书写符号表示数、数的记忆练习、从1~20的加减乘除法、十进位数。蒙台梭利根据自己的实际经验指出，6岁以前的幼儿对此不会有什么困难。

蒙台梭利把感官教育与读、写、算的教学有机地联系起来，使儿童手脑并用，调动各种感官的配合与协调作用，使他们在没有心理压力的情况下，按自己的发展进度自然地、不知不觉地"爆发式"地学会读、写、算。蒙台梭利还认为，初步知识教育与感官训练是相联系的，正确的感官训练有助于初步知识的教育。

第五节 科学文化教育

蒙台梭利重视科学文化教育，她认为儿童学习文化不只是使他们更聪明，更重要的是使他们了解环境，进而尊重环境、尊重别人、尊重自己。在其教育目的（特别是和平教育思想）指导下，她强调科学文化教育可以帮助发展儿童对世界所有人类的正确态度，使世界在未来可以变得更和平。

一、科学文化教育概述

科学文化在整合、积累群体长期成果的基础上，使人们吸收到同伴和前辈们所作出的发现和思想，它同哲学、艺术信仰、宗教、道德、习俗等人文因素交织在一起相互影响、相互作用、相辅相成，形成了具有文化内涵的高层次的文化结构。

蒙台梭利认为儿童是环境的一部分，儿童是离不开文化的，儿童本身就是文化的一部分。蒙台梭利科学文化教育大致包括自然、地理、历史、科学、音乐、美术。通过让幼儿学习民族文化，培养幼儿爱科学的情感和民族自豪感，激发幼儿的好奇心和求知欲。

二、科学文化教育的意义

蒙氏教学法提供的学习环境不仅是让孩子学会自处的能力及会读书、写字、算术外，也包括自然人文的过程。对文化学习的兴趣萌发于3岁，而到6~9岁出现了想探索事物的强烈需要，蒙台梭利主张在3~6岁幼儿的教室中，利用生动具体的教具让幼儿浸润于文化的世界中，认为幼儿的吸收性心智能够从四周吸取文化方面的知识，并保留在记忆深处，直到多年后这些记忆犹如天赋般的能力成为幼儿心智的一部分，使他比别人更能正确而有效地理解文化方面的抽象知识。

科学文化教育介绍了宇宙万物，引导幼儿参与并关心生命过程，培养对自然的情感，感觉自然的美、和谐与秩序，发展自我训练，健全独立人格的意识，而成为敏锐、有赏识力的生活观察者，进而知道关怀、爱惜生命、尊重别人。以生动活泼的教学方法，循序渐进地引领孩子进入艺术的殿堂。

三、科学文化教育的目的

老师在教导儿童观察自然生命现象的过程中，激发了儿童对大自然的热爱，并透过自发性的学习，让儿童体验自然与真实及自我的责任，且激发孩子的耐心、细心、爱心和信心。幼儿在老师的指导下，学会遵循人类自然发展方式而促进本身的发展与成长。

艺术教育是启发并增强幼儿各种才能的很好的学习方式，同时也让儿童在艺术中感受生命的喜悦，从而成长为健康快乐的孩子。

四、科学文化教育的原则

在蒙台梭利科学文化教育中，遵循从具体到抽象的原则，由已知到未知的原则。在教育内容上从宇宙万物开始，让儿童了解周围的一切。也就是说，这所有的一切都属于科学文化教育的内容，具体可分为动物、植物、地理、历史、天文、地质、自然现象、艺术及科学实验等。每一个类别在教学中也都要从大的概念开始逐步细化。

在蒙台梭利科学文化教育中，遵循有秩序性的原则、可操作性的原则，通过感官引导学习的原则。一切都以实物观察、建立感性经验为基础，儿童不但要运用多种感官，亲自感知获取丰富的感性经验，还可以通过蒙台梭利精心设计的半抽象的嵌板及图像卡片，了解相应事物各部分的名称及结构等。在这一连串的活动中，那些让我们大人看上去很深奥的知识很自然地就纳入了孩子的知识结构之中了。

五、科学文化教育的内容

（一）自然科学

1. 动植物教育：动物教育包括脊椎动物和无脊椎动物及其相关内容；植物教育包括整株植物和植物细部的介绍和相关的内容；动植物和人类的关系。
2. 天文地质教育：天空、陆地、海洋，自然形成的地形地貌等；矿物、岩石、天文、气象、物质、能量、宇宙等。
3. 科学教育：水、空气、电、磁、力、弹性等的认识及相关实验等。

（二）人文科学

1. 历史教育：时间的认识（时钟、一天、一周、一个月、四季、一年），自己和家人的成长史、动植物的成长史、事物的发展史、历史人物、历史事件、考古工作等。
2. 地理教育：七大洲、四大洋及每个洲中主要国家的名称、首都、国旗、著名建筑、风土人情、民俗习惯等。
3. 音乐教育：学习聆听、歌唱训练、运动和旋律、语言节奏、听力培养、音感训练、视谱和写谱、乐器演奏、音乐欣赏、即兴创作、与其他教学内容结合。

六、教具说明

（一）历史教具
1. 让孩子感受时间是连续不断的。
2. 让孩子感受时间是段落的、有节奏的。
3. 让孩子感受时间的改变对我们生活的影响。

（二）地理教具
1. 帮助孩子发展空间方位感。
2. 让孩子能接受其他国家文化并能建立世界观和宇宙观。

（三）动植物教具
在蒙台梭利教室中，照顾动植物，参与生命的养护工作，树立与自然和谐共处的理念。

（四）天文地质教具
目的是指导利用感官认识，使3~4岁幼儿在对天文地质感兴趣的基础上建立正确的认识，即宇宙广义的解释是由固体、液体、气体三态所组成的。

（五）天文教具
太阳系的介绍，星座的介绍，月亮的介绍，云雨气象，太空之旅。

（六）地质教具
地球的层次，岩石的形成，矿物的种类。

（七）科学教具
水的特性，空气的特性，磁铁的特性等。

(八)音乐教具

对幼儿进行聆听,歌唱,运动和旋律,语言节奏,听力,音感,演奏,欣赏的训练。

虽然蒙台梭利的教学法受到了世界范围的推崇,瑞士著名心理学家皮亚杰曾指出:"蒙台梭利对于智力缺陷儿童心理机制细致的观察便成了一般方法的出发点,而这种方法在全世界的影响是无法估计的。"但是,应该看到这种教育法也存在其自身不可克服的弱点,如带有机械的和形式主义的性质,曾受到一些教育家的批评。

思考与延展

1. 列举并评述蒙台梭利的教学内容。
2. 设计蒙台梭利教学内容与日常生活相融合的方案。
3. 简述蒙台梭利教学内容的现实意义。

第七章

蒙台梭利的地位与影响

蒙台梭利的地位与影响蒙台梭利教育法的独特魅力源于她对儿童的充分研究与了解，遵循儿童的敏感期，激发儿童潜能，在宽松、愉快的环境中发展儿童独立、自信、专注、创造等能力，为将来儿童的成长打下良好的素质基础。蒙氏教育法遍及欧洲大陆，也走向了世界，蒙氏教育法推广百年取得了丰硕的成果，其理论不断完善和发展，得到世界各地幼教界的普遍推崇和认同，在美国、欧洲、日本、新加坡、澳大利亚等学前教育发达国家极受关注，蒙台梭利学校已遍及一百多个国家。

第一节 评说蒙台梭利教育

蒙台梭利的教育思想与方法由于根植于深入的教育实践，以其理想的教育效果受到高度评价，但由于其来源于对残障儿童的治疗，以及受时代和文化的限制，存在着不可逾越的局限。

一、蒙台梭利教育与传统幼儿教育的区别

综观蒙台梭利的教育思想与传统教育思想大相径庭，其特点表现如下。

第一，以儿童为中心。反对以成人为本位的教学观点，视儿童为有别于成人的独立个体。

第二，不教的教育。蒙台梭利反对以教师为中心的填鸭式教学，主张由日常生活训练着手，配合良好的学习环境、丰富的教具，让儿童自发性地主动学习，自己建构完善的人格。

第三，把握儿童的敏感期。0~6岁的幼儿会出现特定的喜好倾向，若顺着敏感期学习，该特征即可得到最大的学习效果。

第四，教师扮演协助者的角色。一般称蒙台梭利教师为引导者，他们必须对儿童的心灵世界有深刻的认识与了解，对于儿童发展的状况了如指掌，能提供儿童适宜、适时的协助与指导。

第五，完善人格的培养。蒙台梭利科学幼儿教育的最大目的就是协助儿童正常化。通过环境的设计、教具的操作，使儿童逐步建构完善的人格。

第六，尊重儿童的成长步调。蒙台梭利科学幼儿教育没有课表，不划分上下课时间，就是为了让儿童能够专注地发展内在的需要。

第七，混龄教学。让不同年龄的儿童在一起，可以使年龄较小的儿童有不同年龄层的模仿对象，而年龄较大的儿童则可以从帮助年幼的儿童中增强自己的知识和能力。

第八，丰富的教材与教具。蒙台梭利教具繁多，这些教具并非是教师用来教学的工具，而是儿童工作的材料。儿童通过这些工作，从自我重复操作练习中建构完善的人格。

第九，摒除奖惩制度。蒙台梭利通过长期的观察，发现儿童对奖惩毫不在乎，因此，蒙台梭利科学幼儿教育采取尊重孩子的方式，培养孩子正在萌芽的尊严感。

第十，爆发的教学成果。蒙台梭利科学的幼儿教育采取尊重儿童内在需求的方式，让儿童适宜、适时地成长。虽然短期内不易察觉成果，但却会在某一时间以爆发的力量彰显出孩子内在的心智在成长。

二、蒙台梭利对世界的贡献

（一）对智障儿童教育的贡献

蒙台梭利对智障儿童的教育作出了极大贡献。虽然她对智能不足儿童的教育只深入研讨了4年，但有着前所未有、迄今有效的发现。她更是研究和倡导使用科学的方法来提升正常儿童智力最有成效的科学家和教育家。

（二）推翻了智力不可改变的旧观念

后天环境对智力的影响约占54%，蒙台梭利经由感官教育，使儿童"耳聪目明"，能更为"精确敏锐"地认识事物，证明了这部分伸缩弹性很大。从而使各国教育家都开始大力研究，如何更有效地通过改善环境提高其国民品质。至于遗传所占的那部分究竟可否改变，目前教育家们还无定论，但遗传学者对"改变"它的努力，已经颇见曙光了。

（三）发现了生长法则

蒙台梭利发现了人类成长及生存的重要法则和规律——生长法则，让教师和母亲们能了解儿童是怎样成长的，以及该如何帮助儿童发展智能和发掘潜力。这项成就不但解放了儿童，也造福了人类。

（四）智力要自出生就设法培养才有提升的效果

蒙台梭利发现儿童的潜力无限深厚，必须在幼儿的这个时期（她说3岁已定型，2岁前更重要）就要把握孩子各项成长的敏感期，用合理有效的办法提升儿童各感官的吸收力、认知辨异等动脑的思维力，同时培养他们爱学习、能独立、肯研究、爱世界的德性，为让他们上了小学之后，自己去吸收知识和创新世界做好准备。

（五）将孩子从大人的桎梏下解放出来

成人既不能勉强儿童学"什么"，也不能勉强他们一定跟着"自己的老脚印"；而应让儿童依自己的喜好，从环境中选择所需要的活动（工作），才是他们那"阶段"所真正需要的；才会使他们产生学习兴趣和学习意愿，也才会让他们发挥头脑的和体能的潜力。这是成人要想让儿童在未来世纪中生存，必须了解和遵守的，才不会和成人一样只有"旧脑筋"！

（六）科学的幼儿教育的真正创始人

蒙台梭利倡导科学的幼儿新教育法，纠正以往有害儿童身心发展的填鸭式教育。因为一般情况下，儿童要到6岁前后，才有较可靠的"记忆力"和相当程度的"理解力"，那时候老师的"说教"才能被理解，才易被接受。这也是蒙台梭利不主张对幼儿阶段的儿童采取"说教"方法的主要原因之一。其他科学家，如杜威等强调"在工作中学习"（learning by doing）也是基于这个道理。另外，她主张父母教师要在儿童的智力和性格未定型之前，及早帮儿童先奠定他吸收知识的根基。蒙台梭利曾简单地说明这奠基的工作：与其强迫塞给孩子许多鱼（知识），不如给孩子一根钓鱼竿，让孩子能"钓"住很多的鱼（知识）。

（七）幼儿数学教育的科学方法的发现

蒙台梭利本人有很高的数学天分，也很喜欢数学，所以她用她的学习经验和她的智慧，发明了很多让孩子喜欢摸、玩的教具，并且在"玩"的无形中让孩子从数学方面感觉"量"的不同，逐渐和数的"名"

发生关系，由浅入深地让孩子了解大小、多少，以及加、减、乘、除等的关系。

（八）认为儿童是人类和平的导源者

儿童对未来世界的进步、和平有极其重要的影响，因为未来的世界是他们创造和生活的天下，所以她一再提示世人：要重视儿童，研究儿童，并且应该向儿童学习。蒙台梭利毕生致力于儿童的生命成长和倡导人类走向和平，她埋首学习、研究人类生命如何完美发展，发现了科学的方法和有效的教具，完整地提出了科学的幼儿智能提升"成套的"想法和做法，惠及人类，使得后来很多人，由于敬佩而追随，展开了解放儿童的合理教育，所以她可以称得上是科学的教育法和幼儿教育上最伟大的导师！

（九）对后世的恒久启示

由于蒙台梭利的才智和远见曾谆谆地叮咛后辈，要继续不断地去研究儿童，去"发现"儿童，才能帮助儿童，教育儿童，引发了后世的教育家对认知理论、智力结构和创造力训练的"再发现"；她的实证性与前卫性的幼儿教育观点，更推动了后世的医学家、生物学家、心理学家和教育学家在胎教、幼儿教育学的理论和方法上，有更为精进的研究和发现。

三、蒙台梭利的影响

（一）蒙台梭利的国际影响

澳大利亚的康纳尔在《二十世纪世界教育史》中对蒙台梭利给予高度评价："蒙台梭利影响广泛，几乎遍及世界上每一个国家及其幼儿教育。"她的影响也是持久的，从20世纪20年代开始一直持续到现在，但经历了由兴而衰，再复兴的过程。蒙台梭利创办"儿童之家"、出版《蒙台梭利方法》以后，她的不同于传统教育的崭新方法曾在世界学前教育界引起不小的轰动。欧美各国的一些教师、心理学家、社会学者和政府工作人员都前往罗马参观学习。他们回国后积极传播和推广"儿童之家"的教育方法，出现了一股"蒙台梭利热"。但后来，蒙台梭利的教育体系受到不少批评，尤其在美国，很快跌入低谷。主要是由于蒙台梭利的一些观点和美国当时影响较大的教育理论存在重要分歧。20世纪50年代末期以后，蒙台梭利重视儿童早期教育、智力发展和感官训练的主张重新引起人们的注意并得到肯定。1960年，"美国蒙台梭利协会"重新成立，1972年，美国的蒙台梭利学校达762所。进入20世纪80年代以后，蒙台梭利教学法在美国由私立学校向公立学校波及，更加深入人心，被誉为"公共教育的文艺复兴"。至1989年，在美国被冠以"蒙台梭利"字眼的学校更达到4 000多所。与此同时，在欧洲国家也开设了越来越多的蒙台梭利式的幼教机构。她的方法受到了更广泛的欢迎和响应。

（二）蒙台梭利教育在中国

早在20世纪初，蒙台梭利教育方法即由日本传入中国，当时她的有关著作也被译成中文，江苏还成立了蒙台梭利研究会。但由于种种原因，蒙氏教育法在我国没有得到推广。直到20世纪80年代，蒙台梭利教育思想才重新受到我国幼教界关注。1994年我国开始进行蒙台梭利教育实验，但由于盲目效仿，导致了一系列问题，于是在1995~1999年间进入低潮。第二次高潮的来临是在2000年，蒙台梭利教育的传播和影响越来越大。

实验进展的成效渐渐影响开来，首先被吸引的是家长，他们希望自己的孩子也能接受这一良好的教育，渐渐地便有更多的幼儿园开设了蒙台梭利教育实验班，蒙台梭利思想在早教中心的应用也开始推广。蒙台梭利教育在幼儿园中传播的趋势是从沿海至内地，从大城市到中小城市，从单位办园、私人办园到教育部门办园，目前已几乎遍及全国。

四、蒙台梭利在世界教育史上的地位

蒙台梭利毕生献身于儿童教育事业，长期从事教育改革实验研究，对促进学前儿童教育理论与实践的发展作出了重要贡献。她热爱儿童，同情劳苦大众及其子女的悲惨生活处境和受"文化剥夺"的不幸遭遇。但是，她主张阶级合作，反对阶级斗争；主张改良，反对革命，试图通过教育来改变不合理的社会现状，促进社会文明进步和人类和平。

蒙台梭利的教育理论和著作是她长期观察和研究儿童与教育改革实验研究的总结和概括。她的教育著作的特点是：理论与实际结合，反复论证和阐释，文字朴实无华，不多用深奥的名词和术语，避免形而上学的争论，通俗易懂，内容丰富，事例生动感人，充分展示了她的教育艺术才能和教育机智，表现了她对儿童的惊人的观察能力，也体现了她的人格、智慧、创造性和伟大的献身精神。这些著作对于广大读者——父母、教师、幼教工作者具有极大的吸引力，它们蕴涵着巨大的鼓舞力量。在这些著作中阐明的教学方法简单明了，材料具体，范围明确，效果显著。幼教工作者，特别是工作条件较差、经费不足的教师，以及那些没有条件教育子女的父母，可以根据蒙台梭利教育理论和方法的基本精神，加以发挥，创造性地结合实际运用较少的设备，能够取得显著的效果。

五、蒙台梭利的局限

蒙台梭利教育理论重视儿童的内在需要，强调借助于能满足内在需要的环境与活动，来促进儿童的自我发展，是有积极意义的。但是，这一理论毕竟脱胎于智障儿童的训练，加之时代的局限，不可避免地存在着一些局限性。

（一）孤立的感官训练

蒙台梭利强调孤立地训练各种感官。她所设计的每一感官教具均是针对一个特定感官的，她要求儿童在接受不同的感官刺激时，将注意力集中在特定的感官上，通过对各种感官的"感觉隔离"的训练，发展儿童的感知能力。这是一种严重脱离现实生活也脱离实际的做法。世界上仅具有一种特征的事物几乎是不存在的，人们在认知事物时，也总是把它当作一个整体而不是部分来反应。从这个意义上说，孤立的感官训练也许适合那些有智力障碍的儿童，却不适合广大发展正常的儿童。

（二）对创造力的忽视

首先，蒙台梭利虽然强调在操作教具时给儿童自由，但这种自由只是选择教具和选择操作时间上的自由，儿童在操作教具的方法、规则上却没有自由。由于蒙台梭利教具的操作步骤和方法是固定的，儿童不能改变，儿童只能按照某种固定的步骤和方式不断地进行重复练习，十分不利于幼儿创造力的发展。

其次，在蒙台梭利教育方案中缺乏最能发展儿童创造力的自由的艺术教育。在蒙氏教室中，虽然儿童也使用艺术教具，但已被指定在既定的目标上创作，只强调技巧及实体复制的做法，这也反映出蒙式教育对创造力的忽视。

（三）过于强调读、写、算

通过蒙氏的课程组织结构可以清楚地看到蒙台梭利片面强调读、写、算，忽视了儿童其他心理素质的培养。蒙氏教学法中均采用"三段式教学"让儿童认识事物，即感觉认知与名称的练习：辨识事物，认识名称，记住事物名称和相对应物的名称。整个教学活动机械化、模式化、单一化，缺乏儿童的操作活动，使他们失去了在形式多样的活动中体验愉悦情感的机会，也忽视了儿童情感的发展。

（四）缺乏增进社会互动与发展语言的机会

蒙台梭利理论强调个人特色，强调每个儿童依据自己的需要选择教具材料，自己进行操作，自我发展，因而缺乏与同伴协商和合作的机会。这对于儿童的社会交往技能和语言的发展显然是不利的。

总之，蒙台梭利教育理论是建立在对儿童内在的发展潜能以及儿童能够通过自发自动的活动来进行自我教育的信念之上的，因而主张给儿童以充分的自由，反对成人的强制性干预，但多年的实践并未能真正实现蒙台梭利的教育理想。关键问题可能在于：蒙台梭利一方面主张儿童的自由教育和自由发展，另一方面却为儿童创设了一个过于刻板的学习环境和学习材料，以至于限制了儿童潜能的实现。这固然是蒙台梭利自身的矛盾，但部分后来者机械地搬用蒙台梭利的教育形式，而未能真正领会其精神也是一个重要的原因。而且，将蒙台梭利教育由原先的面向贫苦家庭的儿童变为面向社会上层的高收费教育，恐怕也是创始者本人始料未及的。

第二节 蒙台梭利教育本土化

蒙台梭利教育法对当今世界各国幼儿教育改革与发展产生了重要的影响，近年来在我国也受到一些学者、幼教工作者和广大家长的推崇，成为学前教育的一大热点。然而教育实践中存在着诸多亟待解决的问题，应通过对蒙台梭利教育法的正确解读，认识和吸取其对我国学前教育具有指导价值的精髓，清晰认识其方法本身的局限，找到将其本土化的途径。

一、蒙台梭利教育法的精髓

（一）教育要顺应儿童的内在需要

蒙台梭利认为，儿童具备一种自我成长发展并形成健全人格的生命力，正是这种内在的生命力，促使儿童不断地发展。蒙台梭利将对儿童的自发的生命力是进行压制还是引导，看成是区分教育优劣的分水岭。在她看来，生命力的冲动是通过儿童的自发活动表现出来的。通过活动，儿童的生命力和个性得到了表现和满足；通过活动，儿童的生命力和个性得到了进一步发展。

蒙台梭利认为生命力不仅通过自发活动呈现和发展，还表现出不同感官的敏感期。并且，每个个体儿童有不同的发展节律，他们的心理发展具有阶段性，在不同发展阶段应该为儿童提供不同的教育。因此，儿童的课程与教学应该建立在儿童的兴趣、发展需要、疑问与经验之上，让儿童根据自己的需要进行活动，即实施个别化教学，个别化教学主要通过区域教育活动的形式进行。所以，蒙台梭利设计的教具使个别化教学的实施成为行之有效的手段，蒙氏个别教育活动中的幼儿可以自由地在已设计好的、适合他们需要的环境中选择活动。在对教具的设计方面，强调对儿童的吸引力不在于它的外表，而在于它的内部——能够满足儿童内在的需求，能够长时间地吸引孩子。

她的这种儿童观以及由此设计的课程，符合现代教育哲学的理念，与人的本质发展观是一致的，也就是说，只有顺应儿童内在生命力发展需要的教育，才会有利于儿童的健康成长。

（二）特别重视教育环境的设置与运用

蒙台梭利非常强调环境在儿童心理发展中所起的重要作用。"有准备的环境"是蒙台梭利教育的核心和精髓。"有准备的环境"主要由两部分构成：一是物质环境，二是人文环境。物质环境主要是指蒙台梭利教具、各种符合儿童体形尺寸的室内设施以及教师自制的各种教学材料；人文环境则主要是指各种有价值的人类文化遗产。

二、我国蒙台梭利教育实践的误区

（一）重形式轻理念

教育实践中更多关注形式的模仿，而忽视蒙台梭利教育理念的贯彻。在引进与移植蒙台梭利教育法中存在着形式主义，如有的幼儿园误认为将蒙台梭利的教具摆放在教室的各个区域就是蒙氏教育法了。实质上，蒙氏课程的核心在于观察、了解儿童发展的内在需要，以确定其个别化教育的目标，而后提供适宜的环境，满足不同儿童的需要。儿童，是课程组织的中心，而不是教具的操作者。

（二）忽视蒙台梭利教育法本身存在的局限

蒙台梭利教育法毕竟产生于一百多年前，在当今发达的科技、文化、经济形势下应与时俱进，了解其既存在无法完全适应现代化需要的问题，又存在"水土不服"的问题。

蒙台梭利教育法的诞生以意大利文和意大利文化为背景，与中国文化大相径庭。蒙台梭利教育法脱胎于智障儿童的训练方案，加之这种教育法的结构化程度较高，儿童的行为常被高结构化的活动所限制，因此不利于发挥儿童的主体作用。

蒙台梭利教育法设计的教育内容包括五大领域，强调个人特色，重视每个儿童自己选择教具、材料，自己进行操作，自我发展，不能提供儿童社会技能练习的机会，以及缺乏与同伴协商合作的机会，忽视儿童的情感陶冶和社会化过程。

（三）教育实践不规范

由于我国的蒙台梭利师资培训、教具生产都缺乏标准化，传播蒙台梭利的机构也很纷杂，使得我国蒙台梭利学校的质量参差不齐，很不规范。

（四）贵族化倾向

蒙台梭利教育法最初是为处境不利的儿童设计的，今天在我国却演变为面向社会高收入家庭的高收费教育，这是有违蒙台梭利教育法初衷的。

三、蒙台梭利教育法本土化的途径

（一）观念上强调蒙氏教育的实质而非形式

实施蒙台梭利教育的目的既不应该是哗众取宠的形式，也不应该只作为幼儿园创收的手段，而应该服务于我国学前教育的改革和发展，服务于儿童的发展。

（二）消除移植蒙台梭利教育法的文化障碍

由于东西文化存在很大的差异，诞生于意大利的蒙台梭利教育法更适合西方儿童的特点，也符合西方文化思想。因此，引进和移植时应根据我国的国情和文化特点，对蒙台梭利教育法中的一些教具及其操作程序加以改造。

（三）去贵族化

蒙台梭利教育法只是幼儿园多元课程的组成部分之一，作为幼儿园综合课程的一部分，或者作为幼儿园课程的补充，蒙台梭利教育法无疑是一种很好的课程模式，但是不能夸大它的作用。虽然蒙台梭利教育法所投放的教具较常规课程更多，保教人员工作量加大，但也不能成为将完全平民化的一种教育换上贵族化外包装的借口，不应该将其贵族化。

（四）教学上不断创新

确定以全面发展为本的差异性教学目标，蒙氏课程的核心在于观察、了解儿童发展的内在需要，而后提供适宜的环境，满足儿童的需要。因此，在蒙氏教育实践中应该考虑教学目标的全面性、差异性，使处于不同发展水平的幼儿都能得到发展。

拓展全面的整体的教学内容。根据时代的要求、社会的要求、儿童发展的要求，拓展原有教育内容，并使各内容之间有机联系，形成具有整体功能的结构。

创新教学过程。在教具材料的选择、投放，在操作教具的方法、规则上给予儿童自由，使儿童的思维少一些束缚，多一些创新。创新意识和能力应在教学过程中整合进行。

营造积极互动的交往氛围。在实施蒙台梭利教育法时，要注意解决教学过程中师生之间、同伴之间交流互动的不足，激发儿童交往的欲望，形成交往的技能，以促进儿童的全面发展。

蒙台梭利教育思想以其进步的教育理念及科学有效的方法，风行世界一百多年，彰显出强大的生命力。但是，由于蒙台梭利的历史文化和阶级的局限性，在她的理论和著作中，存在着唯心主义、神秘主义和宗教色彩；在方法论上也存在着一定的主观片面性。因此，我们在学习、实践她的教育理论时，必须坚持马克思主义的观点、立场和方法，予以分析批判，去其糟粕，取其精华。

思考与延展

1. 简述蒙台梭利教育的特点。
2. 简述蒙台梭利及其教育理论的贡献与影响。
3. 简述蒙台梭利教育理论的局限。
4. 论述如何结合我国实际实施蒙台梭利教育。

蒙台梭利教育方法篇

第八章

蒙台梭利活动设计与应用方法

蒙台梭利活动的设计与应用方法对幼儿教师在教学设计与实践应用上有很强的指导作用，可以帮助教师在教学活动之前，设计教学环节与内容，不断深入地观察学生，了解学生，达到理想的教学效果。

第一节 蒙台梭利活动设计方法

（一）蒙台梭利教育是以幼儿为中心而发展出的教育方法

现代蒙台梭利教育应遵循的具体要素：

第一，把3~6岁年龄和能力不同的儿童混合组织在一起。

第二，儿童可以自由地围绕着房间活动，而不是静坐在课桌前面。

第三，儿童没有等级分别，不给予任何形式的公开或暗示性奖励与惩罚。任何一个儿童都可以在任何时候去摆弄任何他想要的东西，只要他准备要去工作了，那么就不需要再去给他测验和给他打分。

第四，教师在一个时间里只教一个孩子，并观察30个或更多的正在工作的孩子，孩子们的活动项目是由他们自己选定的，教师不需要集中对孩子训话。一个教师应该在他接受教师培训的时候，就以他的兴趣和对一个学科的爱好为中心，在所有的基础课程以及在如何知道一个儿童的研究方面有所准备。

第五，任何时候，一个班级里处于所有水平的儿童，都要学习所有的学习内容，数学、语言、科学、历史、地理、艺术、音乐等。

第六，成人和儿童都集中注意于自己的事情，并且不要去打扰正忙于工作的他人。

第七，运动和人格教育先于智力教育，儿童应学会如何自己照顾自己，学会如何对待他们所在的环境，学会烹饪、洗刷、建造、园艺、优雅的动作、礼貌待人、思虑周详和有益于人等。

第八，除非由政府要求为某些特殊的儿童提出要求，否则就不需要有意设置课程。大部分的时间里都由儿童自由发展，由他们自己以个别或小组的形式去形成他们个体化的探索和学习的途径与方法，在儿童逐渐长大的过程中，尽量减少成人的有意识指导。

第九，蒙台梭利式老师在接受教师培训时，就在所有的学科领域，如数学、语言、科学、历史、地理、艺术、音乐等花了大量时间学习很多课程，要学习去认识儿童的准备状态，根据年龄、能力、兴趣安排具体的教学内容，而且要学习如何去指导个别化的发展，而不是对一个儿童的集体授课和布置作业。

第十，所有的学科互相交织在一起，而不是独立的教授，教师应该教给学生的是如何去研究所有的学科内容。

第十一，各种智力类型和学习风格，如音乐的、身体运动的、空间的、内省的、人际的和传统语言与逻辑数学等都需要培养。

第十二，无论哪种方式的测试都要配合儿童的行为以及他们的快乐，以对学习和工作的热爱为原则。

（二）在实施蒙台梭利教学前应具备的准备环境

1. 自由与自制

蒙台梭利认为真正的自由"是一种借由教育的帮助，而使潜在的导引力量得以发展的结果"，就是说儿童本质上是自我教育的。"自由"是教育的前提。任何限制和管制儿童的方法都是错误的。发挥幼儿的主观能动性，启发幼儿的兴趣爱好，幼儿完全能够通过自己的自发活动学习重要的概念和知识。成人没有必要强迫儿童学习，使用惩罚与奖励是没有作用的。奖励或者竞争的方式，只会增加幼儿的攀比心理，体罚的方式只会让幼儿出现暂时的屈从。

2. 秩序与安全

幼儿对环境的感觉，应该是建立在一种有序的形态之上。学龄前幼儿对事物的秩序有强烈的需求。幼儿会对物品的摆放、位置和顺序有所要求。这种秩序会对幼儿的分类归纳、语言表达能力有所促进。在没有秩序的幼儿活动中，很难把幼儿的潜力开发出来。幼儿对任何事物都会充满好奇，他们对事物都有一种探究的渴望。幼儿的活动场所应以安全、整洁为主。一些危险性的用品，如剪刀、小刀、图钉等，老师应该规范保管。在日常生活习惯养成方面，幼儿应该养成干净卫生的好习惯，如户外活动回来和饭前便后都要勤洗手。为了幼儿的健康，教室内应保持空气的流通。定期在幼儿园内举行全校火灾、地震等逃生演习训练，让幼儿能够为应对自然突发事件做好准备。室内玩具和室外玩具，都要以幼儿的安全为主。在幼儿园中不要使用尖锐的或是有安全隐患的玩具，以免孩子在玩耍、嬉戏打闹当中误伤。老师应定期检查玩具零件是否完整，有损坏的玩具应及时修补或丢弃。

3. 教具的制作与使用

蒙台梭利教具是为了让幼儿有可专心的事物对象，帮助幼儿自我构建和促进其心智的发展。这是一种属于内在的作用，可以帮助幼儿成长。制作教具的原则应适合幼儿个别的成长需要和整体课程要求。教师制作教具需要考虑到：

（1）突出其特性。教具中包含许多特性，要有所区别，如形状、重量、大小、颜色、粗细等。

（2）教具的重量和大小要便于幼儿拿取、移动。

（3）教具的设计要吸引幼儿的兴趣，让幼儿产生好奇，吸引幼儿的注意力。

（4）教具的设计与应用由简入繁，循序渐进。幼儿的理解能力也是逐渐提高的，从简单的开始让幼儿接受，逐渐增加难度提高幼儿能力。教具过于复杂会使幼儿失去兴趣。

（三）蒙台梭利活动设计

单元活动设计是我国目前一般幼儿园中最主要的课程模式，它是由单元教学法与设计教学法二者结合。单元活动设计课程由于学习内容的多少及学习时间的长短，可分为大单元及小单元两种。单元活动设计主要以幼儿的兴趣需要和能力为主要内容。单元活动设计的优点在于幼儿在生活或活动中有目的性地学习到一些知识，在活动中激发幼儿的学习兴趣，不必强迫幼儿单方面地接受传授中的知识，便于幼儿对知识的理解。蒙台梭利称自己是"发现了儿童"，并提醒所有使用他这套方法的人，要不断去观察幼儿，发现幼儿的需要。每个幼儿都是不同的个体，原原本本地把一套理论搬到每一个儿童身上，这些是不可取的，因为每个孩子都是不同的，我们只有把他的理论活学活用，把理论和实践结合在一起，才能达到好的效果，这就需要每位幼儿老师依据所教学生的特点，具备设计蒙台梭利单元活动课程的能力。

蒙台梭利单元活动课程的设计，共分为9个步骤。

1. 了解儿童

幼儿在入园之前，教师应与家长进行简单的约谈，通过谈话可以简单了解幼儿的一些情况，对以后的生活和学习做好准备。对幼儿的长处老师可以加以鼓励，对幼儿的缺点教师可以加以纠正，这些都可以让老师尽量快地熟悉孩子。

在学生入学前，幼儿园应对每个幼儿的情况进行采集，采集的主要内容有姓名、年龄、性别、学习经验（参加培训班或入托经历）、技能方面（倒水、擦桌子、使用铅笔、剪刀、对颜色的分类、独立工作的能力、协作能力、家长的职业、儿童的特殊需要、过敏史、惧怕的东西或事情等)。

教师对幼儿班级活动单元的设计应考虑到:(1)班级共有多少个孩子;(2)年龄分布情况;(3)每个孩子的性格特点;(4)有没有此方面的学习基础;(5)家庭的文化背景;(6)幼儿前期学习情况的衔接,要有循序渐进、由简入繁的过程。

2. 选择单元学习主题

在活动设计选择活动主题时应考虑到幼儿的兴趣和幼儿的接受能力。教师应全盘规划单元主题,内容要有互动性、连贯性、延续性和发展性。主题要具有衔接联系等特质。单元活动的课程主题应以幼儿的生活经验和兴趣为中心,以幼儿的自我认识发展为基础,贯穿家庭、幼儿园、社区、世界、自然、未来六大领域。在设定一个学习主题时应把一个主题分解为若干个小单元,便于儿童接受与理解。这些小单元都隶属于较大范围的主题。例如,主题单元为"春天",可以把春天分解为孩子可认识范围内的各种事物——花草的复苏、气候的转暖、幼儿衣服的变化。这些分解的单元都可以帮助孩子了解活动主题。

3. 设定目标与构思活动

蒙台梭利教育设定目标大致可分八个领域:(1)日常生活习惯养成;(2)感觉教育;(3)文化教育;(4)体能训练;(5)心智教育;(6)情绪管理;(7)音乐教育;(8)美术教育。

表8-1 每周活动课程计划表

年　月　日——　年　月　日

活动主题名称 \ 活动日期	周一	周二	周三	周四	周五
日常生活					
感觉教育					
文化教育					
体能训练					
心智教育					
情绪管理					
音乐教育					
美术教育					

4. 评估活动的可行性

对设计的活动评估可操作性,可以从六个方面进行评估。

(1)考虑班级幼儿数量,适不适合此次活动,班级的老师能否辅导全班级学生。

(2)考虑活动开展时间,是否能在上午完成。活动时间安排尽量紧凑集中,防止活动时间过长,幼儿失去兴趣,注意力下降。

(3)活动设计与现实情况相配合。例如,观察孵化小鸡的活动,如果观察时间过长,变化过程缓慢,幼儿容易失去兴趣,不如把这个活动变成儿童剧中的角色扮演更容易让儿童接受。

(4)室外活动要考虑到天气、温度、季节、安全。

(5)活动要以适度为原则,不要求好心切,活动设计太多,变化太大,过于疲劳。

(6)要注意幼儿的理解能力,设计要有衔接。

5. 设计活动的先后顺序

依照学生的作息时间,安排活动的先后顺序。例如,文化教育课应多安排在幼儿注意力集中的上午,午休醒来后的下午时间应多安排一些体能锻炼或动手协作的活动。

6. 填写单元活动日历表

蒙台梭利教育的每日作息时间可大致分为:自由工作时间、团体活动时间、户外活动时间、午睡时间、餐饮时间等。教师可按照授课内容分成每周单元活动日历表或每月单元活动日历表。

表8-2　蒙台梭利每日作息时间表

时　间	单　元　活　动
07:30—8:20	入园、自由活动
08:20—9:00	早餐
09:00—10:30	工作时间
10:30—10:55	团体时间
10:55—11:20	户外时间
11:20—11:30	洗手
11:30—12:10	午餐、上厕所
12:10—12:40	工作时间
12:40—14:00	午睡
14:00—14:10	起床
14:10—15:00	工作时间
15:00—15:30	团体时间
15:30—15:45	点心
15:45—16:30	户外活动、离园

7. 撰写单元计划书

一份完整的计划书包括：（1）人物；（2）目标；（3）方法；（4）时间；（5）参考资料等。

8. 教师对已完成的活动效果进行反思和评价

这个环节是在实施完整个教学活动后，对于活动的效果，老师做出的反思和评价，对此次教学活动的优缺点做出反思和总结，对于以后的教学活动总结积累经验，对教师自身成长很有帮助。

9. 观察和记录

观察是蒙台梭利教室中最重要的一个环节，通过教学活动教师把幼儿的表现详细记录下来。蒙台梭利式老师的观察记录应有5种：每日观察记录、综合观察记录、幼儿课程进度、幼儿课程计划、综合发展记录。这些记录不仅可供老师做课程计划时参考，也可放在教室供老师随时查阅，增进每个老师对幼儿的了解。

作为观察者的老师，必须有强烈意愿，培养自己观察幼儿的能力，老师与幼儿之间必须建立亲密和谐的关系，把每个幼儿作为独立的个体分别观察，要注意幼儿成长活动的外在和内在协调的情况。观察方法总体来说是建立在幼儿能自由表现自我的基础上，观察每一个幼儿表现出最真实的一面。

表8-3　每日观察记录表

　年　月　日——　　年　月　日

星期	周一	周二	周三	周四	周五	备注
团体记录						
张三						
李四						
王五						

每日观察记录的重点：

（1）每个孩子的工作，例如，选择什么教具？和谁在一起工作？工作情形是否良好？

（2）观察一个孩子，在工作时最初的15分钟及最后的15分钟，或是幼儿选择的第一件工作及最后一件工作。

（3）因为老师在观察每个幼儿记录的过程中，可能存在速度跟不上的问题，可以用一些常用的符号和图画表示。

（4）记录内容便于整理、查阅。可以采用表格式记录法更为直观。

（5）记录在于老师的日积月累，不限于每天记录，而是依据幼儿的情形而记录，记录的范围包括体能智力、社会行为、情绪等领域。

（6）为每一位幼儿建立成长记录档案。记录的主要内容如下。

① 日常生活练习。

例如，准备餐桌、洗手、搬椅子、梳头、浇水、使用汤勺、扫地、清理灰尘、拧瓶盖儿、剥果皮、擦鼻涕、刷牙、洗脸、拧毛巾、穿衣服。

② 社交行为练习。

例如，有事情召唤老师、见到生人打招呼、开门和敲门的方法、迎接客人有礼貌、感谢或道歉、递交物品的方法、咳嗽、打喷嚏的方法、轮流使用教具、懂得排队等待、介绍自己、交通规则等。

③ 感觉教育。

例如，幼儿认识物体的形状、颜色、温度、质感。

④ 算术教育。

例如，数数、加法的运算、彩色串珠、接龙游戏。

⑤ 语文教育。

例如，故事的理解复述、认识文字、看图说话。

⑥ 社会行为。

例如，团体的协作、行为的认知、规矩法则。

⑦ 文化教育。

例如，时间的概念、植物的生长、动物的认识、幼儿科学小实验。

⑧ 美劳教育。

例如，手工小制作、画画、烹饪。

⑨ 音乐律动。

例如，舞蹈的动作、音乐的律动感、儿歌的演唱。

第二节 蒙台梭利活动应用方法

一、怎样撰写蒙台梭利活动计划？

蒙台梭利单元活动的练习，是实现课程计划中相当重要的环节，因此幼儿教师在开展活动之前，撰写活动计划是相当重要的。幼儿教师在活动计划写好后，应该自己独自练习几遍，直到对自己设计的活动感到熟练后，才呈现给幼儿，以求达到更好的活动效果。活动计划的主要环节见表8-4。

表8-4 蒙台梭利活动设计

年　月　日

序号	设计环节	环节解释	举例：母亲节活动
1	教育目的	教师设计任何一个活动计划都有其目的性。可分为直接目的和间接目的	让儿童学会感恩母亲，对节日有基本概念，卡片的设计以妈妈为主要内容，充分发挥孩子的想象力、创造力
2	内容与要求	主要依据幼儿要开展的活动目的来制定活动内容，达到活动效果	① 依据爱妈妈为活动目标，以做手工的方式来表达对妈妈的爱 ② 锻炼幼儿的想象力和创造力，锻炼幼儿使用剪刀的协调能力，锻炼幼儿使用笔的绘画能力
3	材料构成	此次活动需要的辅助性材料	教具材料准备有胶水、剪刀、彩笔、彩色纸卡
4	操作过程	幼儿教师组织幼儿开展此次活动的每一个步骤，教师应注意循序渐进，由浅入深	① 先让孩子知道今天是母亲节，介绍母亲节的由来。可以用讲故事的形式，让幼儿更容易接受 ② 引导幼儿讲述和母亲之间的小故事，拿出教具指导学生在卡片上描绘出对母亲的爱 ③ 幼儿操作过程中老师在一旁对幼儿进行指导帮助，观察每位幼儿工作时的状态并记录下来
5	列举出活动的详细内容	包括教师的动作提示及语言提示，新入职教师，因为对课程还不太熟练，可以把每个步骤都详细书写下来	① 提示语内容 ② 动作提示 ③ 语气提示
6	错误订正	这个环节并不是老师出现的错误，而是老师故意设计错误的环节，让幼儿发现错误，老师与幼儿一起改正错误	用反问形式，提问幼儿不听妈妈的话是正确的吗
7	变化和延伸	当幼儿通过本次活动，已经接受理解本次活动的意义，为增加内容的难度，可以设计一些延伸的活动，激发幼儿更高的工作兴趣	延伸课程可以放在课外，让幼儿回家之后帮母亲捶背，亲亲妈妈，帮妈妈做些家务等
8	实训考核	依据活动效果给出教学评价	① 诊断评价 ② 过程评价 ③ 结果评价

二、怎样组织幼儿进行团体活动？

1. 地点和空间的选定

按照班级的人数，尽量选择空间宽敞、无障碍物、空气流通、光线明亮的场地。

2. 幼儿秩序的维护

在团体活动时，维持团体秩序是开展活动的前提和保障。

3. 组织团体活动的步骤

第一，组织幼儿遵守秩序，安排在指定位置上，并告知幼儿今天活动的主题。

第二，教师告知幼儿此次活动的规则和注意事项。

在团体活动时教师应秉持三项原则：(1) 公平性；(2) 多鼓励少批评；(3) 培养幼儿的自觉性。

三、怎样教幼儿"名词"理解？

(1) 向儿童呈现刺激物，解释名词时教师最好用一些辅助的教具或实景观察，更容易让幼儿理解。

(2) 在幼儿理解后，教师可以用错误订正的方法，设计一些错误的环节来让幼儿挑选出来，来考察学生是否完全理解，加深印象。

(3) 再次向学生提问最初呈现的刺激物，让幼儿回答出正确答案。如果幼儿回答正确，说明幼儿已理解名词意义；如果回答错误，给予更正。

四、怎样讲故事让幼儿理解故事中的道理？

1. 故事名称

老师可以借助多媒体手段，配合图片的展示，生动地讲故事。也可以采取播放一段视频动画的方式。

2. 教育目的

锻炼幼儿的注意力、听力、理解能力，增进识字量，锻炼幼儿提问回答和讨论的语言表达能力。

3. 内容要点

适合幼儿的年龄、引起幼儿兴趣、教师引导幼儿理解故事中的道理。

4. 保持秩序、安静

5. 延伸和变化

可以让幼儿看图画复述故事，也可让幼儿自己通过联想编故事或说些自己经历过的事情，锻炼语言表达能力。

 思考与延展

1. 依照蒙台梭利活动设计方法设计幼儿唱歌活动。
2. 撰写一份每日幼儿观察记录。

第九章

蒙台梭利日常生活教育

蒙台梭利日常生活教育是蒙台梭利教育的起点，它引领孩子由一个自然人成为一个拥有秩序感、专心、动作协调、身心独立、喜好学习的个体，是孩子进入蒙台梭利教室首先要学习的内容。

第一节 蒙台梭利日常生活教育的思想

蒙台梭利通过在儿童之家进行长期的观察后发现：儿童能够长时间地将自己的注意力集中在如自己穿衣、清扫卫生、擦拭、整理物品等事情上，因此蒙台梭利得出"儿童的玩耍与大人的工作不同"的结论，即儿童的此类活动是为了能够建构自己，同时更好地适应生活，因此日常生活练习成为整个蒙台梭利教育体系中具有基础性作用的学习内容，是帮助孩子真正融入蒙氏教育环境的基础阶段，也是最先介绍给孩子的学习内容。

蒙台梭利日常生活练习是依据人类成长的自然规律，在一个国家、社会及文化传统的环境下，通过儿童反复不断地自发学习，帮助儿童习得大小肌肉的动作、社会文明礼貌等生活技能、生活方式和生活程序，并以此作为一个社会的形成完整人格必要的教育过程。

一、蒙台梭利日常生活教育的意义

（一）对于人类负有伟大的使命

儿童是一个国家文化遗产的继承人，从人类文化学的立场来看，在不同时代、国家及民族的环境下，人们的生活模式也不同，各个国家的生活样式本身就是该国广义上的文化遗产，所以儿童学习日常生活活动的意义在于儿童不仅要继承本民族、本国家的遗产，同时还要体现古今融合的时代发展特点。

在儿童之家里把日常生活中进行的一些实实在在的活动内容拿来作为练习，就是要儿童通过观察老师的示范及自己的重复练习，在一边活动一边学习中进行自我调整，同时能够在现实生活中发展生存能力、寻求与建构生活秩序；在吸收古今文化遗产中，使个人同化于社会环境之中，使自己在不断发展的过程中进行创造，达到进展型人格的最高目标，创造新的高层次文化，养成做一个合格公民的基础能力与品质。

（二）通过运动发展自我

蒙台梭利认为："儿童在完成日常生活的一系列活动时必须依赖'运动'，运动或体力活动是智力发展的一个基本要素,在人格形成上所必要的身、心、知各方面都是由'运动'促成。通过运动,对客观环境起作用,由此履行他自己在这个世界上的使命。"

在人类的活动中,是经由手这个器官来调整运动的机械功能的。蒙台梭利认为:"儿童必须通过自身的活动,通过手的活动才能发展自我,因此儿童需要有一个能使他工作的物体,以便给他提供活动的动机。"在蒙台梭利教室中,通过给儿童提供日常生活的教具与练习(适合的环境),来塑造儿童性格,激发灵感,使他们成为一个独立、有安全感且平衡的个体,让每个孩子的学习在适当的时机自然而愉快地产生,促进他们未来的整个智力和性格的发展。

(三)培养儿童的社会性人格

儿童的日常生活练习以满足内在发展、锻炼运动能力、促进独立性、秩序感、专注力、理解力、意志力、自信心、责任感、荣誉感以及对物体的认知等的发展为其目的,儿童在完成了日常生活练习后不仅为进入小学独立生活、学习做好了准备,同时也完成了社会性人格的发展,因为儿童作为未来公民,继承和发展本国与本民族文化的生活习惯与生活行为方式,形成社会性人格是蒙台梭利日常生活练习的深远目标。

蒙台梭利说:"在我们的社会中,成人没有思想准备去认识和接受儿童要求自己做事情的愿望;成人不理解儿童在活动中需要运用他的手,不把手的运动看成是儿童工作本能的第一次展现;我们习惯于为儿童包办一切,……"这些都验证了在日常生活中,当儿童表现出独立做事的愿望时,成人不仅感到震惊,还常常加以阻挠。她曾幽默地把成人比喻为"儿童生活中遇到的第一个敌人"。在一定程度上说,成人应该创设适宜儿童的社会性发展的环境,帮助儿童形成社会性人格。

(四)促进儿童正常化发展

儿童在进入蒙台梭利教室后经过一段时间的练习既可以走向正常化,同时也可以由一个正常化的儿童走向更热爱多元学习的起点。因此,日常生活教育从生活中的有趣事件出发,以吸引孩子自发性的自我挑战和不断地重复练习,使动作更精练。最后,老师必须用心地把孤立化学习之后的动作整合到实际的生活信息中,通过大量生活中的动作的练习,让孩子真正获得照顾自己、服务人群的生活体验与生活能力。

教师要学习与继承蒙台梭利的教育理念,指导家长科学地认识儿童、对待儿童和教育儿童,增加儿童独立的实践机会,主动做力所能及的家务,提高习得生活的能力、独立生存的能力、增加自信心,不断地在循环中得到良性的提升。

1. 促进孩子的社会化及正常化人格的特征
(1)有旺盛的自发活动力;
(2)喜爱反复的集中工作;
(3)自由选择工作材料;
(4)喜爱工作胜于游戏;
(5)爱好秩序,保护秩序;
(6)喜欢动静结合;
(7)拒绝奖赏;
(8)有强烈的求知欲;
(9)三思而后行;
(10)淳朴、高尚、社会责任感强。
2. 学习独立,确立自信,体验自我成长
3. 培养孩子的独立性、自主性、专注性、秩序感、理解力和意志力
4. 尽快让幼儿适应幼儿园生活

二、蒙台梭利日常生活教育的目的

蒙台梭利日常生活练习的目标以文化人类学的立场强调文化和人格,以生物学立场强调运动。

目标一:通过日常生活练习,使幼儿学会自我管理、自我控制、自我保护,自然地建构独立自主的内心需要、自信心和相应的技能,为今后可持续发展以及学会生存打下基础。

目标二：通过各种运动、生活技能的练习、文明礼貌行为习惯的养成，以及对周围人、事、自然的照顾与服务，养成爱心与责任意识，为建构幼儿完整而优良的人格奠定基础。

日常生活教育的基本目标：
（1）发展幼儿大小肌肉的灵活性，培养幼儿具备初步的自控能力；
（2）帮助幼儿掌握基本生活技能，养成良好的生活习惯；
（3）引导幼儿学习礼貌用语，培养交往和合作意识；
（4）教会幼儿做事的方法，学会生活，培养社会适应能力及初步的责任感，促进幼儿个性、社会性的发展；
（5）发展幼儿的独立性、自主性、专注力、手眼协调能力和自信心，培养幼儿健康的情绪、情感。

第二节　蒙台梭利日常生活教育的实施

一、蒙台梭利日常生活教育的内容

蒙台梭利日常生活教育内容主要包括四个部分：基本动作、文明礼貌的行为习惯、照顾环境与为他人服务、自我服务。

表9-1　蒙台梭利日常生活练习内容的目录

基本动作	文明礼貌行为习惯	照顾环境与为他人服务	自我服务
走（步行）	门的开关	工作的准备	携带物品的整理
坐	打招呼	搬运物品	东西洒落时的处理
站	应答的方法	打开、卷起地毯	照镜子
拿（持）	与他人接触的方法	地毯的清理	梳头发
搬运	感谢和道歉	扫除	擦鼻涕
放（置）	递交物品的方法	打扫室内	衣服穿脱
绞	咳嗽、打喷嚏、打哈欠的方法	刷灰尘	穿鞋脱鞋
倒（移、注）	轮流使用户外器械	使用掸子	鞋的整理保养
折	团体游戏的规则	擦洗桌子	洗手
切	倒茶	擦洗窗户	衣饰框
剪	作业的观察方法	擦金属器具	衣服折叠的方法
贴	打电话的方法	洗涤	刷衣服
缝	问路的方法	熨斗的使用方法	漱口的方法
编	洗手间的使用方法	水中剪枝	刷牙的方法
捏	慰问病人	点火熄火	剪指甲的方法
夹	介绍的方法	餐桌的准备	擦汗的方法
转	车中的礼仪	庭院互助	洗脚的方法
擦	交通规则	植物栽培	洗澡的方法
撕	敲门的方法	照顾小动物	其他
打（敲）		洗餐具	

续表

基本动作	文明礼貌行为习惯	照顾环境与为他人服务	自我服务
卷	入席的方法	蔬菜的削皮	
削	穿脱鞋的方法	整理棚架	
拉	其他	其他	
揉			

(一)基本运动

蒙台梭利认为在人类的活动和运动生活中，基本的运动包括从全身运动到微小的手指动作，数量多得惊人，想要发展孩子的运动能力一定要从基本动作训练开始。孩子的基本动作训练是照顾自己、照顾环境和社交礼仪的基础，包括走、站、坐、跑、攀爬、投掷等大运动以及拿、舀、抓、穿、折、拧、剪、贴、切、按、缝等各种手的精细动作。训练孩子基本动作的目的在于把对孩子来说很难做得出来的肌肉动作、平衡动作通过具体的实际学习，分解成一个个易懂的动作，在孩子的兴趣指引下，经由反复的练习来习得具有整合性和秩序性的生活中的动作，同时，也可以扩展到其他的动作中。通过这样的活动，让孩子集中心智，使意志力和活动协调性自然地结合，在体会成功和快乐的同时，获得自信与独立的体验。

表9-2 蒙台梭利基本运动动作表

基本动作名称	活动目标	活动方法
走	学习基本走路的方法，培养手脚运动的协调性、独立性和专注力	① 伸出右脚，脚跟踩到地板上；② 脚尖着地；③ 以自然的步幅踏出；④ 姿势要端正，两脚交互前进；⑤ 速度要缓慢，沉着稳定地走；⑥ 手和脚进行相反方向的摆动
坐、立	学习坐、站的正确姿势；坐椅子的正确方法	① 椅子面向小朋友放着；② 老师站在椅子前方；③ 身体略前倾，轻轻地弯腿坐下；④ 背挺直，腰部微微贴住椅背坐好；⑤ 膝盖合拢，两手放在大腿上（注意老师的着装不要被压住或挂住）
起立	学习起立的正确方法，调整肌肉的运动方向	① 双手握住椅面的两侧，直立起身体同时提起椅子；② 轻轻地把椅子移动后放下；③ 身体微弯，站到椅子旁边；④ 站在椅子背面，双手提起椅背，把椅子轻轻放回桌子下
搬椅子	能安全地拿起、搬运椅子，运动的方向调整	① 一只手握椅背，另一只手握椅面；② 双手用力从地上轻轻提起椅子；③ 拿着椅子搬向目的地；④ 到达目的地后，轻轻地将椅子前腿放下着地，再同时放下后腿着地
端盘子	学习搬餐具的方法，引导进入日常生活活动，肌肉运动的调整	① 将盘子里的东西放置盘中心的位置；② 两手握盘两边缘，手臂朝向腋下靠近，小臂呈直角弯曲的高度，水平地端着盘子；③ 维持这个姿势搬运；④ 轻轻走路到目的地以水平的动作轻轻放下盘子
倒固体	发展手眼的协调能力，手部肌肉的运动	① 握住装固体器皿的把手，轻轻地拿起来，保持不动；② 靠近左侧的器皿，把一个器皿开口处对准另一器皿的中心，在距离5~8cm的上方倒固体；③ 将器皿慢慢倾斜到能倒出最后一粒；④ 收回空的器皿，将两个器皿互换位置，重复上述动作的练习
倒液体	学习熟练地倒水的方法，肌肉运动的调整，动作顺序性的体会	① 一只手扶住水壶把手，轻轻端起；② 将水壶口移向空壶的中央上方，两个壶稍稍离开以免碰撞，慢慢倾斜倒出里面的水；③ 互换两个水壶的位置，重复上述练习
舀固体	肌肉移动的调整，体会动作的顺序性，物体的正确移倒法	① 右手拿匙，将固体舀起，保持角度不变，轻轻地提起来，在空容器的中央上方时，再把匙里的固体倾倒下去；② 当容器里的固体越来越少时，用左手托住容器，把容器稍微倾斜比较好舀

(二)文明礼貌的行为习惯

蒙台梭利认为，孩子的社会行为是孩子为适应社会生活的需要所进行的必要的准备活动，在孩子的生活中占有极为重要的地位，它包含一个人与他周围人及物的相互作用，成人应该通过社会性行为的训练，引导孩子与他人及周围事物建立友好、可信赖的人际关系，获得独立自主的精神，为建构完美人格奠定基础。

文明礼貌的行为习惯教育内容包括正确地称呼周围的人、有礼貌地问候、答谢致歉、请求他人帮助。谈话礼仪：打招呼、道别、邀请、感谢、道歉、欢迎、应答、慰问病人、打电话、问路等；动作礼仪：开门、关门、敲门、与他人接触、递交物品、咳嗽、打喷嚏、打哈欠、倒茶、入席等。

表9-3 蒙台梭利文明礼仪基本动作表

基本动作名称	活动目标	活动方法
门的开关	稳重而有气质地开门、关门	开门：① 站在不会碰到门的地方；② 右手握门把；③ 轻轻地旋转；④ 把门推开或者拉开；⑤ 右手握住外侧的门把，拿稳门把走出去 关门：① 握住门把；② 手用力握住后，轻轻地往回拉；③ 合上
打招呼	懂礼节，养成社会性，并学习和他人交往，自我运动机能的调整	握手方法：① 以端正的姿势（挺胸）站立；② 慢慢靠近（握手的对象），伸出右手；③ 握对方的手；④ 看着对方的眼睛，微笑 站立行礼方法：① 抬头挺胸站直，两手自然下垂；② 两手置于腿侧，轻触大腿，头慢慢低下行礼
应答方法	懂礼节，养成社会性，并学习和他人深交	① 教师一次叫一个小朋友的名字；② 被叫到的小朋友用清晰的声音回答"有"，让对方听见；③ 以一叫一答的方式有节奏地进行；④ 小朋友看到教师的面孔，教师以温柔的表情看着回答的小朋友
与他人接触的方法	懂礼节，知道怎样会麻烦到别人，意志力的控制	与老师接触的方法：① 需要老师帮忙或者有问题要请教老师时，不要大声叫唤；② "请到老师旁边来"；③ 如果找不到老师或者老师在和别的小朋友说话，或者是在帮忙其他人工作时，请稍微等一下 和小朋友接触的方法：① 需要朋友帮忙或者有事询问时不可大声叫唤；② "东西请借我用一下""请过来一下"；③ 必要时走到朋友的身边才说话，不要太大声
递交物品的方法	记住尖锐物品的递交方法；对他人人格的尊敬和信赖；自己的运动调整	递交书本的方法：① 拿着纸的右下或右下侧的角轻轻地递给对方；② 对方接受时应伸出双手从斜前方接受；③ 不发出声音很客气地接受；④ 用两个手掌接，以两个拇指捏住纸张
咳嗽、打喷嚏、打哈欠的方法	懂礼节、自我控制、独立性	① 咳嗽、打喷嚏、打哈欠时，不要让周围的老师、朋友感到不舒服；② 脸稍微转向旁边，用手帕掩口；③ 捂住嘴巴

（三）自我服务

蒙台梭利认为，自我服务能力是学习做人的基本生存能力，是为了顺应社会的要求培养独立自主的精神而学习的必要能力，包括整理自己的物品、学会洗手、洗脸、刷牙、梳头发等技能，学会穿、脱鞋袜、衣服、学会叠衣服等管理自己、照顾自己的生活技能。孩子不仅要学会自理，还要掌握自立的能力，同时建立自信心，获得成就感。

表9-4 蒙台梭利自我服务基本动作表

基本动作名称	活动目标	活动方法
衣服穿脱	衣服的穿脱及整理	穿衣服方法：① 把衣服连衣架拿到桌子上，前襟向上平放；② 解开纽扣，打开前襟，取出衣架放回原处；③ 左手提右边的衣襟，让右手先穿过袖子；④ 右手穿过袖子后放开左手，然后右手伸到后面把衣服披到左边肩膀上，右手提左边衣襟让左手伸到袖子里；⑤ 把两边的衣襟对齐，扣好纽扣；⑥ 一边看镜子一边整理衣服 脱衣服方法：① 用双手解纽扣，打开前襟；② 先用双手将左肩上的衣服褪下，然后两手转到背后，右手抓住左袖口，让左手从左袖口中抽出来；③ 双手伸到前面，左手抓右边袖口，让右手抽出来；④ 衣服的前襟向上平放在桌上，抚平上面的皱纹整理好

续表

基本动作名称	活动目标	活动方法
穿鞋脱鞋	整理仪容，手脚的肌肉运动调整	穿鞋方法：① 坐在椅子上，脱掉室外鞋，并排放在旁边；② 将室内鞋拿到面前；③ 确定鞋子的左右；④ 一只脚先找到同侧的鞋子，把脚尖伸进鞋内；⑤ 用手指抓住鞋子后部，往后拉让整个脚都进去，最后才把脚跟套上
洗手	仪容的整理，清洁感，一连串动作的顺序，肌肉运动的调整	① 将手放到盆里沾湿到手腕处；② 按下洗手液于手心处，互搓两手心；③ 再分别将手指搓干净；④ 将双手浸入水中，洗掉泡沫；⑤ 用毛巾擦干水珠
衣饰框（按扣、拉链）	为穿脱衣服打基础	打开按扣的方法：① 左手食指与中指压住按扣的凹部（下襟）；② 右手拇指食指及中指按住凸部的旁边，用力向下掀开按扣 扣紧按扣的方法：① 右手的拇指食指中指捏住扣子的上襟；② 左手的食指与中指压在下襟的按扣旁；③ 然后把扣子的凹部和凸部重合，手指用力压下
折叠毛巾	学习折叠的方法，正确的手指功能，秩序感，正确的折法	① 左手压着毛巾，右手将布抚平；② 用食指和中指沿着折线从左向右划过；③ 用双手捏住打开的两个角，提起到折线的地方，再慢慢对应上端的两角，左手按住布边，右手沿折线压过去；④ 左手右手把折痕处抚平
自己梳头发	学会梳头的方法，同时培养孩子注意自己的仪容	① 将镜子放到桌子前；② 右手拿起梳子，开始梳理，先梳理左侧的头发，再梳理右侧的头发；③ 最后是后侧的头发；④ 停下来看看镜子，头发是否全部梳理好；⑤ 整理梳子上的头发扔到垃圾桶里
自己洗脸	学会洗脸的方法，增进孩子自我照顾的意识与能力	① 将衣袖挽起，双手放到水盆里，捧起水将脸部伸向盆中；② 用手中的水从上向下清理脸部；③ 再将手伸进盆里，捧起水洗脸；④ 确定洗好后，用毛巾将脸部的水擦拭干净；⑤ 照镜子检查
自己刷牙	学会刷牙的正确方法，增进孩子自我照顾的意识与能力	① 将水杯里接上适量的水，把牙膏挤在牙刷上；② 端起水杯，含口水做漱口的动作；③ 将牙刷伸进口腔，从上向下、从里到外、从左到右依次刷牙齿；④ 确定刷干净后，端杯继续送水漱口；⑤ 清洁牙刷和杯子，将嘴巴擦拭干净

（四）照顾环境与为他人服务

蒙台梭利认为，孩子可以通过清扫、洗涤，照顾动植物等活动，了解自己与环境之间的关系，从而通过自己的努力使环境变得更优美、更有序，也使自己变得更独立、更自信。让孩子主动关爱环境，就是让孩子对我们周围的一切空间及物品要充满感情，充满爱心，培养他们对环境照顾的兴趣、爱好和能力以及社会责任感，在照顾环境的同时了解体验自然界的美妙、动植物生长发育的规律等，从小培养孩子关心环境，自觉地从身边的小事做起，养成关爱环境的良好习惯。

表9-5 蒙台梭利爱护环境基本动作表

基本动作名称	活动目标	活动方法
清理、整理工作	清洁感的建立，肌肉运动的调整	工作用的地毯的准备及清理、摆放鞋子、衣服、书包、教具、图书、玩具、扫地、擦桌子、擦椅子、铺床铺等
擦洗工作	手眼协调的动作练习，清洁感的建立	桌子、椅子、窗户、托盘、教具、杯子，以及洒水时用抹布擦等
庭院工作	练习使用一些工具，及大的动作、运动的调整	捡拾落叶、垃圾、拔草、松土、剪枝等
照顾动植物	学会照顾小动物的方法，爱护动物意识的建立	浇花、晒太阳、施肥、喂金鱼、给金鱼换水等
用餐	服务别人的乐趣，动作的控制及对环境的关心	清洗餐具、水果削皮、分发点心、午餐等

二、蒙台梭利日常生活教育的教具

（一）日常生活教具的材料准备

日常生活教具就是指在我们的实际生活中所使用的一切用具及设备用品的实物。

（1）蒙台梭利相信"生活即教育"，依据幼儿的吸收性心智的发展特点，认为凡是给幼儿所选择的教具一定是日常生活中可以使用、可操作的真实物品，如用刀切割黄瓜、水果、打磨豆浆、压榨果汁、捣蒜、把洗好的衣服折叠起来、用衣架晾晒毛巾及衣物、用剪刀剪纸、沏茶、倒茶等工作，同时老师要关注进行这些工作时所用到的尖锐器具，在使用这些用具时应示范和讲解正确的使用方法。

（2）依据儿童的心理因素的特点，教具的材质坚固、形状简单，便于幼儿清洗和整理；色调朴实、干净，以单色调为主，视觉和谐，声音具有吸引力；日常用具、运动器械具有安全性，如圆头的手工剪刀、稍微钝边的切割刀具、不漏电的电熨斗等，加工食品的工具及自制的食品要注意清洁、卫生，当2~4岁的儿童用火用电时，成人必须在身边监视和帮助，以保证儿童的安全。

提供给儿童练习用的日常用具应该有足够完备的种类，包含多种的类别和样式，以便幼儿能够得到充分的练习。此外，活动中的各种用具的数量也应该是为儿童准备充分的，以儿童想要自己操作的时候就能随时拿到为好。

（3）按照儿童的实际能力选择教具，凡是儿童使用的桌、椅、床、衣架等用品，水壶、熨斗、水桶等用具都应该符合儿童的身高比例，适合儿童的手能够握取的大小尺寸，各种用具的高度等要便于儿童自如地使用。日常生活的用具可根据时代的发展纳入新的内容，如可以向儿童介绍电器、自动化用具，如电视、电脑、CD机、手机等。同时依据民族性与地方性的特点，还应该为该地区的少数民族儿童或外籍儿童准备特有的用具，如西餐用的刀叉等。

（4）教具的设计及使用方法由简单到复杂，如在动作练习中，儿童最先掌握大把抓的能力，然后再慢慢发展到三指抓、两指捏的技能，教具的投放也随着动作的变化而变化，即大把抓的练习中先投放颗粒大的物体，如玻璃球、榛子等，慢慢再更换为绿豆、大米等细小的物体；二指捏的练习中，先投放大点的铃铛，慢慢再更换为细小的米粒等物体，使儿童能够在练习中体会到成功。

（5）教具具有正确指引的功能，利于幼儿自我探究、自我学习；教师在指导时要突出关键概念或难点，使幼儿明确每个活动都有特定的目的和要求。如果练习舀就要用盘中的勺子，练习夹就要用夹子或筷子，如果练习抓就不要用工具材料，以免分散儿童的注意力，影响练习的效果。

（6）日常生活练习的运动能力是在反复练习的基础上形成的，直到成为一种生理上的"动型"，就成为有规则的日常行为习惯，所以应该鼓励孩子反复练习，特别对一些难以掌握的技能要多次练习。为培养儿童的秩序性、减少混乱及不按照顺序的行为，所投放的每种学具的数量以适合1~2人使用为宜，每个活动以2~3个为好。

（二）日常生活教具在环境中的设置

1. 循序渐进

序是指儿童年龄可接受的顺序，生活中的儿童随着年龄的增长而获得序感经验的递增，如教具操作中的五指抓—三指抓—二指抓（捏）的动作就是因为儿童小肌肉发展的需要而逐渐增加活动的难度，这些越来越精细的动作使得儿童逐步获得新经验，循序渐进。教具的摆放和陈列体现着教具的序，有序摆放的教具透过儿童的工作而帮助儿童建立外在的序感。所以，教具在柜子中的位置一定是由易到难、由简单到复杂，同时还要为不同年龄的儿童提供适合其自身发展的最适合的教具。

2. 摆放合理

生活区的学具要摆在距离水源很近的区域，便于儿童操作水的工作及做日常整理工作。相同的学具要以类别而划分，由日常生活区过渡到感官区，由感官区过渡到数学区，然后是语言区和科学区，艺术区的学具适合摆放在区角或封闭教室走廊的一端，安静的地方利于儿童自行进行音乐表演或美术创作等工作。摆放学具的原则是使学具的系统性渗透在环境中。

(三)日常生活教具的管理方法

1. 尊重学具

教师在教室里的言行直接影响着儿童的学习与模仿,所以教师必须从自身做起,在搬取学具时要轻拿轻放,透过动作向儿童展示尊重学具的做法。

2. 正确使用教具

教师在展示学具时一定要标准规范,透过展示的动作向儿童说明学具的教育意义,激发儿童探索和学习的欲望。在操作时要用尽量少的语言和正确的发音吸引儿童的注意力。

3. 维护教具

发挥儿童的管理职能,给班级的孩子每人管理一个学具柜的任务。每天在工作之前,教师要和管理学具柜的儿童一起检查所有的学具是否齐全,是否整洁,以便于所有的儿童在使用时能够正常发挥学具的功效。

4. 教具的使用和创新

教师要有研究学具、拓展学具使用方法及教育意义的责任,用心去体会学具的操作方法及变化的空间,从而使得教具能够发挥到最高的学习效果,提高教具的使用价值。

(四)日常生活教具的操作方法

(1)明确所要展示教具的目的,每次只展示一种教具。

(2)操作中,按照孩子的节奏精确、简化动作,必要时拆分动作,做到步骤化和有序化,使孩子能够看明白。

(3)按照从易到难、从具体到抽象、从上到下、从左到右顺序展示学具,操作时语言要少而精,简练且准确。

(4)操作教具时使用的工作毯尽量用纯色的,同时教具一定都摆放在工作毯上。

(5)每日展示教具之前,教师应确保教具准备的完整。

(6)幼儿坐在老师习惯用手的左边,避免镜面展示教具。

(7)关注孩子的兴趣点,适时地引入教具操作,当孩子能够独立操作时要离开,并继续观察孩子,在他需要时及时给予帮助。

(8)注意观察孩子的动作与反应,随时做好操作记录,不能打断孩子的操作,鼓励儿童的点滴进步,帮助他克服困难,努力排除让孩子走神的因素,并鼓励孩子重复进行操作。

三、蒙台梭利日常生活教育的线上步行练习

(一)线上步行练习的意义

蒙台梭利认为,想让儿童获得正确的平衡方法,同时也是各种运动的基础的活动就是步行。在幼儿的成长阶段想要步行就必须要有行动,身体组织在直立步行的时候,要将维持身体平衡的肌肉协调系统加以建立,即双脚交替行走,这种把"平衡步行"的技能交给双脚完全放弃使用前肢步行的能力是人类的本能,也是人类的意志力的体现,被人类解放出来的双手从此成为使人心智发达的重要部位。

幼儿在周岁左右开始迈出第一步,开始双脚交替行走,用一只脚支撑着身体的前进,从这一刻起,意味着这个生命体的第二次独立。所以,在蒙台梭利教育中设置了"走线练习"的活动,让幼儿把两只脚同时置在一条线上,在这样的情境下双脚交替前进,以达到使幼儿获得平衡的目的。

我们必须留意大人和小孩子走路不同的地方。大人是为了某种目的而步行,为了达到目的,带着步调以最短的路程机械化地前进;而小孩子是漫无目的从容地走路。因此,在孩子的生活环境中有必要设置"步行练习"的场所和环境,通过成人的指导和协助完成幼儿的平衡步行活动,促进其协调能力的发展。

(二)线上步行练习的方法

1. 线上步行练习的环境准备

(1)在幼儿教室的中心处画上内外两条椭圆形的步行线。

(2)为方便他人行走,将设置的外线的椭圆形线距离墙边1.5~2米;将外圈与内圈间距设置为50~100厘米;线的宽度适合幼儿脚的宽度,以3~5厘米为宜。

（3）做线上活动时，为幼儿准备轻柔舒缓的慢节奏音乐，同时要保持圈内外无干扰物。

2. 引导幼儿走线的方法

教师在走线前播放舒缓的音乐，引导幼儿一起到线上走，步行的方向应该是顺时针沿圈走。在走线的过程中，注意让幼儿保持前后两人间的距离，如果在前进中与前面幼儿间的距离过小，就请幼儿停下来等一会再走；如果走一段路后后面那个先走了，也可以安静地退到一边，休息或静静地观察其他幼儿的走线活动。

教师在对不同年龄的幼儿进行走线活动时，要注意示范不同的走线动作，如小班幼儿在线上走路时只要把双脚同时踩在线上即可，而中大班幼儿则可以根据他们的平衡能力的发展情况，进行一些变化的走线方法。

3. 基本的走线动作提示

（1）脚踩在线上，眼睛目视前方，双手自然下垂。

（2）慢慢地将一只脚的脚尖靠往另一只脚的脚跟，轻轻落地后再换脚，两脚交互前进。

（3）如果出现不稳的姿态时，可以加上上肢的动作，来辅助身体平衡，稳住重心。

4. 线上游戏的练习

在幼儿进行走线的练习时，教师可以视幼儿的兴趣及专注力等的程度，延伸变化一些线上游戏的内容，以增加幼儿走线活动的吸引力。

（1）线上游戏的准备

选材的性质：易倾斜的东西、会摇晃的东西、会掉落的东西、会破裂的东西、会发出声音的东西、会崩倒的东西、会翻倒的东西等。

选择的材料：代表各个国家的小旗、拴着细绳的小铃铛或小珠子、盛水的带把或带底座的玻璃杯、适合幼儿头部大小的篮子、折叠的毛巾、平衡木、盛物的大托盘、汤勺里装易滚动的小球等。

（2）引导幼儿进行线上游戏的方法

教师在进行走线游戏前，先准备好材料或用具，把它们摆放在步行线外的桌子上，便于幼儿自行取放。教师要了解幼儿的能力水平，分别为幼儿提供适合他自己的材料，对平衡感弱、操作起来有一定难度的孩子，教师要逐渐增加练习的次数来帮助他完成游戏的练习。如可以先让幼儿走直线，慢慢再引导他走曲线。年龄小的幼儿成人可以陪伴身边，以增加他的安全感和自信心。

在游戏中，教师先示范每一种材料的使用方法，同时在线上行走示范，让幼儿透过老师的示范动作了解自己即将要完成的动作。例如：右手臂呈直角弯曲，将小旗子握在手中，保持垂直，眼睛注视小旗子，上身挺直向前慢慢行走。在线上游戏时，要注意让幼儿以自然的状态进行步行练习。

四、蒙台梭利日常生活教育的肃静练习

（一）肃静练习的意义

蒙台梭利说，宁静是孩子自己创造出来的，是团体所呈现的成果，也是由每个孩子所贡献的，这时的孩子进入由动而静的境界。

在传统的教育中，想要终止骚乱和不守纪律混乱的局面就要"肃静"，但是这个强制的肃静的命令却往往在很短暂的时间里就可能恢复到了原来的那个无秩序的状态，而且会不断地重复。

然而，在蒙台梭利的教育中"肃静"却是让儿童本身对于内在精神和肉体产生意识性的控制，以达到精神上的独立，在人格形成的同时，感觉到平静与安宁，让小朋友自己感觉到宁静是多么的美好。当认知外界的噪声、嘈杂声以后，便会自己去追求宁静。当幼儿了解了自己本身以及自己身外的事物后，就能够提高尊重他人的精神。

在幼儿的教室中我们进行的肃静练习不仅仅是为了要追求某种安静的环境及安静的状态，而是要借助肃静练习让幼儿亲身感受到宁静继而追求宁静的生活环境，在分辨到外界微小的声音后、在能够感觉到自己的声音后，产生精神上的自我控制，同时了解到自己的内心。

（二）肃静练习的方法

在做肃静练习之前，要让小朋友能充分地控制内心，即有一定的理解能力、有产生反复的自发性、有表达的意识和能力。

活动最初，可由老师轻声喊叫小朋友的名字，被叫到的小朋友轻轻走到老师的身边，握握手，再轻轻地原路返回。然后，老师可以依据孩子的年龄特点，选择不同的安静游戏内容，如给幼儿听外界的声音、听自己的声音等，或根据幼儿的专注程度来调整自己的动作练习，达到肃静练习的目的。当孩子的自我控制能力有所提升后，老师就可以让幼儿自己选择一些安静的游戏来做，让他们慢慢形成自己的耐心，为达到宁静而进行朋友间的协调。

第三节　蒙台梭利日常生活教育教学技能实训

项目一：日常生活教育的基本动作展示页的设计

蒙台梭利日常生活教育工作展示页（一）

活动领域　生活区。
活动名称　基本动作——走。
材料构成　幼儿穿的室内鞋。
教育目的
1. 直接目的：学习基本的走路方法；手和脚运动的协调性。
2. 间接目的：培养幼儿的独立性和专注力。
操作过程
1. 伸出一只脚，脚跟踩到地板上后脚尖着地。
2. 随即跟上另一只脚，交替踩在地面上。
3. 以自然的步态踏出。
4. 身体的姿势端正，两脚交互前进。
5. 放慢速度，沉着稳定地向前走。
6. 手和脚协调地向相反方向摆动。
变化与延伸　在教室内随意走、在蒙氏线上走、手持物走、向前走、后退走等。
适合年龄　2.5岁以上。
正确指引
1. 姿势不正确。
2. 步伐混乱不够稳定。
吸引力　右脚和左手、左脚和右手交互协调地运动。

蒙台梭利日常生活教育工作展示页（二）

活动领域　生活区。
活动名称　基本动作——倒水。
材料构成　托盘一个、盛满一半水的水壶一个、有控水线的玻璃杯一个、吸水用的海绵一块。
教育目的
1. 直接目的：发展手眼协调性；从左到右的方向感；锻炼左右手的肌肉。

2. 间接目的：增强控制行为能力；培养秩序性和逻辑性；培养专注力和观察力。

操作过程

1. 交代今天要示范的工作内容是倒水。
2. 邀请一个或一组孩子一起工作，引导孩子坐在能看清示范动作的位置。
3. 伸出右手，将大拇指与其他四指明显分开，慢慢地将四指插入水壶的把手中，用大拇指按住把手上方，用另一只手的食指和中指作支撑，慢慢端起水壶。
4. 将水壶移至空杯正上方，确定壶口对着空杯的中心点，将水壶倾斜，稍作停顿，再慢慢将水倒入空杯中，水杯里的水位在控制线之内。
5. 确定水位在控制线之内的位置后，将水壶轻轻放回原位。
6. 再将水杯里的水倒回水壶中。
7. 按照孩子的意愿进行操作。
8. 用海绵擦水，整理并送回所有用具，结束工作。

变化与延伸

1. 更换水壶的材质、大小和形状。
2. 变换杯子上水位线的高低。

适合年龄　2.5岁以上。

正确指引

1. 水在杯中。（引导幼儿及时用海绵把托盘里滴落的水滴吸干）
2. 杯子里水的高度在控制线之内。

吸引力　用水壶倒水的动作和水流淌的声音。

蒙台梭利日常生活教育工作展示页（三）

活动领域　生活区。
活动名称　基本动作——舀豆子。
材料构成　两个相同的碗（一个碗中盛有豆子，另一个碗是空的）、大托盘一个、横放在托盘中大汤匙一个。

教育目的

1. 直接目的：学习使用勺子的方法；发展手眼协调能力。
2. 间接目的：培养幼儿的专注力、独立性；培养逻辑思维能力和秩序性。

操作过程

图9-1　舀豆子

1. 交代今天要示范的工作内容是用勺子舀豆子。
2. 邀请一个或一组孩子一起工作，引导孩子坐在能看清示范动作的位置。
3. 用左手拿起勺子，伸出右手的拇指、食指和中指，把勺柄放在右手三指上握住。
4. 将勺子放进左边盛有豆子的碗中，轻轻地舀起一勺豆子。
5. 把盛满豆子的勺子慢慢移到空碗上方，慢慢地将豆子倒进空碗里。
6. 用同样的方法继续舀豆子，若剩下很少的豆子不好舀，可用左手握碗边使碗倾斜，慢慢用勺舀出，直到把豆子全部舀进右边碗中。
7. 交换两只碗的位置，鼓励孩子重复舀豆子的动作。
8. 将所有的教具送回，结束工作。

变化与延伸

1. 更换舀的物品的材料、大小和形状。

2. 变换碗的材质、形状及勺子的大小材质等。

适合年龄　2.5岁以上。

正确指引　豆子都在碗里。（操作中要示范用拇指和食指捏的方式把掉落在工作毯上或托盘里的豆子捡起来再放进碗里）

吸引力　用勺子舀的动作及不同材质的勺子与豆子发出的声音。

蒙台梭利日常生活教育工作展示页（四）

活动领域　生活区。
活动名称　基本动作——筷子夹弹力球。
材料构成　托盘一个、装有10个弹力球的碗一个、长短粗细适中的筷子一把。
教育目的
1. 直接目的：学习使用筷子的方法，练习捏和夹的动作。
2. 间接目的：训练手的协调性，培养专注力、秩序感。

操作过程
1. 交代今天要示范的工作内容是用筷子夹运弹力球。
2. 邀请一个或一组孩子一起工作，引导孩子坐在能看清示范动作的位置。
3. 用左手拿起筷子，伸出右手的拇指、食指和中指，把筷子放在右手三指上握住，示范夹的动作三次，缓慢说出提示的语言"捏—放"。
4. 把筷子靠近装弹力球的碗中，慢慢地用筷子夹取一个小球，移入右边空碗，松开筷子，使小球落入碗中。
5. 继续进行，直到把所有的小弹力球都移到空碗中。
6. 更换两个碗的位置，请孩子继续操作。
7. 把筷子归位，收拾整理所有的用具，结束工作。

变化与延伸
1. 替换球的材质、大小和颜色等。
2. 替换可以用筷子夹取的材料，如豆子、绢花等。
3. 替换筷子的材质、大小、形状等。

适合年龄　2.5岁以上。

正确指引　小弹力球在碗中。（操作中引导幼儿用筷子把掉落在工作毯上的小弹力球夹起放进盘中）

吸引力　用筷子夹的动作本身和球的材质、色彩及玻璃球等落在托盘中的声音。

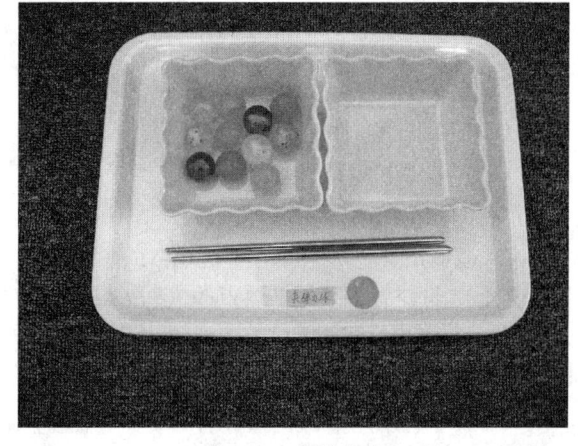

图9-2　夹弹力球

日常生活教育的基本动作展示页的设计与书写

【实训目标】
1. 培养学生针对幼儿的年龄特点选择相应材料进行日常生活基本动作教学活动的能力。
2. 培养学生结合日常生活教育的特点设计和书写展示页的能力。
3. 使学生学会依据展示页的内容进行教具操作与课堂展示的方法。

【内容与要求】
1. 学生分组选择材料设计大中小班幼儿的日常生活基本动作的教育内容。
2. 各组同学依据选材设计和书写各个班级的基本动作练习的展示页。
3. 以小组为单位模拟蒙台梭利教室的基本动作练习内容的学具展示，并进行评价与指导。

【实训考核】

根据学生所选择的生活教具材料和展示页的书写为学生评估打分。

项目二：日常生活教育的文明礼貌与行为习惯展示页的设计

范例

蒙台梭利日常生活教育工作展示页（五）

活动领域　生活区。
活动名称　社交礼仪——道歉、感谢。
活动准备　在教室内准备必要的材料，设置问题及表演情境。
教育目的

1. 直接目的：教孩子懂得礼节、懂礼貌；会表示歉意和谢意，知道在何种情况下说"抱歉"和"感谢"的话。
2. 间接目的：培养儿童的独立意识和社会交往的能力。

操作过程

1. 感谢的话"谢谢"：
（1）当得到别人的帮助时，说"谢谢"。
（2）当感谢别人的好意时，说"谢谢"。
（3）说感谢话的时候要一边看着对方的眼睛，一边微笑回答。
设置情境：
（1）请小朋友在午睡起床后发水果。
（2）请全体儿童分享自己的进步等，引导其他儿童一边接受水果或一边分享进步的成绩，一边看着该儿童说感谢的话。
2. 道歉的话"对不起""抱歉"：
（1）当打扰到他人或触犯他人时，要说"对不起"或"抱歉"。
（2）说话时要让对方听到自己说话的声音，并看着对方的眼睛说。
设置情境：
（1）当全体儿童都在做一件事时，自己想先离开。
（2）想从他人的面前通过时。
（3）想打扰他人正在进行的工作时。
（4）想打断别人的讲话时，引导儿童向对方说出"抱歉"或"对不起"的话，提醒儿童要让对方听到他的声音，并看着对方的视线。

变化与延伸

1. 在儿童进餐时进行练习。
2. 在等待他人替换玩学具时进行练习。
3. 在得到别人的帮助时进行练习。

适合年龄　3岁以上。
正确指引　没有面带微笑地小声说话或不注视对方的眼睛。
吸引力

1. 注视对方的眼睛。
2. 道歉时或说"谢谢"时要让对方听到自己的声音。

蒙台梭利日常生活教育工作展示页（六）

活动领域 生活区。
活动名称 社交礼仪——打招呼、问好。
活动准备 在教室内准备必要的材料，设置问题及表演情境。
教育目的
1. 直接目的：教孩子懂得礼节、懂礼貌；养成良好的社会行为。
2. 间接目的：尊重他人，学习与人交往的方法。
操作过程
1. 打招呼和问好的话"你好""早上好""再见"：
（1）当遇到不同的人如长辈、老师、小朋友、家长、客人等，要主动问好，说"你好"等话语。
（2）请小朋友分析应该在什么情况下说出什么样的问候的话语。
2. 设置情境：
（1）早晨来到幼儿园和老师小朋友问好、和爸爸妈妈再见时说的话语的学习，如"早上好""再见"。
（2）见到长辈时，要抬头挺胸站立好，双手自然垂在身体两侧，慢慢低头行礼，说问候的话语"你好"等，然后抬头微笑地看着对方。
（3）以端正的姿态站立好，面带微笑看着对方，伸出右手握住他人的手，同时说问候的话语"你好"等。
变化与延伸
1. 了解并学习不同国家问候打招呼的方法与语言。
2. 了解不同场合的问候语言和问候方式。
3. 探讨礼貌性的问候话语还有哪些。
适合年龄 3岁以上。
正确指引
1. 站好后再行礼。
2. 不要机械地做动作。
吸引力
1. 眼睛注视对方。
2. 面带微笑地说话。

蒙台梭利日常生活教育工作展示页（七）

活动领域 生活区。
活动名称 动作礼仪——递交物品的方法。
材料构成 前端尖锐的东西（剪刀、刀子、铅笔、图钉）、画册、各种纸张、花束、礼品等。
教育目的
1. 直接目的：学习尖锐物品的递交方法；对他人的尊敬和信赖。
2. 间接目的：手眼协调能力、专注力的培养。
操作过程
1. 递交前端尖锐物品的方法：
（1）拿物品时，将尖的一端对着自己，用手握住。
（2）和对方保持一定的距离或站在对方的前面，让对方接过物品后就可以立即使用。
（3）面带微笑或注视对方。
递剪刀时：用手握住闭合的剪刀刀刃，将剪刀的把手递给对方。
递刀子时：用手握住刀背处，将刀柄递给对方，保护彼此。
递笔时：用手拿笔的一半以下的地方，笔尖朝向自己或握在手里，递给对方。
递叉子时：用手握住尖锐的一端，将柄的部分递给对方。

2. 递交纸张、书、本子等物品的方法：
（1）将画册或书的正面朝上，双手拿着书的一边两角轻轻递交给对方。
（2）对方接受时，应该伸出双手，客气地接受并微笑致谢。
（3）稍微厚重的书和本子要用双手拿稳。

变化与延伸
1. 由幼儿轮流传递递交尖锐物品。
2. 生日或互赠礼物时递交物品。

适合年龄　3岁以上。

正确指引
1. 尖锐部位朝向自己。
2. 等对方接住物品时再松手。

吸引力
1. 眼睛注视对方。
2. 面带微笑。

蒙台梭利日常生活教育工作展示页（八）

活动领域　生活区。
活动名称　动作礼仪——咳嗽、打喷嚏、打哈欠的方法。
材料构成　纸巾或手帕每人一份。

教育目的
1. 直接目的：教儿童懂得礼节，会自我控制，不妨碍他人。
2. 间接目的：尊重他人，养成讲卫生的好习惯。

操作过程
1. 咳嗽、打喷嚏、打哈欠时将自己的脸稍微转向旁边，同时用手帕或纸巾捂住嘴巴、鼻子，防止唾沫飞溅。
2. 如果有人经过，要轻轻说"对不起"，不要让他人感到不舒服。
3. 如果没有带手帕或纸巾，先用手捂住嘴后再去及时洗手。

变化与延伸　练习不同场合情况下发生上述情况时处理的方法。

适合年龄　2岁以上。

正确指引
1. 发生上述情况时，将头转向旁边侧。
2. 声音很小，未影响他人。
3. 及时将捂嘴的双手洗干净。

吸引力　看到动作，听到很小的声音。

 实践与训练

日常生活教育的文明礼貌与行为习惯展示页的设计与书写

【实训目标】
1. 培养学生针对幼儿的年龄特点选择相应内容进行文明礼貌与行为习惯教学活动的能力。
2. 培养学生结合幼儿礼仪学习的特点设计和书写展示页的能力。
3. 使学生学会依据展示页的内容进行幼儿园模拟教学。

【内容与要求】
1. 学生分组选择内容设计大中小班幼儿的礼仪教育内容。
2. 各组同学依据选材设计和书写各个班级的礼仪学习的展示页。

3. 以小组为单位模拟幼儿的礼仪教学活动并进行评价与指导。
【实训考核】
参照学生在幼儿园的模拟教学情况进行指导并评估打分。

项目三：日常生活教育的自我服务的展示页的设计

范例

蒙台梭利日常生活教育工作展示页（九）

活动领域　生活区。
活动名称　照顾自己——穿、脱、挂衣服。
材料构成　前襟有扣子的衣服，挂衣架、镜子、桌子。
教育目的
1. 直接目的：学会穿脱衣服、挂衣服，动作协调，注意仪表美。
2. 间接目的：培养孩子的专注力和独立性。
操作过程
1. 穿衣服的方法：
（1）把挂在衣架上的衣服连架子取下来放到桌子上。
（2）解开扣子，打开衣服的前襟，将衣架取出放回原处。
（3）用手抓住衣领，左手抓住右侧的衣领，让右手先穿进衣袖里，伸出去，将手露在外面。
（4）将左手伸到身后，右手提左侧的衣襟将左手伸到袖子里，露出左手来。
（5）把两边的衣襟对整齐，将扣子扣整齐。
（6）站在镜子前面，整理穿好的衣服。
正确指引　将衣服穿正确。
2. 脱衣服的方法：
（1）伸出双手从上向下依次解开扣子，打开衣服的前襟。
（2）双手将衣服向外打开，然后转向身体的后侧，向后翻。
（3）右手抓住左侧的袖子口，让左手从袖子中抽出来。
（4）右手拉住左侧的袖子口，让右手从袖子中抽出来。
（5）将衣服放在桌子上放平后细细抚平。
正确指引　衣服从身体的后面脱下来。
3. 挂衣服的方法：
（1）取来衣架放在桌子上。
（2）打开衣服的前襟，先将衣架的一侧伸进衣服的肩膀处。
（3）再把衣架的另一端伸进衣服的另一个肩膀处。
（4）把衣服的前襟合上，将扣子扣好，把撑好衣服的衣架挂到挂钩上。
变化与延伸
1. 更换不同的衣服样式进行练习。
2. 穿脱工作服的练习。
适合年龄　2.5岁以上。
正确指引　扣好纽扣的衣服套在衣架内。
吸引力　幼儿穿、脱、挂衣服的动作的兴趣。

蒙台梭利日常生活教育工作展示页（十）

活动领域 生活区。

活动名称 照顾自己——洗手。

材料构成 儿童小围裙一个、有把手的水壶一个、洗手盆一个、洗手液一瓶（香皂）、指甲刷一把、海绵一块、毛巾或擦手纸、干抹布一条、盛放使用过水的水桶一个。

教育目的

1. 直接目的：学会洗手的方法，学会清理个人洗漱卫生的简单方法。
2. 间接目的：增强秩序感；提高生活自理能力。

操作过程

1. 交代今天要示范的工作内容是洗手，按照使用洗手用具顺序的先后逐一介绍名称。
2. 告诉孩子即将倒水及盆子中水位的高低，然后双手搬动水壶将水壶的壶嘴沿着洗手盆边缘缓慢倒水。
3. 将双手放入洗手盆内沾湿至手腕处，将手拿出水面，在洗手盆上方停留数秒，待手指尖上的水滴完，再按压洗手液（涂抹香皂）至手心处（提示孩子不要一直按压洗手液或擦香皂）。
4. 掌心有洗手液后，边搓手边结合语言"搓搓手心、搓搓手背，搓搓手指：大拇指、食指、中指、无名指、小指，搓搓手腕"；待双手有泡沫产生后，将双手浸入水中，两只手交替由上而下搓洗掉肥皂泡沫，直至洗净。
5. 待手上的水滴滴完后，小心端起洗手盆送至水桶上方，将脏水慢慢倒入水桶内。
6. 用海绵擦净洗手盆，再从水壶中倒适量的水至洗手盆，将双手放入洗手盆内，再次冲净肥皂泡沫，然后将手离开水面，滴完水滴。
7. 提示孩子检查指甲缝是否有脏物，若有则用指甲刷刷洗指甲缝，依次确定十根手指是否都已洗干净，再同步骤6、7将双手浸入水中搓洗，最后以擦手巾擦干手，若有必要，再以干抹布擦净工作区。

变化与延伸

1. 更换不同材质的盆，毛巾、肥皂的形状、大小。
2. 设置为娃娃洗澡的工作材料及环境。

适合年龄 2.5岁以上。

正确指引 手洗得干净及洗手的工作区域干净。

吸引力 幼儿对水的喜爱及愿意独立完成洗的动作的兴趣。

蒙台梭利日常生活教育工作展示页（十一）

活动领域 生活区。

活动名称 照顾自己——纽扣。

材料构成 衣饰架中一块正方形木框，左右两块布在中间用纽扣相连。

教育目的

1. 直接目的：学会正确的扣、解纽扣的方法，锻炼手部肌肉。
2. 间接目的：培养孩子的独立性、秩序感及专注力。

操作过程

1. 解开纽扣的方法：

（1）从衣饰架上取下纽扣的学具，放在工作毯上。

（2）由最上方的纽扣开始依次解开：左手拇指、食指拉住衣服，右手捏住纽扣；右手把扣子向右下轻轻扭转压下去，使纽扣从扣眼里出去。

（3）左手捏住出来的纽扣，将它向外拉出来。

（4）依次将纽扣从上向下解开。

（5）将两侧的衣料分别向左右打开铺平。

2. 扣纽扣的方法：

（1）将分开平铺在两侧的衣料向中央合上，抚平，由最上方的纽扣开始扣。

（2）左手捏住纽扣，右手捏住右侧衣襟将扣眼和纽扣对准。

（3）左手把纽扣转出扣眼，右手从下方接住穿出来的纽扣，稍微转动一下，将纽扣从扣眼里拉出来。

（4）依次将余下的纽扣用同样的方法扣好。

（5）将扣好的纽扣学具送回到衣饰架上。

变化与延伸　更换不同的带扣子的服装进行解开与扣纽扣的练习。

适合年龄　3岁以上。

正确指引　纽扣与扣眼对正，衣服整齐。

吸引力　纽扣从扣眼里穿进穿出。

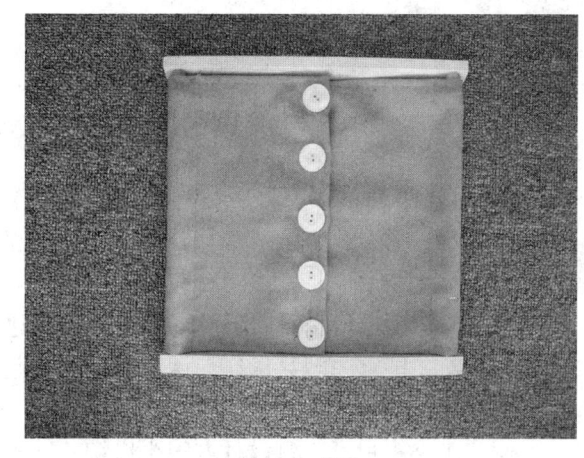

图9-3　纽扣

蒙台梭利日常生活教育工作展示页（十二）

活动领域　生活区。
活动名称　照顾自己——穿鞋带。
材料构成　木质的鞋子一只，鞋带一根。

教育目的

1. 直接目的：学会穿鞋带的方法，会给不同的鞋子穿鞋带。
2. 间接目的：锻炼小肌肉；提高生活自理能力。

操作过程

1. 从鞋子最上面的两个孔洞开始，捏住鞋带的一头，从左端向里穿，从右端的孔洞将鞋带拉出来。

2. 将两头的鞋带伸直，调整后使其长短一致。

3. 将右边的鞋带头从反面向左侧第二个孔洞中穿出，再向右孔穿入，拉直。

4. 左侧鞋带从反面向右面第三个孔洞中穿出，再向左边孔中穿入，拉直成一字型。

5. 依次穿下去，直至两边鞋带从最后的两个洞孔中穿出，分别打上两蝴蝶结。

6. 指导儿童完成此项工作，结束后将学具放回到学具柜中。

变化与延伸

1. 更换不同样式的鞋子。
2. 为带有绳子的衣服穿带子。

适合年龄　2.5岁以上。

图9-4　系鞋带

正确指引

1. 从上向下依次穿孔洞。
2. 穿的孔洞的正反面次序是正确的。

吸引力　幼儿对穿鞋带的兴趣及完成工作的快乐。

 实践与训练

日常生活教育的自我服务的展示页的设计与书写

【实训目标】

1. 掌握培养幼儿具有独立生活能力所需要的活动方式，引导学生能够从多个角度去选择学习的材料和内容。
2. 培养学生结合自我服务能力学具的特点进行设计和书写展示页的能力。
3. 使学生能够将教具操作与课堂展示结合起来，透过学具分析、发现幼儿学习的特点。

【内容与要求】

1. 学生分组自选材料设计大中小班幼儿的日常生活自我服务的教育内容。
2. 在分析教具材料的基础上进行自我服务教育展示页的设计和书写。
3. 分组模拟展示自我服务教育学具，并进行评价与指导。

【实训考核】

在小组的模拟教学中依据设计的学具和展示学具的情况给予评估。

项目四：日常生活教育的照顾环境与为他人服务的展示页的设计

 范例

蒙台梭利日常生活教育工作展示页（十三）

活动领域 生活区。

活动名称 照顾环境——摘青菜。

材料构成 围裙、青菜、两个盘子或小筐（一个放青菜，一个放摘掉的菜叶）。

教育目的

1. 直接目的：锻炼精细动作，训练小肌肉运动的灵活性。
2. 间接目的：独立性、专注力和责任感的培养。

操作过程

1. 取来要摘的青菜放在桌子上，同时放置好小筐。
2. 系上围裙，坐在桌子旁边，取出一棵青菜，先观察青菜上叶子的状况。
3. 伸出手小心地把粘在叶子或茎上的稍微发烂的菜叶摘下去，扔到盛放垃圾的小筐里，把剩下的好菜叶放置到另一个小筐里。
4. 逐一清理菜叶，直到全部摘干净为止。
5. 把小筐里的垃圾倒进垃圾桶里，把摘好的菜叶送到厨房。
6. 用抹布清理桌子，洗手，摘下围裙。

变化与延伸 邀请幼儿去厨房帮厨。

适合年龄 3岁以上。

正确指引 菜叶上的烂叶子都摘掉。

吸引力 菜叶上很干净，可以食用了。

蒙台梭利日常生活教育工作展示页（十四）

活动领域 生活区。

活动名称 照顾环境——清理地毯。

材料构成　工作毯、小刷子、小簸箕。
教育目的
1. 直接目的：学会清理工作毯的方法，增强清洁的意识。
2. 间接目的：独立性和责任感的培养。

操作过程
1. 取来工作毯并铺在地板上，再取出刷子和簸箕。
2. 坐在工作毯前面，用右手的拇指和其余四指握住刷子。
3. 左手按在工作毯上，将刷子从工作毯的左上方开始向右慢慢平行边刷边移动。
4. 适时地将身体向后退，还是遵循从左向右刷的方法。
5. 直到把地毯刷干净为止。
6. 将粘在刷子上的灰毛毛收集捡起后扔到小簸箕里，再全部倒进垃圾桶里。
7. 将刷子和簸箕送到学具柜里，卷起工作毯放回地毯架里。

图9-5　清理地毯

变化与延伸　清理其他类似地毯的物品。
适合年龄　2.5岁以上。
正确指引　工作毯上干净整洁。
吸引力　工作毯变得干净了。

蒙台梭利日常生活教育工作展示页（十五）

活动领域　生活区。
活动名称　照顾环境——擦桌子。
材料构成　脏的桌子、儿童围裙、盆子、抹布、海绵。
教育目的
1. 直接目的：学会擦桌子的方法，调整运动肌肉。
2. 间接目的：独立性、专注力、责任感的培养。

操作过程
1. 系上围裙，去卫生间将盆子里装上半盆清水，端着水盆回到要擦洗的桌子旁边。
2. 把海绵放到盆子里，用右手轻轻挤出水分。
3. 从桌子的左上方开始擦拭，逐渐向右侧移动，如果桌子很大够不到时，就先擦拭一半。
4. 再用干的抹布由左向右擦拭。
5. 把海绵清洗干净，挤出水分后放回到托盘里。
6. 把盆子中的脏水端到卫生间里倒掉。
7. 洗手、摘掉围裙后放到指定的位置。

变化与延伸
1. 擦拭门、窗、床等。
2. 擦黑板。

适合年龄　3岁以上。
正确指引　桌子干净。
吸引力
1. 海绵吸入脏水或擦了脏东西后变脏。
2. 桌子变干净了。

蒙台梭利日常生活教育工作展示页（十六）

活动领域　生活区。
活动名称　照顾环境——照顾小鸡。
材料构成　鸡舍、小鸡、装水的罐子、鸡食、小扫帚、小簸箕、小水壶、围裙等。
教育目的
1. 直接目的：学会照顾小鸡的全部过程，能够爱护小动物。
2. 间接目的：培养幼儿的观察力、责任感和独立性。

操作过程
1. 请幼儿系上围裙到鸡舍旁边，取来相关照顾小鸡的用品，一一摆放在鸡舍旁。
2. 将鸡舍的门打开，伸进一只手取出小鸡，放到旁边的纸箱里。
3. 再次打开鸡舍的门，将垫放在鸡舍下面的脏的纸张取出，折叠后放进垃圾桶里。
4. 用小扫帚从里到外将鸡舍的地面清扫干净，将垃圾扫到小簸箕里，倒进垃圾桶。
5. 用小抹布将鸡舍的地面擦拭干净，将干净的厚纸壳垫放到鸡舍的下面。
6. 倒掉鸡舍食物盒中的食物，并清洗干净，将干净食物放进去；同样将装水的盒子清洗干净后将小水壶里的水倒进去，装上干净的水。
7. 观察所有的食物都放好后，将鸡舍的门打开，将小鸡放回去。
8. 将所有的用具拿去卫生间清洗干净，洗手，取下围裙。

变化与延伸
1. 照顾小鸟等小动物。
2. 饲养乌龟、金鱼等。

适合年龄　4 岁以上。

正确指引
1. 鸡舍被打扫。
2. 放进去适量的食物。

吸引力　小鸡在干净的鸡舍里进食。

实践与训练

日常生活教育的照顾环境与为他人服务展示页的设计与书写

【实训目标】
1. 了解培养幼儿具备照顾自己和为他人服务能力所必要的学习内容，结合学习内容进行教具的准备及环境的创设。
2. 教给学生设计关于幼儿照顾自己及为他人服务的学习展示页的方法。
3. 使学生明白应该在幼儿的一日生活中渗透关于照顾自己的教育方法的道理。

【内容与要求】
1. 学生以小组为单位选择关于大中小班幼儿照顾自己的教学内容，并制定计划。
2. 在创设适宜的学习环境的基础上进行照顾自己的学习展示页的书写。
3. 去幼儿园进行各年龄班的照顾自己的教学活动，分组评价与指导。

【实训考核】
对学生制定的计划和幼儿园教学活动进行评估。

 项目五：日常生活教育的步行练习的展示页的设计

范例

蒙台梭利日常生活教育工作展示页（十七）

活动领域 生活区。

活动名称 走蒙氏线及步行练习。

活动准备 在教室的地面上布置由直线和缓和的曲线所构成的类似椭圆形的蒙氏线，蒙氏线的颜色鲜艳，宽度为3~5厘米，设内外两圈，间隔0.8~1米；走线时手持物的用品如小旗、小铃铛、末端拴着重物的绳、盛水的透明玻璃杯、毛巾等。

教育目的

1. 直接目的：培养步行机能的平衡感觉；训练孩子优雅的走路姿态；发展精细动作；培养意志力，独立心。

2. 间接目的：注意力、集中力之间的控制；培养距离感；作为肃静练习的间接准备，锻炼孩子的专注力和忍耐力。

操作过程

1. 引导幼儿穿上室内鞋，站在蒙氏线上。

2. 跟随宁静平缓的音乐声顺时针走线，老师步行示范：右脚尖靠往左脚跟，轻轻地落地后再换脚，两脚交互稳住重心前进，两手以自然的状态下垂，眼睛正视前方；保持身体的直立，充满自信。

3. 提示孩子在走线的时候要相互尊重，保持一定的速度和距离。

变化与延伸 提高走线的难度：给幼儿提供小旗子、拴着铃铛的细绳、顶在头顶的毛巾或篮子、装水的杯子等用来走线。

适合年龄 3岁以上。

正确指引

1. 脚尖和脚跟分离。
2. 前后两个幼儿之间距离过小。
3. 脚踩在蒙氏线之外的地板上。
4. 身体保持平衡。

吸引力

1. 脚尖挨着脚跟在蒙氏线上交互前进。
2. 在直线上和曲线上前进。
3. 保持平衡前进。

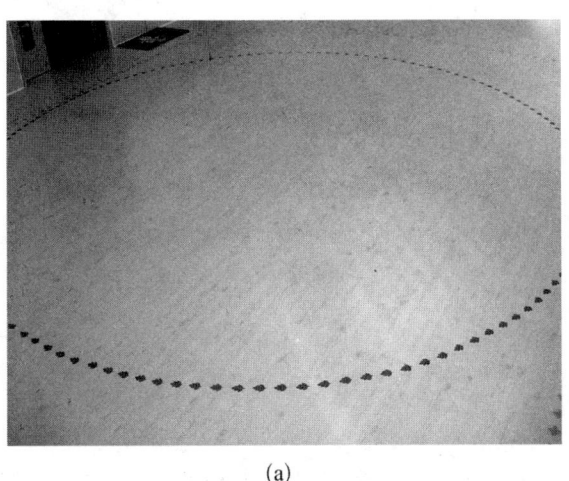
(a)

(b)

图9-6 蒙氏线

 **实践与训练**

日常生活教育步行练习的展示页的设计与书写

【实训目标】
1. 引导学生理解在幼儿园进行走线教学活动的意义。
2. 培养学生依据幼儿的年龄特点设计不同年龄班幼儿走线活动内容的能力。
3. 发展学生的创造性和想象力。

【内容与要求】
1. 模拟大中小班幼儿走线,并依据计划分别尝试不同的走线方式。
2. 选择相应的走线活动材料,分组制定各年龄班的走线活动计划,选择代表内容书写展示页。
3. 去幼儿园按照自己小组制定的走线计划到相应的班级进行幼儿的走线教学活动。

【实训考核】
依据学生在幼儿园进行的走线教学活动效果给予评估并打分。

项目六:日常生活教育的肃静练习的展示页的设计

 **范例**

蒙台梭利日常生活教育工作展示页(十八)

活动领域 生活区。
活动名称 肃静练习。
活动准备 外界的种种声音的音频(如车声、人说话的声音、扩音器的声音、鸟的叫声、雨滴的声音等)。
教育目的
1. 直接目的:体会、理解宁静的好处。
2. 间接目的:专注程度,调整自己的动作。

操作过程
(一)第一部分
1. 教师小声说:"双脚并拢,后背挺直,慢慢坐在椅子上,手放在膝盖上。"
2. "闭上眼睛,直到老师说睁开为止。"
3. "听到了什么声音呢?静静地听,听到了要记在心里。"
4. "听到老师说张开后,眼睛轻轻张开。"

(二)第二部分
1. 不发出声音:
(1)轻轻放桌子、椅子。
(2)跟在老师后面轻轻走。
(3)从椅子上站起来。
(4)准备餐具,轻而迅速。
2. 聆听声音:
铃声、时钟声、乐器的声音、雨点声、鸟叫声等等。

变化与延伸
1. 肃静练习——不发出声音的游戏
(1)比比看谁先笑。
(2)比比看谁先眨眼。
2. 用手指数自己的脉搏和心脏跳动的声音;教师低声逐一喊幼儿的名字,被叫到的幼儿轻轻走到教师身旁，握握手，再轻轻地走到走廊里去。

适合年龄　3岁以上能达到肃静练习发展阶段的儿童。

正确指引　没有声音，安静的场面。

吸引力

1. 宁静。
2. 自己的心跳声。

 实践与训练

日常生活教育的肃静练习展示页的设计与书

【实训目标】

1. 引导学生理解在幼儿园进行肃静练习教学活动的意义。
2. 培养学生依据幼儿的年龄特点设计不同年龄班幼儿肃静练习活动内容的能力。
3. 发展学生的创造性和想象力。

【内容与要求】

1. 模拟大中小班幼儿开展肃静练习活动。
2. 分组制定各年龄班的肃静练习活动计划，选择代表内容书写展示页。
3. 去幼儿园按照自己小组制定的计划到相应的班级进行幼儿的肃静练习活动。

【实训考核】

依据学生在幼儿园进行的肃静练习教学活动效果给予评估并打分。

 思考与延展

1. 简述蒙台梭利日常生活教育的目的和意义。
2. 举例说明蒙台梭利日常生活教育中教具的设计原则。
3. 列表说明蒙台梭利日常生活教育的内容。
4. 举例说明正常化儿童的特征与表现。
5. 结合实际说明管理蒙台梭利学具的方法。
6. 设计一个蒙台梭利教室生活区布置图，并列举出所投放的5个学具的名称及材料。

第十章

蒙台梭利感官教育

蒙台梭利感官教育是蒙台梭利教育体系的一个重要组成部分，也是最具特色和争议的部分。蒙台梭利的教育理论与实践对于婴幼儿感官教育具有长远的现实意义，值得深入研究和学习。

第一节 蒙台梭利感官教育思想

一、蒙台梭利感官教育的意义

婴幼儿作为人的发展阶段具有特殊性，人从小就开始主动或被动地接受形形色色事物的吸引和刺激，并具有充分的感官反应。例如，婴幼儿见到任何东西，常见的反应是拿来放进嘴里，尝一尝味道，然后将它吃掉或丢弃。这其实是婴幼儿集中注意力，充分调动各个相应的感觉器官作出反应的一个普遍的主控感知过程。在婴幼儿的心目中没有天高地厚的概念，世界再大也不外乎是自己能触及的周围一切，他们不怕什么，也不知怕什么。这虽天真、幼稚，但却真实、无忧无虑。成年人很少能从婴幼儿的角度来认识世界，老师或家长也很难顺应孩子们的自然发展要求，引导他们认知世界，甚至干脆不耐烦地将自己的观点强加给孩子们，孩子们的主控感知过程往往被他人控制了、干扰了，长此以往也就渐渐地偏离了孩子的本原真我。

不论是主控还是他控感知过程，我们必须尽可能让孩子们通过健全的感觉器官充分理解客观事物，排除种种干扰与妨碍，学到真正的东西。人的精神成长既有一个由内向外的表达的过程，又有一个由外向内浸染的过程，而且这两个过程往往交织在一起。因此，感官教育首先是培养和健全五官的正常感觉，包括视觉、触觉、听觉、味觉和嗅觉，然后培养的是正确的语言表达能力，最后是学会克服缺点，纠正错误，因为知错必改就是圣贤，如此才能发挥先天潜力，不断进步，产生强大的自然力。这是孩子们自主健康成长的高速公路，而且是"条条大路通罗马"。只要持之以恒，周而复始地螺旋渐进，孩子们必定会通无化有，这也符合现代建构主义的观点。

在国内，人们一般认为，婴儿呱呱坠地，只要五官齐全，无先天缺损，就能自然做到眼能看、耳能听、鼻能嗅，对各种感官进行专门训练缺乏全面的认识，婴幼儿的感官教育因此常常被人们所忽视，其代价不仅是个人与家庭的，同时也是民族的和人类的。

蒙台梭利对此进行了系统精辟的论述，她认为感觉发展在高等智能活动发展之先，婴幼儿期的孩子正处于感觉具体形成时期，应该及时地提供给孩子们促进感觉发展的帮助。这也是当今任何一位幼儿教育者（老师和家长）必须牢记并努力实践的。

蒙台梭利认为感官教育是为了培养儿童的精确心理。精确的心理是蒙台梭利从法国哲学家、物理学家和数学家帕斯卡那里引用过来的。帕斯卡曾说，人的心理天生就是精确的，一切知识和进步都来自精确的观察。就像一门语言的结构是其字母的发音和词语的排列规则所决定一样，人的心理结构基本上也是有序的。感官是我们和环境之间的接触点，心灵可以凭借感官经验变得极其灵巧，这种敏锐的辨别力是在普通的日常生活中锻炼出来的，儿童为了适应现实生活以及未来的时代，必须对环境有敏锐的观察力，因此必须养成观察时所必要的能力和方法。这是因为适应环境必须以观察为基础，因此蒙台梭利认为感官教育的目的实际上就是要训练每个人变成一个观察家。感官教育还是高级心理活动发展的基础。蒙台梭利认为儿童进入学校以后很多人对数学有一种心理障碍，但是如果儿童的心理发展植根于感官教育基础之上，那么一切都将迎刃而解。进而蒙台梭利认为感官教育最终还会促进儿童创造性的发展。任何人创造性的起点都是他们心理中的某些规则和精确的东西，因此在教育中我们必须注意感官教育的终极目的是儿童人格的塑造和创造力的培养。

二、蒙台梭利感官教育的目的

蒙台梭利认为，感官教育的主要目的是通过训练儿童的注意、比较、观察和判断能力，使儿童的感受性更加敏捷、准确、精练。在蒙台梭利看来，学前阶段的儿童各种感觉特别敏感，处在各种感觉的敏感期，在这一时期如果不进行充分的感觉活动，长大以后不仅难以弥补，而且还会使其整个精神发展受到损伤，因此在幼儿时期进行各种感官教育显得尤为重要。同时，她认为感官是心灵的窗户，感官对智力发展具有头等重要性，感觉训练与智力培养密切相关。再者，她还认为，人的智力高低与教育有较大关系，通过感觉教育可以在早期发现某些影响智力发展的感官缺陷，并及时采取措施，使其得到矫正和改善。因此，感官教育的目的在于帮助幼儿：（1）认识物性；（2）发展感官知觉；（3）帮助概念形成；（4）建立逻辑思考能力；（5）培养手眼协调、专心、独立、有秩序感。

蒙台梭利希望通过这一系列的感官训练，使幼儿成为更加敏锐的观察者，促进和发展他们一般感受的能力，并且使他们的各种感受处于更令人满意的准备状态，以完成诸如阅读、书写等复杂的动作，也为将来进行数学的学习打下基础。

三、蒙台梭利感官教育的教具设计原则

（一）孤立性

蒙氏教具的目的都很清楚。当我们同一个时间内所感受到的讯息太多的时候，原先希望孩子注意到的主题就模糊了。为了让孩子集中精神于教育的某一点，蒙特梭利所设计的教具大都具有孤立的特性。例如，长棒是要让孩子辨识长短，因此教具的颜色、材质和形状都是相同的，唯一不同的就是其长度，这就是所谓孤立性。

（二）正确指引（错误控制）

教具本身包含了自动教育的特性，以提供儿童运用自己的心智来判断、矫正自己的错误，达到教育的设计。例如，圆柱体与木枕洞穴的大小应刚好配合，粉红塔最小的一块，长棒最短的一根，均是此特性的表征。

（三）吸引力

教具具有美丽的外观，如颜色、材质、造型等，以吸引儿童注意，引发其兴趣和喜爱。

（四）教具的设计都有序列性

例如，由大到小的粉红塔，由粗到细的棕色梯，由长到短的红棒，由高到矮或由粗到细的圆柱体，以及由深到浅的色板都有其设计的规律性。

（五）由简单到复杂

这是蒙氏教具一贯的原则。因为在学习过程中，教具层次分明能培养幼儿自信心与独立性，不必依靠大人的帮助。例如，看教具本身就能预知工作该如何进行，而且内容不要太复杂太多，以免分散吸引力，帮助幼儿集中注意力。

（六）适合幼儿的尺寸

教具的设计能配合儿童的活动欲望，可以自由地搬动与收回。

四、蒙台梭利感官教学原则

（一）鼓励小组或个别教学

（二）教学时教具的排列是从大到小

（三）教具示范操作是从左到右

（四）介绍教具时应操作最强烈的对比

例如，粉红塔是用来教大小的感受，粉红塔的介绍应先取最大与最小。

（五）采用G·P·S操作方法

G（Grading）序列。经由教具本身的特质从大到小、从小到大，从长到短、从粗到细或从细到粗依序排列，其中都有相关性，它让孩子学会辨识大与小的不同。同时，也训练幼儿逻辑思考的能力。

P（Pairing）配对。孩子在配对的过程中透过视觉的观察和判断之后，从众多量中找出相同性，以达到配对关系。这不仅能使孩子学会一一对应的关系，也强化了等于的概念和思考。

S（Sorting）分类。就是从一群物体中寻找出其相异性，然后归纳出相似性。这样的过程可培养孩子具有思考、分类和归纳的能力。因为这是人类思考中最简单的逻辑思考元素，因此在过程中将无形地培养孩子思考观察和判断的能力。

（六）所有学习名称的工作都采用三阶段教学法

所谓三阶段教学法即命名、辨别、发音。通常是有两种以上的物品才可进行。

（七）语言要精简

蒙台梭利曾说，话说得愈少，教学效果愈好。因为说得少，孩子更能专注在教具上。所以，老师在教学的时候所用的语言要有以下三个原则。

1. 简单

例如，教三角形摸一下说出形状就好，不必说角、边的概念。

2. 客观

教学前不要加入太多个人经验、感觉，以免孩子用成人的方式来看事情。

3. 正确

发音要正确，名称要正确，以免因不正确的发音或不对的文法影响孩子正确的学习。

（八）儿童要熟悉基本示范后才能进入延伸变化

（九）留给儿童自由变化的空间

对儿童来说，使用感官教具很多时候都会停留在使用积木的方法上。当儿童将感官教具当成建构性的物品的同时，也学会了平衡与协调的概念。儿童利用此类教具作创作思考的过程，尤其在孩子已经做完了基本提示工作，在语言上的运用也已很熟练时就可让其自由变化。但是，自由中仍有限度，告诉幼儿不得破坏教具，要尊重教具。

（十）教具供应的限制性

碰到拿两种教具时，要排好第一种之后才能再拿第二种。

五、蒙台梭利感官教育的内容

（一）视觉教育

1. 认识物体的大小、粗细、长短、高低、胖瘦。

以圆柱体及彩色圆柱体教幼儿辨别高低、胖瘦、大小；以粉红塔教导幼儿辨识大小；以棕色梯教幼儿分辨粗细厚薄；以长棒教幼儿认识长短概念。

2. 认识物体的颜色

以色板来教幼儿学习颜色的种类、深浅。

3. 认识物体的形状

以几何图形橱教幼儿认识各种平面几何图形，如圆形、三角形、四边形、多边形、不规则曲线；以几何学立体组教幼儿认识基础几何学立体，如球体、椭圆体、蛋形体、正方体、长方体、圆柱体、三角体、四角椎体、圆锥体、三角锥体；利用绿、黄、灰、蓝、红，教幼儿组合成更大的三角形、四边形或多边形的组织与分解。

（二）触觉教育

1. 皮肤觉（触觉）

教育幼儿认识物的粗细、质感。所使用的教具有：触觉板，教幼儿感觉粗糙、光滑分级的不同；布盒，教幼儿辨别布的种类、花纹和质感。

2. 温度感觉

教育幼儿认识物体的热、温、冷或冰。以温觉瓶教幼儿对热、温、冷水的辨别；以温觉板教幼儿物体本身给予的温、冰、凉等温度的差异；以重量板教幼儿辨识重的、轻的；以神秘袋让幼儿不依靠视觉，完全由触摸感知物体的属性。

（三）听觉教育

教育幼儿辨别音的强弱、高低、种类（乐音的音色）。其内容有听筒（又叫发声筒），用来教幼儿认识杂音（噪声）的强弱配对；音感钟让幼儿认识乐音的高低。

（四）味觉教育

教育幼儿用舌头辨别味觉，以教幼儿辨别甜、酸、苦、咸等味道。

（五）嗅觉教育

教幼儿用鼻子感觉的教育，教幼儿辨别香水、辣、咖啡、凉、茶叶等味道。

第二节　蒙台梭利感官教育的实施

一、视觉教育

（一）粉红塔

材料构成

由10块粉色木制正方体构成，边长由10~1厘米递减。

教育目的

让幼儿认识粉红塔，认识和建立大小概念；会按由大到小的顺序垒成塔形。

操作过程

表10-1　操作流程

1	基本序列练习	垂直积塔（先拿小的再拿大的，积塔的时候先选大的）
2	基本名称练习	大的，小的（使用最大的和最小的两个进行）
3	序列的变化练习	改变序列的放置方式：对正两面及夹角垂直积塔；水平序列；斜角交叉积高
4	序列的名称练习	最大的，较大的（较小的），最小的
5	记忆性序列练习	10个正方体保持一定距离（如放在桌子上，操作在地毯上）任选一个做基准并记住其大小，再顺次排出其他正方体
6	序列的变化练习	从排好的序列中任意抽出一个放在旁边，找出它原来的位置
7	序列的变化练习	从排好的序列中任意抽出一个藏起来，找出它原来的位置
8	配对和序列的变化练习	与棕色梯配合，做序列和配对的混合练习（同时水平排列或者垂直积高）。

（二）棕色梯

材料构成

由10块棕色的木制角柱构成。角柱的长度都是20厘米。每一个横断面和粉红塔的一个面大小相同。工作毯、名卡、卡片。

教育目的

透过视觉辨别物体的粗、细。

操作过程

表10-2　棕色梯

1	基本序列练习	按粗细顺序排列（取教具的时候先取最细的那块，排列的时候先取最粗的那块）
2	基本名称练习	粗的，细的（使用最粗的和最细的两块进行）
3	序列订正练习	用最细的那根做基准比较两两间的距离
4	序列的变化练习	改变排列方式：垂直积高；对齐一面垂直积高
5	序列的名称练习	最粗的，较粗的（较细的），最细的

6	记忆性序列练习	10个长方体保持一定距离（如放在桌子上，操作在地毯上）任选一个做基准并记住其粗细，再顺次排出其他长方体
7	序列的变化练习	从排好的序列中任意抽出一个放在旁边，找出它原来的位置
8	序列的变化练习	从排好的序列中任意抽出一个藏起来，找出它原来的位置

（三）插座圆柱体

材料构成

木制本色插座圆柱体及底座4组（A、B、C、D）：

A：10个插座圆柱体及底座上的10个嵌洞直径一定，高度递减。（第四组）
B：10个插座圆柱体及底座上的10个嵌洞高度一定，直径递减。（第一组）
C：10个插座圆柱体及底座上的10个嵌洞直径和高度同时递减。（第二组）
D：10个插座圆柱体及底座上的10个嵌洞直径递减而高度递增。（第三组）

教育目的

培养幼儿辨别高低—大小—粗细—长短的能力，发展幼儿视觉区别体积的判断能力。

操作过程

表10-3 操作流程

1	用B组做配对练习	圆柱体找嵌洞（注意倒转圆柱体比对底面和嵌洞的大小）
2	B组名称练习	粗的，细的（使用两极端的2个圆柱体进行）
3	几天后再用C、D、A组做配对	圆柱体找嵌洞
4	C、D、A组名称练习	大的，小的；又粗又矮的，又细又高的；高的，矮的（使用两极端的2个圆柱体进行）
5	任意一组圆柱体做序列练习	排序完毕后嵌回底座
6	B、C、D、A序列名称练习	最粗的，较粗的（较细的），最细的；最大的，较大的（较小的），最小的；最粗最矮的，较粗较矮的（较细较高的），最细最高的；最高的，较高的（较矮的），最矮的（使用两极端和居中间性质的3个圆柱体进行）
7	任意一组圆柱体做配对的变化练习	任意指一嵌洞，找出与之配对的圆柱体
8	任意一组圆柱体做配对的变化练习	从一端开始按照顺序找出与嵌洞配对的圆柱体
9	圆柱体的组合配对的变化练习	2组产生6种组合；3组产生4种组合；4组产生1种组合
10	4组圆柱体一起做配对的变化练习	找出相同的圆柱体（有5组）
11	任意一组圆柱体戴眼罩做配对练习	使用手指感知圆柱体周围及嵌洞的大小、深浅
12	任意一组圆柱体做记忆配对练习	插座和圆柱体保持一定距离进行配对操作（如放在桌子上，操作在地毯上），任意指一个嵌洞并记住大小然后去取相应的圆柱体
13	任意一组不使用插座只用圆柱体做记忆序列练习	10个圆柱体保持一定距离（如放在桌子上，操作在地毯上）任选一个做基准并记住其大小，再在两边顺次排出其他圆柱体
14	任意一组圆柱体做序列的变化练习	从排好的圆柱体序列中任意抽出一个放在旁边找出它原来的位置（抽出后立即填补空隙）
15	任意一组圆柱体做序列的变化练习	从排好的圆柱体序列中任意抽出一个藏起来看哪个地方少了一个（抽出后立即填补空隙）

（四）彩色圆柱体

材料构成

黄色→大小；红色→粗细；蓝色→高矮；绿色→综合。

这是承上启下的一件过渡性教具，承上用来总结物体的形状特征，启下引出色板。

教育目的

通过操作彩色圆柱体，巩固认识红色、黄色、蓝色、绿色；初步感知四种颜色按规律排序，培养幼儿的观察力和综合分析能力。

操作过程

（1）教师和孩子一起，从教具柜上依次取彩色圆柱体红、蓝、绿组散放在工作毯上。

（2）请孩子找出同样粗细的圆柱体进行配对。再把圆柱体打乱散放。

（3）请孩子找出同样高低的圆柱体进行配对。再把圆柱体打乱散放。

（4）再请孩子找出粗细、高低都完全相同的2对圆柱体。把圆柱体打乱散放。

（5）将第一组红色的圆柱体按从粗到细进行排序，排在第一行；将第二组黄色的圆柱体按从大到小进行排序，排在第二行；将第三组绿色的圆柱体按从又粗又低到又细又高进行排序，排在第三行。（三组紧挨着）

（6）让孩子通过观察、触摸比较（比高低、比直径、重叠比较等）感知这三组圆柱体的相同性和差异性。请孩子按粗细、高低的顺序说说这三组圆柱体的相同处和不同处。（谁和谁哪里一样，谁和谁哪里不一样）

（7）以粗细、高低都完全相同的2对圆柱体为连接点，进行这三组圆柱体的结合排序。

（五）长棒

材料构成

由10根红色的木制长方体构成。每根长度从10厘米至100厘米，以10厘米为等差，横截面为2.5厘米乘以2.5厘米，粗细相等。

教育目的

让幼儿认识"长、短"。

操作过程

表10-4 操作流程

1	基本序列练习	依长短顺序排列（取时先拿最短棒，排列时先找最长棒，收时先收最长棒）
2	基本名称练习	长的，短的（使用最长的和最短的两根进行）
3	序列订正练习	用最短的那根做基准比较两两间长度的差距
4	序列的变化练习	改变排列方式：以最长棒为底左端对齐垂直积高；以最长棒为底居中垂直积高；以最长棒开始顺次排成直线或折线
5	序列的名称练习	最长的，较长的（较短的），最短的
6	记忆性序列练习	10根红棒保持一定距离（如放在桌子上，操作在地毯上）任选一根做基准并记住其长短，再顺次排出其他红棒
7	序列的变化练习	从排好的序列中任意抽出一个放在旁边，找出它原来的位置
8	序列的变化练习	从排好的序列中任意抽出一个藏起来，找出它原来的位置
9	填补差数特别练习	做出和最长棒相同的长度（顺次进行，到了第六长的长棒时则立起来后向右侧放倒，此为倍数的练习，即同样一根长棒放2次即和最长棒长度相同）
10	填补差数特别练习	任选一根长棒比较此棒和最长棒的差距，再找可以填补差距的那根接合（如果孩子有可能接受的情况下可以进行3根或3根以上的长棒接合的练习）
11	填补差数特别练习	改变基准长棒：移走最长棒后任选一根较长的长棒为基准进行练习
12	填补差数特别练习	以一根长棒侧面翻倒数次后找相同长棒来进行倍数的练习，如最短棒侧翻倒1次，即和第二短长棒长度相同；侧翻倒2次即和第三长长棒长度相同
13	记忆性配对练习	任取最短棒以外的一根长棒，然后再找出可以接合起来长度与之相同的2根或几根长棒

（六）色板

材料构成

（1）色板第一盒：木质，共6片，其中2片红色、2片黄色、2片蓝色。

（2）色板第二盒：木质，共22片，其中红、黄、蓝（原色）、橙、绿、紫（间色）、粉（渐变色）、棕（混合色）、灰、黑、白色（无彩色）各2片。

注意：每次认识2~3个新名称。

（3）色板第三盒：木质，共63片，由深至浅的红、黄、蓝、橙、绿、紫、粉、棕、灰色各7片。

教育目的

能分辨出不同的颜色，并能说出颜色的名称。

操作过程

（1）色板第一盒

① 取色板第一盒，教师向幼儿介绍拿色板的正确方法：用拇指和食指拿住色板的一头，或者用拇指和食指分拿色板的两端，手不要直接接触颜色，以免掉色。

② 将色板配对：教师先取出红色色板置于工作毯左上方，问幼儿："找找看，盒子里还有没有和这枚颜色相同的？"幼儿找出后，将其与第一块红色色板并放。

③ 随后做黄色与蓝色色板的配对。

④ 名称练习：用三阶段教学法认识色板的名称。

（2）色板第二盒与第三盒

① 让幼儿认识颜色的渐变，并能说出同色系两种深浅颜色的名称。

② 每组单独认识，只做最深与最浅的认识，会排序。

（七）几何图形橱

材料构成

（1）基本操作屉（附有木框，框内放有带圆柄的圆形、正方形、正三角形3个基本图形嵌板）。

（2）6个同样大小的抽屉。第一屉：6个圆形，即直径分别以1厘米的等差递减，最大圆直径为10厘米；第二屉：6个四边形，即5个长方形和1个正方形，6个竖边边长相等（10厘米），横边由正方形开始，以1厘米的等差递减；第三屉：6个三角形，边长及角度各异，即正三角形、直角等腰三角形、钝角等腰三角形、锐角等腰三角形、直角不等边三角形各一个；第四屉：6个正多边形，即正五边形至正十边形各1个；第五屉：4个四边形，即平行四边形2个、不等边梯形、等腰梯形各1个；第六屉：4个曲线图形，即卵形、四叶形、椭圆形、曲线三角形各1个（另外还有1个锐角不等边三角形）。

（3）几何图形卡：由3种几何图形所组成，总计96+3张。每张卡片中的图形，其形状对应于橱中某一嵌板。每个嵌板有实心、粗线和细线3种卡片与之对应。

教育目的

认识生活中最常见、最基本的几何图形及其名称，为幼儿学习平面几何做准备；发展幼儿的秩序感、专注力、协调性和独立性。

操作过程

（1）几何图形橱之基本操作屉：名称练习。

① 取基本操作屉放在工作毯上。

② 用三指抓住圆柄将圆形、三角形、正方形嵌板分别放入上方所对应的空格内。

③ 用左手将圆形嵌板拿起，翻转后使底部朝上，右手食指、中指并拢，顺圆周轻轻抚摸，动作要缓慢，注意左手不动，右手不要离开圆周，帮助幼儿形成圆形的记忆。

④ 同法感受三角形、正方形的特征。

⑤ 用三阶段教学法认识图形的名称。

（2）几何图形橱第一次展示：圆形屉的名称练习。

① 教师介绍取圆形屉的方法：将第一层抽屉稍稍拉出，手握住两端，慢慢地把抽屉拉出，放到工作毯上。

② 将6个圆形嵌板一一取出散放在工作毯上，告诉幼儿："这些都是圆形，这是最大的，这是最小的。"

③ 左手拿起最大的圆形嵌板，如基本操作屉的操作方法抚摸，同时说"圆形"，再将嵌板嵌入大小相

同的图形框内。
　　④同法，将其余圆形嵌板逐一感受并嵌回图形框，同时说："圆形。"
　（3）几何图形橱第二次展示：圆形屉与形式卡的配对。
　　①取来圆形屉，将6个嵌板依序摆好，嵌板之间留有空隙，抽屉放在地毯的右上方。
　　②将形式卡分类，按照实心、粗线条、细线条的顺序自上而下与嵌板对应摆好。
　　③拿起一个嵌板，按照实心、粗线条、细线条的顺序自上而下逐一从卡片上盖过。

（八）几何立体组
材料构成
（1）10个蓝色木质几何体，形状分别为正方体、长方体、圆柱体、三角锥、四角锥、三角柱、圆锥体、球体、椭圆体、卵体（球体、椭圆体、卵体带有基座）。
（2）投影板一套。
教育目的
　　幼儿能通过视觉和触觉的共同作用辨别几何立体的形状和特征，并能正确说出其名称；发展幼儿的实体觉（察觉形状和立体的感觉），为学习几何学做准备。
操作过程
（1）几何立体组第一次展示：名称练习。
　①用小篮子将球体、圆柱体和长方体取放到工作毯上。
　②教师将球体拿起，在手中团摸，在工作毯上来回滚动："它像不像皮球？它就叫球体。"
　③将圆柱体立在工作毯上，双手自上抚到下，在手中转动，放下滚动："它像个大柱子，叫圆柱体。"
　④拿起长方体，将每个面都触摸到，在手中团握："它是长方体。"
　⑤运用三阶段教学法进行名称练习。
（2）几何立体组第二次展示：与投影板的配对。
　①将几何立体组和投影板取放到工作毯上。
　②教师向幼儿介绍投影板并将其在工作毯上摆成一排，请幼儿说出各图形的名称。
　③找出与投影板相合的立体，根据投影板的形状，将对应的立体叠放到投影板上。
　④还可以根据立体图形的特点，找出与其侧面或底面相合的投影板。
　⑤球体、椭圆体、卵体与投影板配对时，左手取投影板，将其竖立，正对面部，右手拿起立体图形，左手伸直，和右手保持一定距离。眼睛通过几何体看向投影板，几何体的投影与投影板中图形的轮廓重合。

（九）建构三角形
材料构成

表10-5　材料

组　别	质地	数量、颜色及形状
长方形盒Ⅰ	木质	共14片：2片绿色等腰直角三角形、2片黄色等腰直角三角形、2片绿色直角三角形、2片黄色直角三角形、2片灰色直角三角形、2片黄色等边三角形、1片红色直角三角形、1片红色钝角等腰三角形
长方形盒Ⅱ	木质	共8片：2片蓝色等腰直角三角形、3片蓝色直角不等边三角形、2片蓝色等边三角形、1片蓝色钝角等腰三角形
三角形盒	木质	共10片：1片灰色等边三角形、2片绿色直角三角形、3片黄色钝角等腰三角形、4片红色等边三角形
大六边形盒	木质	共11片：1片黄色等边三角形、3片黄色钝角等腰三角形（指示线在底边上）、3片黄色钝角等腰三角形（指示线在两腰上）、2片红色钝角等腰三角形、2片灰色钝角等腰三角形
小六边形盒	木质	共18片：6片灰色等边三角形、3片绿色等边三角形、6片红色钝角等腰三角形、2片红色等边三角形、1片黄色等边三角形
长方形盒Ⅲ（蓝三角形）	木质	12片蓝色直角三角形

教育目的

认识几何图形的构成,为学习平面几何做准备。

操作过程

(1)建构三角形——长方形盒Ⅰ。

① 先将盒内的所有图形取出散放在工作毯上,再按使用顺序由左至右分类排列:绿、黄、灰、绿、黄、红。

② 将两片绿色三角形有黑色控制线的边对放,两指触边后对合,组成一个正方形,向幼儿介绍:"这是正方形。"

③ 将两片黄色三角形有黑色控制线的边对放,两指触边后对合,组成一个平行四边形,向幼儿介绍:"这是平行四边形。"

④ 将两片灰色三角形有黑色控制线的边对放,两指触边后对合,组成一个长方形,向幼儿介绍:"这是长方形。"

⑤ 将两片绿色三角形有黑色控制线的边对放,两指触边后对合,组成一个平行四边形,向幼儿介绍:"这是平行四边形。"

⑥ 将两片黄色三角形有黑色控制线的边对放,两指触边后对合,组成一个菱形,向幼儿介绍:"这是菱形。"

⑦ 将两片红色三角形有黑色控制线的边对放,两指触边后对合,组成一个等腰梯形,向幼儿介绍:"这是梯形。"

(2)建构三角形——长方形盒Ⅱ。

该项工作是长方形盒Ⅰ的延伸,两者的区别在于用于拼摆的三角形没有控制线,拼摆的方式与长方形盒Ⅰ相同。

(3)建构三角形——三角形盒。

① 将图形从盒中逐一取出,散放在工作毯上,再按顺序排列。

② 取灰色三角形,触边后移至各种毯左上方。

③ 取两块绿色三角形,控制线对齐,触边后对合。取灰色三角形叠放比较后,灰色三角形归位,绿色三角形移至其右侧,并列摆放。

④ 按照步骤3的做法完成将黄色、红色三角形的组合,都与灰色三角形叠放比较后与之并列摆放。

⑤ 灰色三角形逐一叠放在各个拼摆好的图形上进行比较,表示一样大。

⑥ 按照红、黄、绿、灰的顺序收回图形。

(4)建构三角形——大六边形盒。

① 将图形从盒中逐一取出,散放在工作毯上,再按顺序分类排列。

② 取黄色正三角形放工作毯中央,取三个长边有黑线的黄色三角形分别放其三边,触边后拼合,成为一个六边形,移至工作毯左上方。

③ 取另三片黄色三角形拼成正三角形,将左侧的黄色正三角形取过来叠放在上面做对比。将左侧余下的三角形逐一放在与之对应的边上,拼成六边形,然后拿走大三角形。

④ 用两片灰色三角形拼成平行四边形,放在六边形旁边做比较。

⑤ 用两片红色三角形拼成菱形,放在六边形旁边做比较。

⑥ 按照红、灰、黄的顺序收回三角形,最后收回正三角形。

(5)建构三角形——小六边形盒。

① 先将盒内的所有图形取出散放在工作毯上,再按使用顺序由左至右分类排列:灰、绿、红、黄。

② 用灰色三角形组成3个菱形,再旋转成3个平行四边形后组合成一个六边形,移至工作毯左侧。

③ 将3个绿色三角形触边后拼成一个梯形,将灰色六边形的一半与其接上,成六边形,然后将灰色梯形归位,将绿色梯形移至灰六边形右侧。

④ 用红色三角形组成4个菱形,取灰色六边形中的任意一组菱形,与之比较后归位。再用三个同样的菱形组成六边形,取灰色六边形与之对比后用另剩余的菱形替换任意一组菱形进行比较。

⑤ 将黄色三角形置于六边形中央做比较。

(6)建构三角形——蓝三角形盒。

① 取四块三角形,以90°角为中心,拼成风车状,再变为两个四边形。

② 再取两块三角形，与前四块（共六块），以60°角为中心，拼成风车状，再变化拼为六边形。

③ 将剩下的六块三角形与前六块三角形（共12块），以30°角为中心，拼成风车状，再变成多边形（12边）。

（十）二项式

材料构成

表10-6 材料

质 地	数 量	颜 色	形 状	所代表的项式
木 质	1块	红色	正方体	a^3
木 质	3块	红黑相间	长方体	$3a^2b$
木 质	1块	蓝色	正方体	b^3
木 质	3块	蓝黑相间	长方体	$3ab^2$

教育目的

幼儿能按照颜色将8块木块搭成一个正方体；培养孩子敏锐的观察力及专注力。

操作过程

（1）取来二项式放在工作毯上。

（2）将上盖打开，对比盖子上的颜色，让幼儿意识到与盒体表面的颜色完全一样，再逐一打开侧盖，一一取出各个立方体、无序地放在桌子上。

（3）根据颜色将立方体分类，即按照红、红黑相间、蓝、蓝黑相间的顺序，在工作毯上方摆成四列。

（4）依照盒盖的颜色找相应颜色的立方体摆在盖子上：第一层，找出最大的纯红色的为控制，比对与盒盖最大的颜色是否一致，再找出第二大的，除了比对盖上的颜色外，还要再比对与前面那一块相接触的部分的颜色是否一样。

（5）同理，找出另两块，左手拿木块，右手指颜色比较。

（6）摆好后平移回盒子内，顺序不能变。

（7）第二层以纯蓝色的为控制，摆好后平移回箱子内，顺序不能变。

（8）全部摆完后给孩子看盒子侧面的色块和摆好的立方体颜色一致，盒盖也同样。

（9）比较后，盖好盒盖。

（十一）三项式

材料构成

表10-7 材料

质 地	数 量	颜 色	形 状	所代表的项式
木 质	1块	红色	正方体	a^3
木 质	3块	红黑相间	长方体	$3a^2b$
木 质	3块	红黑相间	长方体	$3a^2c$
木 质	1块	蓝色	正方体	b^3
木 质	3块	蓝黑相间	长方体	$3b^2a$
木 质	3块	蓝黑相间	长方体	$3b^2c$
木 质	1块	黄色	正方体	c^3
木 质	3块	黄黑相间	长方体	$3c^2a$

续表

质 地	数 量	颜 色	形 状	所代表的项式
木 质	3块	黄黑相间	长方体	$3c^2b$
木 质	6块	黑色	长方体	abc

教育目的

幼儿能按照颜色将27块木块搭成一个正方体；培养孩子敏锐的观察力及专注力。

操作过程

（1）取来三项式放在工作毯上。

（2）将上盖打开，对比盖子上的颜色，让幼儿意识到与盒体表面的颜色完全一样，再逐一打开侧盖，一一取出各个立方体、无序的放在桌子上。

（3）根据颜色将立方体分类，即按照红、红黑相间、蓝、蓝黑相间的顺序，在工作毯上方摆成四列。

（4）依照盒盖的颜色找相应颜色的立方体摆在盖子上：第一层，找出最大的纯红色的为控制，比对与盒盖最大的颜色是否一致，再找出第二大的，除了比对盖上的颜色外，还要再比对与前面那一块相接触的部分的颜色是否一样。

（5）同理，找出另两块，左手拿木块，右手指颜色比较。

（6）摆好后平移回盒子内、顺序不能变。

（7）第二层以纯蓝色的为控制，摆好后平移回盒子内、顺序不能变。

（8）全部摆完后给孩子看盒子侧面的色块和摆好的立方体颜色一致，盒盖也同样。

（9）比较后，盖好盒盖。

（十二）二倍数

材料构成

2块绿色木质长方体，一大一小；3块黄色木质正方体，一大两小；2块白色木质长方体，一大一小。

教育目的

能将7块木块搭成一个正方体；发展幼儿的秩序感、专注力、协调性和独立性。

操作过程

（1）打开盒的两边，用三指取出木块散放。

（2）按照从大到小的顺序一块一块分类排好，最大块在左侧。

（3）取两块黄色正方体做对比："一样的。"

（4）将两块正方体拼成长方体，与绿色长方体做对比："它们是一样的。"

二、触觉教育

（一）砂纸触觉板

材料构成

表10-8 材料

质 地	数 量	颜 色 及 形 状
木 质	1块	底板是原木色长方形，右侧是一块正方形砂纸
木 质	1块	底板是原木色长方形，上有5条同样颗粒的细长条砂纸
木 质	1块	底板是原木色长方形，上有5条从最细颗粒到最粗颗粒的细长条砂纸
木 质	10块	底板是原木色正方形，每两块有相同颗粒的砂纸

教育目的

通过触觉感知并认识物体表面的粗糙与光滑的质感；锻炼幼儿触觉的敏锐性和分辨力。

操作过程

（1）取两块砂纸触觉板放工作毯上。

（2）教师取第一块，左手轻轻按住触觉板的左下方，右手两指并拢，在左边粗糙部分从上至下做平行的、缓慢的触摸，仔细体会其感受，同时轻声说："粗糙的。"

（3）同样，在右边光滑部分从上至下做平行的、缓慢的触摸，仔细体会其感受，同时轻声说："光滑的。"

（4）再取第二块，左手轻轻按住触觉板的左下方，右手两指并拢，自左至右，自上至下逐条触摸，体会和分辨光滑与粗糙的不同感受，并轻声说"粗糙的""光滑的"……

（二）布盒

材料构成

长方形棉质、丝质、绒质、麻质材料各2片，眼罩1个。

教育目的

通过触觉的感知能将布料按照质地进行正确配对；训练幼儿触觉的敏锐性和分辨力。

操作过程

（1）教师与幼儿一起将布料取出，混放在工作毯上。

（2）幼儿从每一类布料中取出一块，将布料逐一触摸后在工作毯左侧摆成一排。

（3）给幼儿蒙上眼罩。

（4）让幼儿通过触摸，在剩下的布料中寻找能与左侧布料配对的。

（三）重量板

材料构成

一个分成三等份的木盒，分别放入质地不同、尺寸相同的木板各10块，合计30块（木板包括轻的每块重12克的松木板，中等的每块重18克的桃木板和重的每块重24克的柳木板）。

教育目的

通过触觉感知木板的重量，训练幼儿压觉的敏锐性和分辨力。

操作过程

（1）教师与幼儿一起将重量板取出，混放在工作毯上。

（2）教师取重量对比反差大的，分别放在两只手中掂："轻的""重的"，放下，逐一掂量比较。

（3）再比较一样重、不一样重。

（四）温觉板

材料构成

大理石、钢板、木版、毛毡各一对，置于一个木盒里。

教育目的

辨别温度的差异，认识生活中的各种材料。

操作过程

（1）配对。

① 温觉板散放。

② 用手腕内侧感知板的温度并配对。

（2）三阶段练习。

① 四种材质的温觉板各取一块做介绍。

② "这是大理石，请你来摸一摸，它摸起来是冰凉的。""这是毛毡板，摸起来是温暖的。"

（五）神秘袋

材料构成

神秘袋两个，每个袋内分别装有相对应的物品若干件，如珠子、文具、积木、豆类等。

教育目的
能依靠触觉的感知将袋内的物品进行正确配对;发展幼儿的语言描述能力。
操作过程
(1)将两个袋子取放到工作毯上。
(2)教师先做示范:闭上眼睛,将手伸入一个袋中,拿出一件物品,触摸并说出其名称,放在工作毯上。
(3)再闭上眼睛,伸手进另一个袋中,摸出与此物品相同的另一个。
(4)请幼儿用同样的方法将袋中的其他物品摸出,配对。

三、听觉教育

听筒
材料构成
两个木盒中各装有6个同样大小的圆筒,一组的盖子是红色的,一组的盖子是绿色的(红、绿色听筒内所放的材料是对应的。材料可包括鹅卵石、沙子、黄豆、大米、面粉、铁钉等)。
教育目的
区分声音的强弱变化,将声音进行配对;锻炼幼儿听觉的敏锐性和分辨力。
操作过程
(1)取听筒放在工作毯上。
(2)将红色盒盖的听筒一一取出,放在工作毯的左边;将蓝色盒盖的听筒一一取出,放在工作毯的右边。
(3)用三指拿起听筒,放在耳边适力均匀摇动,仔细听辨声音。
(4)红蓝听筒配对:
① 听辨红色听筒,并按声音从大到小的顺序,在左侧排成一列。
② 左手取最大声的红色听筒,右手拿起任意一个蓝色听筒,听辨红、蓝听筒。
③ 如果声音相同,就将红、蓝听筒并列摆放;如果声音不同,则放下蓝色听筒,拿起另一个继续听辨,直到找到与红色听筒声音相同的。
④ 用同样方法将所有红、蓝色听筒进行配对。

四、嗅觉教育

嗅觉瓶
材料构成
嗅觉瓶共两组,每组各6瓶。一组瓶底以红色圆点做标记,另一组以蓝色圆点做标记。瓶里的内容物由教师事先准备(固体或液体),如玫瑰、陈皮、韭菜、薄荷、花椒、大料、香水、醋等气味较浓的物品(两组嗅觉瓶里所装的内容物是对应的,成对的圆筒底部的标志一样)。
教育目的
感受不同的气味,能将瓶内的气味进行配对;锻炼幼儿嗅觉的敏锐性和分辨力。
操作过程
(1)取嗅觉瓶放在工作毯上。
(2)嗅:
① 拿起红色标记组中的一个嗅觉瓶,拧开瓶盖。
② 左手将小瓶靠近鼻子,右手在瓶口轻轻扇动。
③ 深呼吸,小心地嗅,辨别瓶里的气味。
(3)配对:
① 将嗅觉瓶的两组分两行相对排列。
② 拿起一个红色嗅觉瓶,嗅并辨别其气味。
③ 拿起一个蓝色嗅觉瓶,嗅并辨别其气味。
④ 如果两个瓶子里的气味相同,就将红、蓝两瓶并列摆放。

⑤ 如果两个瓶子里的气味不相同，则放下蓝色嗅觉瓶，拿起另一个继续嗅辨，直到找到相同的。
⑥ 用同样的方法将所有红、蓝色嗅觉瓶配对。

五、味觉教育

味觉瓶

材料构成

味觉瓶（水、盐水、糖水、白醋各2瓶）8瓶、2杯净水、1个空杯子、1个小勺。

教育目的

感知物体的不同味道，并能正确配对；训练幼儿味觉的敏锐性和分辨力。

操作过程

（1）将味觉瓶内的水倒入小勺内品尝。
（2）从对照组中再倒水品尝，找出味道一样的（品尝后漱口，勺子用另一个杯子涮干净）。

第三节 蒙台梭利感官教育教学技能实训

项目一：感官教育的视觉展示页的设计

范例

蒙台梭利感官教育工作展示页（一）

活动领域 感官区。
活动名称 棕色梯第一次展示——感官展示：水平排列。
工作前经验 幼儿已有粉红塔操作经验或2岁半以上幼儿。
材料构成 棕色梯，弹力小球2~3个，小碟一个。
教育目的
1. 直接目的：能将棕色梯排列成楼梯状，从视觉上感受小球从楼梯上滚动下来的过程。
2. 间接目的：
（1）锻炼幼儿视觉对物体尺寸在二维同时变化时的辨别力。
（2）通过观察长方体序列中的粗细以及长方体的边、面等的变化，为学习几何做准备。

操作过程

1. 铺好工作毯，邀请孩子一起工作，介绍要做棕色梯的工作。

2. 取棕色梯时按从最细到粗的顺序取，用双手握住最细的长方体，以此类推，粗点的长方体竖拿，10块长方体散放在工作毯上。（老师示范拿取棕色梯的方法，粗的棕色梯需要左手托住底部，右手抓住棕色梯上方。细的棕色梯用右手握住。）

3. 用视觉选取最粗的棕色梯，双手由前往后摸一下粗细后，放在工作毯左上部。

4. 从剩余的棕色梯中选取最粗的一块，放在最粗的棕色梯前方。

图10-1 棕色梯

5. 重复上述动作，按厚薄顺序排列，平铺成楼梯状。
6. 拿起最小的一块放在各个梯度上依次进行错误控制测试。
7. 取小碟中的弹力小球放在棕色梯上，从高到低滚落下去。

变化与延伸

1. 可将棕色梯由粗到细的序列打乱2~3块，再将球从上滚下，让幼儿观察有什么变化。
2. 利用各种生活用品进行宽窄、粗细的排序练习。
3. 观察感知长方体物品的特点，找一找什么东西是长方体的。

蒙台梭利感官教育工作展示页（二）

活动领域　感官区。
活动名称　插座圆柱体第一次展示——配对。
工作前经验　幼儿已有3指捏木插座经验或2岁半以上的幼儿。
材料构成　插座圆柱体第一组。

教育目的

1. 直接目的：能将圆柱体放进相对应的凹槽里。
2. 间接目的：
（1）训练幼儿视觉对物体尺寸的辨别能力。
（2）锻炼幼儿手指的灵活性，为书写做准备。
（3）训练幼儿自左至右的方向感。
（4）为数学中学习一一对应做准备。
（5）发展幼儿的秩序感、专注力、协调性和独立性。

活动过程

1. 双手握住插座圆柱体的两端，从教具架上把插座圆柱体端到工作毯中央（注：一次只出示一组）。
2. 告诉幼儿这是"插座圆柱体"。介绍插座圆柱体的组成（插座和圆柱体），再介绍圆柱体的组成（圆柱和圆柄），请幼儿看圆柄部分，用右手拇指、食指、中指拿住圆柄。请幼儿练习。
3. 一只手握住木枕的左侧，另一只手用三指捏的动作捏住圆柱体的手柄部分，先取最粗的与最细的并放作对比后放回。
4. 再从粗到细把圆柱体逐一抽出，依序自左至右排列，然后，一手握住木枕，另一只手两指抚过木枕，表示已全部取出。
5. 接着用三指捏住圆柄，倒转朝上，左手食指、中指并拢触摸圆柱，后用食指描绘圆穴的圆周及圆穴的底部，将圆柱放入插座里，两手的食指、中指摸平订正，从大到小以此类推。（触摸时不用的手指收回，由拇指压住，最小的圆柱体可用小指感受。）
6. 把带插座圆柱体竖放，用两手食指、中指从大到小触摸圆柱的边缘从圆枕抚过订正。

变化与延伸

1. 第二、三、四组的配对。
2. 能将生活中常见的物体进行配对，如套娃、套碗等。
3. 能将实物与平面图形进行配对。

注意

1. 其余三组操作方法同上。
2. 这组插座圆柱体的工作是幼儿第一次接触感官教具，教师在进行展示后要充分观察幼儿的接受和使用情况，并为幼儿提供足够的自由操作机会。
3. 插座圆柱体第三组触摸圆柱体时要借助一根木棒或一支铅笔。
4. 此次展示要分成4课时来完成。

图10-2　插座圆柱

 **实践与训练**

感官教育的视觉展示页的设计与书写

【实训目标】
1. 使学生能够针对幼儿的年龄特点选择相应材料进行感官教育中视觉能力的培养。
2. 培养学生结合感官教育的特点设计和书写展示页的能力。
3. 使学生学会依据展示页的内容进行教具操作与课堂展示。

【内容与要求】
1. 学生分组选择材料设计大中小班幼儿的感官教育中视觉教育的内容。
2. 以小组为单位模拟蒙台梭利教室的视觉练习内容的学具展示，并进行评价与指导。

【实训考核】
根据学生所选择的视觉教具材料和展示页的书写为学生评估打分。

项目二：感官教育的触觉展示页的设计

 **范例**

蒙台梭利感官教育工作展示页（三）

活动领域 感官区。
活动名称 布盒。
工作前经验 3岁半以上幼儿。
材料构成 布盒（长方形棉质、丝质、绒质、帆布、皮革、麻质材料各2片），眼罩1个。

教育目的
1. 直接目的：通过触觉的感知能将布料按照质地进行正确配对。
2. 间接目的：
（1）训练幼儿触觉的敏锐性和分辨力。
（2）为学习书写做好准备。
（3）发展幼儿的秩序感、专注力、协调性和独立性。

操作过程
1. 教师与幼儿一起将布料取出，混放在工作毯上。
2. 幼儿从每一类布料中取出一块，将布料逐一触摸后在工作毯左侧摆成一排。
3. 给幼儿蒙上眼罩。
4. 让幼儿通过触摸，在剩下的布料中找到能与左侧布料配对的。

变化与延伸
1. 为布料配文字卡。
2. 让幼儿在生活中寻找与布盒中布料一致的布。
3. 缩小布料在质地上的反差，为幼儿增大难度。

注意
1. 此次展示属于延伸展示，带有游戏的性质，不一定进行正式的小组展示活动，可在观察幼儿自由工作时随机指导。
2. 教师在进行触觉工作展示时，一定要与幼儿互动，共同感受。
3. 布料的大小以能刚好覆盖住幼儿的手为宜。

图10-3 布盒

 **实践与训练**

～ 感官教育的触觉展示页的设计与书写 ～

【实训目标】
1. 使学生能够针对幼儿的年龄特点选择相应材料进行感官教育中触觉能力的培养。
2. 培养学生结合感官教育的特点设计和书写触觉练习展示页的能力。
3. 使学生学会依据展示页的内容进行教具操作与课堂展示。

【内容与要求】
1. 学生分组选择材料设计大中小班幼儿的感官教育中触觉教育的内容。
2. 各组同学依据选材设计和书写各个班级的触觉练习的展示页。
3. 以小组为单位模拟蒙台梭利教室的触觉练习内容的学具展示，并进行评价与指导。

【实训考核】
根据学生所选择的触觉教具材料和展示页的书写为学生评估打分。

◉ 项目三：感官教育的听觉展示页的设计

 **范例**

～ 蒙台梭利感官教育工作展示页（四）～

活动领域　感官区。
活动名称　听筒。
工作前经验　3岁半以上幼儿。
材料构成
1. 两个木盒中各装有6个同样大小的圆筒，一组的盖子是红色的，一组的盖子是绿色的。
2. 红、绿色听筒内所放的材料是对应的。
3. 材料可包括鹅卵石、沙子、黄豆、大米、面粉、铁钉等。

教育目的
1. 直接目的：区分声音的强弱变化，将声音进行配对。
2. 间接目的：
（1）锻炼幼儿听觉的敏锐性和分辨力。
（2）能区分生活中不同的声音。
（3）发展幼儿的秩序感、专注力、协调性和独立性。

操作过程
1. 取听筒放在工作毯上。
2. 将红色盒盖的听筒一一取出，放在工作毯的左边，将蓝色盒盖的听筒一一取出，放在工作毯的右边。
3. 用三指拿起听筒，放在耳边适力均匀摇动，仔细听辨声音。
4. 红蓝听筒配对：
（1）听辨红色听筒，并按声音从大到小的顺序，在左侧排成一列。
（2）左手取最大声的红色听筒，右手拿起任意一个蓝色听筒，听辨红、蓝听筒。
（3）如果声音相同，就将红、蓝听筒并列摆放。如果声音不同，则放下蓝色听筒，拿起另一个继续听辨，直到找到与红色听筒声音相同的。
（4）用同样方法将所有红、蓝色听筒进行配对。

变化与延伸
1. 变换听筒内的物品，使其发出不同的声音。
2. 缩小声音之间的差别，增加难度。
3. 在生活中寻找各种各样的声音。
4. 进行静默的游戏。
5. 进行各种听辨音游戏。

注意
1. 教师进行初次展示时，为降低幼儿辨别的难度，可只选择3对听筒，之后再逐渐增加。
2. 晃动听筒时尽量靠近耳朵。

感官教育的听觉展示页的设计与书写

【实训目标】
1. 引导学生能够从生活中去选择听觉练习的材料和内容。
2. 培养学生结合听觉学具的特点设计和书写展示页的能力。
3. 使学生能够将教具操作与课堂展示结合起来，透过学具分析、发现幼儿学习的特点。

【内容与要求】
1. 学生分组自选材料设计幼儿的听觉练习的教育内容。
2. 在分析教具材料的基础上进行听觉教育展示页的设计和书写。
3. 分组模拟展示听觉教育学具，并进行评价与指导。

【实训考核】
在小组的模拟教学中依据设计的学具和展示学具的情况给予评估。

项目四：感官教育的嗅觉展示页的设计

蒙台梭利感官教育工作展示页（五）

活动领域　感官区。
活动名称　嗅觉瓶。
工作前经验　3岁半以上幼儿。
材料构成
嗅觉瓶共两组，每组各6瓶。一组瓶底以红色圆点做标记，另一组以蓝色圆点做标记。瓶里的内容物由教师事先准备（固体或液体），如玫瑰、陈皮、韭菜、薄荷、花椒、大料、香水、醋等气味较浓的物品（两组嗅觉瓶里所装的内容物是对应的，成对的圆筒底部的标志一样）。

教育目的
1. 直接目的：感受不同的气味，能将瓶内的气味进行配对；锻炼幼儿嗅觉的敏锐性和分辨力。
2. 间接目的：
（1）让幼儿认识嗅觉器官的存在和作用。
（2）为幼儿分辨生活中不同的气味做准备。
（3）发展幼儿的秩序感、专注力、协调性和独立性。

操作过程

1. 取嗅觉瓶放在工作毯上。
2. 嗅：
（1）拿起红色标记组中的一个嗅觉瓶，拧开瓶盖。
（2）左手将小瓶靠近鼻子，右手在瓶口轻轻扇动。
（3）作深呼吸，小心地嗅，辨别瓶里的气味。
3. 配对：
（1）将嗅觉瓶的两组分两行相对排列。
（2）拿起一个红色嗅觉瓶，嗅并辨别其气味。
（3）拿起一个蓝色嗅觉瓶，嗅并辨别其气味。
（4）如果两个瓶子里的气味相同，就将红、蓝两瓶并列摆放。
（5）如果两个瓶子里的气味不相同，则放下蓝色嗅觉瓶，拿起另一个继续嗅辨，直到找到相同的。
（6）用同样的方法将所有红、蓝色嗅觉瓶配对。

图10-4　嗅觉瓶

变化与延伸

1. 在生活中寻找各种各样的气味。
2. 为嗅觉瓶内的气味配文字卡或图片。

正确指引　教师在嗅觉瓶底部贴的错误控制点。

注意

1. 嗅觉瓶是木质的，会吸收气味，教师一旦将香精投放在瓶内就不要更换了。
2. 教师要选择生活中常能闻到的气味，如水果的气味。

 实践与训练

感官教育的嗅觉展示页的设计与书写

【实训目标】

1. 了解嗅觉练习的学习内容，结合学习内容进行教具的准备。
2. 学习关于嗅觉练习的展示页的书写方法。
3. 发展学生的创造性和想象力。

【内容与要求】

1. 学生以小组为单位选择进行嗅觉练习的教学内容，并制定计划。
2. 设计并书写嗅觉练习的展示页。
3. 去幼儿园进行各年龄班的嗅觉练习的教学活动，分组评价与指导。

【实训考核】

对学生制定的计划和幼儿园教学活动进行评估。

◎ 项目五：感官教育的味觉展示页的设计

 范例

蒙台梭利感官教育工作展示页（六）

活动领域　感官区。
活动名称　味觉瓶。

工作前经验　3岁半以上幼儿。

材料构成

味觉瓶（2瓶白开水、2瓶盐水、2瓶糖水、2瓶白醋），装净水的水杯两个，装脏水的空杯子一个，小勺一个。

教育目的

1. 直接目的：感受不同的味道，能将瓶内的味道进行配对。
2. 间接目的：
（1）让幼儿认识味觉器官的存在和作用。
（2）发展幼儿味觉的敏锐性。
（3）为幼儿分辨生活中不同的气味做准备。
（4）发展幼儿的秩序感、专注力、协调性和独立性。

操作过程

1. 请幼儿洗手、漱口以后，取味觉瓶放在工作毯上。
2. 教师向幼儿介绍味觉瓶的外部特征：味觉瓶有两组，底部分别有红色圆点标记和蓝色圆点标记。
3. 教师从有红色标记的一组中拿起一个味觉瓶放在面前，用滴管从瓶中吸取少量的液体，滴在手上用舌头品尝，并告诉孩子味道的名称。
4. 请幼儿品尝。
5. 教师和幼儿一起用温水漱口，将漱口水吐到预备装脏水的杯子里。
6. 用同样的方法学习另几种味道，每做一次都要漱口、擦手。
7. 配对练习：通过品尝，从有蓝色圆点标记的一组中，找出与有红色圆点标记的味觉瓶味道相同的瓶子进行配对。
8. 工作结束后，将所有物品收好，放回原处。

变化与延伸

1. 变换味觉瓶内的物品，让幼儿品尝不同的味道。
2. 在瓶内放入浓度不同的糖水，让幼儿感受甜度不同的糖水。
3. 在生活中寻找各种各样的气味。
4. 为味觉瓶内的味道配文字卡。

正确指引　教师在味觉瓶底部贴的错误控制点。

指导用语　味觉瓶、甜的、酸的、咸的、苦的。

注意　注意卫生及安全问题。

图10-5　味觉瓶

感官教育的味觉练习展示页的设计与书写

【实训目标】

1. 引导学生理解在幼儿园进行味觉练习教学活动的意义。
2. 培养学生依据幼儿的年龄特点设计味觉练习活动内容的能力。
3. 发展学生的创造性和想象力。

【内容与要求】

1. 分组制定味觉练习活动计划并书写展示页。
2. 去幼儿园按照自己小组制定的计划组织味觉练习的活动。

【实训考核】

依据学生制定的计划和教学活动效果给予评估并打分。

思考与延展

1. 简述蒙台梭利感官教育的目的和意义。
2. 举例说明蒙台梭利感官教育中教具的设计原则。
3. 列表说明蒙台梭利感官教育的内容。
4. 请根据蒙台梭利感官教具的设计原则,设计一套可以在生活中使用的、发展儿童视觉的教具。

第十一章

蒙台梭利数学教育

数学是一门逻辑性很强的基础学科，人们通过数学推导出种种概念、原理与规律指导日常生活。有人把数学对于人类的意义，比作生活中不能缺少的盐一样，离开了数学，人们的生活将寸步难行。所以，世界各国都把数学作为国家基础教育的重要课程。幼儿数学启蒙教育，作为数学教育的基础，备受各国教育重视。

第一节 蒙台梭利数学教育思想

有一次，Google 的创始人谢尔盖·布林（Sergey Brin）和拉里·佩奇（Larry Page）接受电视媒体的采访。记者问他们，你们的成功应归功于哪一所学校。当时，他们并没有回答是斯坦福大学或密西根大学，他们的回答是——蒙台梭利小学，因为那所小学自由自在的学习方式，没有任何消极输入的教育理念为他们的独立自主打下了良好的基础。在蒙台梭利的教育环境影响下，他们学会了"自己的事，自己负责，自己解决"，就是这样的积极教育方式赋予了他们勇于尝试、积极自主、自我驱动的行为习惯，为他们的后来带来了令世人瞩目的成功。

首先，数学是幼儿认识环境、了解环境、适应环境的工具之一。幼儿在处理生活中的一些问题时，与成人一样需要记数、计算和逻辑推理与判断力。其次，幼儿数学教育有利于幼儿数学逻辑能力的发展。数学逻辑能力是人的一种重要的学习能力，幼儿通过对具体事物的排序、分类等数学活动，学习简单的数学逻辑推理，为进一步发展复杂的、抽象的逻辑推理能力做准备，也为其他学科的学习打下良好的基础。第三，幼儿期是幼儿数学能力发展的敏感期，是数学启蒙教育的关键期。

蒙台梭利认为，幼儿数学逻辑能力的萌芽出现在"秩序敏感期"内（1~3岁），此间，幼儿对事物之间的排列顺序、分类、配对表现出特殊的兴趣。数字、几何图形及测量敏感期则出现在4岁左右，幼儿在这个时期对数字、几何图形及测量表现出强烈的学习愿望。如果成人能抓住时机，针对幼儿在不同时期不同的学习需求给予适当的刺激，即提供必要的教具及良好的学习氛围，幼儿的数学能力就会得到迅速发展，且将受益终身。错过了数学启蒙的关键期再对幼儿进行教育，效果相对来说较差。如果成人采用了错误的指导方法，还有可能给幼儿的数学学习带来不可挽救的负面影响，造成幼儿惧怕甚至厌恶数学的后果。

数学对于人的学习、生活如此重要，幼儿数学启蒙教育对于人的一生影响有如此巨大，使得指导幼儿数学启蒙教育成为社会与家庭十分关注的问题。那么，怎样使幼儿喜欢数学？怎样指导幼儿学好数学？通过蒙台梭利的解释，我们可以获得答案。

目前，数学教育重点大多放在如何快速地解决问题、正确迅速地计算，所以学生不得不加强公式的背诵和计算能力的熟练。但是，数学并不是因这种死记硬背的方式而学会的。

数学应该是一连串逻辑性的思考与串联，经过比较、归纳、分类，找出其中的相关性，并且借着计算方法得到理想的答案。所以，重点应是思考方式和过程。然而，传统教学法常常本末倒置，这是一般教学法的基本错误。

蒙氏数学教学法是提供给幼儿如何接触数学、练习思考、归纳结果的最佳途径。

蒙台梭利是有医学博士头衔的教育家，她对数学教育有一套清晰、完整的看法。对她有深刻影响的法国哲学家巴斯葛认为：人心的本性是属于数学的，就是说数学最本质的要素就是秩序和精确。因为它有一定的排列方式与展现最精准确定的结果的特质，而这两个特质从人自小在环境中的自我探索就能看出了——在幼儿时期，就有细微秩序敏感期，即一两岁的幼儿对环境中的人、事物有强烈的秩序感和确定性的要求，生活环境中过多的不定变化都会让幼儿产生不适的状况，而这项特质却也符合了数学的特性。蒙台梭利称这项特质是人类数学心智的基础。她认为，如果能按照这种自然的特性为幼儿在环境中预备初具秩序与精确的特性，将可以强化幼儿在数学思考方面的能力。同时，她也认为学习数学这项才能实际上与我们学习讲话没有区别，但为什么从没听人抱怨学习讲话很难，倒常有人抱怨数学好难懂，太抽象了。问题出在哪里呢？蒙台梭利认为这完全在于教学方法上出了问题。

如果我们把数学建立在日常生活接触的部分，并且用靓丽、诱人的实物先让孩子掌握上述的归纳和把计算的兴趣培养起来，再把数和算的教学入门思考融入家庭生活和教室中，让幼儿在不知不觉中养成具体清晰的数理思考方式，即使日后接触到较复杂的实用问题和抽象的数学思考时，也不至于不知道要如何应付。

一、蒙氏数学教育的特色

（一）以感官教育为基础

数字是抽象的符号，数学是抽象的科学，要使幼儿学好数学必须使其具备相当丰富的感觉经验以培养逻辑思考的能力。幼儿在操作感官教具时，会在感觉经验的基础上，将数值化的量——数量从具体事物中抽象出来，逐步形成数概念。

感受不同物体的特质，即序列、配对、分类，这三种方式从思考各物体之间相似性找到相异点甚至排列出比值的大小，培养量的概念和算的基础。

（二）由具体导入

如借助数棒进行1~10的认识，让幼儿以视觉和肌肉的感觉触摸数量，将数与量对应。

（三）重视数量、数字与数词三者结合的关系

数量是代表量的数，有具体的实物来体现；数字是文字的数，由认知和书写来体现；数词是语言的数，由发音来体现。

（四）采用三阶段教学法：命名、辨别、发音

大多在第一次认识新物品名称或新词汇时使用，内容物一定要在两件以上。

（五）采用阿拉伯数字并统一字体：固定的符号和字形

（六）重视0的概念

蒙台梭利认为，其他可数可算的量是容易明白的，但0不可被触摸，也无法被计算，其存在非常抽象，另外，0的存在也影响到人类计算时习惯使用的十进位法。因为0的出现使我们在进位时能清楚、没有错误地记录下计算过程，所以0非常重要。

（七）以不同颜色代表不同位数的名称

个位——绿色；十位——蓝色；百位——红色；千位——绿色。

这种绿、蓝、红、绿的排法也很容易继续延伸，如万位是蓝，十万是红，符合我们现在计算时习惯以三位数为一个循环的方法。

（八）利用订正板代替教具中错误控制的设计

感官——错误控制——自我教育、独立性——提醒错误、订正错误的功能。

数学计算难以从过程和结果中发现错误，因为误差常常出现在一时的疏忽，而教师又无法长时间陪伴孩子寻找真正的答案，此时订正板可以省下督导的时间，也能让孩子在自我发现中建立信心及独立性，让幼儿实现自我教育。

（九）课程有固定流程，自成一个系统

蒙氏数学教育条理分明，层次清晰。从具体到抽象，从简单到复杂，整个架构完整，使幼儿从开始的预备到综合熟练的操作，幼儿面对数学的过程出现了极度的专注力和浓厚的兴趣，因为他们按部就班的学习让他们游刃有余地接受下一阶段的挑战。

二、蒙氏数学活动的目的

（一）直接目的

积累数学经验，使幼儿初步形成数学概念，掌握简单的数学运算方法，促进数学学习。

（二）间接目的

培养幼儿的数学思维，让幼儿能用数学的头脑去有条理地思考，并有能力解决生活中的实际问题；培养幼儿对整体文化（蒙台梭利将数学、语文看成手心、手背，对语言文字的理解影响解应用题）的吸收、学习，以及形成人格时所需要的抽象力、想象力、理解力、判断力；激发幼儿学习数学的兴趣，培养幼儿专心、细心、耐心等品质。

三、蒙氏数学活动的内容

（一）1~10的认识

1. 数棒：1~10的认识及量的连续性。
2. 砂纸数字板：认识1~9的数字，学习每个数字正确的笔顺。
3. 纺锤棒箱：教幼儿1~9的顺序观念、0的概念。
4. 0的游戏。
5. 数字与筹码：数量与数字对应，认识奇数和偶数。
6. 彩色串珠梯：学习点数，巩固数与量的对应。
7. 黑白串珠梯。
8. 灰黑串珠梯。

（二）十进位：单位名称认识

1. 金黄色珠：学习十进位系统中数量的名称。
2. 大数字卡：学习十进位系统中数字符号的名称。
3. 金黄色珠量与数字结合：将数量与数字配对。
4. 9的排列：认识十进位系统中数字排列的顺序。
5. 9的危机：理解位数之间量的进位。

（三）连续数

1. 塞根板Ⅰ：学习数字11~19的组合形式。
2. 塞根板Ⅱ：学习所有两位数的组合形式。
3. 一百板：练习数字1~100的正数和倒数。
4. 100串珠链：学习连续数与倍数。
5. 1000串珠链：巩固连续数的概念。

（四）十进位：计算与记忆

1. 银行游戏：学会加减乘除的符号与计算概念，熟悉十进位法的规则与演变，练习基本的运算能力。
   （1）银行游戏——加法不进位。
   （2）银行游戏——加法进位。
   （3）银行游戏——减法不借位。
   （4）银行游戏——减法借位。
   （5）银行游戏——乘法不进位。
   （6）银行游戏——乘法进位。
   （7）银行游戏——除法不退位。
   （8）银行游戏——除法退位。
2. 邮票游戏：加强四则运算及进位、借位的能力与观念。
3. 点的游戏：（练习纸）。
4. 小数架：练习大数目的加减乘除运算。
5. 加法蛇：连加的计算。
6. 减法蛇：连减的计算。
7. 加法板：练习1~9任意两个数字的加法。
8. 减法板：练习得数在0~9之间的减法。
9. 乘法板：练习1~9之间任意两个数字的乘法。
10. 除法板：练习得数在1~9之间的除法。

（五）分数

1. 分数小人：理解把一个整体平均分成若干部分，并以颜色分类，以引导他们进入分数的抽象概念。
2. 分数嵌图板：分数小人的延伸，将分数的概念更抽象化，并开始为分数计算做预备。

第二节 蒙台梭利数学教育的实施

一、1~10的认识

（一）数棒

材料构成

木制长棒10根，尺寸与红棒相同，每隔10厘米分别涂上红、蓝两色，红色部分表示奇数，蓝色部分表示偶数。最短棒代表"1"的量，最长棒代表"10"的量。

教育目的

用于介绍10以内数量及名称，帮助幼儿理解10的合成与分解，培养幼儿数的顺序感，认识连续数的概念，为学习十进位法打基础。

操作过程
（1）从教具柜中取1、2、3的数棒，在工作毯的左边自上而下排列成梯形。
（2）取最短的数棒放在工作毯的右边，自左至右触摸并用攥握的方法感知数棒的量，边数边说："这是1。"
（3）取数棒"2"，用攥握的方法感知红色的部分："1"，接着感知蓝色的部分："2"，这是2。
（4）用同样方法认识数棒3。
（5）用"三阶段"教学法学习1、2、3。

（二）砂纸数字板
材料构成
砂纸数字板。
教育目的
（1）直接目的：认识数字1~9的书写笔顺。
（2）间接目的：
① 为幼儿养成数学心智做准备。
② 发展幼儿的秩序感、专注力、协调性和独立性。
③ 为幼儿书写做准备。
④ 锻炼幼儿手指小肌肉的灵活性和精确性。

操作过程
（1）教师向幼儿介绍工作："这是砂纸数字板，我们今天来学习数字1、2、3的笔顺。"
（2）取三块板纵向排列在左侧，扣放。
（3）将"1"翻过来，左手两指按住，右手两指沿笔顺触摸："这是1，请你来摸摸看。"
（4）同样的方法认识2、3的笔顺。
（5）笔顺认完之后，将数字板纵列摆好，从上而下指着念。
（6）让幼儿找与数字相对应的物品放在数字板的旁边。

（三）纺锤棒箱
材料构成
纺锤棒箱。
教育目的
（1）直接目的：培养幼儿体会0~9数与量的关系，认识0并增强数与量集合的概念。
（2）间接目的：
① 为幼儿养成数学心智做准备。
② 发展幼儿的秩序感、专注力。
③ 向幼儿渗透子集和集合的概念。
④ 学习数字的自然排列顺序。

操作过程
（1）双手将纺锤棒箱取来放在桌上，将两个木箱按照0~9的顺序并列在一起，将纺锤棒盒放在木箱的右侧。
（2）指并读出数字1，从箱中点数出1根纺锤棒，放在另一只手的手心里，边取边数"1"。双手用力握住这根纺锤棒，并说"这是1"，放在1的格子中。
（3）用同样的方法做2~9的点数。每一根纺锤棒都要点数，且点数时张开手。数完后握住纺锤棒，体现集合的概念，也可将数完的纺锤棒系上皮筋表示集合。
（4）给孩子示意装纺锤的箱子已经空了："还有哪个格子是空的？这就是0，表示什么都没有。"
（5）最后按照0~9的顺序将纺锤收回箱子里。

（四）零的游戏
材料构成
木蛋45个，0~9的数字卡片一套。

教育目的
（1）直接目的：练习点数，巩固0的概念。
（2）间接目的：
① 为幼儿养成数学心智做准备。
② 发展幼儿的秩序感、专注力、协调性和独立性。
③ 为幼儿学习数量概念做准备。
④ 为幼儿学习量的等值概念做准备。
操作过程
（1）教师与9名幼儿围坐。
（2）每人抽一张数字卡片，看一眼后放下（教师自己把0留下）。
（3）从教师的一侧开始，每人都按数取蛋。
（4）取蛋后将数字卡片翻开检查。
（5）问："什么代表什么都没有？"翻开卡片0。

（五）数字与筹码
材料构成
木制数字1~10各一个，55片红色圆形筹码。
教育目的
（1）直接目的：加强对1~10数字、数量、数名的认识。
（2）间接目的：
① 为幼儿养成数学心智做准备。
② 发展幼儿的秩序感、专注力、协调性和独立性。
③ 为学习奇数和偶数做准备。
操作过程
（1）将数字从盒中取出，散放在工作毯上。
（2）将数字按顺序横向排列，边放边读，且数字间留有一定间距。
（3）指读数字1，取一个筹码，边读边放在数字的下方。
（4）同样的方法排列2~10。
（5）认完之后，将数字板纵列摆好，从上至下指着念。
（6）让幼儿找与数字相对应的物品放在数字板的旁边。

（六）彩色串珠梯
材料构成
彩色串珠梯一套，数珠板一块，棉布一块，托盘一个。
教育目的
（1）直接目的：练习点数，巩固数与量的对应。
（2）间接目的：
① 为幼儿养成数学心智做准备。
② 发展幼儿的秩序感、专注力、协调性和独立性。
③ 为幼儿书写做准备。
④ 锻炼幼儿手指小肌肉的灵活性和精确性。
⑤ 为学习加减混合运算和数的平方、立方做间接准备。
操作过程
（1）将棉布铺在桌子上，取珠散放（取珠时要捏住珠耳）。
（2）将彩色串珠从1开始，自上而下逐一摆放成三角形。
（3）将"1"取过，用数珠板切数："这是1。"（注意数之前，要将数珠片放在第一个珠子前停顿一下，做一个预备再开始数。）

（4）用此法数余下的珠子。
（5）用三段式教学法进行名称练习。

（七）黑白串珠梯
材料构成
黑白串珠梯一套，数珠板一块，棉布一块，托盘一个。
教育目的
（1）直接目的：练习点数，巩固数与量的对应。
（2）间接目的：
① 为幼儿养成数学心智做准备。
② 发展幼儿的秩序感、专注力、协调性和独立性。
③ 为幼儿书写做准备。
④ 锻炼幼儿手指小肌肉的灵活性和精确性。
⑤ 为学习加减混合运算和数的平方、立方做间接准备。
操作过程
（1）将棉布铺在桌子上，取珠散放（取珠时要捏住珠耳）。
（2）将黑白串珠从1开始，自上而下逐一摆放成三角形。
（3）将"1"取过，用数珠板切数："这是1。"
（4）用此法数余下的珠子。
（5）用三段式教学法进行名称练习。

（八）灰黑串珠梯
材料构成
灰黑串珠梯一套，数珠板一块，棉布一块，托盘一个。
教育目的
（1）直接目的：练习点数，巩固数与量的对应。
（2）间接目的：
① 为幼儿养成数学心智做准备。
② 发展幼儿的秩序感、专注力、协调性和独立性。
③ 为幼儿书写做准备。
④ 锻炼幼儿手指小肌肉的灵活性和精确性。
⑤ 为学习加减混合运算和数的平方、立方做间接准备。
操作过程
（1）将棉布铺在桌子上，取珠散放（取珠时要捏住珠耳）。
（2）将灰黑串珠从1开始，自上而下逐一摆放成三角形。
（3）将"1"取过，用数珠板切数："这是1。"
（4）用此法数余下的珠子。
（5）用三段式教学法进行名称练习。

二、十进位：名称的认识

（一）金黄色珠
学习十进位系统中数量的名称。
材料构成
金色串珠1、100、1000各一个，托盘一个。
教育目的
（1）直接目的：幼儿初步接触金色串珠的材料，学习十进位系统中数量的名称。

（2）间接目的：
① 为幼儿养成数学心智做准备。
② 发展幼儿的秩序感、专注力、协调性和独立性。
③ 为学习加减混合运算和数的平方、立方做间接准备。

操作过程

（1）将1的粒珠、10的串珠、100的片珠和1000的块珠按照个位在右，依次向左的顺序放在工作毯上。
（2）采用三阶段教学法进行名称练习。

第一阶段：命名。
① 取1粒珠，"这是1粒珠子，请你来摸一下。"
② 取一串10，"这是一串珠子，我们来数数它有多少，1个1、2个1、3个1、……、10个1，给它起个名字叫10。"
③ 将"1"取过，用数珠板切数："这是1。"
④ 取一片百，"这里有一片珠子，用10比一比，1个10、2个10、……、10个10，给它起个名字叫100。"
⑤ 取一块千，"这里有一块珠子，用100比一比，1个100、2个100、……、10个100，给它起个名字叫1000。"

第二阶段：辨别。
"1在哪里？""10是哪个？""请把100拿给老师。""请把1000指出来。"

第三阶段：发音。
"这是什么？"

（二）大数字卡

学习十进位系统中数字符号的名称。

材料构成

大数字卡片1、10、100、1000各一张，托盘一个。

教育目的

（1）直接目的：幼儿初步接触数字卡片，学习十进位系统中数字符号的名称。
（2）间接目的：
① 为幼儿养成数学心智做准备。
② 发展幼儿的秩序感、专注力。
③ 为幼儿将来学习十进位系统做准备。
④ 为幼儿将来学习数的平方、立方的关系做准备。

操作过程

（1）将数字卡片取放在工作毯上，将1~1000按照由右到左的顺序排列。
（2）采用三阶段教学法进行名称练习。

第一阶段：命名。
① 教师取1和10的数字卡片，请幼儿回忆名称，并辨别其颜色。
② 取数字卡片100，左手按住卡片，右手两指按数字的笔顺触摸，边触摸边读出数字："这是100。""100是××颜色的。"
③ 用与②相同的方法认识1000。

第二阶段：辨别。
"1在哪里？""10是哪个？""请把100拿给老师。""请把1000指出来。"

第三阶段：发音。
"这是什么？"

（3）从1000开始叠摞卡片，使卡片右侧对齐，重合成"1111"，教幼儿认读。

（三）金黄色珠量与数字结合

将数量与数字配对。

材料构成

大数字卡片1、10、100、1000各一张，金色串珠1、10、100、1000各一个，托盘一个。

教育目的

（1）直接目的：幼儿能将金色串珠（具体的量）与数字卡片（数字符号）进行正确配对。

（2）间接目的：

① 为幼儿养成数学心智做准备。

② 发展幼儿的秩序感、专注力、协调性和独立性。

③ 为学习加减混合运算和数的平方、立方做间接准备。

④ 为幼儿将来学习十进位系统做准备。

操作过程

（1）将金色串珠和数字卡片取放在工作毯上。

（2）教师取1粒珠放下："这是1。"再取数字卡片1："这也是1。"

（3）取1串珠放下："这是10。"再取数字卡片10："这也是10。"

（4）取1片珠放下："这是100。"再取数字卡片100："这也是100。"

（5）取1块珠放下："这是1000。"再取数字卡片1000："这也是1000。"

（四）9的排列

认识十进位系统中数字排列的顺序。

材料构成

大数字卡片1、10、100、1000各一张，金色串珠1、10、100、1000各一个，托盘一个。

教育目的

（1）直接目的：幼儿能将金色串珠（具体的量）与数字卡片（数字符号）进行正确配对。

（2）间接目的：

① 为幼儿养成数学心智做准备。

② 发展幼儿的秩序感、专注力、协调性和独立性。

③ 为学习加减混合运算和数的平方、立方做间接准备。

④ 为幼儿将来学习十进位系统做准备。

操作过程

（1）将金色串珠和数字卡片取放在工作毯上。

（2）教师取1粒珠放下："这是1。"再取数字卡片1："这也是1。"

（3）取1串珠放下："这是10。"再取数字卡片10："这也是10。"

（4）取1片珠放下："这是100。"再取数字卡片100："这也是100。"

（5）取1块珠放下："这是1000。"再取数字卡片1000："这也是1000。"

（五）9的危机

理解位数之间量的进位。

材料构成

金色串珠9个1、9串10、9片100、1块1000，托盘一个。

教育目的

（1）直接目的：让幼儿理解位数之间量的进位。

（2）间接目的：

① 为幼儿养成数学心智做准备。

② 发展幼儿的秩序感、专注力、协调性和独立性。

③ 为幼儿学习四则运算做准备。

④ 为幼儿将来学习十进位系统做准备。

操作过程

（1）教师取9个粒珠，从1到9边放边数，自上而下密集排成一列，请幼儿再取来一个添上："原来有9个，再添上1个，10个1是10。"

（2）取金色串珠并放，进行比较："一样长。"

（3）教师取9串10，从10到90边放边数，在粒珠的左侧自右至左密排成一排，请幼儿再取来一个放在一起："10个10是100。"

（4）取一片珠放其上，进行比较："一样长。"

（5）教师取9片100，从100到900边放边数，在串珠的左侧自上而下排成一列，请幼儿再取来一个放在一起："10个100是1 000。"

（6）将10片100重叠摆放，取1个1 000，放在旁边做比较："一样大。"

三、连续数

（一）塞根板 I

材料构成

塞根板第一盒，彩色串珠一套，金色串珠9串10。

教育目的

（1）直接目的：让幼儿学习数字11~19的组合形式。

（2）间接目的：

① 为幼儿养成数学心智做准备。

② 发展幼儿的秩序感、专注力、协调性和独立性。

③ 为幼儿学习数字11~19的数字书写做准备。

④ 为幼儿将来学习十进位系统做准备。

操作过程

（1）教师与幼儿一起摆好塞根板，将彩色串珠1~9逐一数后配上数字卡，放在工作毯的上方。

（2）指读塞根板上第一格的数字"10"，取出金色串珠1条放在数字的旁边。

（3）取来彩色串珠1，摆放在金色串珠的旁边。

（4）数珠1~11："10和1合起来是11。"

（5）取来数字板1插入塞根板第一格，和数字10组成11（边说边操作）。

（6）用同样方法操作12~19。

（二）塞根板 II

材料构成

塞根板第二盒，彩色串珠一套，金色串珠9串10。

教育目的

（1）直接目的：让幼儿学习数字11~19的组合形式。

（2）间接目的：

① 为幼儿养成数学心智做准备。

② 发展幼儿的秩序感、专注力、协调性和独立性。

③ 为幼儿学习数字11~19的数字书写做准备。

④ 为幼儿将来学习十进位系统做准备。

操作过程

（1）教师与幼儿一起摆好塞根板，将彩色串珠1~9逐一数后配上数字卡，放在工作毯的上方。

（2）指读塞根板上第一格的数字"10"，取出金色串珠1条放在数字的旁边。

（3）练习11~19的组成（都在第一格中完成）。

（4）操作到19时先不要收回，到下一格时先指读19，然后再指读20，并取相应的彩色串珠。

（5）同样方法操作所有的数字，直到99。

（三）一百板

材料构成

一百板一块，控制板一块，1~100的木制数字板，10个小盒（可用胶卷盒，每个内放10个数字，盒外要贴有标签1~10，11~20，21~30，……，91~100）。

教育目的

（1）直接目的：认识并能正数、倒数100以内的数字。

（2）间接目的：

① 为幼儿养成数学心智做准备。

② 为幼儿学习十进位系统做准备。

③ 培养儿童秩序感、专注力和耐心。

操作过程

（1）取来教具一百板放在工作毯中间，控制板放在一百板左边，数字小盒放在控制板上方。

（2）从标签1~10的小盒中倒出数字板，铺开摆放在一百板下方，按顺序认读。

（3）手指指着控制板中的"1"，从数字板中找出1，放在一百板上与控制板相应的位置，再次说"1"。

（4）手指指着控制板中的"2"，从数字板中找出2，放在一百板上与控制板相应的位置，再次说"2"。

（5）1~10完成后，同样方法做11~20，……，91~100。

（四）100串珠链

材料构成

100串珠链，指标一套，数珠片一个，金色串珠100一片。

教育目的

（1）直接目的：能按顺序数1~100连续的数字并练习数100以内10的倍数，理解平方的概念。

（2）间接目的：

① 为幼儿养成数学心智做准备。

② 发展幼儿的秩序感、专注力、协调性和独立性。

③ 锻炼幼儿思维和肢体动作的精确性。

④ 为幼儿将来学习十进位系统做准备。

操作过程

（1）将指标按个、十、百的顺序自上而下分类摆放在工作毯上。

（2）将100串珠链放到工作毯上，双手分别拉住链的两端，慢慢拉开成一条直线。

（3）拿数珠片由左侧，从第一颗珠开始数，数完第一串之后，让幼儿去找相对应的绿色指标，放在与数字对应的金黄色珠下方，在数到第10颗的时候，取到的是蓝色的指标。

（4）从第二串开始，数完后直接取过20的指标，接着，每逢10放一片蓝色的指标，直到最后一串10，对应的指标是红色的100，即该平方链最后的数量。同时在串珠链的末端上方放置一片100的串珠板。

（5）当所有的指标都对应完之后，让幼儿再以口念的方式将所有指标一一唱名。

（6）将所有指标上的数字纵向记录在纸上。

（7）让幼儿将串珠链折起来，取1片100放旁边做完全的比对（即幼儿数片珠中有几个10）。

（8）在纸上记录：1串10被重复做了10次，即 10×10，结果是100，同时还代表另一个意义：10平方，即 $10 \times 10 = 100 = 10^2$。

（五）1 000串珠链

材料构成

1 000串珠链，指标一套（100串珠链使用的指标一套，200~900的红色指标各一个，1 000的绿色指标一个），数珠片一个，金色串珠1 000片，1 000块。

教育目的

（1）直接目的：熟悉1~1 000的数名、数量和数字的结合，感知100与1 000之间的数量关系与数量差。

（2）间接目的：

① 为幼儿养成数学心智做准备。
② 发展幼儿的秩序感、专注力、协调性和独立性。
③ 锻炼幼儿思维和肢体动作的精确性。
④ 为幼儿将来学习十进位系统做准备。

操作过程

（1）在数块工作毯上将立方链打开，折成"几"字形，将指标依序排列（由于指标数量较多，只依外观大小排列即可）。

（2）拿数珠片由第一颗珠开始数，数完第一串之后，让幼儿去找相对应的绿色指标，放在正确的金黄色珠位置上，在数到第10颗的时候，取到的是蓝色的指标。

（3）从第二串开始，数完后直接取过20的指标，接着，每逢10放一个蓝色指标，直到第10串10，对应的指标是红色的100。

（4）以后每逢10的平方放一个红色的指标，再放1片100。

（5）依序完成整条串珠立方链。

（6）让幼儿将所有平方面收集并堆高，成一个立方体。

（7）取1块1 000与之做比较，得知其相等关系："一共有几个100？ 10片100的串珠板合起来和一个100的串珠立方体一样多。"

四、十进位：计算与记忆

（一）银行游戏

1. 银行游戏——加法不进位

材料构成

木质托盘一个，小碟一个，题目卡若干，小袋子一个，金色串珠（1~100各20个以上，9个1 000）及大、小数字卡片，加号卡、长短红线各一。

教育目的

（1）直接目的：初步掌握不进位加法的计算方法，理解加法的概念。

（2）间接目的：

① 为幼儿养成数学心智做准备。

② 发展幼儿的秩序感、专注力、协调性和独立性。

③ 为幼儿学习四则运算的进位和退位做准备。

操作过程

① 做工作前的准备：将数字卡片和金色串珠分别排列在工作毯上。

② 读题目卡取数字和与数字相等的数量，并在工作毯上排列数字与数量。

将第一个加数先排列数字，再由千位开始，按数位分步骤由左向右排列，把相应的数量边数边排列在对应数字的下面。

再取另一个加数，并用相同的方法排列在第一次取的数量的下面，要对应数位的顺序。

③ 读题目卡并再次确认所取的数量。

④ 计算总数。

将第二次取的数量按照从个位到千位的顺序一一推上去，表示合在一起，将所对应的数卡也推上去；

取小加号放在数卡的左边，大加号放在金色串珠的左边，向幼儿介绍加号的名称及含义："这是加号，加的意思是把它们合在一起，求一共是多少。"

将红色长绳放在金色串珠下面，短绳放在小数卡下面。

从个位开始数数量，每数完一位，取相应数量的大数字卡放在下面，直到全部数完，将数字卡合并，确认答案。

将大字卡放在小数字卡所列竖式中红绳的下面，再次确认答案，并与题目卡背面的答案对照，检验对错。

2. 银行游戏——加法进位

材料构成

木质托盘一个，小碟一个，题目卡若干，小袋子一个，金色串珠（1~100各20个以上，9个1 000）及大、小数字卡片，加号卡、长短红线各一。

教育目的

（1）直接目的：掌握加法进位计算的方法，理解加法的概念。

（2）间接目的：

① 为幼儿养成数学心智做准备。

② 发展幼儿的秩序感、专注力、协调性和独立性。

③ 为幼儿学习四则运算的进位和退位做准备。

操作过程

① 做工作前的准备：将数字卡片和金色串珠分别排列在工作毯上。

② 读题目卡取数字卡和与数字相等的数量。

③ 计算总数。

合并数字卡及数量。

从个位开始数数量，从上到下点数串珠，每数够10粒珠，就拿这10粒珠去银行换取一根串珠棒，放到十位的串珠棒下，然后数个位上剩余串珠的个数，并在其下面放相应的大数字卡。

用同样的方法完成十位、百位、千位的计算。每数到十个10、十个100，都要换成前一位的数量，并取放每个数位上对应的数字卡片。

将大字卡合并起来，读出数名，对应摆放在小数字卡所列竖式中红绳的下面，再次确认答案，并与题目卡背面的答案对照，检验对错。

3. 银行游戏——减法不借位

材料构成

木质托盘一个，小碟一个，题目卡若干，小袋子一个，金色串珠（1~100各20个以上，9个1 000）及大、小数字卡片、减号卡、长短红线各一。

教育目的

（1）直接目的：初步接触减法计算的方法，理解减法的概念。

（2）间接目的：

① 为幼儿养成数学心智做准备。

② 发展幼儿的秩序感、专注力、协调性和独立性。

③ 为幼儿学习四则运算的进位和退位做准备。

操作过程

① 读题目卡取数字和数量：用托盘取和被减数相对应的大字卡和金色串珠。

② 将取来的数字卡片和金色串珠按顺序排列在工作毯上：由千位开始，先排列数字，再把相应的数量边数边排列在对应的数字下面。

③ 介绍减号及其意义：出示减号卡片，告诉幼儿："这是减号，减的意思就是从总量中拿掉一部分，看看还剩下多少。"

④ 将大数字卡合并，放在右侧待用。

⑤ 用托盘取和减数相对应的小字卡，再从个位数开始，自排列好的金色串珠中取与小字卡相对应的量，放在小字卡的下面，确认对错。

⑥ 将代表减数的小字卡合并后放在大数字卡的下面，摆好"减号"及红线，列出算式。

⑦ 点数剩余的金色串珠，并用小数字卡表示，确认答案后合并数字卡片，放在竖式的下面，并与题目卡背面的答案对照检验。

⑧ 请幼儿抄写并点读横式。

4. 银行游戏——减法借位

材料构成

木质托盘一个，小碟一个，题目卡若干，小袋子一个，金色串珠（1~100各20个以上，9个1000）及大、小数字卡片，减号卡、长短红线各一。

教育目的

（1）直接目的：初步接触减法计算的方法，理解减法的概念。

（2）间接目的：

① 为幼儿养成数学心智做准备。

② 发展幼儿的秩序感、专注力、协调性和独立性。

③ 为幼儿学习四则运算的进位和退位做准备。

操作过程

① 读题目卡取数字和数量：用托盘取和被减数相对应的大字卡和金色串珠。

② 将取来的数字卡片和金色串珠按顺序排列在工作毯上：由千位开始，先排列数字，再把相应的数量边数边排列在对应的数字下面。

③ 将大数字卡合并，放在右侧待用。

④ 用托盘取和减数相对应的小字卡，再从个位数开始计算结果：个位上的珠子不够用，就要从十位上借一个10，即从十位上拿一个串珠棒，换成10粒串珠，排列在个位的串珠下，然后，点数出要减去的个数，并根据剩下的串珠数摆放小数字卡。

⑤ 用同样的方法操作十位、百位上的串珠棒，如果不够减，都向前一位去借，并在剩余的串珠下面摆上小字卡。

⑥ 点数剩余的金色串珠，并用小数字卡表示，确认答案后合并数字卡片，与被减数、减数一起列出竖式，并与题目卡背面的答案对照检验。

⑦ 请幼儿抄写并点读横式。

5. 银行游戏——乘法不进位

材料构成

木质托盘一个，小碟一个，题目卡若干，小袋子一个，金色串珠（1~100各20个以上，9个1000）及大、小数字卡片，加号卡、乘号卡、长短红线各一。

教育目的

（1）直接目的：初步接触乘法计算的方法，理解乘法的概念。

（2）间接目的：

① 为幼儿养成数学心智做准备。

② 发展幼儿的秩序感、专注力、协调性和独立性。

③ 为幼儿学习四则运算的进位和退位做准备。

操作过程

① 做工作前的准备：将数字卡片和金色串珠分别排列在工作毯上。

② 请3位幼儿分别去取一个相等的数量，如2323，并在工作毯上排列数字与数量。

③ 按照加法的操作方法算出总数。

④ 解释乘法的含义："这里有几组数字？它们相同吗？相同的数相加除了用加法算式表示，还可以用乘法算式表示。"

⑤ 取其中一组小数卡，将计算结果摆成横式，教幼儿算式的读法及含义。

⑥ 请幼儿抄写并点读横式。

6. 银行游戏——乘法进位

材料构成

木质托盘一个，小碟一个，题目卡若干，小袋子一个，金色串珠（1~100各20个以上，9个1000）及大、小数字卡片，加号卡、乘号卡、长短红线各一。

教育目的
（1）直接目的：初步接触乘法计算的方法，理解乘法的概念。
（2）间接目的：
① 为幼儿养成数学心智做准备。
② 发展幼儿的秩序感、专注力、协调性和独立性。
③ 为幼儿学习四则运算的进位和退位做准备。

操作过程
① 做工作前的准备：将数字卡片和金色串珠分别排列在工作毯上。
② 按照题目卡在工作毯上排列数字与数量。
③ 按照加法的操作方法将串珠从个位到千位一一向上推合到一起。
④ 从个位开始点数并"逢10交换"。
⑤ 取其中一组小数卡，将计算结果摆成横式，教幼儿算式的读法及含义。
⑥ 请幼儿抄写并点读横式。

7. 银行游戏——除法不退位

材料构成
木质托盘一个，小碟一个，题目卡若干，小袋子一个，金色串珠（1~100各20个以上，9个1 000）及大、小数字卡片、除号卡、长短红线各一，若干套托盘和小碟（用来盛放得数）。

教育目的
（1）直接目的：初步接触除法计算的方法，理解除法的概念。
（2）间接目的：
① 为幼儿养成数学心智做准备。
② 发展幼儿的秩序感、专注力、协调性和独立性。
③ 为幼儿学习四则运算的进位和退位做准备。

操作过程
① 读题目卡取数字和数量：用托盘取和被除数相对应的大字卡和金色串珠。
② 将取来的数字卡片和金色串珠按顺序排列在工作毯上：由千位开始，先排列数字，再把相应的数量边数边排列在对应的数字下面。
③ 将大数字卡合并，放在右侧待用。
④ 介绍除号及其意义：出示除号卡片，告诉幼儿："这是除号，除的意思是将总量平均分成若干份，求每份是多少。"
⑤ 取除数与被除数、除号列出除法的横式。
⑥ 取与除数相等的托盘，分给幼儿，介绍分的要求：把总数分给这几个人，要分得一样多，就是平均分。
⑦ 从千位开始，将串珠逐一分发到每个幼儿的托盘中。
⑧ 分完后，请幼儿各自点数托盘中串珠的数量，并取相应的小字卡表示。
⑨ 请幼儿观察并回答："一个大数被分成了几个小数？每个数是多少？3个数字一样多吗？"教师总结题目内容。
⑩ 请幼儿点读并抄写横式。

变化与延伸
① 教师为幼儿解题时可引用生活中不同的场景。
② 可由几名幼儿共同合作完成此项工作，比较适宜的人数是3人。
③ 不退位且有余数的除法。

8. 银行游戏——除法退位

材料构成
木质托盘一个，小碟一个，题目卡若干，小袋子一个，金色串珠（1~100各20个以上，9个1 000）及大、小数字卡片、除号卡、长短红线各一，若干套托盘和小碟（用来盛放得数）。

教育目的

（1）直接目的：初步接触除法计算的方法，理解除法的概念。

（2）间接目的：

① 为幼儿养成数学心智做准备。

② 发展幼儿的秩序感、专注力、协调性和独立性。

③ 为幼儿学习四则运算的进位和退位做准备。

操作过程

① 读题目卡取数字和数量：用托盘取和被除数相对应的大字卡和金色串珠。

② 将取来的数字卡片和金色串珠按顺序排列在工作毯上：由千位开始，先排列数字，再把相应的数量边数边排列在对应的数字下面。

③ 将大数字卡合并，放在右侧待用。

④ 取除数与被除数、除号列出除法的横式。

⑤ 取与除数相等的托盘，分给幼儿，介绍分的要求：把总数分给这几个人，要分得一样多，就是平均分。

⑥ 从千位开始，将串珠逐一分发到每个幼儿的托盘中，当分到不够每人一个时，将千换成10个百，百换成10个10，十换成10个1，交换后放到相应的数位上，继续分，直到分完为止。

⑦ 分完后，请幼儿各自点数托盘中串珠的数量，并取相应的小字卡表示。

⑧ 对照答案检测，并请幼儿点读并抄写横式。

（二）邮票游戏

材料构成

邮票盒（内有代表个、十、百、千的邮票和位数小人），小盒子（进位或退位时交换邮票用），运算符号卡片，红线，题目卡，大小数字卡片（除邮票盒外，其他工作材料需家长自己准备）。

教育目的

（1）直接目的：学习大数量的不进位、进位和不退位的四则运算。

（2）间接目的：进一步认识个、十、百、千的关系、理解四则运算的意义、确定位的概念。

操作过程

（1）操作步骤——加法邮票游戏。

① 向幼儿介绍工作名称。

② 将邮票游戏盒取来放在工作毯右下角。

③ 拿出题目卡片，例如：2 135+3 462=？读出题目后说：爸爸有2 135张邮票，妈妈有3 462张邮票，他们一共有多少张呢？

④ 拿出位数小人千位在左，个位在右依次排列在工作毯上方。

⑤ 从邮票盒中取出2 135的邮票，从个位到千位摆放在相应的位数小人下，边摆边点数。

⑥ 按相同方法将3 462摆放在2 135的下方后，在相应的地方摆上红线、加号、等号。

⑦ "让我们将个位的邮票加在一起"，取盒子把个位所有的邮票放进去，然后转移到红线以下个位的位置上，边放边数"1，2，3，4，5，6，7"，个位的得数是7。

⑧ "让我们将十位的邮票加在一起……"其他各位同样进行。

⑨ "得数是5 597，爸爸和妈妈的邮票放在一起共有5 597张。"

（2）操作步骤——乘法邮票游戏。

① 向幼儿介绍工作名称。

② 将邮票游戏盒取来放在工作毯右下角。

③ 拿出题目卡片，例如，2 344×3=？读出题目后说："妈妈有3本邮票册，每本里有2 344张，那3本里共有多少张？"

④ 拿出位数小人千位在左，个位在右依次排列在工作毯上方。

⑤ 从邮票盒里取出2 344张邮票，"这是第一次的2 344张"，从个位到千位摆放在相应的位数小人下，边摆边数。

⑥ 如此反复取3次后，放红线、加号、等号。

⑦"让我们将个位的邮票加在一起",取盒子把个位所有的邮票放进去,然后转移到红线以下个位的位置,边放边数"1,2,……,9,10",个位的邮票放满10了,需要进位,我要用10个1的邮票换回1个10的邮票,将满10的个位邮票收在盒子里,再取出一个10的邮票放在个位与十位之间代表进位的量。

⑧ 计算十位时,提示孩子"这个10是从个位进位来的,要把它也加上",用同样的方法求出得数。

⑨ 得数是7 032,妈妈3本邮票是7 032张。

⑩ 教具归位。

注意:在进行乘法邮票学习时,要先带给孩子不进位的计算,再带给孩子进位的计算。

(三)加法板

材料构成

加法板一块,题目卡。

教育目的

(1)直接目的:练习1~9任意两个数字的加法。

(2)间接目的:

① 为幼儿养成数学心智做准备。

② 培养幼儿的秩序感和专注力。

③ 帮助幼儿发现并总结加法的计算规律。

④ 为幼儿将来学习抽象数学做准备。

操作过程

(1)加法板放在桌子中间,红、蓝定规摆在加法板上方,左端对齐成倒三角形,蓝色在左,红色在右。

(2)取、读题目卡:"我们现在来做一道加法题,题目是8+5=?"

(3)取蓝色定规8覆盖住加法板第一行1格至8格处,取红色定规5拼在蓝色定规8的右侧。

(4)用小铁环圈住数字13。

(5)读出结果:"8+5=13。"

(6)可让幼儿参与,做完按顺序将教具归位。

(四)减法板

材料构成

减法板一块,题目卡。

教育目的

(1)直接目的:练习得数在0~9之间的减法。

(2)间接目的:

① 为幼儿养成数学心智做准备。

② 培养幼儿的秩序感和专注力。

③ 帮助幼儿发现并总结减法的计算规律。

④ 为幼儿将来学习抽象数学做准备。

操作过程

(1)减法板放在桌子中间,红、蓝定规摆在减法板上方,左侧对齐成倒三角形,蓝色在左,红色在右。原木色定规成倒三角形摆在减法板右侧。

(2)取、读题目卡:"我们现在来做一道减法题,题目是15-9=?"

(3)读被减数,左手指住减法板最上方的数字15,右手点数15后面有几个数字,取与数字相对应的原木色定规3,覆盖住多余的被减数字16~18。

(4)读减数,取蓝色定规9放在第一行格子中,右侧和数字15对齐,问孩子:"15减9等于多少?"

(5)点数减法板1格到6格:"1、2、3、4、5、6",取红色定规6放在蓝色定规9左侧,"6是得数",取小环将数字圈上。

(6)收回三块定规,继续做下一道题目。

(7)教具归位。

（五）乘法板

材料构成

乘法板一块、红色乘法珠一盒（100个）、1~10的白色数字板、红色筹码1个、题目卡、小碟一个。

教育目的

（1）直接目的：练习1~9之间任意两个数的乘法。

（2）间接目的：

① 为幼儿养成数学心智做准备。

② 培养幼儿的秩序感和专注力。

③ 帮助幼儿发现并总结乘法的计算规律。

④ 为幼儿将来学习抽象数学做准备。

操作过程

（1）将教具取放在工作毯上，将乘法板放在中间，装有珠粒的盒子和小碟放在乘法板右侧，数字卡片按顺序排列在乘法板左侧，红色筹码放在乘法板左上端圆穴内。

（2）取、读题目卡：$5 \times 4 = ?$ 解释其含义，就是4个5相加。

（3）取白色数字卡5插进乘法板左侧的小孔内。

（4）将红色筹码放在乘法板上方数字5的上面，表示倍数。

（5）从数字1开始，在其下方所对应的圆穴内垂直排列出5颗红色珠子，用此方法一直摆到第四纵行，每摆一次都要说"第一个5，第二个5……第五个5"。

（6）从最左列开始，点数排列好的所有珠子，珠子的总数就是题目的答案。

（7）教具归位。

（六）除法板

材料构成

乘法板一块，绿色珠子一盒（81个），绿色除法小人（9个），题目卡，小碟一个。

教育目的

（1）直接目的：练习得数在1~9之间的除法。

（2）间接目的：

① 为幼儿养成数学心智做准备。

② 培养幼儿的秩序感和专注力。

③ 帮助幼儿发现并总结除法的计算规律。

④ 为幼儿将来学习抽象数学做准备。

操作过程

（1）将教具取放在工作毯上，将除法板放在中间，装有珠粒的盒子、除法小人和小碟放在除法板下方。

（2）取、读题目卡：$12 \div 3 = ?$

（3）将12颗珠子逐个点数到小碟中。

（4）取3个除法小人一一排列在除法板上方的圆穴内，表示分成3份。

（5）每次给每个除法小人分一个珠子，直至将所有珠子分完。

（6）数一数每个除法小人的下面有几个珠子，珠子的数量就是题目的答案。

（7）教具归位。

五、分数——分数小人

材料构成

分数小人一组。

教育目的

1. 直接目的：通过视觉和触觉让幼儿感受一个整体可以分成等量的若干份。

2. 间接目的：

（1）为幼儿养成数学心智做准备。
（2）培养幼儿的秩序感和专注力。
（3）为幼儿将来学习分数做准备。

操作过程

（1）将分数小人取来放在桌子的右下角。
（2）先拿分数小人1放在桌子上，用双手从上到下触摸："这是一个完整的分数小人。"
（3）取出分数小人2放在1的下面，左右手各握半边向两侧拉开，说"这是一个完整的分数小人，它可以平均分成两个部分，这是1/2，这也是1/2"，轻轻拿起它们，将底面相对做比较："它们是一样大小的。"
（4）用同样的方法将介绍分数小人3（1/3）和4（1/4）。
（5）用三阶段教学法认识分数的名称。
（6）按顺序把分数小人合成，并收回。

第三节 蒙台梭利数学教育教学技能实训

项目一：蒙台梭利数学教育1~10的认识展示页的设计

范例

蒙台梭利数学教育工作展示页（一）

活动领域 数学区
活动名称 纺锤棒箱
工作前经验 已有数棒操作经验的幼儿或3岁半以上的幼儿
材料构成 纺锤棒箱

教育目的

1. 直接目的：培养幼儿体会0~9数与量的关系，认识0并增强数与量集合的概念。
2. 间接目的：
（1）为幼儿养成数学心智做准备。
（2）发展幼儿的秩序感、专注力。
（3）向幼儿渗透子集和集合的概念。
（4）学习数字的自然排列顺序。

操作过程

1. 双手将纺锤棒箱取来放在桌上，将两个木箱按照0~9的顺序并列在一起，将纺锤棒盒放在木箱的右侧。
2. 指出并读出数字1，从箱中点数出1根纺锤棒，放在另一只手的手心里，边取边数"1"。双手用力握住这根纺锤棒，并说"这是1"，放在1的格子中。
3. 用同样的方法做2~9的点数。每一根纺锤棒都要点数，且点数时张开手数完后握住纺锤棒，体现集合的概念，也可将数完的纺锤棒系上皮筋表示集合。
4. 给孩子示意装纺锤的箱子已经空了："还有哪个格子是空的？这就是0，表示什么都没有。"
5. 最后按照0~9的顺序将纺锤收回箱子里。

变化与延伸

1. 可以用吸管、木棒、牙签或筷子代替纺锤棒,与杯子组合进行这项工作。

2. 加0~9的数字卡片一起使用。

注意

1. 教师点数纺锤棒时要发出声音。

2. 用橡皮筋将纺锤棒捆好。

3. 纺锤棒共45根,如果丢失要及时补充。

4. 此次展示尽量一对一地进行。

图11-1 纺锤棒箱

~~~数学教育1~10的认识展示页的设计与书写~~~

【实训目标】

1. 培养学生针对幼儿学习数学的特点选择相应材料进行数学教育活动的能力。

2. 培养学生结合1~10的认识教学活动设计和书写展示页的能力。

3. 使学生学会依据展示页的内容进行教具操作与课堂展示的方法。

【内容与要求】

1. 学生分组选择材料设计1~10的认识练习的教学活动。

2. 各组同学依据选材设计和书写1~10的认识练习的展示页。

3. 以小组为单位模拟1~10的认识练习内容的教学,并进行评价与指导。

【实训考核】

依据模拟的教学效果进行评估和打分。

◎ 项目二:蒙台梭利数学教育十进位:名称的认识展示页的设计

~~~数学教育十进位:名称的认识展示页的设计与书写~~~

【实训目标】

1. 掌握发展幼儿进位能力所需要的活动方法,并选择相应的学习材料和内容。

2. 培养学生结合幼儿十进位练习的特点设计和书写展示页的能力。

3. 使学生能够透过学具的使用来发现、分析幼儿学习的特点。

【内容与要求】

1. 学生分组自选材料设计幼儿的十进位名称练习的教育内容。

2. 在分析教具材料的基础上进行十进位名称练习展示页的设计和书写。

3. 分组模拟展示十进位名称练习的活动内容,并进行评价与指导。

【实训考核】

依据小组的模拟教学的情况给予评估。

项目三：蒙台梭利数学教育连续数展示页的设计

蒙台梭利数学教育工作展示页（二）

活动领域 数学区。

活动名称 1~100连续数字板。

材料构成 一百板一块，控制板一块，1~100的木制数学板，10个小盒（可用胶卷盒，每个内放10个数字，盒外要贴有标签1~10，11~20，21~30，……，91~100）。

工作前经验 幼儿已有塞根板操作经验或4岁半以上的幼儿。

教育目的

1. 直接目的：认识并能正数、倒数100以内的数字。
2. 间接目的：
（1）为幼儿养成机数学心智做准备。
（2）为幼儿学习十进位系统做准备。
（3）培养儿童秩序感、专注力和耐心。

操作过程

1. 取来教具，一百板放在中间，控制板放在一百板左边，数字小盒放在控制板上方。
2. 从标签1~10的小盒中倒出数字板，铺开摆放在一百板下方，按顺序认读。
3. 手指指着控制板中的"1"，从数字板中找出1，放在一百板上与控制板相应的位置，再次说"1"。
4. 手指指着控制板中的"2"，从数字板中找出2，放在一百板上与控制板相应的位置，再次说"2"。
5. 1~10完成后，同样方法做11~20，……，91~100。

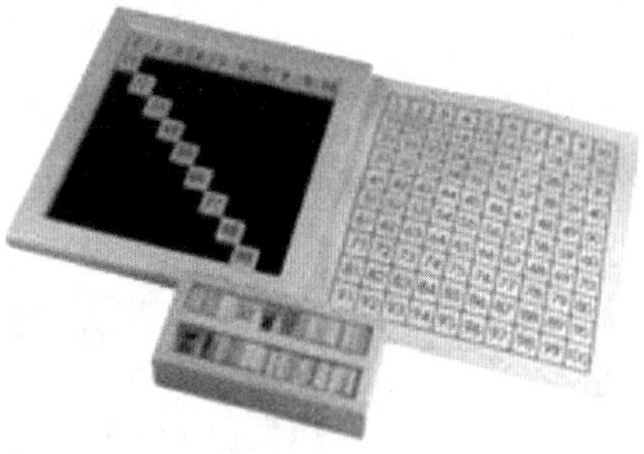

变化与延伸

1. 自制0~99的控制板和数字卡。
2. 无控制板的练习。
3. 随意将一个数字摆在一百板相应的格子里，让孩子找出上下左右的相邻数。
4. 设计纸张练习纸，让孩子练习书写数字。
5. 数字接龙游戏：将1~20的数字混在一起，家人每人分4~6个，说开始后，让孩子与家人一起按照数字的排列顺序，将各自手中的数字排列在一百板上。
6. 让孩子总结出100以内奇数偶数的规律。这个活动要在孩子比较熟悉100的情况下才可以进行。

图11-2　100板

正确指引 控制板、幼儿对数字序列的理解。

指导用语 一百板、所涉及的数名。

注意 因为数字板较多，每次展示时以2~3个盒子的数字板为宜。

数学教育连续数展示页的设计与书写

【实训目标】

1. 了解培养幼儿连续数学习的内容，结合学习内容进行学具的准备。
2. 掌握设计、书写连续数练习展示页的方法。

【内容与要求】
1. 学生以小组为单位选择关于连续数练习的教学内容，并制定计划。
2. 选择适宜的学习内容书写连续数练习展示页。
3. 去幼儿园进行连续数练习教学活动，分组评价与指导。

【实训考核】
对学生设计的活动内容和幼儿园教学活动进行评估。

项目四：蒙台梭利数学教育十进位：计算与记忆练习展示页的设计

范例

蒙台梭利数学教育工作展示页（三）

活动领域　数学区。
活动名称　乘法板。
工作前经验　幼儿已有银行游戏、邮票游戏操作经验或5岁以上的幼儿。
材料构成　乘法板一块，红色乘法珠一盒（100个），1~10的白色数字板，红色筹码1个，题目卡，小碟一个。
教育目的
1. 直接目的：练习1~9之间任意两个数的乘法。
2. 间接目的：
（1）为幼儿养成数学心智做准备。
（2）培养幼儿的秩序感和专注力。
（3）帮助幼儿发现并总结乘法的计算规律。
（4）为幼儿将来学习抽象数学做准备。

操作过程
1. 将教具取放在工作毯上，将乘法板放在中间，装有珠粒的盒子和小碟放在乘法板右侧，数字卡片按顺序排列在乘法板左侧，红色筹码放在乘法板左上端圆穴内。
2. 取、读题目卡：5×4=？解释其含义，就是4个5相加。
3. 取白色数字卡5插进乘法板左侧的小孔内。
4. 将红色筹码放在乘法板上方数字5的上面，表示倍数。
5. 从数字1开始，在其下方所对应的圆穴内垂直排列出5颗红色珠子，用此方法一直摆到第四纵行，每摆一次都要说"第一个5，第二个5，……，第五个5"。
6. 从最左列开始，点数排列好的所有珠子，珠子的总数就是题目的答案。
7. 教具归位。

图11-3　乘法板

变化与延伸　可加入书写性的计算。
正确指引　乘法板的珠子、乘法订正板。
注意
1. 白色数字板上印刷的1~10的数字是被乘数，乘法板上方印刷的1~10的数字是乘数，100粒红色的珠子是得数。
2. 此项工作可由2名幼儿合作完成。

 **实践与训练**

数学教育十进位：计算与记忆练习展示页的设计与书写

【实训目标】
1. 使学生在了解幼儿计算能力发展特点的基础上设计十进位：计算与记忆教学活动的能力。
2. 培养学生设计和书写十进位：计算与记忆活动展示页的能力。
3. 使学生掌握为不同年龄的幼儿选择教具的方法。

【内容与要求】
1. 学生分组设计幼儿学习十进位：计算与记忆学习活动计划。
2. 各组同学依据选材设计和书写十进位：计算与记忆教学活动展示页。
3. 能在生活中选取多种材料组织幼儿开展十进位：计算与记忆练习教学活动。

【实训考核】
根据学生设计的教学活动展示页内容进行评估。

项目五：蒙台梭利数学教育分数练习展示页的设计

 **范例**

蒙台梭利数学教育工作展示页（四）

活动领域 数学区。
活动名称 分数小人。
工作前经验 幼儿4岁以上。
材料构成 分数小人、底座卡一套。
教育目的
1. 直接目的：
（1）通过视觉和触觉知道一个整体可以分成若干等份。
（2）了解分数的意义。
2. 间接目的：
（1）为幼儿将来学习抽象的分数概念做准备。
（2）发展幼儿的秩序感、专注力。
操作过程
1. 请幼儿小心地将教具取放到工作毯上。
2. 将底座卡按顺序排列好。
3. 取出完整的小人，用双手自上而下抚摸小人的表面，并反转观察底座的形状（圆形），告诉幼儿："这是1个小人。"
4. 将小人放在圆形的底座卡上。
5. 取出二分之一小人，双手抚摸后观察底座的形状（半圆形）："一个完整的小人可以分成两个相同的小人。"
6. 在底座卡中找到两张半圆形的卡片，将两个二分之一小人分别重叠放在上面："两个相同的小人合起来就成了一个完整的小人。"
7. 用同样方法完成所有分数小人的分、合及与底座

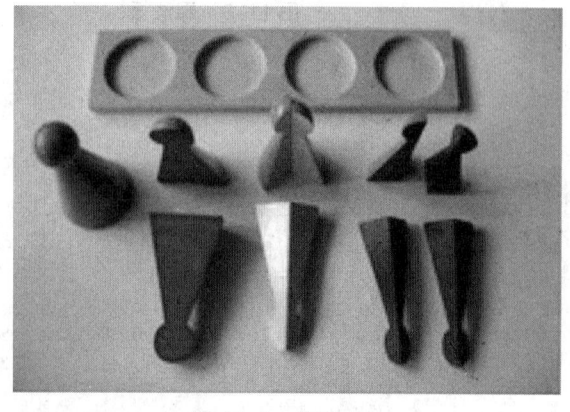

图11-4 分数小人

卡的对比。

8. 小心地将分数小人和底座卡分别放回托盘里。

变化与延伸

1. 重新展示建构三角形的三角形盒,让幼儿发现两者之间的联系。
2. 在生活中寻找有整体与部分关系的物体。

正确指引　分数小人本身的颜色和大小、小人底面与底座卡大小的对应。

注意　制作底座卡时,不管是几分之几,都必须在同一个整圆的基础上剪取其中的一部分,表示它是圆中的一部分。

思考与延展

1. 简述蒙台梭利数学教育的目的和意义。
2. 简述蒙台梭利数学教育的内容。
3. 蒙台梭利数学教育的特色是什么?
4. 结合实例阐述蒙台梭利关于幼儿数学敏感期的理论。
5. 设计蒙台梭利教室数学区布置图,并列举出所投放的5个学具的名称及材料。

第十二章

蒙台梭利语言教育

蒙台梭利说:"语言是促使人类进步最有力的工具,语言教育是帮助儿童使用正确的语言表达自己的思想,是影响儿童未来发展的最大动力,儿童的语言不是双亲传给的,是出生后从环境中学来的,是以自我学习、自我形式发展的。"因此,蒙台梭利教育法中的语言教育是全语言的教育。

第一节 蒙台梭利语言教育思想

一、蒙台梭利语言教育的重要性

根据蒙台梭利的观点,婴幼儿时期是语言发展的"敏感期",在这一时期,如果孩子处在一个良好的语言发展环境,便可以事半功倍地掌握某种语言,但是语言的敏感期又具有阶段性和特定性,一旦错过后便无法弥补,所以一定要把握好时机,珍惜幼儿语言学习的敏感期。

(一)幼儿语言的敏感期

"敏感期"一词是荷兰生物学家德·弗里在研究动物成长时首先使用的名称,那是自然赋予正在发育成长的生命以特有的力量。当敏感力产生时,孩子的内心会有一股无法遏止的动力,驱使孩子对他所感兴趣的特定事物,产生尝试或学习的狂热,直到满足内在需求或敏感力减弱,这股动力才会消失,蒙台梭利称这段时期为"敏感期"。

蒙台梭利指出0~6岁是幼儿语言发展的"敏感期",她将语言的敏感期分为如下两个连续的阶段。

(1)无意识建构阶段

0~3岁的幼儿是无意识地学会语言的,他们具备天赋的能力,可以从环境中吸收人类语言的发音、文字及文法。这些文字的发音会创造令人无法置信的感动,并且在幼儿体内运转一种看不见的"纤维组织",这种"纤维组织"会努力地振动,以制造出同样的发音。这种经验对我们而言,实在难以想象,蒙台梭利将其比喻为在音乐会中听到一令人震撼的乐曲时,内心所受到的深刻感动,再强以数倍。

幼儿在2岁半之前,语言的进步属于"爆发性的现象",其中1岁半至2岁为"单字"的爆发,两岁以后则是"句子"惊人地增加。例如,许多幼儿在某一段期间似乎没有任何进步,突然有一天,幼儿一下子获得许多新的成就;从不会说话,到突然进出许多新字,或突然会运用一套组合句子的文法。

(2)有意识追求完美阶段

2岁半或3岁以后的幼儿,由于语言组织进入新的形态,不再有爆发性的现象,而是持续地发展,直到5~6岁。

这段时间，他们有意识而自发地学习更多生字以及改善句子的用法。2岁半幼儿的字汇能力平均只有200~300字，到了6岁时一跃而为数千字，此一惊人的进步，乃是由于自然的获得。

蒙台梭利指出，幼儿在无意识的建构阶段所经历的语言活动，会延续到缓缓苏醒的有意识追求完美阶段。也就是说，语言的发展有双重管道：潜意识先储备语言，接着，意识的活动才慢慢开始从潜意识中把一切接收过来。

1. 语言敏感期（0~6岁）

当婴儿开始注视大人说话的嘴型，并发出"呀呀"学语的声音，就开始了他的语言敏感期。学习语言对于成人来说是件困难的大工程，然而儿童因为具有自然所赋予的语言敏感力，所以能够很容易地学习母语。语言能力影响孩子的表达能力，因此成人应运用多种方式加强孩子的表达能力，为参与社会生活做好准备，为完善幼儿人格教育奠定良好的基础。

2. 书写敏感期（3.5~4.5岁）

通过书写活动，能够发展幼儿的手指小肌肉，锻炼手指的灵活性和手眼的协调能力，为以后阅读能力的发展奠定基础。同时，在写写画画的过程中，孩子享受到了从未有过的成就感，笔在纸上划过的声音及在纸上留下的痕迹都让孩子感到好奇、兴奋，他们在书写中体会到强烈的乐趣，而这些乐趣和成就，将会成为孩子以后学习的动力。

3. 阅读敏感期（4.5~5.5岁）

孩子的书写与阅读能力虽然较迟，但如果孩子在语言、感官、肢体等动作敏感期内得到了充足的学习，其书写、阅读能力便会自然产生。处在阅读敏感期的幼儿应该具备书香的生活环境，使孩子养成爱书写的好习惯。

（二）语言教育的重要性

蒙台梭利认为人类文化通过语言得以传递和积累，语言是智慧的工具和途径，也是群体生活中人与人之间不可缺少的沟通工具。儿童在2岁半以内不需要有大人的任何指示或教导，都能够学会他的母语，并掌握基本语法。所以，成人就要借助于孩子的吸收性心智和敏感期，培养幼儿对周围复杂环境的认识和语言表达能力。语言具有的重要性表现如下。

1. 语言是儿童社会性发展的原动力

儿童作为社会群体中的一员，为了适应社会生活而必须大量使用语言进行交往与互动，通过运用语言这一工具，达到交流思想、情感抒发、表达意愿，从而使社会生活更加丰富，以促进社会快速的发展。

2. 语言是认知能力发展的基础

儿童的语言教育不是独立的教育活动，在日常生活、感官、数学、科学和艺术等教育中也同样融合有语法、语句的学习、理解与运用，所以儿童的语言能促进其认知能力的发展，提高其学习能力。

3. 语言是完善儿童人格发展的重要因素

儿童借助语言吸收外界信息，借助语言表达自己的想法，从而建构自己良好的沟通能力，建立自信心、发展人际关系。同时，在学习语言活动中培养其学习兴趣，提高学习动机，增加专注力和学习的持续性，通过这些良好的学习习惯的建立促进其人格的发展。

4. 语言促进创造力的发展

语言是由思维产生的，语言的发展能够提高儿童的思维能力、创造力和想象力。当儿童通过语言获得外界信息时，他的思维即变得发散、独特，有利于形成创造型人格。

二、蒙台梭利语言教育的目标

蒙台梭利语言教育的目标是完整的、系统的，它不仅包括培养幼儿语言的听、说、写、读能力，还包括对幼儿的情感态度、行为习惯的培养，同时为了使语言教育成为"以促进幼儿语言发展为主线，同时促进儿童语言的整合发展"的科学整体体系，而把与语言相关的其他领域的目标与之相结合，以在其领域中实现语言的教育目标。

（一）蒙台梭利语言教育的目标

1. 创设一个自由宽松的语言交往环境，使幼儿能发音清晰、标准。
2. 发展幼儿的语言理解能力、表达能力和思维能力，使幼儿能理解他人语言或动作的含义，表达自己的想法或经验。
3. 培养幼儿注意倾听的习惯；喜欢并专注地与人交谈，懂得讲话礼仪。
4. 促使幼儿喜爱阅读图书或欣赏文学作品，发展幼儿想象力。
5. 利用图书、绘画等多种方式激励幼儿对书籍阅读和书写活动的兴趣，培养幼儿前阅读和前书写的能力；培养幼儿对生活中常见的简单标记和文字符号的认识；满足幼儿书写的需要，培养正确的书写习惯。
6. 不仅要提供学说普通话的语言环境，让幼儿学说、使用普通话，少数民族地区的教师还应引导幼儿学习本民族的语言。

（二）蒙台梭利语言教育的真正目的

培养儿童具有深厚的文化素养和文化底蕴，以此推动人类社会的文明与进步，并承担未来世界责任的人。

三、蒙台梭利语言教育发展的阶段

一般说来，婴幼儿语言的发展需要一个循序渐进的过程，语言的发展既有阶段性又有逻辑性，不同年龄的幼儿其语言发展的水平是不同的，大致可以分为七个阶段。

第一阶段：0~4个月，属于无意识的交流阶段。父母只能根据自己的想法对小孩子的咕咕声或啼哭作解释，所以，这一阶段又称之为解释性的交流。

父母从小孩子出生后就把他当做交流的个体，对孩子的不同声音作出不同的照顾性应答，他们会用简单词语和小孩子说话，有时以高的音调和夸张的声音逗引孩子。小孩子在这样的环境中懂得了寻找交流对象，开始时意识到自己的发声或啼哭声能够影响父母的行为，渐渐地产生了与父母之间的相互作用，如用哭声示意父母他饿了或尿湿了等等。于是进入下一个阶段。

第二阶段：4~9个月，为有意识交流阶段。4个月的小孩子能把眼光盯着父母所指的事物上，6~8个月的时候，父母可对着物体说出名称，让幼儿透过听觉感知到物体存在。而在9个月的时候，小孩子不但能注视到事物，还会注意到父母的反应，即出现了交流性的眼光注视，这一能力的出现意味着有意识的信息传递开始了。同时，9个月的婴儿还能理解如"碗""杯子""玩具"等名词。

第三阶段：9~18个月，为单词阶段。12个月的小孩子会说出名词，也能理解一些动词，但说动词要落后于说名词，在这个阶段单词的发展比较慢，他们会在情境中使用会说的一些单词或两个字组成的词组来表达自己的意思，一般情况下，小孩子词组的发展建立在至少能说50个单词之上。在这个阶段成人要创设宽松的语言环境扩大儿童的词汇量，为在18个月左右词组的发展做准备。

第四阶段：18~24个月，为词组阶段。这个时期的孩子有了最初的语句形式，会用单词和词组说自己的事情，因此，成人要在孩子的生活环境中训练孩子使用句子及渗透语法的成分，为孩子提供词组示范，如说"吃米饭""抱娃娃"等，同时鼓励孩子主动与周围人交流。

第五阶段：24~36个月，为早期造句阶段。孩子不但能说过去的或已经经历的事情，还有简单的短句如名词加上动词。在说话中，孩子词性逐渐丰富，如代词"你、我、他"、介词"上、下"、形容词"好、坏、多、少"等等。到36个月左右，小孩子基本上能用短句进行表达，并且开始步入完整的造句系统。

第六阶段：3~5岁，为句子掌握阶段。孩子掌握了大部分的语法结构形式，能运用简单句和较复杂的句子，还能够理解一些词语的抽象关系。一些心理学家认为孩子这一阶段的词汇已接近成人，说话俨然像个"小大人"。这时，成人要注重用完整的句子与孩子交流表达，在为孩子做好示范的同时还要培养孩子听从指令做事，从而为入学做好语言的准备。

第七阶段：5岁~成人，为完整的语法阶段。在这个过程中的儿童除了不再增加新的语言形式外，不断地扩充自己的词汇，改善自己的表达及语言在环境中的应用，逐渐建立了成人样的语言能力。有些专家认为，5岁是语言发育的一个分水岭，这个时期是个体交流能力明显增长的时期，从这时开始至12岁，最为显著的一个变化是儿童用语言学习阅读和书写，同时句子在复杂化，而且句子的含义和语言的用途向高级发展。

四、蒙台梭利语言教育的原则

（一）坚持个别化教育的原则

蒙台梭利强调幼儿的语言不是教出来的，而是发展而来的。幼儿由于生命自然而然的发展而充满秩序和规律，自然的成长引领成人理解了成长内在的逻辑与限制，使无助的生命充满生长的潜能与创造的敏感力，使儿童能透过自然成长适应其生存的世界，建构正常化的人格。幼儿语言的自然发展遵循适宜所有幼儿的法则，即语言的发展是由简单的音节发展到较为复杂的词，最后才能够掌握整个句子和语法。

成人在幼儿教育阶段要关注幼儿的个体差异，教师要在教育活动中观察了解每一位幼儿的发展状况，与幼儿进行个别的交流活动，了解他们的个体差异，在"以人为本"的教育理念下，加强在自然环境中习得语言的意识。给每一个孩子提供不同的教育契机，针对他们设计不同的教育内容，使每个孩子得到适合自己的发展。

（二）坚持经验教育的原则

幼儿的语言经验是获得语言发展的重要途径，也是帮助幼儿获得语言经验的教育目的之一。

由于知识来源于经验，在蒙台梭利语言教育过程中，成人要充分考虑幼儿的已有经验，让幼儿的每一个语言内容的学习都建立在许多先前经验的基础之上，让他们充分运用这些经验支持所要学习的新知识、新理论或新技能，将这些作为提高现有水平的经验基础。

学习是一个建构的过程，在设计活动前要先进行幼儿能力水平的测查来选定相关的学习内容，同时要判断所设计的新活动是否符合幼儿现有的活动水平、是否能促进幼儿语言能力的提高的意识，以便能够在原有的经验基础上架构新经验，让幼儿获得更好更高的语言能力的发展。

（三）激发学习兴趣的原则

在幼儿学习语言的过程中，成人要给孩子提供一个自由、宽松、平等的积极应答的语言交流环境来满足他们的兴趣和需要。

由于幼儿的语言学习需要在运用中发展，而这个运用的环节又要在实际的语言交流中实现，所以要让孩子在真实的生活情境中去学习。同时，在活动进行中成人要时刻关注幼儿的学习兴趣所在，充分利用这个帮助他们操作运用多种语言的交流的环境，来学习如何运用相应的语言交流方式来与人交往，还要提供更多的机会与各种各样的人交往，提升语言经验。

成人应该充分利用幼儿学习语言的敏感期，通过多种的教育方法和手段激发幼儿想说、愿意说的热情，丰富语言活动内容，促进表达能力的提升。

（四）多种课程整合的原则

幼儿的语言发展与情感、经验、思维、社会交往能力等有密切的关系，语言教育活动不应该只局限于一节设计完的语言教学活动中，而是应该渗透在一日生活的各个环节，渗透于所有的学习领域之中。教师应该充分考虑到幼儿语言学习的特点，将其情感、经验、思维、社会交往等方面的内容紧密整合在一起，将语言教育渗透在这些活动中，使幼儿语言的学习在一日生活中自然而然地完成。

整合的方法：

一是把语言教育活动内容与其他各领域的内容进行整合，即把语言知识与各领域知识融合为一个整体的知识内容与幼儿互动或交流。

二是在幼儿的一日生活各个环节中渗透语言教育的内容，使幼儿在真实的语言交流情境中进行与教师积极的互动，扩展自己的语言经验。

（五）坚持家园共育的原则

蒙台梭利认为，幼儿的语言学习是在出生后从环境里自然习得的，加之婴幼儿时期是语言发展的敏感期，所以在这个时期对幼儿进行语言的学习可以取得事半功倍的效果。

由于婴儿从出生后就要在家庭中进行全部的教育，所以，幼儿的生活环境就是幼儿习得语言的最重要的因素之一，成人要为幼儿创设一个充满关爱、温馨的、利于学习语言的一个环境，帮助幼儿充分利用敏感期的优势，提高幼儿语言的学习效果。

家长作为幼儿的父母，肩负着教育幼儿的重大使命。教师应充分挖掘家长的教育资源，指导家长在家庭中也同样完成丰富有趣的语言教育活动，使家园教育同步，达到促进幼儿语言发展的目的。

（六）坚持"本土化"教育的原则

我们在使用和借鉴蒙台梭利教育理念和教育方法的同时，也要把地域的差异性作为重要的参考资源，根据中外教育的不同，将蒙台梭利的语言教育本土化，即把中国传统的语言教学纳入蒙台梭利的语言教育领域中来，使很多的教育内容物化后提供给幼儿操作使用，同时完成自我学习、自我发展的教育目标。

第二节 蒙台梭利语言教育的实施

一、蒙台梭利语言教育实施的原则

（一）正确把握语言教育的内容

依据幼儿园语言教育的总目标：乐意与人交谈，讲话有礼貌、注意倾听对方讲话、能理解日常用语、能清楚地说出自己想说的事、喜欢听故事、看图书、能听懂和会说普通话等，设计符合幼儿需求的教育内容并创设相应的教育环境，如对幼儿进行早期阅读行为培养时，就要为孩子选择好以图为主、图文并茂、内容丰富、健康富有启发性、趣味性、时代感、形象有趣、色彩鲜艳、画面清晰等的阅读材料来满足幼儿对阅读活动的需求。

（二）在日常生活中培养孩子的语言表达能力

丰富多彩的生活是幼儿学习语言的源泉，因此，应多带幼儿走出去，参加一些有益的社交活动，让孩子在多种场合中学会观察、尝试体验、丰富和充实其经验，增强幼儿学习和表达的欲望。在孩子沟通时要多用语言来诠释自己的动作、表情，调动孩子参与对话的积极性，在无意识中提升孩子的语言表达能力。

（三）运用游戏完成幼儿的语言教育

由于游戏所具有独特的特点而成为符合幼儿身心发展需要，是适合其发展水平的幼儿阶段的主导活动，所以，在生活中多与幼儿玩些语言游戏，如玩组词接龙的词汇游戏，或玩语音游戏等，这些语言游戏使幼儿在连续不断"玩"的过程中不知不觉获得大量的语音、词汇和理解表达的经验。

（四）创设温馨的语言环境，促进幼儿语言的发展

环境在幼儿生长过程中处于举足轻重的地位，"人刚生下来时都一样，仅仅由于环境特别是幼小时期所处的环境不同，有的人可能成为天才或英才，有的人则变成了凡夫俗子甚至蠢材。即使是普通的孩子，只要教育得法，也会成为不平凡的人"。成人有责任为幼儿创造一个宽松、活泼、欢快、和睦的语言学习环境。孩子在成长学习的过程中，若总是处于一个轻松、愉快的学习气氛，会体验到快乐并促进他以快乐的心情来看待周围的人或事物。

孩子正处于生长发育阶段，模仿性较强，自制力较差。因此，成人应主动提高自己的文化水平和道德修养，完善自己的心理品质，给孩子树立一个良好的学习榜样。

二、蒙台梭利语言教育的基本内容

(一) 听觉练习内容

蒙台梭利说："当各种不同的声音杂乱地传进儿童的耳朵里时，某些富有魅力和吸引力的声音被突然而又清晰地听到了。这时尚未有推理能力的心灵听到了一种音乐，这种音乐充满他的整个世界。这个儿童的神经纤维被充分地激发起有规律的震动，并在一种指令下和命令下改变它们的震动方式。确切地说，并非是全部的神经纤维，而是那些还一直潜伏的和只有在一阵叫喊声中才会震动的神经纤维。这时精神胚胎的生命的新时期的开始的标志，这是一种对现在倾注全力的生活，它的前景仍是未知的。"

1. 听觉练习的意义

婴幼儿学习语言都是从听开始的，倾听是语言教育的第一步。

日本幼儿语言教育家做了一个让孕妇每天听同一首诗的实验，待其分娩后，发现婴儿在众多的声音中，能够辨别出对此首诗的不同反应。再如，孩子在婴儿期经常听到的故事或诗歌，在他3岁后就会不经意间自己提起并讲述其内容，这些都说明胎儿从成形起就有了听觉。研究表明，婴儿在成长过程中，都会经历一段语言发展的"沉默期"，即在一段时期中新学习的东西常常是不能够及时地表达出来，可是一段时间以后他们会在自然情景中突然表达曾经学过的东西。由此可见，在孩子学说话前就对他进行听觉训练是十分重要的。

儿童的语言学习都要经过语言的输入、加工、存储、识别（再认）、运用（重现）的过程，当人们新学习了一些语句后一般只能部分地保留在大脑中，随着听的次数的增加，大脑中存储的这些语句逐渐完整，虽然不能够立即表达出来，但是听过这样的语句后一定能够识别出来，这本身就是学习的阶段性收获。进而，人们会在适当的环境中尝试着运用它们，虽然可能只是部分地运用，但是随着运用的次数增多会运用得越熟练，到一定时期后，自然就能够流畅地表达了。

儿童听说能力的发展是：从只闻其音不知其意，到有意识地间歇地听；再从只听懂一点点到能听懂一部分，进而有效地听；然后有一些口语的反应，直至最终能理解地听，这个过程是连续渐进的。在整个发展过程中，成人应该多为幼儿准备听和说的环境，利用良好的环境来发展幼儿的语言表达能力。例如：给孩子听录音故事、邀请幼儿参与家庭成员的谈话、带幼儿分辨身边的声音等等。在与幼儿说话的时候，成人要选用重复的话语，用较慢的语速对孩子说话，让孩子模仿成人的正确发音。在对孩子说话时要做到发音准确清晰，因为孩子小时候养成的语音习惯和发音特点在长大后是很难改正的，要教他们从小就规范化地使用语言，为将来的口语表达奠定基础。

2. 听觉练习的目的

加强儿童听觉的分辨能力及组合的敏感度。

3. 听觉练习的内容

听指令做动作、听歌词做动作、安静游戏、寻声游戏、猜猜我是谁、看大画册听故事、听录音讲故事、指令接龙、神秘袋游戏、传悄悄话、音响的配对、乐器与音响的配对、辨别不同质地物品的声音、声音与图片的配对、为故事配音、猜谜语、听故事等等。

(二) 口语练习内容

蒙台梭利说："儿童的语言是发展而来的，不是成人教出来的，所有儿童都要经历这样一个过程，即在某个时期只能说一些简单的音节，再过一个时期就能说音节较为复杂的词了，最后才能掌握整个句子和语法。"

1. 口语练习的意义

哭是人类表达情感最基本的方式之一，初生的婴儿不知道如何与他人交流信息，他们是用哭来表达不安与不适应的。在不断聆听别人的表达后，婴儿渐渐学会了用哭以外的方式表达自己的欲望，进而学会与他人沟通。

幼儿的口语是在他所说的单纯能表达一定的意义之后开始的，换言之，词语被感知并将其与之代表的实物联系起来，这就是语言的开始。在此基础上，随着对词语的听觉能力的提高以及心理运动通道的输入性能的提高，语言也随之不断完善。

蒙台梭利认为，口语是在幼儿2~7岁这个年龄段建立和发展起来的，这个年龄段的儿童的注意力自发地转向外界事物,且好动,记忆力特别强,此间,所有的心理通道都被疏通,肌肉运动机制也建立起来,在生命的这个阶段,由于口头语言的听觉通道和运动通道的神秘联结,知觉似乎能直接引起说话的连锁运动,好像口语是被遗传下来的,在睡眠状态下被唤醒,当它一受到听觉刺激便本能地发展起来,这一年龄阶段是掌握语言特点的关键时期,错过这一时期再学习语言会为口语学习带来很大的困难。绝大多数人都只能说好母语,就是因为母语是在幼儿时期学到的,成年人掌握一种新的语言后再运用口语常常带着"口音"的缺点,而7岁前的孩子在学习其他语言时,则很容易接受和再现全部语调语音的风格特点。

儿童发展口语的主要渠道是自然状态下的口头交流,所以应该采用多元化的方法来发展口语,要给他们创设说的环境让他们学习说练习说,在说中学习并掌握语言的正确表达方法。说的练习是渗透在日常生活中的,这就要求成人的平时语言应当规范,发音要准确,语法要正确,在教学活动中,进行各种小组教学或个别活动时,应注意培养孩子学会在活动前、在得到老师的允许后方可发言,这都是学习语言的技巧。

蒙台梭利说,在儿童的最初几年中,有一种吸收性能力尤其表现在学习母语上,每个正常儿童到了4岁时都能够说本民族的语言,要根据其个体差异来发展他的语言表达能力。儿童有学习语言的能力,这种奇妙的能力是从内心的冲动得来的,具有一种特殊的敏感性,而成人却没有。

2. 口语练习的目的

发展幼儿的发音能力、表达能力。

3. 口语练习的内容

练习发音、辨别语音、朗读古诗、对答游戏、词语接龙、说反义词、故事接龙、悄悄话、"一分钟"分享、玩具展览会、主持节目、经验讲述、每日一问、谈话活动、绕口令、看图说话、讲故事、排图造句、看图编故事、续编故事、改编故事、创编儿歌、散文欣赏、戏剧表演等。例如:说反义词,应在日常生活中帮助孩子积累简单直观的反义词,如多—少、胖—瘦、冷—热、快—慢等;还可结合实物积累词汇以增进感性认识,有助于孩子理解词义,如看见大象积累"重"字、看见羽毛积累"轻"字;请孩子通过听故事的形式了解反义词可使活动生动,如果为故事中的反义词配以相应的"反义词卡片"则能加深孩子对词的认识。

(三)书写练习内容

蒙台梭利说:"儿童时期是运动肌肉的敏感期,它们能够很快地听从大自然在冥冥中所做的指示……我们必须找到书写机制定型的年龄,以便让它们能够很自然地、不费力地建构起来……这当然不可能是指在小学里试着刺激其书写技能的时候,此时动作已经定型的小手已经丧失了动作的敏感性,这双小手已经错过动作协调的良机。因此,我们必须回头去找那双动作协调却很柔软的幼儿的手。4岁儿童的手,为了稳定其动作,总会禁不住而不知不觉地去碰周边的每样东西。"

1. 书写练习的意义

在蒙台梭利的教室里经常可以看到这样的情形:自由活动的时间里,有小朋友便去取来纸和笔,在书写区里不停地写啊画啊,即使自由活动时间停止了也不肯离去,到了家里也是迫不及待地用笔写写画画……这正预示着幼儿书写的敏感期的到来,一般在蒙台梭利教室中生活了两年的孩子在5岁左右的时间就会爆发出书写的行为。幼儿并不是进入小学后才突然出现书写的动作的,如果小时候没有得到很好的手部肌肉的协调练习,其他各种的动作都不够协调,那么幼儿在最初写字的时候就很容易将纸弄破、或写字时歪扭的现象。

蒙台梭利认为,对于幼儿来说,所谓的"写",不是拿笔在纸上写的动作,实际上从涂鸦开始幼儿就已经进入肌肉记忆的书写准备了。蒙台梭利强调:要想拥有写字的能力,就必须先经历写字的预备过程。书写能力有个体差异,是因为每个幼儿的书写敏感期来临的时间不同,这和其个别发展、生活经验、环境刺激有关,不顾及幼儿的能力和兴趣需求去要求幼儿写字是万万不可取的,而且,只有当小肌肉发展运动机制成熟时,幼儿才能够通过与环境的互动自发地产生书写的行为。

蒙台梭利在《发现儿童》一书中指出:书写文字有两个重要的动作得先预备好:第一是握笔的动作,在日常生活中,成人应该有意识地训练幼儿的大拇指、食指和中指这三根手指的灵活性及控制肌肉的能力,为以后能够很稳定地握笔打下良好的基础;第二是画出各种不同字体的基本笔画动作,它是写字的间接预备动作。在幼儿的触觉敏感期中让幼儿用手指触摸数字或字母,可以通过肌肉运动加深记忆,产生自发性的书写能力。

在传统的教育中，教师只热衷于分析写成的字母的形状，而这些符号对于幼儿并没有实际的意义，既不能引起学习的兴趣也不能引起自然的动机，再加上握笔所需要的肌肉动作的协调，不久就会使孩子们感到厌烦和痛苦。此外，教师对于幼儿的书写错误的批评和纠正，以及幼儿因自己书写的不完善而感到的失望，都是在压抑着幼儿的书写积极性。"问题在于手的运动没有直接受思想或字形的指导而活动。"蒙台梭利强调只有摹画的方法才是建立书写动作的唯一的直接方法："要让孩子从画画直接过渡到书写，书写就是画画的直接运用。孩子一开始应该是写不出什么像样的字来，但这个不重要，重要是让孩子敢写想写，成人对于幼儿的作品要多加肯定和鼓励。"

2. 书写练习的目的

为了真正的写做准备。

3. 书写练习的内容

描画几何图形嵌板、描摹砂字母板、制作砂纸字母、在沙盘里写字、在黑板上写字、打洞粘贴字母、字母线上摆字母、缝字母、描画字母凹槽板、连虚线画图案、描摹姓名、涂色游戏、田字格里摆图案、制作立体文字、记录菜单、抄写、制作海报、开冷饮店、制作邀请卡、写信、写日记、电脑设计文字、写春联。

（四）阅读练习内容

蒙台梭利认为："假如我们急不可待地对儿童进行解释这些印刷符号的含义，我们就可能扼杀他们的兴趣和强烈的探究能力。过早地强求他们通过阅读来识字也会产生一种消极影响。追求这些并不很重要的东西会削弱他们生机勃勃的心灵的能量。"

1. 阅读练习的意义

阅读是一种重要的语言活动，阅读能力是学习的基础，它不仅是提高孩子口语能力的重要途径，也是孩子获取外界信息、锻炼思维、发展想象的重要手段。"阅读"是对一种符号的认知，是通过视觉的作用引导孩子将口头语言转化为用视觉所能辨认的文字符号，进入阅读准备的基础是视觉能力的培养。因为从简单的笔画衔接到复杂的文章阅读，都需要有良好的视觉技巧，成人应该抓住孩子的敏感期，提供一些有趣的活动建立孩子对符号的认知，使他们的视觉能力能够更加精炼准确。

开展阅读活动的意义在于：培养孩子的阅读习惯与能力，引导孩子求知与思考，鼓励幼儿积极地与他人进行情感交流。很多的研究表明，孩子越早和父母一起读书，孩子对文字的理解、书写能力及解决问题的能力就越强，知识面越广，上学以后的学习习惯就越好。和孩子一起读书会使孩子养成良好的阅读习惯，一旦这个习惯养成了，阅读就会成为孩子生活中的一个自然的组成部分，并使得孩子终身受益。早期教育的一个重要任务就是培养孩子良好的阅读习惯，成人要帮助幼儿掌握阅读的基本技能和方法。例如：坐姿端正，一页一页地翻书；不折书、不撕书、不用脏手触摸书；看完书主动放回原处；专心读书，保持安静，善于倾听；了解书的结构，学习按页码顺序翻阅图书；学习按从左向右、自上而下的顺序看书等。在看书过程中，要让幼儿亲自感受到图书是一页一页组成的，故事书只有一幅画一幅画有序地接下去看，才能知道故事内容；还要指导幼儿学会观看每幅图画上的人物、动物现象，理解前后画面的联系，提高幼儿的理解力。

2. 阅读练习的目的

通过对字词句的学习语法的练习达到文字的阅读。

3. 阅读练习的内容

看图做动作、图片的配对、模型与图片的配对、方向配对、看口型猜字、汽车图标与图片的配对、阅读与绘画、名词盒中的实物模型与文字卡片的配对、动物图卡与名称卡片的配对、转盘游戏、制作教具标签、量词盒中的实物模型与文字卡片的配对、阅读量词儿歌、形容词盒中的实物模型与文字卡片的配对、布艺字与实物卡片的配对、阅读句卡、生活照片与句卡的配对、天气预报、阅读自制图书、阅读谜语、看图片、摆字卡、讲故事等。

表12-1　3~6岁幼儿阅读活动发展目标

阅读发展＼目标	阅读发展目标
3~4岁	喜欢听成人讲述或朗读图书中的故事，对书中的画面感兴趣 在成人的指导下看懂书中图画的主要形象，并用自己的语言表达出来 知道图书中有文字，不同的文字有不同的发音，并代表一定的意思 愿意学常用的简单文字 有制作图书的意愿，即愿意用现成的图片，按照简单的故事情节，学习装订小型图书
4~5岁	知道从图书中可以认识许多事物，对各种图书都感兴趣，并主动、正确地翻阅图书 能有意识地倾听成人讲述或朗读书中的内容，并喜欢与成人讲故事情节，逐步理解书面语言 能理解连环画的基本内容，可用适当的语言表述出来 能主动地学认常见字，并在图书中找出所认识的文字
5~6岁	知道图书在人们生活中、学习中的作用，经常到阅读区、阅览室、图书馆去借阅图书，对书籍有热爱之情 认真倾听成人讲读图书中的内容，愿意把自己熟悉的图书讲述或朗读给别人听，能就自己对图书内容的理解讲出感受或发表意见 能根据图书画面展开联想，并用连贯、概括的语言表述出来 能用绘画、剪贴等方式制作图书，学习与他人合作按某一主题收集资料并装订成册 对学习文字很感兴趣，主动积极地认读文字，把所有认识的文字运用到图书阅读中去

三、蒙台梭利语言教育的实施

（一）创设语言学习环境

1. 设置图书角创设幼儿阅读的环境

在教室内设置图书角为幼儿提供大量的阅读材料以及各种书籍、报纸杂志等，在图书角的墙壁上，为幼儿粘贴许多可以阅读的诗词、小故事以及文字卡片等，使幼儿无论在什么时候都能够感受到新鲜事物及知识，时时刻刻都能融入语言学习中来。创设这样的环境使幼儿通过自己主动自发的学习，探索掌握新知识，让幼儿自然而然获得成就感。

2. 开设语言区为幼儿创设在操作中发展语言的环境

蒙台梭利教具的真正目的是为幼儿提供可专心操作的事物对象，帮助幼儿自我建构与心智发展，这是一种属于内在的作用。简单说，就是这些可操作的学具能够刺激幼儿、引起幼儿的注意，进而带领幼儿进入专心的历程，同时帮助幼儿成长，促进学习语言的进程。所以，在教室里创设语言区为幼儿提供大量可操作的学具，让幼儿通过自己动手操作拼摆、观察，渐渐对语言的学习产生兴趣。

3. 创设语言交流环境，促进幼儿主动表达

语言的重要作用是交流，所以发展幼儿的口语表达，关键是要鼓励幼儿在实际生活中主动表达、主动交流。在幼儿的一日生活中，要运用各种活动引导幼儿主动表达，如在幼儿早晨入园时，教师要用热忱的、亲切的话语和幼儿进行交谈，鼓励他们用语言描述自己的身体状况以及在家里的一些情况，同时鼓励小朋友之间互相沟通，自愿交谈，尽量用更多更标准的语言表达自己的内心想法。

（二）创设语言游戏发展幼儿的表达能力

在团体活动、过渡游戏、线上活动时间里展开轻松愉快的语言游戏，使得幼儿在游戏中获得知识，提高兴趣，如结合主题活动开展给四季气候加定语，说一说自己体会到的四季各是什么感受，是美丽的夏季、炎热的夏季、还是多雨的夏季等等，让幼儿利用已有的经验，大胆地想象表达自己的想法，提高语言表达能力。

（三）整合语言的教育资源

蒙台梭利语言教育最初使用的几种工作材料都是为孩子学习英语而准备的，如砂纸字母板（大写小写各一套，主要练习发音、认写，写是用手触摸，做书写的准备）、印刷字母卡、活动字母板、金属嵌板等，它们都有明确的教育目的和规范的操作方法。经过本土化以后的蒙氏教育，由老师自制了一些适合中国幼儿学习汉语的教具，鉴于语文教育的重要性，且语文教育工作材料的局限性，作为蒙氏式教师应该遵循着语言教育的原则自制一些具有一定的操作性及教育意义的操作材料来满足幼儿语言发展的需求。比如：对答游戏、乐器与音响的配对、看大画册听故事、故事接龙、排图造句、装饰汉字、缝字母等。

（四）提供爱与自由的语言发展环境

幼儿读写和语言的学习与成人语言学习是截然不同的，他们可以轻易地掌握存在于环境中的不同语言。将幼儿放置在预备好的环境中，有系统地循序渐进地让幼儿学习语言，其发展效果是惊人的。这一个学习语言的特点正如蒙台梭利教育强调的：成人应为幼儿准备一个符合幼儿需要的真实环境，它能为幼儿身心发展所需提供活动与练习，并且像家一样充满爱、快乐与自由。

自由是蒙台梭利环境中的重要因素，幼儿只有在自由的气氛中，才能将自由发现出来。蒙台梭利教育是立足现在并考虑未来，长远目标即为将来成为本社会所需要的人打好基础。她说："儿童的工作是创造他将来要成为的人。""形成个人是为了建立一个健康的社会。"蒙台梭利语言教育也要和社会生活及文化背景相结合，如培养幼儿良好生活秩序、习惯，行为规范，道德风尚，人与人的关系等等，我们要让幼儿在自由与关爱的环境中建立自信，成长为独立的人。蒙台梭利坚信：如果儿童在小的时候生活在自由并富有爱的环境中，那么他就会建立独立解决问题的能力和自信，并在他一生中都可以不断发展和更新他们的认识。

第三节　蒙台梭利语言教育教学技能实训

项目一：蒙台梭利语言教育听力练习展示页的设计

范例

蒙台梭利语言教育工作展示页（一）

活动领域　语言区。
活动名称　听力练习——听指令做动作。
材料构成　写有动作指令的卡片。
教育目的
1. 直接目的：听懂指令，并按照指令指认五官及身体各部分。
2. 间接目的：培养听觉专注力和反应能力。
操作过程
1. 邀请小朋友坐在蒙氏线上，按照老师的指令完成动作。
2. 老师逐一发出动作指令，请孩子们按照指令指示身体相应的位置。如："请摸摸你的头。""请摸摸你的膝盖。""请指一指你的眼睛（鼻子、耳朵、嘴巴）在哪里？"
3. 等孩子熟悉活动后，老师可以连续变换指令，让孩子们依照指令不断做相应的动作。
4. 请小朋友发出指令，其他小朋友做动作。
5. 根据指令做相反动作的游戏：如指令是"起立"，孩子就要坐下；指令是"拍手"，孩子就要跺脚等。
6. 根据"动作指令卡"做动作：取出一张指令卡，念出指令，请小朋友根据卡片上的指令完成相应的动作。如：指令卡"请原地跳三下"。
变化与延伸　相反动作的游戏和指令卡或相反卡动作练习。

适合年龄　3~5岁的幼儿。
正确指引　语言指令和卡片指令内容。
吸引力　游戏中的动作本身。

蒙台梭利语言教育工作展示页（二）

活动领域　语言区。
活动名称　听力练习——寻声游戏。
材料构成　眼罩。

教育目的

1. 直接目的：用听觉辨别方位及发出声音的人。
2. 间接目的：提高听觉专注力、思考力和反应能力。

操作过程

1. 邀请一位小朋友戴上眼罩，其他幼儿站在蒙氏线上，将戴眼罩的幼儿围在中间。
2. 小朋友拉手朝一个方向走圆圈，边走边说："小朋友小朋友蒙上眼，看不见你的好朋友，转个圈来猜猜看，猜猜我们在哪里？"
3. 转圈的小朋友说完歌谣后马上蹲下，老师示意某一位小朋友喊叫蒙眼小朋友的名字，然后请蒙眼的小朋友猜猜是谁发出的声音。
4. 请小朋友依照兴趣轮流戴眼罩玩这个游戏。

变化与延伸

1. 当蒙眼的小朋友朝向发出声音的小朋友走来时，大家以拍手的声音强弱来示意他是否猜对了。
2. 请几个小朋友手持小乐器重复刚才的游戏，即老师指定小朋友敲打乐器让蒙眼的小朋友顺着声音找朋友。

适合年龄　3.5~5岁的幼儿。
正确指引　全体参与寻声游戏幼儿的证实。
吸引力　蒙眼的游戏和幼儿猜对声音后的快乐。

蒙台梭利语言教育工作展示页（三）

活动领域　语言区。
活动名称　听力练习——传话游戏。
材料构成　图卡一张。

教育目的

1. 直接目的：将听到或看到的话语准确地转述给他人。
2. 间接目的：培养听觉专注力记忆力，发展幼儿转述话语的能力。

操作过程

1. 邀请小朋友围坐在蒙氏线上，老师坐在半圆上的一个侧边第一位的位置。
2. 老师举起图卡，讲述游戏活动的规则和玩法，告诉幼儿在传话时一定用最小的声音让另一个小朋友听到即可。
3. 老师作为游戏的起点，将手中的图卡传给紧挨着自己的一个小朋友，让他看后收起来，并在他的耳边小声说出图卡上的内容，要求他将听到的话语转述给挨着他的下一个小朋友。
4. 依次指导小朋友身边的另一个小朋友进行传话的游戏。
5. 等小朋友都听到传述的话语后，老师请最后一个听到话语的小朋友站起来，大声说出他所听到的话语，请小朋友来判断结果是否正确。

变化与延伸

1. 请小朋友回家后给家长传话。
2. 更换传话的内容，让幼儿看到一个玩具将它的名字作为传话内容。

适合年龄 3~5岁的幼儿。
正确指引 语言指令和卡片指令内容。
吸引力 游戏中的动作本身。

蒙台梭利语言教育工作展示页（四）

活动领域 语言区。
活动名称 听力练习——乐器与声音配对。
材料构成 一个眼罩，小型的打击乐器4个。
教育目的
1. 直接目的：通过辨认声音找到与之相配的乐器，锻炼幼儿对声音的记忆能力。
2. 间接目的：培养听觉专注力、思考力和反应能力。

操作过程

1. 邀请小朋友坐在蒙氏线上，老师取出小乐器，逐一敲打，让幼儿听辨，并认识它们的名称。
2. 请幼儿敲打乐器，熟悉各种音色和名称。
3. 等孩子熟悉后，请一位小朋友戴上眼罩认真听老师敲打乐器发出的声音，摘下眼罩辨别指出是哪个乐器在演奏。
4. 请4个小朋友各自拿一个乐器，更换戴眼罩的小朋友，由老师指定某一幼儿敲打乐器，请蒙眼幼儿听后猜猜是哪个乐器在演奏。
5. 请演奏的幼儿拿起乐器离开圆线去远处演奏，请蒙眼幼儿猜猜是哪个方向发出的声音。
6. 依据幼儿的兴趣轮流参与游戏。

变化与延伸 更换乐器为敲打教室内的任何物品，请幼儿蒙眼倾听后辨别。

适合年龄 3.5~6岁的幼儿。
正确指引 参与此项活动幼儿的证实。
吸引力 敲打乐器和蒙眼游戏。

图12-1 乐器与声音配对

实践与训练

语言教育听力练习展示页的设计与书写

【实训目标】
1. 培养学生针对幼儿听觉器官发展特点选择相应材料进行语言教学活动的能力。
2. 培养学生结合听力教学活动的方法进行设计和书写展示页的能力。
3. 使学生学会依据展示页的内容进行教具操作与课堂展示的方法。

【内容与要求】
1. 学生分组选择材料设计大中小班幼儿的语言听力练习教学活动。
2. 各组同学依据选材设计和书写各个班级的语言听力练习的展示页。
3. 以小组为单位模拟语言听力练习内容的学具展示，并进行评价与指导。

【实训考核】
依据模拟的教学效果进行评估和打分。

项目二：蒙台梭利语言教育口语练习展示页的设计

范例

蒙台梭利语言教育工作展示页（五）

活动领域 语言区。
活动名称 口语练习——指令接龙。
材料构成 写有动作指令的卡片。
教育目的
1. 直接目的：听懂语言动作指令，并做相应的动作；能说出新的动作指令。
2. 间接目的：培养听觉的专注力及记忆力；提高语言的快速表达能力。

操作过程
1. 说明游戏玩法：根据老师的指令来变换动作，然后发出连续指令：拍拍手呀，拍拍手，拍了手呀叉叉腰；叉叉腰呀，叉叉腰，叉了腰呀顶顶头；顶顶头呀，顶顶头，顶了头呀耸耸肩……
2. 孩子们熟悉玩法后，开始进行指令接龙的游戏。第一位小朋友发出动作指令，其后的小朋友在完成指令后再说出新的动作指令由下一位小朋友完成，每个人都要边说指令边做动作。如：

第一位小朋友的指令是拍拍手呀拍拍手，拍了手呀拍拍腿；
第二位小朋友就要接着说：拍拍腿呀拍拍腿，拍了腿呀拍屁股；
第三位小朋友接着说：拍拍屁股呀拍拍屁股，拍了屁股跺跺脚……
以此类推，每人都要边说指令边做动作。

变化与延伸 日常生活中请幼儿传递或复述一些事情，锻炼他们的语言表达能力及记忆力。
适合年龄 4~6岁的幼儿。
正确指引 语言指令的内容。
吸引力 游戏中语言创编及动作本身。

蒙台梭利语言教育工作展示页（六）

活动领域 语言区。
活动名称 口语练习——词语接龙。
材料构成 写有能够接龙的词语卡片。
教育目的
1. 直接目的：巩固所学习的词汇。
2. 间接目的：培养思维流畅性和独创性。

操作过程
1. 讲解词语接龙游戏的玩法和规则。
一个词的最后一个字要和下一个词的第一个字相同；如大树——树木——木头——头发——发现……第一个人说出第一个词后，第二个人就要接着他说的这个词最后的一个字重新组词，所组成的词语可以音同字不同，但是所有的词语不能够重复。
2. 孩子们熟悉玩法后，请小朋友围坐在蒙氏线上，开始进行口头词语接龙的游戏。
3. 老师和幼儿一起游戏，当有小朋友接不上词语时，就再选择一个词语重新开始（请助教老师记录小朋友说过的接龙词语）。

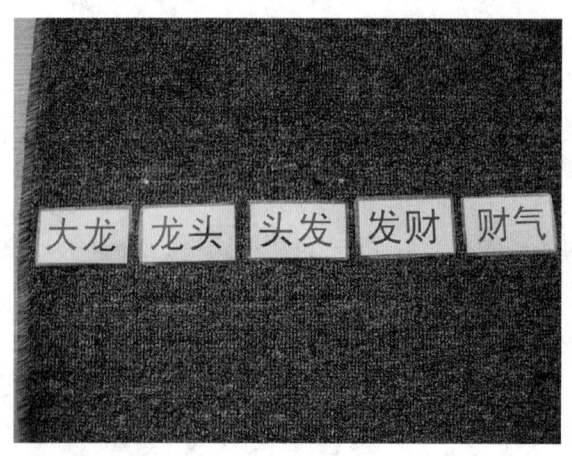

图12-2 词语接龙

变化与延伸
1. 进行成语接龙。
2. 按照物品或实物的特征接龙。
适合年龄 4~6岁的幼儿。
正确指引 词语接龙的内容。
吸引力 游戏中的词语及快速反应能力。

蒙台梭利语言教育工作展示页（七）

活动领域 语言区。
活动名称 口语练习——经验讲述。
材料构成 提供幼儿所看过的图书或画报图片等。
教育目的
1. 直接目的：提高幼儿的语言讲述能力。
2. 间接目的：培养专注力及记忆力、语言表达能力。
操作过程
1. 谈话活动导入：快过"六一"儿童节了，请小朋友说说你想过一个怎样的"六一"儿童节呢？
2. 请小朋友按照兴趣来说，鼓励他们大胆讲述自己的想法。
3. 提供过"六一"儿童节的图书或画面，让幼儿看着画面练习说话。
变化与延伸 请幼儿将别人讲述的关于过"六一"的想法复述出来。
适合年龄 4~5岁的幼儿。
正确指引 幼儿的想法符合生活实际。
吸引力 随意说的快乐。

蒙台梭利语言教育工作展示页（八）

活动领域 语言区。
活动名称 口语练习——辨别语音。
材料构成 声母小书：由两张长方形塑封卡片装订而成，两张卡片左右对开，左面的是字母卡片，右面的是实物名称发音中的声母；韵母小书同法。
教育目的
1. 直接目的：将实物模型按照发音规则分类。
2. 间接目的：培养听觉的专注力及思考力。
操作过程
1. 取出m和d的语音盒放在工作毯上方并列排放，将m和d的砂纸字母板分别放在相应的语音盒前。
2. 取出两个语音盒中的实物模型散放在工作毯下方。
3. 取出m语音盒中的一个实物模型。例如：小猫，让孩子观察并触摸，发音后将其放在m的砂纸字母板下方；取出d语音盒中的一个实物模型，如台灯，让孩子观察并触摸，发音后将其放在d的砂纸字母板下方。
4. 将所有的实物模型分配完毕后，翻看声母小书检查自己的操作结果是否正确。
5. 找出自己喜欢的3~5个实物，进行创编故事的活动。
6. 将实物模型各自放回相应的语音盒中，收拾用具，活动结束。
变化与延伸
1. 更换其他的语音盒进行活动。
2. 三盒或更多的语音盒同时进行活动。
3. 将声母盒换成韵母盒进行活动。
适合年龄 3~4岁的幼儿。
正确指引 韵母小书或声母小书里的内容。

吸引力 语音盒中的实物。

图12-3　m的语音盒

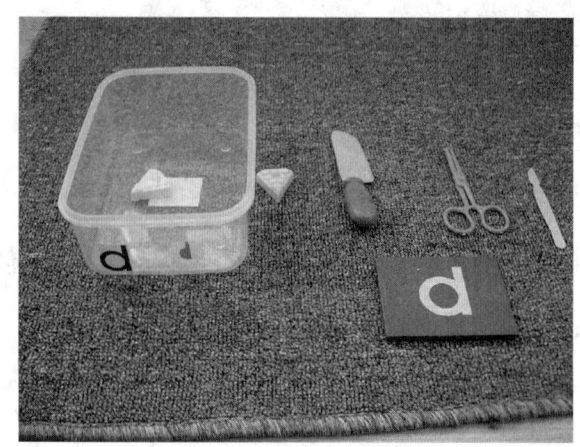

图12-4　d的语音盒

实践与训练

语言教育口语练习展示页的设计与书写

【实训目标】
1. 掌握发展幼儿口语表达能力所需要的活动方法，并选择相应的学习材料和内容。
2. 培养学生结合幼儿口语练习的特点进行设计和书写展示页的能力。
3. 使学生能够透过学具的使用来发现、分析幼儿学习的特点。

【内容与要求】
1. 学生分组自选材料设计大中小班幼儿的口语练习的教育内容。
2. 在分析教具材料的基础上进行口语练习展示页的设计和书写。
3. 分组模拟展示口语练习的活动内容，并进行评价与指导。

【实训考核】
在小组的模拟教学中依据所选择的学具和展示学具的情况给予评估。

项目三：蒙台梭利语言教育书写练习展示页的设计

范例

蒙台梭利语言教育工作展示页（九）

活动领域　语言区。
活动名称　书写练习——摆放字母。
材料构成　一块缝有拼音字母线的绒布，活动的字母一盒。
教育目的
1. 直接目的：练习在书写线正确的位置上摆放活动字母。
2. 间接目的：为在拼音纸上书写做准备；培养专注力及观察力。

操作过程
1. 将缝有拼音字母线的绒布平铺在桌子上，取来活动字母箱放在旁边。
2. 参照字母位置提示卡，从活动字母箱里逐一取出全部的活动字母，按从左到右从上到下的顺序在字母线上依次排列。

3. 写完后，按照摆放的顺序依次将活动字母收回送到字母箱里。

4. 折叠好绒布送到教具柜里。

变化与延伸　取活动字母箱里的字母，放置在英文线上练习书写；或在拼音线上练习摆放拼音句子。

适合年龄　4岁的幼儿。

正确指引　字母位置参照卡。

吸引力　摆放时的自如操作和完成后的成功感。

蒙台梭利语言教育工作展示页（十）

活动领域　语言区。

活动名称　书写练习——方向配对。

材料构成　画有各种方向的彩色曲别针形式卡一张，彩色曲别针实物，纸制的空白抄写形式卡一张。

教育目的

1. 直接目的：辨别实物与图案间的方向，理解方向的意义。

2. 间接目的：书写的准备工作；培养专注力及方向感。

操作过程

1. 取出彩色曲别针盒和形式卡纸张放置于桌子上方。

2. 参照曲别针形式卡一一对应摆放曲别针。

3. 从上而下在空白的形式卡上抄写曲别针的位置及方向。

4. 分享"书写"的结果。

5. 收拾整理学具。

变化与延伸　将曲别针更换成其他有不同方向的实物。

适合年龄　4岁的幼儿。

正确指引　形式卡画面上的内容。

吸引力　彩色曲别针的方向性变化。

蒙台梭利语言教育工作展示页（十一）

活动领域　语言区。

活动名称　书写练习——装饰拼音或汉字的活动。

材料构成　打印好的空心的拼音字母或汉字，彩色铅笔、垫板等书写用具。

教育目的

1. 直接目的：练习用涂色、画线条、绘制小图案、粘贴等不同的方式装饰汉字；锻炼手部的肌肉的灵活性与控制能力。

2. 间接目的：激发对书写活动的兴趣，培养专注力，为书写活动做准备。

操作过程

1. 取出作业纸和书写用的彩色铅笔等放在桌子上。

2. 示范正确的握笔方法及动作，示范装饰汉字或拼音的方法。

（1）在空心字中画上不同的线条。

（2）在空心字中涂满颜色。

（3）在空心字中画上图案，涂上不同的颜色。

（4）在空心字中涂抹胶水，粘贴纸团或豆子之类的东西等。

3. 请幼儿自由选择做装饰活动。

4. 幼儿展示自己的作品，进行分享活动。

5. 收拾整理所有的用具。

变化与延伸
1. 装饰数字1~100。
2. 按照自己的意愿制作装饰作品小书。

适合年龄　3~4岁的幼儿。
正确指引　空心字体的轮廓。
吸引力　装饰活动的过程及结果。

蒙台梭利语言教育工作展示页（十二）

活动领域　语言区。
活动名称　书写练习——描画几何图形嵌板。
材料构成　铁质的几何图形嵌板两块，彩色铅笔、纸张、垫板等书写用具。
教育目的
1. 直接目的：学习正确的握笔动作，训练小肌肉的灵活性。
2. 间接目的：为学习写字做准备。

操作过程
1. 取出铁质几何嵌板中的圆形嵌板、彩色铅笔等物品放置于桌子上方。
2. 将垫板放在桌上，书写用纸放在垫板上面。
3. 将圆形嵌板放在纸上，左手拿起彩色铅笔的左端，右手示范正确的握笔动作：大拇指、食指、中指张开，慢慢地拿握在铅笔适当的位置上。
4. 左手扶着嵌板的圆柄，右手握笔沿着圆形嵌板的外轮廓逆时针方向描画圆形；在纸张上轻轻移动圆形嵌板，画出同样的圆形（可以更换彩色铅笔的颜色）。
5. 选择用不同颜色的笔在画好的圆中装饰线条和图案。
6. 在纸张的右下方写下自己的学号或名字。
7. 粘贴或展示作业纸张，收拾所使用过的所有用具送回学具柜中。

变化与延伸
1. 更换嵌板的图形进行新的尝试。
2. 将画有多种形状的纸张装订成小书，设计封面。
3. 将多种形状的嵌板多次反复描画，进行多种线条的设计制作。

适合年龄　5岁左右的幼儿。
正确指引　嵌板本身的图形。
吸引力　更换彩色铅笔描画的过程及描画的结果。

图12-5　铁质书写嵌板

语言教育书写练习展示页的设计与书写

【实训目标】
1. 了解培养幼儿进行书写练习所必要的学习内容，结合学习内容进行学具的准备。
2. 教给学生设计关于幼儿书写练习展示页的方法。
3. 使学生理解对幼儿进行前书写准备的必要性。

【内容与要求】
1. 学生以小组为单位选择关于大中小班幼儿书写练习的教学内容，并制订计划。

2. 选择适宜的学习内容进行书写练习展示页的书写。
3. 去幼儿园各年龄班开展不同的书写练习教学活动，分组评价与指导。

【实训考核】

对学生设计的活动内容和幼儿园教学活动进行评估。

项目四：蒙台梭利语言教育阅读练习展示页的设计

范例

蒙台梭利语言教育工作展示页（十三）

活动领域 语言区。
活动名称 阅读练习——使用量词。
材料构成 生活用品的实物模型6个，相应的字卡6个，量词卡片6张。
教育目的
1. 直接目的：认识并会使用量词。
2. 间接目的：为阅读做准备。

操作过程
1. 取出实物用品模型散放在工作毯上。
2. 请幼儿说出各自的名称，并说说它们的特征。
3. 引出量词的学习：如一块巧克力、一把椅子、一个水桶等，请幼儿模仿说。
4. 用实物的汉字卡片和它们相对应，引导幼儿发现量词的特点。
5. 三阶段教学法，巩固量词的学习。
6. 请幼儿根据自己的生活经验，正确地运用量词。
7. 收拾整理学具。

变化与延伸 变换实物或更替量词。
适合年龄 3~4岁的幼儿。
正确指引 卡片与实物对应。
吸引力 实物模型。

蒙台梭利语言教育工作展示页（十四）

活动领域 语言区。
活动名称 阅读练习——小猪姿态对应。
材料构成 姿态各异的瓷制小猪10个，形式卡2张（一张画有小猪的影子，一张为空白）。

教育目的
1. 直接目的：引发幼儿对学习字形的兴趣。
2. 间接目的：阅读的准备。

操作过程
1. 出示10只瓷制的小猪，引起兴趣。
2. 把画有小猪影子的形式卡放在工作毯上。
3. 按照从上到下、从左到右的顺序依次找出与影子对应的小猪放在形式卡上。
4. 把空白的形式卡放在影子卡的下面，进行抄写的工作练习。
5. 完成后，先把瓷制的小猪送回，再收回形式卡。

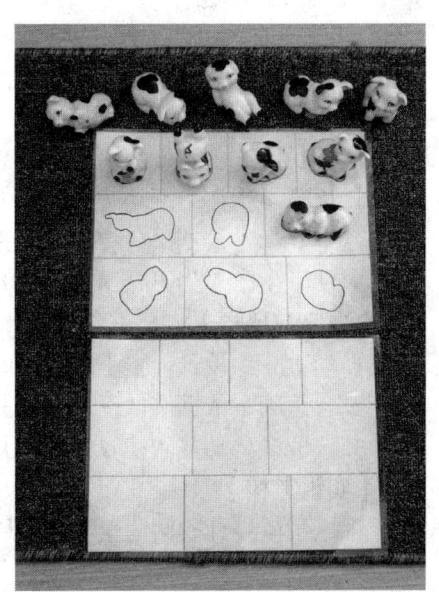

图12-6 小猪姿态对应

变化与延伸 其他任何形状或姿态各异的适合幼儿操作的工艺品。
适合年龄 3岁以上的幼儿。
正确指引 小猪的影子和形式卡上的图形对应。
吸引力 姿态各异的瓷制小猪。

蒙台梭利语言教育工作展示页（十五）

活动领域 语言区。
活动名称 阅读练习——动物园游戏。
材料构成 小动物模型若干、玩具类的草地等若干，字卡。

图12-7 动物园语音练习

教育目的
1. 直接目的：理解词汇，运用词汇。
2. 间接目的：为阅读做准备。

操作过程
1. 取出小动物模型散放在工作毯上，其他用具随意放置旁边。
2. 交代任务：今天请小朋友自由搭建一个漂亮的动物园。
3. 和幼儿一起动手操作，指导幼儿运用语言说明自己的意图和做法。
4. 请幼儿将字卡插放在小动物的身边，并说出所插的是哪个动物的名字？
5. 请幼儿自编故事，讲述自己的做法和想法。
6. 为幼儿做文字记录，并个别指导。
7. 收拾整理用具。

变化与延伸 更换小动物的模型为植物的模型，搭建植物园。
适合年龄 3岁以上的幼儿。
正确指引 词汇与动物模型的对应。
吸引力 小动物模型等。

实践与训练

语言教育阅读练习展示页的设计与书写

【实训目标】
1. 培养学生在了解幼儿阅读能力发展特点的基础上设计阅读教学活动的能力。
2. 培养学生依据语言教学目标来设计和书写阅读活动展示页的能力。
3. 使学生掌握为不同年龄的幼儿选择阅读教材的方法。

【内容与要求】
1. 学生分组设计大中小班幼儿的阅读教学活动内容。
2. 各组同学依据选材设计和书写各个班级的阅读教学活动展示页。
3. 选取多种幼儿阅读教材去幼儿园为不同班级的幼儿开展阅读活动。

【实训考核】
根据学生设计的阅读教学活动展示页内容进行评估。

思考与延展

1. 简述蒙台梭利语言教育的目的和意义。
2. 简述蒙台梭利语言教育的内容。
3. 结合实例阐述蒙台梭利关于幼儿语言敏感期的理论。
4. 说明蒙台梭利语言教育中环境创设的原则。
5. 设计蒙台梭利教室语言区布置图,并列举出所投放的5个学具的名称及材料。

第十三章

蒙台梭利科学文化教育

蒙台梭利说，孩子学习文化不只是要他们更聪明，最重要的是使他们了解环境，进而尊重环境、尊重别人、尊重自己，同时可以帮助发展孩子对世界所有人类的正确的态度，使世界在未来可以变得更和平。所以，在儿童时期进行科学文化教育可以充实孩子的生活经验，使孩子变得爱学习、喜欢研究、增进自信心，对人、对世界充满爱。

第一节 蒙台梭利科学文化教育思想

一、蒙台梭利科学文化教育概述

（一）科学文化的概念

科学文化泛指人类所创造的各种科学成果与财富的总和，是人类文化之一，具备非自然性、人为性、群体性、创造性、历史性、行为规范性等基本的属性，同时又有着其自身的特殊属性，体现在它是以科学家为代表进行科学探索、实践和创造活动并辐射向全社会的一种文化。科学在整合、积累群体长期成果的基础上，使人们吸收到同伴和前辈们所作出的发现和思想，它同哲学、艺术、信仰、宗教、道德、习俗等人文因素交织在一起相互影响、相互作用、相辅相成，形成了具有文化内涵的高层次的文化结构。

（二）科学文化的构成

1. 科学文化的精神文化

科学精神是科学文化之精神文化的集中体现，表现为用科学的态度、科学的方法来实事求是地研究、处理有关问题。它包括科学思想、科学观念以及科学的思维模式、情感模式、行为习惯、价值标准和工作方法等等。

2. 科学文化的物质文化

科学文化是建立在物质基础之上的，科学文化的物质文化包括科学知识以及体现、表达科学思想、科学知识为目的的物质载体，或以科学探索为目的的仪器设备等等。

3. 科学文化的规范文化

由于科学文化是具有相当规模的科学活动，所以科学文化之规范文化具有重要的价值而被社会认可，成为一个特定的领域，且在这个领域中存在着自身特点的社会组织形式、价值标准和行为规范，因此保留和发展了相对独立的科学文化传统。

（三）蒙台梭利科学文化教育的内涵

蒙台梭利提出：4~6岁是幼儿的文化学习敏感期，孩子是环境的一部分，也是文化的一部分，所以在幼儿园阶段就要对幼儿进行科学文化教育。

蒙台梭利遵循从具体到抽象的原则，倾向于把科学文化作为一个整体来教，在教育内容上从宇宙万物开始，让孩子们在观察实物、建立感性经验的基础上开始了解我们周围的一切，孩子们不但要运用多种感官亲自感知获取丰富的感性经验，还要通过精心设计的学具来了解更多的特殊或细节的内容，使得这些让我们大人看上去很深奥的知识，很自然地就纳入了孩子的知识结构之中了。蒙台梭利的科学文化教育包括动物、植物、历史、地理、天文、地质、自然现象及科学实验、人体生理现象等，它是集一种自然的倾向、一种生活化的教育内容，每一个类别在教学中也都要从大的概念开始逐步细化。

二、蒙台梭利科学文化教育的特点

1. 科学文化教育是全球性的，是关于宇宙观和系统性的。
2. 科学文化教育透过操作、感官来学习，是一种探索体验式的学习方法。
3. 科学文化教育给予孩子基本能力、想象空间和兴趣的研究。
4. 科学文化教育追求一种人生态度，是幼儿终身学习和发展的准备活动。

三、蒙台梭利科学文化教育的意义

探讨人与环境、人与自然之间的关系，建立自我概念；认识不同民族和社会的文化特质；建立宇宙观；21世纪是科技主导的世纪，了解科学的一些基本知识，为今后从事各科学习打下坚实基础。

四、蒙台梭利科学文化教育的目的

在蒙台梭利教室里，具备了动物、植物、历史、地理、天文、地质等教具，让孩子学习如何照顾动物、植物，了解自己所居住的大环境、了解宇宙万物的奥秘、认识各种矿物等内容。

直接目的：使孩子对其生存的环境，对人、对事、对物有一定的浓厚兴趣，从自己的环境中建构自我的概念；培养幼儿爱科学的情感；培养幼儿掌握认识事物的方法；培养幼儿的好奇心、求知欲；引导幼儿接触周围世界，增强环保意识，获得科学经验；学习民族文化，培养民族自豪感。

间接目的：从欣赏、观察、认识中培养幼儿对宇宙和大自然的热爱及责任感，培养幼儿在未来有足够的能力和适应力、独立工作和自我发现。

五、蒙台梭利科学文化教育的原则

1. 由具体到抽象。
2. 由已知到未知。
3. 应该具有秩序性。
4. 将内容设计成可操作的工作。
5. 通过感官引导学习。

第二节 蒙台梭利科学文化教育的实施

一、蒙台梭利科学文化教育的内容

(一)蒙台梭利动物学教育内容

蒙台梭利认为:在孩子很小的时候就应该鼓励他们学习如何照顾小动物,幼儿是天生的慈善大使,他们对大自然的一切充满激情并渴望了解。

与幼儿手中的积木相比,有生命力的小动物更是孩子们喜爱的对象,幼儿园里如果饲养了小动物,就会增加很多幼儿感性的情感上的付出。在蒙台梭利的日常生活教育中,孩子们已经初步学习了如何照顾自己、如何照顾环境,其中就包括照顾小动物,家长可以带孩子去动物园、养殖场、农场等地方参观,让孩子们了解这些动物生活的习性及生活的基本条件等,从而培养幼儿爱护动物、保护生态环境的意识。

1. 蒙台梭利动物学的教学目的

培养幼儿对动物学的兴趣;了解关于动物的常识性知识;了解动物与人的关系;了解对动物与环境的关系;培养幼儿热爱动物、保护动物的意识,树立热爱生命的理念;通过照顾动物和保护动物培养幼儿的责任感等人格品质。

2. 蒙台梭利动物教学教具

昆虫类——观察蚂蚁、蚂蚁的拼图、昆虫三段卡。

鱼类——饲养鱼类、鱼的拼图、鱼的三段卡。

两栖动物——青蛙、青蛙的拼图、青蛙的三段卡。

爬行动物——乌龟、乌龟的拼图、乌龟三段卡;恐龙、各种恐龙的资料。

鸟类——鸟、鸟的拼图、鸟的三段卡。

哺乳动物——马、马的拼图、马的三段卡。

(二)蒙台梭利植物学教育内容

蒙台梭利把生物学和教育学视为生命教育的重要组成部分,在《蒙台梭利早期教育法》中提到:"最能培养孩子对大自然情感的是栽培植物,因为植物不断变化并展示它的美,在其自然发展的过程中给予的远比索取的要多。"这种情感会内化成一种对生命的珍惜与感恩,因此通过观察大自然中植物的生长使孩子们有了更多专注的眼神和兴奋的表情,这说明孩子们本来属于活泼的本性和生命力被唤醒,这些更能够增强孩子潜能的发挥。

1. 蒙台梭利植物学教学目的

培养幼儿对植物学的兴趣;了解关于植物的知识;了解植物与人的关系;了解植物与环境的关系;培养幼儿爱护植物、爱护环境的价值观;培养责任心等人格品质。

2. 蒙台梭利植物学的教学原则

(1)通过实物的刺激,发展儿童的感官。

在孩子感官发展的敏感阶段,应该为孩子们创设生活中丰富的真实场景,让他们通过触摸真实具体的实物来刺激感官,这样有助于孩子能够更好地理解植物,如让孩子经常触摸鲜花、闻花的芳香,清洗叶子、采摘新鲜的水果等。

(2)通过信息的刺激,激发儿童的兴趣。

孩子具有与生俱来的强烈的好奇心和探究的欲望及敏锐的观察力,在很小的时候就和大自然建立了奇特的密切的联系,因此成人要尊重孩子的天性,用大量的信息来反复刺激孩子的感觉器官,通过操作教具来满足他们的好奇心,使得孩子对周围世界产生发自内心的关爱,建立了解环境、关爱环境的责任感。

（3）提供充分的环境预备，满足儿童敏感期的需求。

成人要善于捕捉儿童的敏感期，在敏感期里为儿童提供各种富有教育意义的教具，引导他们对科学活动有浓厚的观察探索的欲望，活动中要注重重复的重要性，观察记录孩子的兴趣点，鼓励孩子的学习愿望，帮助孩子建立科学的知识观。

（4）跟随儿童的脚步，发现儿童的潜能。

通过成人放慢自己的节奏来跟随儿童的脚步，便能观察到儿童的各种行为和表现，从而可以了解儿童的兴趣点和需求所在，才能够为儿童提供适时的获得以满足他们对科学知识的渴望，才能够针对他们的兴趣进行引导，以便发挥儿童对大自然探索的无限潜能。

3. 蒙台梭利植物学教具参考

有生命和无生命的；植物和动物的分类；植物的生长、植物的组成；树的拼图及三段卡、树的结构；根的拼图及三段卡、根的结构；叶子的拼图及三段卡、叶子的结构；花的拼图及三段卡、花的结构；果实的拼图及三段卡、果实的结构；树、花、叶、根的功能等等。

（三）蒙台梭利地理学教育内容

地理学是一门综合性学科，它涉及有关地球表面的一切，如地球的运动、陆地、海洋、气候、空气、植物、动物、地形、地球上人类的演变等。历史和地理的学习是相辅相成的，蒙台梭利主张先让孩子把握事物的整体性，然后再进行局部剖解；要遵循从整体到部分、从具体到半具体再到抽象的原则，如学习地图拼图、描绘地图轮廓、国家的名称练习以及三段卡的练习等等。

1. 蒙台梭利地理学教学目的

培养幼儿对地理学的兴趣；帮助幼儿建立空间方位感；帮助幼儿认识了解整个世界，了解各个国家的文化；建立幼儿的自我概念；进一步了解人与环境之间的关系；爱护地球，保护环境。

2. 蒙台梭利地理学教具的特性

蒙台梭利地理学的教具内容广泛而实用性很强，教具的使用也将决定孩子们的学习方式和思维方式，教具的精心设计和制作以及科学的使用方法能够增强孩子们的学习兴趣，让孩子们更好地理解地理学。

3. 地理学学习的准备工作

首先，让孩子们进行方位的学习，如以自身为中心区分左右，区分自己的左右手，这样有助于他们认识地图上的方位，查看地图。

其次，通过对自身不同部位的认识和学习，熟悉了解"自身的地理"，从熟悉的部位过渡到不熟悉的部位，让他们知道部分可以组成整体。另外，让孩子们建构比例的概念，如大人与小人、大球与小球等，通过画一只手、一个人体、一间教室等物品的图形，为学习地理学中的比例尺和绘制地图做准备。

4. 地理学学习内容

（1）自然地理的学习。

自然地理的学习先从孩子们身边的生存环境（地理）的认识逐步开始，用砂纸制作的水陆地球仪主要是了解水和陆地的组成，孩子在触摸陆地上粗糙程度通过感官刺激再配以教师的语言说明，让他们对水和陆地的记忆更加深刻。然后，就可以让孩子们用地图嵌板在纸上描画陆地的轮廓，提高孩子们识图能力，帮助孩子们记忆陆地的面积形状。

（2）环境中的自然因素的学习。

人类的衣食住行会因为气候和天气变化而受到影响，所以为幼儿提供了解温度、天气、云、季节等方面的知识就可以帮助幼儿更好地了解人类的生存环境的状况，从而让自己更加适应气候的变化，更好地适应所生存的环境。

（3）时间和空间概念的学习。

地球的运动形成了白天与黑夜，同时有了时间的意义，幼儿通过了解地球跟太阳、月亮的联系，能够让幼儿建立时间和空间的概念，同时让幼儿了解地球的性质、宇宙演变和季节的变化规律等，这些都可以帮助孩子理解生活中也存在一定的规律的道理。

（4）自己动手制作教具。

由于地理知识具有抽象性，所以在引导幼儿学习地理知识时，就要利用实物教具来增强他们对地理知识的理解和兴趣，因此让他们动手制作教具是有必要的，如用彩沙制作陆地和峡谷的形状、用彩色纸制作地图板、用皮球改装太阳等。在幼儿动手制作时，成人要为他们提供丰富的材料和参考用的阅读资料，这样可以让孩子们通过阅读来增加他们学习地理知识的兴趣以及探究的欲望。

5. 地理学的学习方式

幼儿学习地理学的最佳的学习方式是探究式学习方法，幼儿通过自己的探究能够了解到地球的构造、地球上的物产、天空、云朵及天气和人类的关系等，成人应该为孩子们提供各种信息来源的途径，如互联网、图书报刊等，并帮助幼儿收集相关的资料和照片，让他们联系自身的生活去探索、思考，同时鼓励幼儿自己带着问题去查资料，以培养幼儿对了解世界、探究世界的兴趣。

6. 蒙台梭利地理学教具列举

（1）地理学教具：手的轮廓图、手指的名称、身体的轮廓图、绘制教室平面图、查看地图等。

（2）地球方位教具：院子里的东南西北、教室里的东南西北、指南针、认识地图上的方位等。

（3）自然地理教具：认识空气陆地和水、地球仪、陆地和水域的构成、砂纸地形图、地形三段卡、在地球仪上找地形、温度、气候、认识云等。

（4）人文地理教具：彩色地球仪、世界地图拼图、亚洲地图、中国地图、制作地图、学习国旗的渊源、旗的部位名称、认识各国国旗、国旗三段卡、中国国旗、国旗与国歌、物产与地图、认识人种等。

（四）蒙台梭利地质学教育内容

地质学是关于地球的物质组成、内部构造、外部特征、各层之间的相互作用和演变的历史的知识体系，它是与天文学、历史学、地理学、古生物学和水文科学等都息息相关的一门学科，同时地质学也是对地球物理学的进一步扩展。

1. 蒙台梭利地质学教学目的

培养幼儿对地质学的兴趣；了解人类居住的地球，以及地球的构成、地球的活动等地质现象；了解地质环境与人类的关系，从而建立环保意识。

2. 蒙台梭利地质学教具

在幼儿园里我们为孩子提供的教具来源于幼儿对千奇百怪的岩石和化石片的兴趣，孩子们通过对美丽块的喜爱及年龄的增长，他们对学习地球和地质知识的兴趣也会日益俱增，会更加积极地探索神秘的地球。

岩石标本是蒙台梭利地质学教学的主要学具，各种各样的岩石、矿石、化石、水晶和有关岩石的书籍以及探索岩石奥妙的工具等。我们把从简单到复杂作为教具的使用规则，以开放有序的系统的方式布置教学环境。

3. 蒙台梭利地质学知识的学习方法

在进行蒙台梭利地质学的教学时，要把不同的学习领域进行融合和相互渗透，比如：在日常生活练习内容中，为幼儿提供小块的岩石和矿石练习舀、夹、捏等动作的练习，在感官教育中为幼儿提供岩石分类、石头配对和花色石头排序等练习；把语言区获得的词汇引到其他的领域里；在数学区的学习中把小石块作为点数的工具提供给孩子等等，在这样的学习环境里，孩子们就可以更多地接触世界，独立性和创新能力也在逐渐增强。

4. 蒙台梭利地质学教学的原则

以孩子自身的体验来激发他们对课程的兴趣，以教师的言行示范来增强他们对地质学的热爱。在活动中，还要鼓励孩子多方搜集整理文字资料和物质材料，以便能够更好地研究这些知识。

5. 蒙台梭利地质学教具内容简介

地球的层次结构、地层构造三段卡、地质构造——断层和褶皱、火山爆发试验、火山爆发三段卡、岩石的三种形态、沉积岩的实验、古生物学等。

（五）蒙台梭利历史学教育内容

由于地理和人文环境的变迁而形成了一定的历史，历史是时间流淌的过程，所以在蒙台梭利的历史教学中，学习方法是从自身学习，以时间为线，把众多事情演变成以时间为轴的故事，时间的意义依赖于一个一个的事件的产生与发展，用时间线来学习历史。

在幼儿意识中，昨天、今天和明天的意义都是一样的，所以我们必须把幼儿学习时间具体化，来帮助孩子们理解在一定的情况下，时间一去不复返的事实，同时教育幼儿懂得珍惜时间，学会合理安排时间。

1. 蒙台梭利历史学的教学目的

培养幼儿对历史学的兴趣；认识时间的概念；让幼儿感受时间的特点；让幼儿感受人类与历史之间的关系；养成良好的遵守时间的好习惯。

2. 蒙台梭利历史学的教学内容

以时间线的认识为例：从孩子庆祝生日开始，让他们充分理解有关自身的时间、空间，让孩子们意识到他们在未来生活中的实际工作想法和行动也要成为历史的一部分。制作火车、飞机、汽车等交通工具及其他东西的时间线，以此来展示人或物的发展历程，使孩子能够直接感受与他们自身相联系的时间概念，也只有这样才能够正确理解时间。通过对历史的学习，使孩子们能够理解所有事物都是不断发展的，时间是连续的，生命是可以延续的。

3. 蒙台梭利历史学教具内容

生日庆祝活动、日历的认识、我的一天、学习时钟、认识分针、时钟拼图、时钟三段卡、计时器、认识星期、认识月、制作日历、认识四季、认识年、个人时间线、家庭时间线等。

（六）蒙台梭利天文学教育内容

蒙台梭利说："如果把宇宙观通过正确的途径传授给孩子，它不仅可以激发孩子的兴趣，更能够引起孩子探索广博宇宙奥秘的欲望，到那时孩子的思想将不再神游而变得全神贯注地思考了，他们所掌握的知识也会变得有组织有系统。在教学中我们所呈现给孩子的世界是一个完整的、有序的、联系的、和谐的、发展变化的世界，以这样的世界观来培养孩子的发展也将是全面的。"

天文学是一门古老的学科，源于人们对宇宙的好奇和敬畏，最近几十年，航空航天技术、大型天文望远镜技术和其他天文技术的快速进步，使我们获得了大量的有关宇宙的信息。

1. 蒙台梭利天文学的教学目的

培养幼儿对天文学的兴趣；热爱我们生存的宇宙空间，进而热爱生命；了解宇宙，掌握一些浅显的天文知识；培养幼儿的科学探索精神。

2. 蒙台梭利天文学的学习方法

通过引领孩子们探索宇宙起源、星系形状、神奇的天体运动等来解答他们的疑问，从而使孩子拓宽视野，把目光转向遥远的天空。

3. 蒙台梭利天文学的研究内容

（1）行星家族：首先研究地球；其次研究它的大气层；再研究水星、金星、火星、木星、土星、天王星、海王星等。

（2）研究星座：天文学家在星系图上标注了88个主要星座，主要的有大熊座、天龙座、仙后座、仙王座，这些星座按照十二个月的顺序出现，在每个月里我们都能够观察到部分星座。

（3）太空的奥秘：通过给孩子讲故事、阅读画册、播放电影片段等方式，让孩子们了解太空的奥秘；通过讲解中国航天英雄杨利伟的故事，了解中国航天事业的发展；通过到天文博物馆参观来感受天文知识的魅力。

4. 蒙台梭利天文学教具介绍

八大行星嵌板、八大行星三段卡、八大行星拼图、八大行星符号三段卡、太阳系的介绍、月亮的变化、太阳构造图、太阳三段卡、认识北斗七星、星座的介绍、望远镜的使用等。

（七）蒙台梭利人体生理学教育内容

生理学是生物科学的分支，是以生物机体的生命活动现象和机体各个组成部分的功能为研究对象的一门学科。

蒙台梭利的人体生理学所涉及的是人体生理学的基础知识，主要的学习目的是让幼儿了解自己的身体。

我们为幼儿提供人体生理的知识内容、人体生理的结构模型、人体生理各个器官功能等等来让幼儿初步掌握有关人体生命与健康的基本常识，树立正确的健康观念，懂得保健知识，为自己拥有一个健康美好的人生做准备。

1. 蒙台梭利人体生理学的教学目的

培养幼儿对人体生理学的兴趣；了解人类身体的组成部分；了解人类自身的生存方式；学会自我保护

与自我保健。

2. 蒙台梭利人体生理学的学习方式

按照从具体到抽象、从整体到部分、由外向内的顺序学习。

3. 蒙台梭利人体生理学的学习内容

通过和幼儿一起制作真人大小的纸制朋友来熟悉自己的身体构造，这种直观的方式有助于幼儿初步了解身体外部器官，然后通过各个器官模型进入内部组织器官的学习中。再如，保护眼睛相关知识的学习：介绍眼睛结构、如何注意用眼卫生、怎样保护眼睛等，从而帮助幼儿养成良好的卫生习惯。

4. 蒙台梭利人体生理学的学具介绍

人体的拼图、人体三段卡、手和脚、人类骨骼的认识、人的眼睛、人的牙齿、人体的内部器官、人怎样呼吸、吃进去的东西哪里去了等等。

（八）蒙台梭利科学实验教育内容

幼儿园的实验课程是以幼儿日常生活中所接触的事物与现象为内容，运用有关材料，通过幼儿亲自操作来观察这些事物现象的特征和变化。科学实验活动既能培养幼儿动手动脑能力，还能培养幼儿对自然科学现象的兴趣。幼儿在思考游戏的过程中不但能掌握科学文化知识，同时也构建了科学文化理念，所以说幼儿的实验活动是幼儿探索科学奥秘的有效途径。

1. 幼儿园的科学实验活动的教学目的

初步掌握科学实验的方法；让幼儿养成在动手操作中思考、探索、研究的良好习惯；培养幼儿学科学、爱科学的意识。

2. 科学实验活动的基本原则

（1）鼓励幼儿在活动中敢于动手操作、敢于思考总结。

（2）放手让孩子按照自己的想法去试验。

（3）教孩子学习耐心等待。

（4）设计的活动方案适合孩子的能力。

（5）教师要适时地参与指导实验活动，保护幼儿操作时的安全，教幼儿学会使用多种试验工具。

3. 教学中的注意事项

（1）教材的选择要适合幼儿。

（2）试验前做好充分的准备工作。

（3）为幼儿提供多种实验的方法参考。

4. 科学实验教具列举

多变的颜色、空气和水的特性、磁铁、带电的物品等。

第三节　蒙台梭利科学文化教育教学技能实训

项目一：科学文化教育动物学展示页的设计

 范例

蒙台梭利科学文化教育工作展示页（一）

活动领域　科学文化区。

活动名称　动物学——认识鱼。
材料构成　鱼缸，鱼。
教育目的
1. 直接目的：培养幼儿对鱼的行为特征和身体特征的观察能力。
2. 间接目的：了解鱼的各个部位的功能。

操作过程
1. 取出鱼缸放在工作毯上，请幼儿观察发现鱼缸里的鱼的特点。
2. 讨论鱼的各个部位的功能：头部、眼睛、腮孔、侧线、鱼鳍。
3. 介绍鱼鳍：尾鳍、右胸鳍、左胸鳍、背鳍、腹鳍、臀鳍。
4. 取出鱼的拼板，与刚才介绍的鱼身体的各部位对应，边说边拼摆拼图；与汉字卡和三段卡对应使用。
5. 整理用具。

变化与延伸　画小鱼、观看有关于鱼的图片。
适合年龄　3岁以上幼儿。
正确指引　教具本身。
吸引力　鱼缸里的鱼。

图13-1　鱼的嵌板

蒙台梭利科学文化教育工作展示页（二）

动物领域　科学文化区。
活动名称　动物学——哺乳类动物：兔子和熊猫。
材料构成
1. 动物图片、文字卡片。
2. 两种颜色的毛线绳：黄色2根、绿色2根。
3. 哺乳动物生长过程录像。

教育目的
1. 直接目的：让幼儿了解哺乳动物的生长过程。
2. 间接目的：培养幼儿对科学活动产生兴趣，促进幼儿身心和谐发展。

操作过程
1. 准备好桌子和材料。
2. 播放兔子和熊猫的生长过程的录像，引起幼儿兴趣。
3. 出示动物图片，让幼儿观察，发现它们的相同和不同处。
4. 出示小兔子的图片和三阶段卡，介绍兔子是哺乳动物，对应着出示兔子是哺乳动物的文字卡片。
5. 出示熊猫的图片、文字卡，再按从左到右、从上到下的顺序将图片、文字卡片分别摆成三列。
6. 取出两种不同颜色的毛线，用连线的方法将对应的图片文字和拼音连到一起；也可以让幼儿用"×××是哺乳动物"的句子造句。
7. 收回学具。

变化与延伸
1. 动物图片变化：马、羊、鹿、骆驼、猩猩等。
2. 游戏玩法变化：可以玩《我把你送回家》等。

适合年龄　3~6岁幼儿。
正确指引　动物图片、文字卡片背面有指引点。
吸引力　学具颜色鲜艳，哺乳动物的生长过程具有神秘感。

图 13-2　哺乳动物

蒙台梭利科学文化教育工作展示页（三）

活动领域　科学文化区。
活动名称　动物学——两栖动物。
材料构成　娃娃鱼图片，青蛙（图片），字卡。
教育目的
1. 直接目的：认识两栖动物。
2. 间接目的：认识到两栖动物的珍贵性。

操作过程
1. 介绍工作名称。
2. 展示图片和与图片相对应的字卡，请幼儿观察分析这两种动物的特征。
3. 引导幼儿小结两栖动物与其他动物的相同和不同点。
4. 收拾整理用具。

变化与延伸　小朋友们还知道哪些动物是两栖动物？它们有什么不同？
适合年龄　4 岁以上幼儿。
正确指引　学具本身。
吸引力　两栖动物的图片。

蒙台梭利科学文化教育工作展示页（四）

活动领域　科学文化区。
活动名称　动物学——爬行动物。
材料构成　形式卡，立体图卡，阅读卡。
教育目的
1. 直接目的：使幼儿能够了解爬行动物的知识。
2. 间接目的：通过阅读卡提高阅读能力。

操作过程
1. 铺工作毯。
2. 取学具放在工作毯上。
3. 介绍工作名称。
4. 取出立体图卡，以竖列依次摆放，手口一致地摆一个念一次名称。
5. 取出形式卡进行三阶段教学。
6. 取出阅读卡，介绍给小朋友，小朋友如果想更多地了解爬行动物可以自行阅读。
7. 收回学具。

变化与延伸
1. 方法的延伸，阅读的讲解。
2. 材料的变化。

适合年龄　4~6岁幼儿。
正确指引　图片。
吸引力　立体图卡形象逼真。

实践与训练

科学文化教育动物学展示页的设计与书写

【实训目标】
1. 培养学生根据幼儿对动物学的兴趣点来选择相应材料进行教学活动的能力。
2. 培养学生结合动物学教学活动的方法进行设计和书写展示页的能力。
3. 引导学生学会依据展示页的内容进行教具操作及课堂教学的方法。

【内容与要求】
1. 按照动物学的学习内容选择材料设计适合大中小班幼儿的动物学教学活动。
2. 依据教学内容分组设计和书写大中小班的动物学活动展示页。
3. 以小组为单位模拟动物学教学活动及学具展示，分组评价与指导。

【实训考核】
依据所设计的活动内容及教具的准备进行评估和打分。

项目二：科学文化教育植物学展示页的设计

范例

蒙台梭利科学文化教育工作展示页（五）

活动领域　科学文化区。
活动名称　植物学——认识树。
材料构成　树的拼图、树的三段卡、画笔。
教育目的
1. 直接目的：了解植物的组成部位及名称。
2. 间接目的：使用三段卡熟悉树的各个部位名称。

操作过程
1. 取出树的拼图放在工作毯上，请幼儿观察树的各部分结构。
2. 取出各部分的拼图块，将它们按照从上到下的顺序重新拼摆成完整的图案。
3. 再次取下各部分的拼块，将它们与名称卡对应，再拼摆回原样。
4. 将三段卡依次摆放在工作毯上，请幼儿将它们与拼板对应，并说出各个部分的名称。
5. 收拾整理用具。

变化与延伸
1. 幼儿想象画树。
2. 将拼图的轮廓印画在纸上，请幼儿涂色并说出这是什么部位。

图13-3　树的嵌板

适合年龄 3岁以上幼儿。
正确指引 教具本身。
吸引力 树的拼板。

蒙台梭利科学文化教育工作展示页（六）

活动领域 科学文化区。
活动名称 植物学——认识叶子。
材料构成 叶子的标本和图片，所对应的字卡，画笔。
教育目的
1. 直接目的：获得对叶子的种类、形状、大小、颜色的了解。
2. 间接目的：识别叶子和对叶子分类的能力。

图13-4　树叶嵌板

操作过程
1. 介绍工作名称。
2. 取出叶子标本和图片散放，以叶子标本为标准，把相应的图片与之配对。
3. 进行三阶段教学。
第一阶段：取出相应的文字——这是树的叶子；取出相应的文字——这是草的叶子。
第二阶段：树的叶子在哪里？草的叶子在哪里？
第三阶段：分别提问——这是什么的叶子？
4. 收拾整理用具。

变化与延伸
1. 材料的变化——木制的叶子，雕刻的叶子。
2. 三段卡的教学。
3. 种植相应的花草树木，用同样的图片去找植物的叶子。

适合年龄 3~4岁幼儿。
正确指引 每个图片后面都有相应大小的辨别标记。
吸引力
1. 对不同叶子的感觉：粗糙程度，光滑度。
2. 不同季节叶子的颜色不同。

蒙台梭利科学文化教育工作展示页（七）

活动领域 科学文化区。
活动名称 植物学——神奇的种子。
材料构成 图片，种子。
教育目的
1. 直接目的：认识种子，了解种子的结构。
2. 间接目的：感受种子的生长过程，体会种子的神奇。
操作过程
1. 出示图片，让幼儿观察并说出图片上物体的名称。
2. 根据图片让幼儿思考种子的内部结构。
3. 出示种子剖面图的图片，让幼儿了解各部分名称。
4. 讲解种子发芽、生长的过程。
5. 出示其他种子的图片，并根据对玉米种子的了解分析其他种子的结构及其生长过程。

6. 练习种子与图片的配对。
7. 收回学具。

变化与延伸　在植物区角内种植不同种子，让幼儿观察其生长过程。
适合年龄　3~4岁幼儿。
正确指引　果实与其种子相同颜色的指引。
吸引力　通过对种子的观察，结构的了解，让幼儿感受种子的神奇。

蒙台梭利科学文化教育工作展示页（八）

活动领域　科学文化区。
活动名称　植物学——认识根。
材料构成　有各种各样的根的植物（如红薯、山药、胡萝卜、白萝卜）每个幼儿一个，根的形状的图片。
教育目的
1. 直接目的：了解根的用途，激发孩子探索的兴趣。
2. 间接目的：知道根和人类的密切关系，发展幼儿的观察力和想象力。

操作过程
1. 出示植物的根，请幼儿自己观察。
2. 请幼儿仔细看看、摸摸、再说说它们是什么样子的。
3. 请幼儿找出有相同根的植物，用语言描述出根是什么样的。
4. 引导幼儿从感官上直接感受植物根的多样性。
5. 看图片"根的吸收"，让幼儿形象地了解了根的吸收过程。
6. 帮助幼儿小结：大树用根来吸收养料和水分。

变化与延伸　带领幼儿将植物放进透明的瓶中，观察根的生长和吸收情况。
适合年龄　3~5岁幼儿。
正确指引　感官得到的信息。
吸引力　实物根的展示。

实践与训练

科学文化教育植物学展示页的设计与书写

【实训目标】
1. 培养学生针对植物学的学习目标选择相应教具的能力。
2. 引导学生结合植物学的学习特点设计并书写展示页。
3. 使学生学会依据展示页的内容进行教具操作与课堂展示的方法。

【内容与要求】
1. 学生分组设计大中小班幼儿的植物学教具并制定学习内容。
2. 各组学生依据选材设计和书写各个班级的植物学展示页。
3. 以小组为单位模拟植物学学具展示，并进行评价与指导。

【实训考核】
依据各组设计的植物学学具和选择的学习内容给予评估。

项目三：科学文化教育地理学展示页的设计

蒙台梭利科学文化教育工作展示页（九）

活动领域 科学文化区。
活动名称 地理学——亚洲地图。
材料构成 世界地图拼板，亚洲地图拼板，亚洲各国的标签，大的白色卡纸一张，铅笔，彩色铅笔，水彩笔，长条纸，胶棒。
教育目的
1. 直接目的：教幼儿认识自己所在的洲，了解亚洲是由许多国家组成的。
2. 间接目的：了解亚洲各个国家的名称。

操作过程
1. 认识亚洲。
（1）从学具柜里取出世界地图拼图，请孩子们找出亚洲的位置并指出。
（2）取出亚洲地图拼版和世界地图拼图上的亚洲拼图部分做比较。
（3）找到亚洲拼图里的中国部分，把它放在拼板的右边，介绍中国是我们居住的地方。
（4）相继找出韩国、朝鲜、日本等邻国，请孩子们辨认观察。
2. 画亚洲地图。
取出亚洲地图放在桌子上，拿下中国拼图放在纸上，画出轮廓线，借助这个位置上的线条在对应位置上描画其他国家；指导幼儿在不同的国家拼图位置涂上不同的颜色；展示成果，整理用具。
3. 拼图与标签对应。
取出亚洲拼图，把其中各国家的拼图和名称标签一一对应摆放整齐；请孩子们将国家的拼图和标签对应摆放好；展示成果，整理用具并归位。
4. 亚洲的海洋。
取出世界地图拼图和亚洲地图拼图，引导幼儿观察世界地图并找出与亚洲相邻的海洋；介绍太平洋和印度洋；将国家的名称和它相邻的海洋的名称一一对应。

变化与延伸
1. 练习使用中国地图拼图。
2. 以相同的方法认识其他洲。

适合年龄 4~6岁幼儿。
正确指引 教师和控制板。
吸引力 教具本身。

蒙台梭利科学文化教育工作展示页（十）

活动领域 科学文化区。
活动名称 地理学——认识方位。
材料构成 方位图两张，方位骰一个，卧室平面图两张，方位卡四张。
教育目的
1. 直接目的：感知东南西北方位变化。
2. 间接目的：培养幼儿的方向感。

操作过程
1. 出示方位图，识别上北、下南、左西、右东。

2. 让幼儿目视太阳方向，引导幼儿依据太阳的东升西落，确定东方，并把字卡"东"贴在墙上；同时让幼儿站在东面，另一个幼儿站在太阳落山的方向——西面，感知东面和西面是相对的，用同样的方法引导幼儿发现南与北也是相对的，并依次在教室的墙面贴方向字卡。

3. 在方位卡下面放上不同的小布偶，请一位幼儿站在教室的中间。引导幼儿说出你现在面向的是哪一面。在X面你看到了什么。每个方位可以让多个幼儿说说，反复加深记忆。

4. 出示诗歌挂图，幼儿朗读诗歌，感知方位变化："早晨起来，面向太阳，前面是东，后面是西，左面是北，右面是南。"

5. 玩游戏"我的小房间"。教师分别展示卧室平面图，掷方位骰。如：方位骰掷到南，就看卧室平面图里南面有哪些物品，将此物品的实物对应摆到卧室平面图里。

变化与延伸　变化环境来认识西北、西南、东北、东南。

适合年龄　5~6岁幼儿。

正确指引　图片后面指引的颜色和方位的颜色一致。

吸引力　幼儿亲自参与游戏，在生活中感知方位。

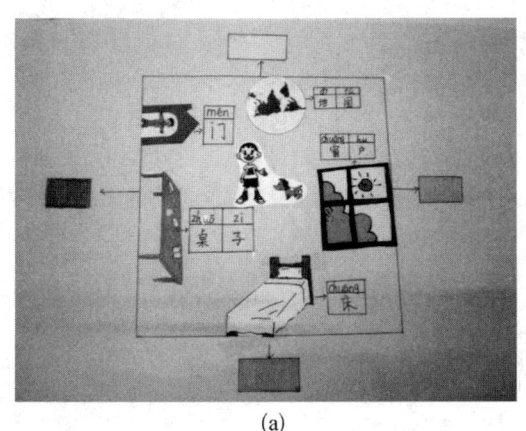
(a)

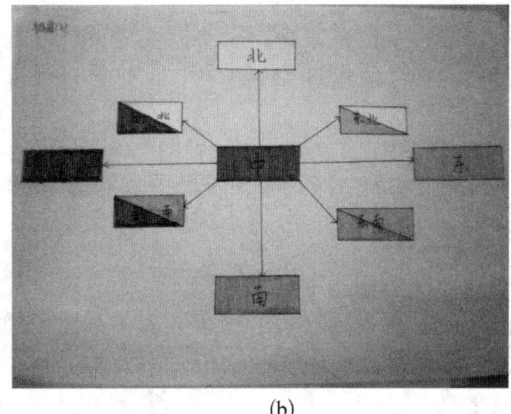
(b)

图13-5　认识方位

蒙台梭利科学文化教育工作展示页（十一）

活动领域　科学文化区。

活动名称　地理学——陆地、空气和水。

材料构成　地球仪，装有土壤的瓶子（贴有褐色标签），装有水的瓶子（贴有蓝色标签），空瓶子（贴有白色标签）。

教育目的

1. 直接目的：能够正确区分陆地、空气和水。

2. 间接目的：了解地球的基本构成成分：陆地、空气和水。

操作过程

1. 出示3个瓶子，请幼儿观察后说出里面装的是什么。（土壤，水，空气。）

2. 出示并介绍地球仪：我们所看到的陆地和水都只是地球的外部，而且我们每天看到的还都只是地球的一小部分。那么，我们怎样才能看到整个地球呢？

我们可以坐车绕着地球跑，也可以乘飞机绕着地球飞，可是这样看到的还只是一小部分地球，地球太大了，我们不可能看到它的全貌，我们怎么样才可以看到整个地球呢？（启发幼儿将地球的样子缩小，制作模型：我们画画时总是把大树画小了就可以放到纸上，也可以用橡皮泥把树捏出来……）

3. 转动地球仪时可以看到地球的各个部分，请幼儿回答看到了什么。

4. 地球仪上的蓝色区域表示的是水，褐色区域表示的是陆地，虽然我们看不到，但是地球的四周是被空气包围着的（出示空瓶子），空气是看不见、摸不着的。

5. 收拾学具。

变化与延伸
1. 认识空气，了解大气压力。
2. 了解水的作用。

适合年龄　6~7岁幼儿。

正确指引　瓶子上的颜色要与地球仪一致。

吸引力　地球的奥秘。

蒙台梭利科学文化教育工作展示页（十二）

活动领域　科学文化区。
活动名称　地理学——神奇的气候。
材料构成　地球仪，温带大陆性气候、热带雨林气候和极地气候的代表性植被卡片、字卡，地球平面展示板。

教育目的
1. 直接目的：了解并掌握三种不同类型的气候及分布特点。
2. 间接目的：了解地球生存现状，珍惜地球、保护环境。

操作过程
1. 铺工作毯。
2. 将地球仪、植物卡片、字卡放在工作毯上。
3. 介绍工作名称。
4. 转动地球仪，在图中找出温带大陆性气候、热带雨林气候及极地气候的分布区域。
5. 分别介绍三种不同气候的代表性植被并展示植物卡片。
6. 在地球平面展示板上，将气候与所对应的植被正确结合，放慢动作。
7. 收拾学具。

变化与延伸
1. 材料的变化：植被卡片可以换成动物、花草。
2. 地球平面展示板的变化：可以换成手绘的纸张或木制板。

适合年龄　5~6岁幼儿。

正确指引　在地球平面板上画出代表性的树叶、花草或动物。

吸引力　变幻莫测的气候及不同颜色、形状的叶子。

实践与训练

科学文化教育地理学展示页的设计与书写

【实训目标】
1. 培养学生针对幼儿学习地理学的特点来选择相应教具的能力。
2. 引导学生结合植物学教具分组设计并书写展示页。
3. 培养学生能根据幼儿的年龄特点选择不同的教具操作方法的能力。

【内容与要求】
1. 学生分组设计大中小班幼儿的地理学教具并制定学习内容。
2. 各组同学依据选材设计和书写各个班级的地理学展示页。

【实训考核】
到幼儿园实施各班级的地理学教学活动，评价后打分。

项目四：科学文化教育地质学展示页的设计

范例

蒙台梭利科学文化教育工作展示页（十三）

活动领域　科学文化区。
活动名称　地质学——岩石的三种形态。
材料构成　火成岩、沉积岩、变质岩各一块，"火成岩""沉积岩""变质岩"字卡，红色垫布，托盘一个。
教育目的
1. 直接目的：培养幼儿对岩石的兴趣。
2. 间接目的：学习岩石的种类。

操作过程
1. 从学具柜里取出岩石三种形态的学具放在工作毯上，将红色垫布铺在工作毯中央，将三块岩石取出从左到右依次放在垫布上。
2. 介绍：地球上的岩石主要分为三种：火成岩、变质岩和沉积岩。火成岩如果穿出地面则成火山；变质岩含有很多金属，如金、银、铁等；沉积岩中有大量的煤、石油等。
3. 请幼儿观察岩石的外表，结合自己的认知阐述观点。
4. 将字卡与岩石配对。
5. 整理学具，归位。

变化与延伸
1. 参观地质研究所。
2. 带领幼儿到户外拣拾石头。

适合年龄　4~6岁幼儿。
正确指引　字卡反面和岩石下面有控错点。
吸引力　不同形态岩石本身。

蒙台梭利科学文化教育工作展示页（十四）

活动领域　科学文化区。
活动名称　地质学——火山爆发实验。
材料构成　空塑料瓶或者饮料瓶，橡皮泥（绿色、棕色等），一杯白醋，红色的颜料水，一大勺小苏打粉。
教育目的
1. 直接目的：提高幼儿对地质学知识的兴趣。
2. 间接目的：培养科学的探索精神。

操作过程
1. 告诉幼儿今天的工作任务：做一个火山爆发的小实验。
2. 把醋灌到空瓶里，灌至空瓶的1/3，在瓶子里加上红色的颜料水。
3. 用橡皮泥把瓶子包裹起来，外形可做成真正的火山的样子，注意留出"火山"的"口"。
4. 把做好的火山模型放在一个盘子里。
5. 在另外一个容器里，把水和小苏打混合。
6. 把混合液体倒进瓶子里，马上就可以看到火山瞬间喷发了！这就是夏威夷式火山喷发的样子。

变化与延伸　用其他材料制作此实验。
适合年龄　4~6岁幼儿。
正确指引
1. 醋、小苏打的比例适当。

2. 先放小苏打，后放醋。

吸引力　火山爆发的情景。

蒙台梭利科学文化教育工作展示页（十五）

活动领域　科学文化区。
活动名称　地质学——地层结构。
材料构成　水陆地球仪，地层的地球仪，彩色橡皮泥，刻刀一把。
教育目的
1. 直接目的：了解地球是分层次的，有结构的。
2. 间接目的：激发幼儿探索科学活动的兴趣。

操作过程
1. 出示水陆地球仪，了解地球上的各个位置的名称。
2. 出示地层地球仪，引导幼儿想象如果把它用刀子切开，会看到里面是有层次的，最外面的一层叫地壳，接着是地幔、外核和内核。
3. 地壳的运动会发生较大的分裂和漂移的现象，于是就导致了环境和气候的巨大变化，比如，恐龙的灭绝。它们在灭绝后，骨骼在地层里经过长时间的变化后就形成了化石。
4. 引导孩子们用橡皮泥制作地层，注意用不同的颜色分别做成球状的内核、外核、地幔和地壳，然后用刻刀切下来一块，就可以看到地球的层次了。
5. 帮助幼儿完成制作，并分享作品，请个别幼儿用语言交流自己的做法和对地层的认识。
6. 收拾整理用具。

变化与延伸　用科学知识向幼儿做进一步的讲解。
适合年龄　3岁以上幼儿。
正确指引　自己做的地层的颜色和地层地球仪的一样。
吸引力　制作地层的过程。

蒙台梭利科学文化教育工作展示页（十六）

活动领域　科学文化区。
活动名称　地质学——断层和褶皱。
材料构成　地层地球仪，彩色橡皮泥，刻刀一把，相应的断层与褶皱的图片各一张，白纸。
教育目的
1. 直接目的：了解地形的产生原因。
2. 间接目的：培养幼儿的科学探索精神。

操作过程
1. 出示地层地球仪，给幼儿分析讲解：地壳上面有很多的陆地板块，它们总是在运动，每年都要自己移动几厘米，虽然看起来是很小的运动，但是最后却能够产生很大的结果，即能形成两种地形。
2. 出示断层和褶皱的图片：断层是板块移动使岩石破裂后形成的；褶皱是板块挤压形成的，许多的山脉和湖泊都是由板块移动和板块相互挤压形成的。
3. 取出制作的材料，和幼儿一起动手制作断层和褶皱，注意用不同的颜色区分。
4. 展示幼儿的作品，请幼儿自愿分享自己的做法，交流感受。
5. 收拾整理用具。

变化与延伸　向幼儿做关于断层和褶皱的进一步讲解。
适合年龄　3岁以上幼儿。
正确指引　自己做的断层和褶皱的颜色和地层地球仪的一样。
吸引力　制作的过程。

 实践与训练

科学文化教育地质学展示页的设计与书写

【实训目标】
1. 培养学生根据幼儿学习地质学的兴趣选择相应教具的能力。
2. 使学生学会书写展示页并进行课堂展示。

【内容与要求】
学生分组设计大中小班的地质学教具，设计展示页后进行模拟教学。

【实训考核】
依据各组的地质学模拟教学活动给予评估。

项目五：科学文化教育历史学展示页的设计

 范例

蒙台梭利科学文化教育工作展示页（十七）

活动领域　科学文化区。
活动名称　历史学——认识四季。
材料构成　春天3~5月、夏天6~8月、秋天9~11月、冬天12月~来年2月的字卡各一套；代表各个季节的物品各一张，表示各个季节的图片各一张，工作毯一块。

教育目的
1. 直接目的：认识四季。
2. 间接目的：了解四季的特点。

操作过程
1. 从学具柜里取出四季的学具放在工作毯上，介绍四季的工作。
2. 提问：现在是几月，是什么季节？
3. 取出本月的学具，讨论这个季节的特征：天气、着装、饮食、用品等。
4. 把代表本季节的物品放在工作毯中间，再把相对应的季节图片放在下面，取出字卡与其对应。
5. 以同样的方式介绍其他几个季节。
6. 请孩子们讲述关于季节的小故事。
7. 整理学具，归位。

变化与延伸　带领幼儿在不同的季节里进行户外活动，体验季节的变化。
适合年龄　3岁以上幼儿。
正确指引　教师。
吸引力　教具本身。

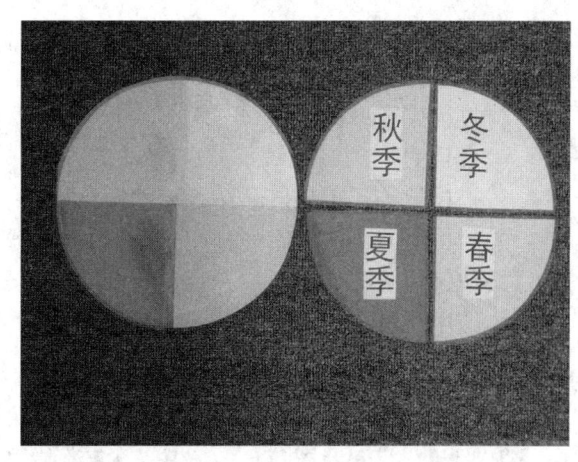

图13-6　认识四季

蒙台梭利科学文化教育工作展示页（十八）

活动领域 科学文化区。

活动名称 历史学——认识年。

材料构成 一张圆形年的卡片，两张半年的卡片，四张春、夏、秋、冬的卡片，十二个月的卡片（以上卡片由不同颜色构成）。

教育目的

1. 直接目的：复习1~12的数练习，对"年"有初步认识。
2. 间接目的：让幼儿更好地掌握"序"感，并学会珍惜时间。

操作过程

1. 取出工作毯。
2. 双手取托盘（学具）放工作毯上。
3. 把卡片一一放在工作毯上。

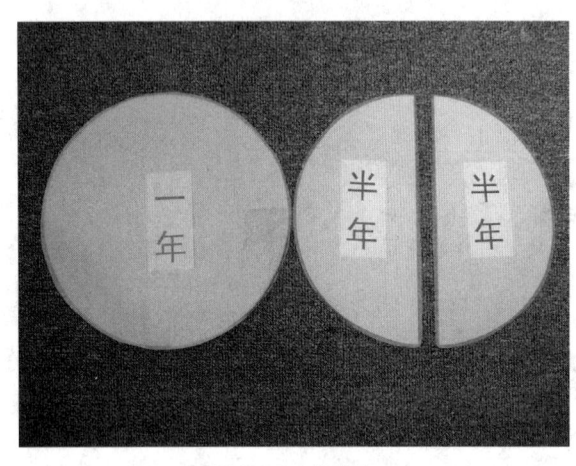

图13-7　认识年

首先按大小给卡片排序，把两个半圆的半年卡片合起来，发现和一年重合。再把四张春、夏、秋、冬的卡片合起来也和一年重合。最后把12个月合起来也和一年重合。然后，让幼儿和自己一起念1月、2月、3月、4月……12月。一年可以分成两个半年；一年可以分成春、夏、秋、冬四个季节；一年可以分成12个月。

4. 收回学具。

变化与延伸 材料形状的变化（大小、颜色、形状）。

适合年龄 3~4岁幼儿。

正确指引 最终拼完的图形与一年重合，1~12月用数字指引。

吸引力 图片的颜色和形状。

蒙台梭利科学文化教育工作展示页（十九）

活动领域 科学文化区。

活动名称 历史学——一日生活时间线。

材料构成 一日时间的三段卡。

教育目的

1. 直接目的：了解自己在一天中各个时间段的活动内容。
2. 间接目的：懂得珍惜时间。

操作过程

1. 取出学具。
2. 散放一日生活三段卡，分类摆好。
3. 从早晨6点开始逐一按照时间的顺序将时间段的卡片摆好。
4. 相应的对照活动内容卡与时间卡摆好。
5. 最后将字卡与之对应摆好。
6. 观察所展示的学具，说说自己的一日活动内容。
7. 收拾整理学具。

变化与延伸 与生活中的时间对应再制作一套家庭时间卡。

适合年龄 3岁以上幼儿。

正确指引 三段卡的完整组合。

吸引力 图片的颜色和内容。

 **实践与训练**

科学文化教育历史学展示页的设计与书写

【实训目标】
1. 培养学生针对历史学的学习目标制作教具的能力。
2. 引导学生结合历史学的学习特点设计并书写展示页。
3. 使学生学会依据展示页的内容进行教具操作与课堂展示的方法。

【内容与要求】
1. 学生分组设计大中小班幼儿的历史学教具并书写展示页。
2. 以小组为单位模拟历史学学具展示,并进行评价与指导。

【实训考核】
依据各组制作的历史学学具和选择的学习内容给予评估。

项目六:科学文化教育天文学展示页的设计

 **范例**

蒙台梭利科学文化教育工作展示页(二十)

活动领域 科学文化区。
活动名称 天文学——8大行星嵌板。
材料构成 8大行星嵌板,8大行星标签。
教育目的
1. 直接目的:增加对太阳系的兴趣、认识8大行星、了解行星沿着轨道围绕太阳运行。
2. 间接目的:为学习8大行星三段卡做准备,培养幼儿的宇宙观及科学探索兴趣。

操作过程
1. 从学具柜里取出8大行星嵌板学具放在工作毯上。
2. 教师向幼儿展示嵌板上的8个球体,介绍8大行星:行星嵌板的中央有一个红色的星球,这个星球就是太阳。在太阳周围有8个行星,分别叫金星、木星、水星、火星、土星、天王星、海王星、地球。离太阳最近的星球是水星,小朋友们居住的地方是地球。嵌板上椭圆形的圈就是行星的轨道,这8个行星沿着各自的轨道围绕着太阳转动。
3. 将嵌板里的所有球体拿出来在工作毯下面排成一排。
4. 老师讲行星的小故事。
5. 拿出8大行星的标签与球体对应摆放、配对。
6. 整理学具,归位。

变化与延伸
1. 利用8大行星板描出8大行星的轮廓并涂色。
2. 用各种材料制作太阳系。

适合年龄 5~6岁幼儿。
正确指引 教具本身。
吸引力 太阳系的故事。

蒙台梭利科学文化教育工作展示页（二十一）

活动领域 科学文化区。
活动名称 天文学——月亮的变化。
材料构成 一个地球卡片，8张月亮变化的卡片，形式卡。
教育目的
1. 直接目的：知道月亮在一个月中的8种变化。
2. 间接目的：获得对月球的初步了解，培养探索精神。

图13-8 月亮的变化图

操作过程
1. 双手取托盘放在工作毯上。
2. 把卡片从板上取下来，依次放在工作毯上。
3. 提问幼儿有没有见过这样的月亮。
4. 按形状对卡片进行排列，进行三阶段教学。
5. 展示月亮的变化，认识月亮相位：新月—娥眉月—上弦月—盈凸月—满月—亏凸月—下弦月—残月，并依次放入相应位置。
6. 收拾整理学具。

变化与延伸 地球仪和分解式月球模型。
适合年龄 4~5岁幼儿。
正确指引 月亮有8种变化，并有其规律。
吸引力 生活中看到的月亮的变化和图片的对比。

蒙台梭利科学文化教育工作展示页（二十二）

活动领域 科学文化区。
活动名称 天文学——看云识天气。
材料构成 不同形状、不同颜色的云彩图片，字卡，天气卡，两个小木盒。
教育目的
1. 直接目的：能根据常见的两种云彩来判断晴天和阴天。
2. 间接目的：认识不同的云彩，培养观察力和对天文探索的兴趣。
操作过程
1. 介绍工作名称。
2. 把装云彩图片的盒子放左边，装字卡和图形卡的盒子放右边。
3. 拿出常见的晴天和阴天时的云彩图片，引导幼儿了解生活中常见的两种云彩，它们分别可以代表一种天气；将对应的字卡和天气卡放对应的云彩上面。
4. 将天气卡和字卡收起来。
5. 让小朋友看云彩说天气，并将对应的字卡和天气卡找出来。
6. 收回学具。

变化与延伸 材料构成的变化，方法和知识的延伸。
适合年龄 4~5岁幼儿。
正确指引 字卡和天气卡后面画有对应云彩。
吸引力 云彩的形状和颜色。

(a)

(b)

图 13-9　看图识天气

蒙台梭利科学文化教育工作展示页（二十三）

活动领域　科学文化区。
活动名称　天文学——北斗七星科学。
材料构成　硬卡纸，防水姓名贴。
教育目的
1. 直接目的：了解北斗七星的构成和形状。
2. 间接目的：培养幼儿好奇心，激发科学潜能。

操作过程
1. 铺工作毯。
2. 双手取托盘放在工作毯上。
3. 识别北斗七星学具的汉字板及拼音板。
4. 教师予以指导。
5. 收回学具。

变化与延伸　北斗七星与四季的联系。
适合年龄　6岁以上幼儿。
正确指引　相同的北斗七星七彩的颜色。
吸引力　七彩的北斗七星及卡通的防水姓名贴。

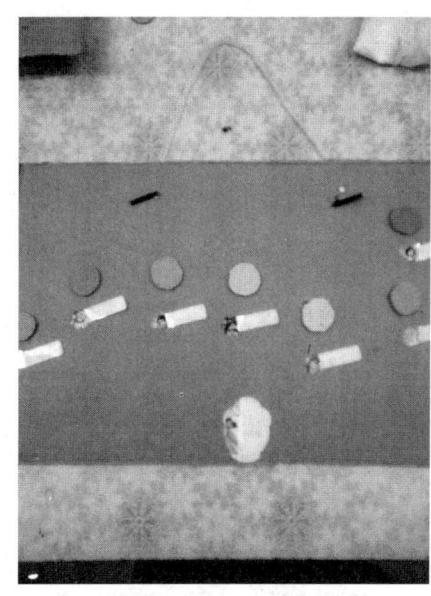
图 13-10　北斗七星

实践与训练

科学文化教育天文学展示页的设计与书写

【实训目标】
1. 培养学生针对天文学的学习目标制作教具的能力。
2. 引导学生结合天文学的学习特点设计并书写展示页。
3. 使学生学会进行教具操作与课堂展示的方法。

【内容与要求】
1. 学生分组制作大中小班幼儿的天文学教具并书写展示页。
2. 以小组为单位模拟教学，进行评价与指导。

【实训考核】

依据各组制作的天文学学具和选择的学习内容给予评估。

项目七：科学文化教育人体生理学展示页的设计

范例

蒙台梭利科学文化教育工作展示页（二十四）

活动领域　科学文化区。
活动名称　人体生理学——吃进去的东西到哪里去了。
材料构成　人体消化系统图、人体消化系统拼图。
教育目的
1. 直接目的：教幼儿注意饮食卫生。
2. 间接目的：让孩子们认识人体内部消化系统图，讲卫生的教育。

操作过程
1. 谈话：我们每天为什么要吃很多的东西？吃的东西到哪里去了？
2. 介绍人体消化系统图：口腔、咽喉、食管、胃、小肠、大肠各部位的功能。
3. 对照人体消化系统图讨论：应该怎样保护它们？
4. 整理学具，归位。

变化与延伸　在地面上画出食物经过消化器官的路线图，幼儿扮演食物从消化器官走一遍。食物材料的变化，可在人体图上加入内脏器官，认识人体器官。
适合年龄　3岁以上幼儿。
正确指引　食物在人体走向的正确指引线。
吸引力　食物在人体里流动的过程。

蒙台梭利科学文化教育工作展示页（二十五）

活动领域　科学文化区。
活动名称　人体生理学——认识眼睛。
材料构成　眼睛的字卡，眼睛结构图片，眼睛三阶段字卡图，眼睛拼图。
教育目的
1. 直接目的：认识眼睛，知道眼睛的结构。
2. 间接目的：了解眼睛的相关内容与用途。

操作过程
1. 双手取学具放到工作毯上。
2. 介绍工作名称。
3. 出示眼睛的卡片和眼睛结构图片，三阶段字卡和一张眼睛的拼图。
4. 让幼儿观察图片，介绍眼睛的结构，运用三阶段教学法和三阶段字卡加深幼儿对眼睛的认识。
5. 玩眼睛拼图游戏。
6. 整理收回学具。

变化与延伸　关于眼睛方面的知识。
适合年龄　3~4岁幼儿。
正确指引　眼睛的结构图。
吸引力　图片的色彩。

蒙台梭利科学文化教育工作展示页（二十六）

活动领域　科学文化区。
活动名称　人体生理学——人体最大的器官：皮肤。
材料构成　冷水、热水，夹子、羽毛，石子、玻璃球，绒毛玩具、木块，放大镜、印泥、白纸，记号笔。
教育目的
1. 直接目的：萌发探索人体的兴趣，了解皮肤的构造和功能。
2. 间接目的：知道要保持皮肤的清洁，并使皮肤不受到损伤。

操作过程
1. 请幼儿互相找身上的皮肤，知道皮肤的重要性。
2. 引导幼儿发现皮肤是人体最大的器官，提问：如果我们没有皮肤，会怎么样？
3. 取出材料，请幼儿分组进行观察和操作，了解皮肤的构造和功能。
第一组：冷水、热水。
第二组：夹子、羽毛。
第三组：石子、玻璃球。
第四组：绒毛玩具、木块。
第五组：放大镜、印泥、白纸。
第六组：记号笔。
4. 请小朋友说一说发现了什么、感觉到了什么。例如：
感觉到了一个脸盆里的水是冷的，一只脸盆里的水是热的；把夹子夹在手上感觉到很疼，用羽毛刺在手心上感觉到痒痒的；用皮肤感觉到石子是粗粗的，玻璃球是滑滑的；玩具是软软的，木块是硬硬的；用放大镜可以看见手上有毛孔、汗毛，手上还有指纹和手纹；用记号笔画一条线在手上，把皮肤拉紧，线条就变长了……
5. 小结活动结果：皮肤上有细细的毛孔和绒绒的汗毛，热了，毛孔能帮助身体排汗、散热；冷了，毛孔就缩小，不让冷空气进入体内。手上有指纹和手纹，而且每个人的指纹和手纹是不一样的；它还能感觉出冷、热、痛、痒，感觉出物体的软硬、光滑和粗糙；皮肤还具有弹性。
6. 引导幼儿讨论如何保护自己的皮肤。
7. 收拾整理材料。

变化与延伸　小朋友去玩一玩刚才没玩过的材料，互相说说发现了什么，感觉到了什么。
适合年龄　4~6岁幼儿。
正确指引　自己的真实感觉。
吸引力　用多种材料探究皮肤功能。

蒙台梭利科学文化教育工作展示页（二十七）

活动领域　科学文化区。
活动名称　人体生理学——人体的支架骨骼。
材料构成　鱼骨头、肉骨头，骨骼支架图一幅，操作卡若干，录音机、磁带、投影仪、笔。
教育目的
1. 直接目的：知道骨骼是人体的支架。
2. 间接目的：初步了解骨骼的名称和作用，懂得用多种方法保护骨骼。

操作过程
1. 出示动物的骨骼，请幼儿观察，引起幼儿参与活动的兴趣。
2. 请幼儿在自己的身体上找找、说说哪儿有骨骼？说说它是什么样子的？
3. 出示图片，和幼儿一起了解人体骨骼的数量和有关名称。

4. 自己做出相应的动作来体验、感受骨骼的作用。

5. 给幼儿提供操作卡，请幼儿判断操作卡上幼儿行为的正误，懂得保护骨骼的多种方法。

变化与延伸 帮助身边的小朋友，让他们学会保护自己骨骼的方法。

适合年龄 4~6岁幼儿。

正确指引 骨骼图。

吸引力 探究骨骼的功能。

图13-11 蛙的骨骼

 实践与训练

科学文化教育人体生理学展示页的设计与书写

【实训目标】

1. 使学生能够依据人体生理学的活动目标制作教具。
2. 引导学生结合人体生理学的学习特点设计并书写展示页。
3. 使学生学会依据展示页的内容进行教具操作与课堂展示的方法。

【内容与要求】

1. 学生分组设计大中小班幼儿的人体生理学教具并书写展示页。
2. 以小组为单位模拟人体生理学学具展示，并进行评价与指导。

【实训考核】

进行幼儿园的分班教学展示，给予指导和评价。

 项目八：科学文化教育科学实验展示页的设计

 范例

蒙台梭利科学文化教育工作展示页（二十八）

活动领域 科学文化区。

活动名称 科学实验——认识物体的三态。

材料构成 托盘里放置三个玻璃瓶：一个是空的，另外两个分别装有水和石头，三张分别写着"气体""液体""固体"的字卡。

教育目的

1. 直接目的：增强幼儿对物质的兴趣，认识气体、液体、固体的形态。
2. 间接目的：培养幼儿的观察能力和科学探索精神。

操作过程

1. 取出教具放在工作毯上，请幼儿观察后发现瓶子里装的是什么。
2. 摇晃并转动这三个瓶子，让幼儿感知里面的物体。
3. 将字卡与瓶子及物体配对，并讨论这三种物质的不同特性。
4. 小结：空气是一种气体，石头硬硬的是一种固体，水可以流动是液体。物体有三态：液体、气体和固体。

变化与延伸

1. 用水做物体的三态实验：把水放在冰箱里冻成固体冰，拿出来加热后随着气温的升高呈现出液态和气态，再拿着一面镜子对着蒸汽，可以看到有水珠（液态）从镜子上流下来。
2. 认识自己身体的液体（血液、汗液等）、气体（呼气等）和固体。

适合年龄 3岁以上幼儿。
正确指引 瓶子里的物体。
吸引力 三态的变化。

图13-12 物体的三态

蒙台梭利科学文化教育工作展示页（二十九）

活动领域 科学文化区。
活动名称 科学实验——认识与测量温度。
材料构成 四个分别盛有冷水、凉水、温水和热水的实验杯，字卡，四个测水温度计，电热锅，水温记录表。

教育目的

1. 直接目的：了解冷水变热水和热水变凉水时水的温度变化情况；认识温度计。
2. 间接目的：感知温度，引起幼儿探索兴趣。

操作过程

1. 感知温度。

取四个分别盛有冷水、凉水、温水和热水的实验杯放在桌子上，感知冷、凉、温、热，并把相应的字卡放在杯子的旁边，进行命名"这是冷水，这是凉水……"

2. 谈话引出温度及温度计。

"这四杯水给我们的感觉一样吗？为什么？"

因为它们的温度不一样，让我们来测量一下它们是多少度。

3. 测量水温。

出示温度计，请幼儿观察温度计并说出它们的特征：玻璃管、红柱子、数字等。

4. 示范温度计的使用方法，引出读数字。

5. 把四个相同的温度计分别放入冷水、凉水、温水、热水中，请幼儿观察它们的变化和它们之间的不同。引导幼儿说出有的温度计红柱子变高了，有的变矮了，且红柱子到达的高度（数字）不一样。请小朋友逐一读出水的温度，并记录。

6. 实验：水的温度变化。

（1）冷水变热水。

把冷水放入电热锅里加热至沸腾，每隔3分钟进行一次水温的测量，在温度计上用红色的彩铅描出红柱子的高度并记录。

（2）热水变冷水。

把热水放凉，每隔3分钟进行一次水温的测量，在温度计上用红色的彩铅描出红柱子的高度并记录。

（3）总结。引导幼儿发现：冷水变热水，温度不断上升；热水变冷水，温度不断下降。

7. 整理收拾所有的用具。

变化与延伸

1. 请幼儿回家用体温计测量自己的体温。
2. 在班级挂温度计，感知天气的变化，每天由值日生小朋友负责记录空气的温度。

适合年龄 5~6岁幼儿。
正确指引 温度计的显示。
吸引力
1. 温度计的变化。
2. 幼儿动手操作的乐趣。

蒙台梭利科学文化教育工作展示页（三十）

活动领域 科学文化区。
活动名称 科学实验——水中的沉与浮。
材料构成 小泡沫板，石头，玻璃球，雪花片，小球，塑料瓶，操作盘，记录表，笔，水盆等。
教育目的
1. 直接目的：观察、比较物体在水中的沉浮现象。
2. 间接目的：用简单的图画记录观察和探索的结果。

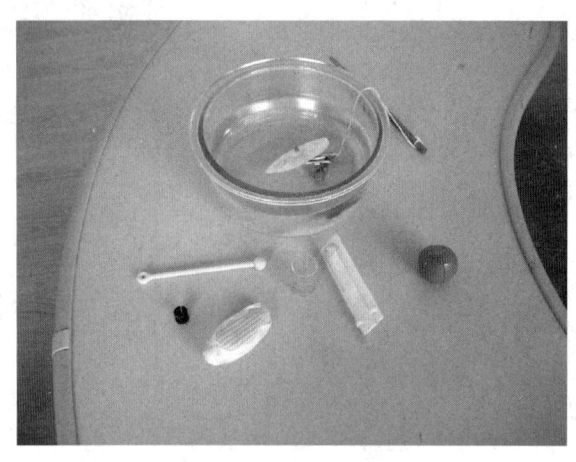

图13-13 水中的沉与浮

操作过程
1. 出示托盘中的实物，幼儿观察。
2. 请幼儿猜一猜把这些东西放入水中后，有哪些东西会沉到水底，有哪些东西会浮在水面上？猜测物体沉浮状态并记录。
3. 指导幼儿把猜想的结果写到记录表上，设置好下沉和上浮的标记。
4. 和幼儿一起动手把材料投放到水中，实际操作后观察沉浮状态，指导幼儿做好沉浮现象的记录。
5. 取出刚才猜测的记录表，请小朋友对照记录自己验证猜测的结果对不对。
6. 幼儿对自己的实验总结及与小朋友分享自己的实验过程、实验结果，教师给以鼓励。

变化与延伸 更换材料，进行同样的实验。
适合年龄 3岁以上幼儿。
正确指引 实验的结论。
吸引力 沉与浮的变化。

蒙台梭利科学文化教育工作展示页（三十一）

活动领域 科学文化区。
活动名称 科学实验——自制再生纸。
材料构成 废纸，清水，胶水，细筛网，水盆，木棒。
教育目的
1. 直接目的：学习制作再生纸的方法，体会制作的快乐。
2. 间接目的：提升幼儿的环保意识。
操作过程
1. 出示一张纸，引导幼儿说出纸的制作方法或来源，交代活动目的，引起幼儿兴趣。
2. 取出一些废纸，撕碎后放入水盆中浸泡。
3. 用木棒将纸片捣碎，制成糊状纸浆。
4. 用细筛网将纸浆捞出。

5. 将捞有纸浆的细筛网放在干毛巾或布上,再用一块木板压挤。
6. 将纸轻轻撕下。
7. 将纸浆平铺在湿布上置于阴凉通风处晾干,即成再生纸。
8. 幼儿按步骤操作实验,鼓励幼儿学习合作。
9. 共同欣赏自己的实验作品,交流分享实验中的体验。

变化与延伸
1. 替换材料(如用皱纹纸、亮光纸等)进行相同的实验。
2. 观察实验结果与案例中的是否相同。

适合年龄　5~6岁幼儿。

正确指引　自制的纸浆变成再生纸的形状。

吸引力　制作纸的过程。

科学文化教育科学实验展示页的设计与书写

【实训目标】
1. 引导学生针对幼儿开展科学实验活动的特点选择相应的学习内容。
2. 培养学生设计并书写展示页的能力。
3. 使学生学会依据展示页的内容进行教具操作与课堂展示的方法。

【内容与要求】
1. 学生分组设计大中小班幼儿的科学实验活动内容。
2. 各组同学依据选材设计和书写各个班级的科学实验活动展示页并进行模拟教学。

【实训考核】
在幼儿园实施各班级的幼儿科学实验教学活动,评估后打分。

 思考与延展

1. 蒙台梭利科学文化教育的目的和意义是什么?
2. 简述蒙台梭利科学文化教育所包含的内容。
3. 举例说明蒙台梭利科学文化教具的设计原则。
4. 列表说明蒙台梭利科学文化教育的内容。
5. 设计一个蒙台梭利教室科学文化区域布置图,并列举出所投放的5个学具的名称及材料。

第十四章

蒙台梭利音乐启蒙教育

蒙台梭利说，音乐启蒙教育的成功与否主要看我们给幼儿听了多少音乐。我们应该给幼儿提供一个能够引发其音乐感受力和理解力的环境，幼儿音乐教师最重要的工作并不是增强其音乐的熟练程度，而是如何为孩子设计音乐环境，并且以生动活泼的教学方法，循序渐进地引领孩子进入音乐的殿堂。

第一节 蒙台梭利音乐启蒙教育思想

一、幼儿音乐启蒙教育的意义

婴儿从出生开始就以触觉、嗅觉、听觉、味觉、视觉来探索世界，蒙台梭利判定孩子的听觉器官发育要早于其他器官。当孩子还不会说话、不能走路时，他已经能听音乐，并能感受到音乐作品所表现的情绪。研究表明，还在妈妈肚子里的5~6个月胎儿就已经有感受音乐的能力了；当依偎在母亲怀抱里的婴儿听到轻松的摇篮曲时就能够安然入睡；给哭闹不止的宝宝播放音乐，孩子也能够安静下来；听到欢快的乐曲就喜悦、微笑等，由此可见，人对音乐的欣赏能力是与生俱来的。音乐与听觉器官的关系又最为密切，所以说喜欢听音乐是孩子的本性，音乐活动是幼儿生活中不可缺少的好伙伴。

音乐是一种艺术形象，幼儿的思维活动是一种具体形象。音乐是幼儿大脑极好的营养品，可以调节大脑的功能，提高幼儿的思维能力和想象力，提高语言能力及促进其德育的发展，还可以陶冶幼儿的情感。研究证实，人的大脑在功能上有着明显的分工：大脑的左右半球是各司其职但又相互协调的，大脑的左半球分管逻辑思维，负责处理与分析语言、数学方面的相关信息；而大脑的右半球除了部分是具有逻辑思维能力外，特别是对于音乐、绘画等形象思维的能力较强。所以，只有把大脑的左右半球交叉并用，使形象思维和抽象思维协调运作起来，才能够最大限度的发挥人的大脑功能。如果对幼儿进行正确的音乐启蒙教育，幼儿就会不由自主地合理均衡使用左右脑，这样不但是幼儿自身具备了一定的"音乐细胞"，而且也充分发挥了其自身的智力潜能；不仅能增强幼儿的记忆力、想象力，提高幼儿的听觉辨别能力和敏感性，还能较好地促进幼儿在多方面的成熟与发展，对稳定幼儿情绪、健康和谐的成长，在生活中感知美、表现美及对智力的开发都是其他教育所不可替代的。

二、幼儿音乐启蒙教育的重要性

3~6岁的幼儿听觉神经系统还在发育成长中，并不适合做专业的音乐技巧训练。蒙台梭利说：幼儿时期只能够接受音乐启蒙教育，只有等他们再大一点以后才可以培养他们真正的兴趣，因此幼儿的音乐教育只能称作是音乐启蒙教育。

从生理上来说，幼儿时期的身体发育迅速，音乐配合律动正可以调整幼儿肢体运动的协调性，促进大小肌肉的发展；从心理上而言，幼儿期的情绪变化、社会行为、生活习惯等因素，都足以影响幼儿的人格特质，和谐的音乐气氛可以抒发幼儿的情绪，潜移默化影响幼儿的气质，同时团体的音乐活动更可以培养幼儿互助合作的精神，将成长中的幼儿的人格导向乐观、合群。

（一）音乐启蒙教育可以挖掘幼儿的想象力和创造力

音乐，使用的物质材料是声音，是通过声音来表达感情的一门艺术。它与文学、美术有着完全不同的表现力：绘画是以"形象逼真"来描绘物体，文学是运用语言来真实地表现思想和概念，而音乐则更擅长的是表现人的情感。

音乐是在时间中不断流动的，它在表现人的感情变化、人的心理活动、思维活动等方面有着很好的效果。让幼儿欣赏音乐、演唱歌曲、律动练习、参加音乐活动等，这些都蕴涵着表达人类丰富而细腻的情感。对幼儿的心理可以产生其他学科无法比拟的刺激，这使幼儿的情感激发和感染力表现得更为直接和强烈。这种感情的激发和冲动，正是对幼儿智力的启迪和促进，使他们的想象力插上翅膀，激发出巨大的创新思维潜能。一些优秀的科学家，其创造的灵感往往来源于音乐。音乐中的想象力、创造力的发挥有助于他们在自己的领域上获得成就。所以，在幼儿阶段能用音乐这把金钥匙来打开他们的想象力和创造力之门是有道理的。

（二）音乐启蒙教育能促进幼儿听力和记忆力的发展

音乐是一门听觉艺术，不管是谁，在什么年龄阶段，学习音乐首先应该具备的就是听觉。

对于幼儿来说也一样，他们的听觉更需要用音乐教育的手段来进行提高。在幼儿欣赏音乐时，会对于节奏、音高、力度、音色等方面有一定的辨别能力，这就会提高和加强幼儿的听觉能力。但是，在这个教育过程中不能单纯依靠听觉训练，幼儿在学习歌曲、律动练习时只有在记住歌词、动作的前提下，才能够学会它，这就有效地促进了幼儿记忆力的发展。同时，在集体活动中，幼儿们的相互协作、相互交流也有力地促进了他们的记忆力的发展。

（三）音乐启蒙教育能够陶冶幼儿的情操

"心灵的器官是音乐，心灵的艺术意识语言是音乐。"任何艺术都表现人类的感情，是人类社会化的一个重要方面。音乐作为最具有感情的艺术形式，在培养幼儿的高尚情感及审美趣味方面自然是起着别的艺术所不可代替的作用。

热爱音乐是儿童的天性，幼儿满怀好奇和探究的心理来到这个世界上，鲜艳、明快的色彩和五彩缤纷的世界透过眼睛流进他们的心里；母亲的声音和环境中丰富多变的音响穿过耳膜进入他们的头脑里；美丽鲜艳的色彩与图案可以满足儿童视觉的需要，而优美动听、欢快活泼的音乐便是满足他们听觉需要的最好刺激。抑扬顿挫的音高、张弛的音乐节奏、起伏相间的音乐力度、或急或缓的音乐速度、绚丽的音乐色彩都是来表现音乐的丰富情感。幼儿通过感知觉，把自己听到的音乐传入大脑，对其产生一种特殊的不同凡响的情感体验，给幼儿增添了兴奋情绪的积极动力。

音乐对于幼儿情感的发展起到了很好的调节作用，使他们对事物美的认识更进一层。由于音乐和幼儿的心理、感情活动等方面都具有形态上的一致性，即都是运动着的、看不见的、有节奏的、随现随逝的、抽象的，正因为它们之间存在着如此之多的共性，幼儿经常接触音乐，受到音乐的熏陶，音乐使幼儿的心情愉悦了，内心就会平静，情绪也就会随之稳定。所以说，音乐能美化人的心灵，对于幼儿情感的发展也起到很好的调节作用，也使他们对事物美的认识更进了一层，同时也培养他们的审美能力。

（四）音乐启蒙教育有利于幼儿德育的发展

任何没有情感基础的思想品德教育都只能成为空谈的理论，而对幼儿进行音乐启蒙教育正可以为他们培养良好的情感基础。音乐在实现思想教育作用的时候，并不是靠强制的方式，而是以鲜明生动的音乐本身潜移默化地产生作用。

幼儿的物质生活是父母所赋予的，那么精神生活则应该是音乐所给予，音乐是幼儿精神生活中所不可缺少的"维生素"，幼儿不论是在参加什么样子的音乐活动的时候，都会带着淳朴的语气、音调的旋律、愉快的情趣，这时如果成人把德育教育融入音乐教育中，就可以真正达到以情感人、以情怡人的目的，不但培养幼儿的集体主义精神，还可以使他们养成遵纪守法的好习惯以及形成人与人之间的合作的良好道德。

（五）音乐启蒙教育提高了幼儿的语言能力

语言，是人与人之间相互交流的最基本的方式。有了语言，也就有了人与人之间的内心活动。音乐和语言有着非常密切的关系，语言是开展音乐教育的重要保证，一首活泼、动听的歌曲往往就是一首好的儿歌、诗歌；一首优美、诙谐的乐曲好像讲述着一个有趣的故事。

音乐教学不仅能培养幼儿的音乐素质，而且能全面促进幼儿身心和谐发展，其中，语言起着至关重要的作用。我们在进行音乐教育时，应该寓语言于音乐教育之中，要有意识地培养幼儿的语言能力。在幼儿听完一首歌曲或乐曲后，教师应及时鼓励幼儿讲讲自己的感受和对作品的理解。这样既增加了幼儿表达的机会，又满足了他们表达的愿望，提高了他们的语言能力。在进行音乐教学活动时还要注意把握好尺度，即要正确处理好音乐与语言的关系。

当幼儿平常听到的一些歌曲和自己所学的歌曲日益增多的时候，他们也许会无意识地随口哼上几句由几首歌串在一起的自己编唱的"歌曲"，这时成人就应该有意地去鼓励和引导他们，如可以让幼儿根据音乐进行自编故事，互相讲述，这就给幼儿创造了一个想象的空间和说话的语境；也可以让幼儿凭借自己对音乐的感受和理解，结合自己的生活经验，编出自己喜欢的小故事，使幼儿享受到表现自我的乐趣等等。我们可以清楚地看到，在幼儿进行这种创造性活动的时候，不仅使自己的语言能力更进了一层，也使他们体会到了运用语言的快乐所在。当他们在参与集体活动的时候，在完成幼儿与幼儿之间的交流的时候，也就使得他们的语言发展更上一层。所以，教师应当为幼儿创造多样化的环境，使幼儿的生活、游戏、劳动都有优美的音乐伴随，美化幼儿的生活，美化幼儿的心灵。音乐是生命的旋律。有了音乐，生命才如此丰富、厚重；有了音乐，生命才如此美妙动人。

三、幼儿音乐启蒙教育的目的

由于时代的进步，新的音乐教学法不断被研究创新，现在的幼儿音乐教学不再只局限于唱歌游戏，所含的内容包括了歌唱的训练、韵律活动、节奏感的培养、音感的训练、乐器的认识和使用、音乐的欣赏以及曲式、视谱、创作等。如果我们加以分析就会发现，各要素和幼儿的发展都有着密不可分的关系。例如，唱歌和说白节奏对刺激幼儿语言发展和增进幼儿口语表达能力、专注力有很大的帮助；律动和节奏感的培养则可以帮助幼儿平衡身体、协调肢体发展，进而增进幼儿的自我认识和独立能力；曲式可以增强数学中排列组合和分数概念的发展；音乐欣赏和即兴创作则可以助长幼儿的想象力；视谱和对音符的辨认则能够增进幼儿的空间概念和阅读能力的发展。

由此可见音乐是幼儿最好的启蒙教育，把握幼儿时期做好音乐启蒙教育不仅能敏锐听力、增加词语，还能够提升智力、强化运动机能。总而言之，音乐启蒙教育不仅是单纯的教学课程，更是启发并增强幼儿各种才能的很好的学习方式，同时培养幼儿的专注力、耐心、自信、合群的好习性，让孩子们从音乐中去感受生命的喜悦，从而成长为健康快乐的孩子。

四、蒙台梭利音乐启蒙教学的特色

1. 认识和聆听声音

蒙台梭利以安静游戏来训练幼儿的听觉，幼儿可以学习分辨声音的远近、大小和种类。

2. 使用杂音筒做强弱音练习
3. 使用音感钟做高低音练习

杂音筒和音感钟是蒙台梭利教具中较有特色的音感教具，因为其设计具有的孤立性能帮助幼儿更准确地由听觉判断声音。

4. 由行走学习表现韵律和节奏

随音乐节奏在线上行走是蒙台梭利韵律教学的焦点，也是蒙氏教室每日活动之一。

5. 与其他五大教学领域结合
6. 给予幼儿充分表现的自由和机会

让孩子在预先准备好的环境中自己做大部分的决定，是蒙氏教育具有的精神，因此蒙氏教室内也为幼儿准备了自由选择的音乐活动。

7. 培养视谱能力

五线谱板、音符盒练习、谱板等视谱教具都可以培养幼儿视谱和写谱的能力。

五、蒙台梭利音乐启蒙活动中教师的预备工作

现在的幼儿教育中有很多人认为音乐教育的主要目的就是要培养幼儿成为音乐家，于是在这种错误的理念指引下，使得很多的幼儿教师为自己没有精湛的弹奏技巧和悦耳的歌声而对音乐教学望而却步，其实幼儿的音乐教学目的并不是培养幼儿成为演奏家、作曲家或歌唱家，而是要让幼儿在音乐的气氛里，陶冶其性情，使他们成为音乐的爱好者。

蒙台梭利对音乐启蒙教育的主张是："音乐启蒙的成功与否，主要看我们给幼儿听了多少音乐而定。我们应该给幼儿提供一个能够引发其音乐感受力和理解力的环境，所以幼儿音乐教师最重要的工作并不是增强其音乐的熟练程度，而是如何为孩子设计音乐环境，并且以生动活泼的教学方法，循序渐进地引领孩子进入音乐的殿堂。"

六、蒙台梭利音乐启蒙活动中家长要做的工作

蒙台梭利说："儿童在出生后三年的发展在其程度上和重要性上超过儿童一生的任何阶段。"

幼儿进行早期的音乐启蒙教育对幼儿的一生都将起到很大的作用，但幼儿的成长和发展又不是千篇一律、完全相同的。有的父母认为自己孩子年龄还小，根本就不懂得什么是音乐，也不会去欣赏音乐，在这个时候对他们进行音乐启蒙教育简直就是浪费时间和精力，没有任何必要；因而，忽视了孩子们在探索周围世界时那种多元化、广泛性的正当需求。其实，对于幼儿进行早期的音乐教育，无非是使其从小就具备一定的音乐修养，并适当发展幼儿的音乐才能。当然，也可以为某些幼儿将来从事音乐专业打下良好的基础。环境可以感染人、培养人，要使幼儿拥有良好的音乐启蒙教育，首先就应该有一个好的学习环境。父母作为他们人生中的第一任老师、家庭环境作为幼儿接受教育的第一个课堂，父母教育的态度及创建一个良好的家庭环境对幼儿的启蒙教育起到至关重要的作用。

1. 父母应该树立正确的音乐启蒙教育观念

3~6岁幼儿的心理发展尚未成熟，也不能够接受复杂的知识结构，对于高难度的技巧动作更不能掌握，所以处于这个阶段的幼儿不是每一个都适合学习音乐的。但是，父母要充分认识到对幼儿进行启蒙教育的重要性，在这个时期对幼儿进行音乐启蒙教育的目的是为孩子打开音乐世界的大门，引导他们去观察、欣赏这五彩缤纷的音乐世界，从而激发他们对音乐的兴趣和各方面的发展。

2. 父母应该正确处理好与幼儿之间的关系

在音乐启蒙过程中，父母要保证幼儿成为学习和活动过程中的主体，即尽量做到使自己成为幼儿主动学习的支持者；幼儿主动交往学习的合作者；幼儿学习环境的设置者；幼儿学习过程的分析性观察者；儿童学习的必要指导者和示范者。家长要关注孩子学习的兴趣点，让孩子自发地爱上音乐。

3. 父母应该创设适宜的音乐启蒙教育环境

在日常生活中，家长要创设适宜的音乐启蒙教育环境来培养孩子的音乐兴趣。例如：早晨在幼儿起床的时候，给他们播放轻柔舒缓的音乐；游戏玩耍的时候配上活泼有趣的音乐；晚上睡觉前放一段温柔恬静

的摇篮曲，以促进睡眠。

经常带幼儿去感受大自然的美，让幼儿在万绿丛中、百花园里感受大自然的美妙，鸟儿婉转的叫声、虫儿唧唧的叫声、呼呼的风声、滴答的雨声，这样的欣赏会使幼儿们感到喜悦和大自然接触得到的快乐！幼儿在大自然中所感受的声音，不但能丰富幼儿的想象力和创造力及听力的发展，同时还能开启他们知识的大门。

4. 父母应该提高自己的修养，用科学的方法引导孩子

家长应该为幼儿选择一些旋律优美、格调高雅的优秀音乐作品作为欣赏的音乐内容，在一两个月内反复让幼儿欣赏，在幼儿欣赏音乐作品时，为其创设一定的情景，将抽象的音乐形式以可听的、可视的、可说的、可演的形式展示给幼儿，有利于帮助幼儿理解音乐，进而体会乐曲中的节拍、音调及强弱，进而在理解的基础上接受它。在欣赏的过程中，家长要以身作则，促使幼儿养成很好的欣赏音乐习惯。家长在对孩子进行教育的同时，自己也要学习一些诸如教育学、心理学等方面的书籍，用科学正确的方法去引导孩子。另外，家长也要不断地提高自身的音乐水平和文化修养，这样才能成为幼儿音乐启蒙教育合格的第一任老师。

学前儿童的音乐启蒙教育是非常重要的，这是一个系统、全面的教育过程。我们正是借助了音乐艺术的魅力，用健康、优美、积极向上的情感去陶冶幼儿的心灵，促进他们的发展。所以，我们对于幼儿的教育应该是依靠音乐来"开发"他们的兴趣，让孩子在玩乐中了解音乐，感受音乐。音乐启蒙教育就是让孩子在不懂得音乐的年龄就开始学习音乐，在玩耍中接触音乐，让音乐尽可能地去开发幼儿的创造力、挖掘心灵的潜能吧！

第二节 蒙台梭利音乐启蒙教育的实施

蒙台梭利音乐启蒙教育是以感官教育中的听觉教育为基础延伸出来的音乐教学活动，因此蒙台梭利称感官练习是音乐教育的必要基础。在典型的蒙氏幼儿园里，很容易让人感觉到音乐的气氛：如有的孩子在配合优美的旋律做走线的活动；有些孩子正随着点心时间的背景音乐主动且有秩序地排好队伍；教室的一角则可以看到有小朋友在练习五线谱板；音感钟的桌子前常可以看到小朋友在手持钟锤认真地聆听他所敲击出来的美妙音乐……

蒙台梭利的音乐启蒙教育是透过听、唱、语言、节奏、线上运动、音乐欣赏等各种活动和日常生活教育、感官教育、数学教育、文化教育等紧密结合在一起。因此，蒙台梭利的音乐启蒙教育包括学习聆听、歌唱的训练、运动和旋律、语言节奏、听力培养、音感训练、视谱和写谱、乐器演奏、音乐欣赏、即兴创作、与其他教学内容结合等。

一、认识音感教具

在进入蒙台梭利音乐启蒙教学活动之前，必须先让幼儿熟悉了解蒙台梭利特有的音感教具。蒙台梭利在《吸收性心智》一书中将人的耳朵比喻成拥有64根琴弦的竖琴，虽然耳朵很小，却具有收听微小音符所需要的精巧构造，因此她主张在婴幼儿时期要有计划地训练孩子的听力，可以使孩子的听觉敏锐，而敏锐的听觉可以奠定坚实的音乐基础。

（一）杂音筒

杂音筒是感官教具中的听觉教具，目的是训练孩子辨别声音的强弱与种类，由两个木盒12个圆筒组成，红色为控制组，蓝色为操作组，圆筒内分别装入沙子、米粒、小石子等。操作时先从木盒内取出红色筒，把圆筒排成一横列，再把蓝色圆筒拿出在对面排成一列，拿出控制组中的蓝色圆筒到耳边，纵向摇动仔细

分辨声音，再取出红色圆筒纵向摇动听辨声音，若声音相同就以配对方式放在最前列，若不同就更换操作组直到相同为止。这个活动的目的在于辨别声音的强弱并可以建立配对和序列的概念，以培养孩子的专注力。通常老师会在杂音筒的底部做记号，以圆点的大小来表示声音强弱的顺序，如果圆点的大小相同就是一对，这就是蒙氏教育中错误控制（正确指引）的设计。老师在示范这项活动时要依据孩子的辨音能力，先选择最强和最弱的音来辨识，再逐渐增加不同程度的强弱音，以符合蒙台梭利教育中的对比刺激教学法。

图14-1 音筒

（二）音感钟

音感钟为蒙台梭利的音乐教具，它分为两组：第一组钟的台座为原木色，称为操作组，由中央c开始，一个八度音程内所有的全音和半音所组成的13个音；另一组钟称为控制组，台座有白、黑两种颜色，白色代表由中央c开始一个八度音程内所有的全音，黑色则代表八度音程内所有的半音。它主要由木制的击槌和止音棒、音感钟键板、音名白键、升降音名黑键等组成。

1. 放置音感钟的方法

音感钟上有一个绿色的底板，有黑白的地方是放前面，白色的铃是控制铃，只有一个，放在白颜色底色的后面，白色的控制组放一排，原木色的操作组放在白色的底色板子上的。音感钟除了很少的时候需要特别使用，正常情况下都应该放在绿色的底板上或者架子上。

2. 敲音感钟的方法

拿木锤时手持棒子顶端，圆锤朝下；随意取一个原木色的钟；一只手托着它底部，很小心地拿到桌子上；用木锤敲，然后听，一直到你不能听到声音；用这根木锤教给孩子去做；可以重复教，重点指导错误孩子的方法；老师敲一次，孩子敲一次，直到孩子掌握；教师逐渐退后，观察孩子；等孩子完成后，指导孩子小心地把音感钟放回原来的地方；每次只能拿一样东西，先把音感钟放回原处，再把木锤放回原处。

注意点：孩子可以拿任何一个原木色的音感钟，你要用你的肢体语言表达对音感钟的尊重，如果孩子听音到没有完全消失，这个时候要使用消音棒，但是老师一定要介绍消音棒，消音棒可以把那个音完全停止，在专业教学中，有一种是压音键，压音键是改变那个音，而消音器是使那个音停止。

3. 用音感钟唱音的原则

基本的原则是从来不能要求孩子一个人单独上来唱（如果他自己愿意是可以的）。孩子唱的过程中，如果发现孩子"跑调"，这是允许的，这个时候不能训斥孩子。如果粗暴地打断孩子，就会出现不可修复的后果，孩子的自尊和自信就被打击了。孩子们能够做的第一种练习是配对游戏，每一个音都有2个是一样的音高。在开始这个练习之前，要确保音感钟放在正确的位置。（注意点：教师操作的时候不要看孩子，如果你看孩子，孩子的注意力就会从音感钟转移到观察老师了，所以老师要专于敲音感钟，这样孩子的专注力也在音感钟上了。）

4. 音感钟有距离的配对游戏

游戏一：① 将所有原木色的钟移放到一个空的桌子上，也放一个木棒和消音棒过来；② 在白色控制组敲打一个音，然后去到操作组的桌子上，使用木棒敲，一个一个尝试，直到找到和白色控制组的那个一样的音；③ 把它放到绿色底板上，然后敲一下白色控制组的，再敲打一下原木色操作组的，确定音一样就可以。

游戏二：① 敲一个白色的控制组的铃，然后走一圈；② 走到操作组去，再找出和刚才控制组相同的音；③ 把找到的那个摆放到绿色底板上进行检验，如果对了，就放好位置。

游戏三：① 敲一个白色的控制组的铃，然后走一圈，在路途中和同伴讲话，增加干扰；② 走到操作组去，再找出和刚才控制组相同的音；③ 把找到的那个摆放到绿色底板上进行检验，如果对了，就放好位置。

游戏四：① 敲一个白色的控制组的铃，之后在控制组其他的铃上快速地敲打一遍1234567，增加干扰；② 走到操作组去，再找出和刚才控制组相同的音；③ 把找到的那个摆放到绿色底板上进行检验，如果对了，就放好位置，如果不是相同的声音，就要重新送回去，重新找，直到找到正确的音为止。

以下是更难的游戏。

游戏一：结合实物进行游戏，摘高低水果。我们敲低音的钟，说：我们在摘草莓；我们敲高音的钟，说：我们在摘苹果；孩子都站起来，老师敲低音的钟，孩子听到就蹲下去做摘草莓的动作，老师敲高音的钟，孩子就站起来做摘苹果动作；如此反复地游戏。

游戏二：1~7的散放排序，把所有的7个钟打乱散放，然后按顺序听，找到1234567，然后进行排序：使用木棒敲所有的钟，请孩子告诉老师自己听到的哪个钟是最低音？② 把最低音摆好，然后继续到剩余的钟里面去找最低音；最后排列出1到7。

游戏三：大步和小步。每个孩子手上拿一个木色的钟，这是一个C大调；迈步子，全音迈大步，半音迈小步。

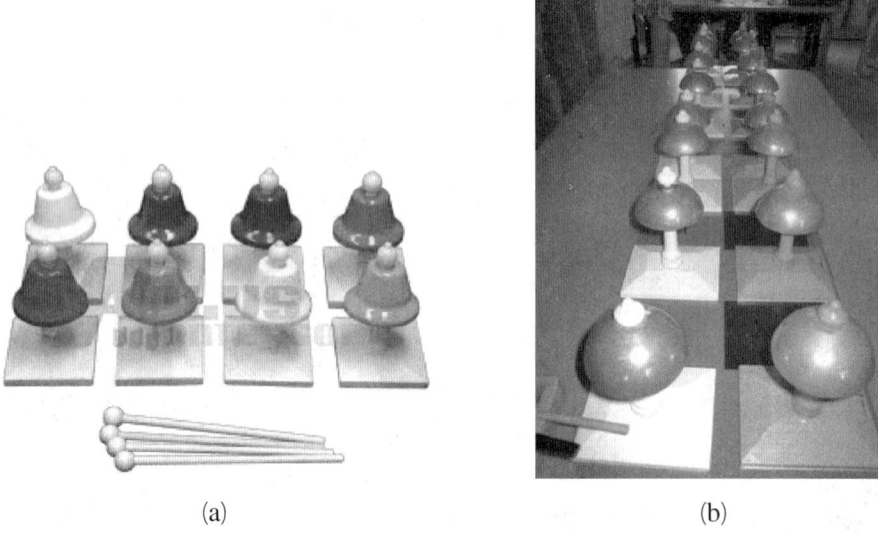

图14-2　音感钟

二、走线

准备工作：在蒙台梭利教室的地板上画好一条长椭圆形的蒙氏线，粗细为3厘米左右，颜色要浅。

1. 走线活动

孩子可以随意地在线上走；可以是脚跟对脚尖地走，把双臂很随意地放在身体两侧；还可以拿着东西走，比如让一个孩子拿一个铃铛，手臂前举，在走的过程中，不能让自己手上的铃铛发出声音。（提示：我们的目的是让孩子往前走，而不是让孩子专注于线，孩子往前走，也能看到地上的线，当孩子手上拿东西时，他要用一半精力看自己手上的东西，还要有一半精力能看到走的线。）

2. 走线音乐

开始的时候先不提供音乐，直到孩子走得自如了，才提供音乐。提供的音乐节奏要舒缓。我们开始是注重平衡，所以这个音乐应该是舒缓的、安静的，然后所表现出来的应该是让人平静的感觉，这样能创造一种特别的气氛，这样的气氛对孩子是很有帮助的。

三、几种敲打音乐

1. 走路
使用一个木棒敲打，结束的时候可以敲最低音或者最高音。
2. 进行曲
使用两个木棒，左手的木棒始终敲最低音，右手可以不停配合变化，也是以敲打最低或者最高音结束。
3. 跑步
使用黑色钟，就像钢琴的黑键，它们的位置其实是应该排列在绿色底板上的，但是那样就无法快速敲了，所以要单独把它们放出来，这样敲会方便些。敲黑钟的时候也是两个棒子同时敲，左手的木棒始终敲最低音，右手的可以不停变换。

四、欣赏音乐

欣赏音乐前,先教幼儿认识各种乐器及乐器的演奏形态,并带入音乐故事及音乐家的介绍,以吸引幼儿学习的兴趣,等幼儿具有对乐器及乐曲的基本认识后,就可以培养幼儿鉴赏音乐的喜好与能力了。

(一)一般乐器分类

1. 弦乐器

以振动弦发出声音的乐器为弦乐器,包括弓弦乐器、大提琴、小提琴、胡琴、拨弦乐器、竖琴、吉他等。

2. 管乐器

管乐器属于吹奏乐器,是借着空气在管中震动而发出声音的乐器,依据材质可以分为木管乐器和铜管乐器,箫是常见的木管乐器。

3. 打击乐器

涵盖了所有由手或器具打击而发出声音的乐器,包括各种鼓类、木琴、铁琴等,以及增加音效的响板、三角铁等。最适合幼儿弹奏的为打击乐器。

4. 键盘乐器

涵盖的内容最广,包括风琴、钢琴、大键琴等。

(二)对幼儿的演奏乐器要求

乐器的尺寸必须适合幼儿使用,构造要简单,不需要过多的弹奏技巧,主要是让孩子通过对声音的掌握能力来进行各种练习。虽然学龄前的儿童不太适合演奏乐器,但是通过对乐器的认识可以丰富幼儿的生活经验,培养其对音乐的认知,进而更加喜爱音乐。

(三)乐器的演奏形态

独奏——由一个人演奏乐器。合奏——由许多人演奏,如室内的管弦乐合奏等。

(四)音乐的欣赏

幼儿音乐欣赏活动的目的在于初步萌发幼儿感受美、表现美的情趣。

在音乐欣赏活动中,要让幼儿理解音乐作品,就应该让他们听听、讲讲、动动,通过他们的听觉及身体的动作来感受音乐,从而把他们带进优美的音乐境界中完成音乐教学任务。

1. 音乐欣赏的三个阶段

一是愉快的聆听;二是理解力的欣赏;三是鉴赏式的欣赏。

幼儿的心智发展尚未成熟,感受音乐的方式极为单纯和直接,因而是属于愉快聆听的阶段。蒙台梭利说:幼儿音乐启蒙教育的成功与否,主要取决于我们让幼儿听了多少音乐,因为如果能够让幼儿高兴地欣赏音乐,有助于音乐理解能力和创造力的培养。

2. 音乐欣赏曲目的选材原则

适合幼儿聆听的音乐以旋律优美的古典音乐为佳,在选曲上应注意下列原则:

(1)欣赏的作品首先应该具有幼儿比较熟悉的音乐形象,以便提高他们的欣赏兴趣,只要对作品有了初步的感性认识,在欣赏过程中就容易找到他的音乐形象,易于理解作品表现的思想内容。

(2)多选用曲式单纯、旋律明显的乐器独奏、重奏、室内乐及合唱曲。

(3)可以先选用乐器单一的独奏曲,让幼儿熟悉每种乐器的声音后再去听编制较复杂的乐器配合的乐曲。

(4)音乐欣赏的作品不能太长,其结构也不能过于复杂,表现内容应该贴近幼儿生活实践和认识,让幼儿容易进入角色,愉快地参与活动。

(5)多提供风格各异的民族音乐,让孩子接触不同的乐曲旋律,开阔孩子的视野。

(6)让孩子听世界各国不同的民谣,聆听多种不同的语言。

3. 音乐欣赏教学的指导要点

欣赏活动是一种安静的聆听活动,音乐欣赏活动一般是让幼儿听听、讲讲、动动,由浅入深,从感官欣赏到理智欣赏的过程。它是在内心进行的,从外面很难观察到的活动,事实上是幼儿感知、思维、想象的发展，从外部可见的活动开始，然后逐渐内化的。

（1）欣赏前老师要做适当的解说，包括演奏形态、音乐故事、乐器介绍等。

（2）选择适合幼儿理解程度的欣赏要点加以提示，如代表哪一种乐器、哪一段旋律是主要旋律等等。

（3）充分调动幼儿的积极性、创造性和主动性，采用主动的动与听相结合的方式，让孩子在活动中亲身体验音乐，主动参与活动，同时调动幼儿多种感官来丰富、强化所听到的音乐形象。

4. 音乐欣赏教学中的肢体活动

好动是孩子的天性，他们是在"动"中认识世界，获取知识，同时活跃思维，产生想象，因而进行音乐欣赏活动时，借助音乐本身及音乐中的多种元素，再加上幼儿的肢体展示就能更加完美地体现幼儿对音乐的理解及感受。

在很多的音乐欣赏教学活动中，见附案例《狮王进行曲》，这个由聆听到戏剧表现的音乐欣赏活动目的是让幼儿借由静听以及动物的乐器图片，分辨各种乐器的音色特征和独奏合奏等的不同演奏形态，而肢体动作的模仿能够让幼儿掌握肢体动作的趣味，幼儿欣赏几遍后，教师就必须让孩子动起来，让他们自由地做一些符合音乐性质、能表现音乐形象的动作，让幼儿在音乐中凭借自己不同的想象力自由表达、自由感受，借助动作自由想象、创造，加深了理解，获得欣赏的乐趣。所以，在幼儿园的音乐欣赏活动中先给幼儿整体的乐曲聆听，再分段赏析各个小曲，到了学期末就可以由师生合作演绎舞台剧，这种教学方式运用了蒙台梭利的由整体到分析、再让幼儿自由去整合自己的经验。

五、歌唱的训练

幼儿园的音乐课中，由教师教全班幼儿唱歌是最常见的传统的音乐教学方式，在蒙台梭利的音乐教学中很少有跟着老师做集体唱游的活动，因为背对着学生弹奏的老师是没有办法教好孩子的，所以蒙台梭利主张通过敲击音感钟让孩子唱出音阶，因为学音乐和学习一样必须采用由简单到复杂的渐进式教学。幼儿语言的发展是由单字、单词到造句，音乐教学一样也是由一个音到两个音到五声音阶，而如何将这些音一个一个地配合音感钟而敲击，并加入游戏、乐器、演奏、儿歌、练唱、律动等，这便成为蒙台梭利音乐教学的重点。

在教孩子唱歌时，发音练习是音乐教育必需的课程之一。蒙台梭利的音乐教学中的发音练习大都是暖身运动，如敲击音感钟做发声练习，以及用简单的音阶变化做问候语或即兴创作。在教室中每天用两三分钟的时间来指导幼儿练唱，在多次反复练唱后，幼儿就能够慢慢掌握正确的发音；如打招呼的发音练习：活动过程——先敲上行音和下行音，这是表示活动的时间到了。在教室中老师可以固定一首乐曲，当幼儿听到此曲时，就知道音乐活动开始了，如老师敲击音感钟DO唱平音的DO，并敲击上行音问候幼儿："小朋友早" DO RE MI FA SOU LA XI DOU，当孩子的兴致很高时就可以请他们创作歌词，如想出五个字的句子或词"老师早晨好"，于是孩子们便不知不觉地将音阶印到脑海中，而且还会用唱的方式彼此敲击乐器，当孩子能够掌握正确的发音后再加以律动感、节奏感的培养，能够快乐地唱出一首歌曲便不是一件难事了。幼儿的歌唱练习并不是为了培养优秀的唱歌人才，而是为了能够让幼儿享受到快乐的唱歌经验，借此培养幼儿对音乐的喜爱，并在反复地练唱中培养正确的唱音和音感。因此，老师在教学中应注意两点：（1）幼儿阶段视谱能力很弱，幼儿学习唱歌的方法以听唱为主，所以必须培养幼儿专心听歌的态度；（2）幼儿唱歌时，要提醒他们用快乐的心情轻声唱歌，不可大声尖叫，几次后幼儿就能够逐渐矫正。

六、听力的训练

听，是幼儿音乐启蒙的第一步和出发点，只有等幼儿真正具备了一定的听的能力的时候，我们才有可能开始着手培养他们音乐方面的能力。

（一）培养幼儿听的能力的原则

（1）选择幼儿感兴趣的音乐材料，使幼儿全神贯注、精神集中地进行听力的技能训练。

（2）运用幼儿在现实世界中所感受过、听到过的音句，借助于最初的对声音的感受和记忆能力，来了解音乐所描绘的事物形象，体会音乐是怎样通过对现实世界各种音响的模拟和反映来表现这个现实世界的。

（3）通过对幼儿进行大量的反复的听力练习，以实践和记忆的途径来积累丰富的听觉经验，使他们在听音乐的一瞬间，不需要经过细致的辨别比较，而能够从总体上领悟声音。

（二）培养幼儿听的能力的教学方法

1. 倾听周围环境的声音

把听力技能的培养渗透到一日生活教育中。例如，在下雪、下雨、刮风、打雷的时候借助这些自然景象和幼儿们一起听和讨论各种声音：呼啸的北风、沥沥的小溪、滴答的小雨、轻扬的雪花等等；可以利用安静的活动让幼儿们集中注意力去听室内外各种特殊的声音，可以启发他们区分出声音的远近，让他们试着去模仿这些声音，也可以试着请年龄大一些的幼儿用文字或图形去记录或让幼儿寻找合适的文字语言形容描述他们听到的声音；可以通过唱歌和游戏增加幼儿们描绘声音的词汇量，如学会一些象声词，如："嘶、欧、嘟、呜"等。可以在课堂上有针对性地向幼儿们提问，启发他们有意识地去听……总之，有很多机会、场合和时间可以去培养幼儿们的听力技能。

2. 倾听人体的声音

倾听人体各个部位发出的各种各样的声音。例如：拍手声、捻指声、拍腿声、跺脚声、轻快的跳动声和舌响等等；把一个小朋友藏起来，让他发出声音，其他人来猜猜是谁发出的声音；让几个小朋友同时藏起来，只有一个幼儿不发出声音，请大家猜猜是谁没有说话；或让幼儿们围成一圈，进行传话的游戏，通过最后一个小朋友说出收到的语言信息来检验小朋友传话的结果，判断幼儿的听力状况等。

3. 倾听日常用具和乐器的声音

（1）敲打任意两个不同的生活中的物品，让幼儿仔细地倾听，辨别它们通过敲击所发出的不同声音，然后将两个物品遮盖起来继续敲击，请幼儿说出是哪一样东西在发出声音。随着幼儿听力的增强可以逐渐增加发声体的数量，一次用四五种物品，甚至更多，让幼儿去辨别。

（2）把一个小朋友的眼睛蒙上，请其他小朋友敲击小乐器发出声音，让这个幼儿顺声寻找声音的来源，当找到了敲乐器的小朋友以后，便和他交换位置，继续游戏。

4. 记忆声音

（1）利用身体的各个部位，依次发出几种不同的声音如拍手、拍腿、跺脚，让幼儿按照顺序模仿，然后可以藏起来，让幼儿听到声音后记忆并重复这些动作。

（2）幼儿和老师拿同样的小乐器，请幼儿随意敲打两种小乐器，其他人跟着他敲打同样的乐器；随着幼儿记忆能力的增强，敲打乐器的数量慢慢增加。

（3）将声音信号和乐器联系起来，如用拍手声表示摇铃、跳表示铃鼓声、大鼓声表示停止、跺脚声表示鼓等等，可以先用两种信号游戏，再用三种信号，最后可以将四种信号混合起来用。

七、律动

韵律活动又叫律动，是指身体受到音乐刺激后做出的有节奏的反应动作，人们常常会以喊叫或扭动身体或制造声音来表示喜怒哀乐，因此声音和动作在人类情感的表达上常是本能的反应。在幼儿的生活里声音和动作更是互为一体，因此教孩子以有节奏的动作来表现对音乐的感受即变成律动教学的主要内容。

律动教育的创始人是瑞士的教育家达路克鲁斯，他认为："如果漠视肌肉和神经只以耳朵来完成音乐教育是不够完善的，因此要致力于以音乐的旋律来培养幼儿的韵律感以达到身心的均衡发展。"

1. 韵律活动一

蒙台梭利教育中的走线练习是韵律活动的准备工作，它可以使儿童具有完美的平衡感，因此在教室里老师可以准备一些小夜曲或催眠曲让幼儿在缓慢的音乐中练习走路，一旦幼儿具有平衡感时就可以进行韵律教育了。在蒙台梭利的韵律教学中走线是最基本的活动，特别是和音感钟与音乐性的要素结合在一起时更能吸引幼儿达到身体的自我控制与音乐的素养的提升，只要教师能够以熟悉的音乐带领幼儿以肢体来表现律动，日积月累后幼儿即可由模仿到创作，丰富自己的肢体语言了。

2. 韵律活动二

配合走线的韵律活动是练习幼儿自我控制的身体动作，另外，还有一种律动是身体不动的，包括摇摆、抖动、伸直或弯曲等，如老师敲击高音DO小朋友伸长胳膊，敲击低音DO小朋友则弯下腰或坐下来，当小朋友有了基本的韵律后老师便可以叫幼儿自由表现创造性的律动，也就是幼儿配合音乐的即兴的韵律和节拍自由呈现的动作，这种自由律动的活动可在户外进行，借着录音机或自由弹奏可以使孩子自由伸展肢体，这时老师绝对不要批评孩子的动作，只要孩子愿意参与并做出动作，他就会跟着节拍做出适宜的表情与动作了，另外，对羞怯内向的幼儿不要强迫他参与，而要让他静坐一旁观看，等他有兴趣后再加入，老师在设计律动教学前应先考虑幼儿的动作技能。

3. 幼儿的韵律动作发展

表14-1　幼儿韵律发展水平表

幼儿年龄	韵律动作	发　展　水　平
3岁	走	会走路但是无法配合音乐在线上走，会排队走但是持续不久
	跑	会快跑慢跑但是不能配合节奏
	跳	能双脚跳但是不能单脚跳，会向前跳但是不太会向后跳
	拍手	能做出一拍的动作但是有越拍越快的趋势
4岁	走	会和着音乐旋律走
	跑	会跑，但是不太会和着节奏跑
	跳	双脚跳单脚跳都会，但是很难向后退
5岁	走	能和着音乐配合旋律做各种走步
	跑	跑步都能够配合节奏
	跳	会双脚跳、单脚跳、向后退

八、节奏

大自然中的有各式各样的节奏，从日夜的变化、四季的变化到花朵的绽放、动物的脚步等，都以不同的节奏在运转，在人们的生活里也有着各种的声响，细听这些声音都有着不同节奏，如走路、滴水、跑步声等，节奏一直贯穿在一日生活中，同时也给孩子们带来不同的感受，若能够善用孩子们的好奇心就可以启发他们的节奏潜能，培养节奏的敏感力。

（一）节奏的概念和意义

节奏在音乐中代表着一种秩序，这种秩序是指在固定的时间里有规律重复的、自由变化的节奏、快与慢、强与弱，因此构成音乐。节奏的主要成分包括速度的快慢和节拍的强弱，快慢和强弱是可以用计算的方式加以分析明辨出来的，但是节奏的精髓却是计量不出来的跃动的感觉。蒙台梭利说："我们给孩子听的应该不是节拍器机械性的节奏，而是美妙音乐的节拍。"

绝大多数幼儿都有一种天生的节奏感，或者说节奏的本能。当他们还是母亲腹中的胎儿时，就已经感受着母亲有节奏的心脏搏动。出生以后，他们来到一个充满各种节奏的声音王国，因而对各种声音的节奏尤为敏感。幼儿们自身的许多本能动作，比如幼儿吮吸母亲的乳汁也是极富节奏感的，这是一个与生俱来的本能动作，其中就包含了动静、缓急的有规律的交替。

幼儿可以通过许许多多的途径去感受各种节奏：母亲轻轻的安抚；有规律地拍着他们；母亲唱着摇篮曲，轻轻地摇着摇篮。幼儿也可以通过许多方式来表现他们内心的节奏感觉，如走路、跑步、跳跃、拍手、念儿歌等等。

（二）幼儿节奏教学的内容

1. 人体动作节奏练习

我们可以通过人体这个天然的节奏乐器来"奏"出许多动听的节奏乐，如拍手、拍腿、踩脚、奔跑、点头等，但是这些动作会受到幼儿动作能力的发展、大脑控制协调能力的提高等因素的制约。例如,走步的活动就是一个需要手脚配合、协调活动的动作,要能走出合上音乐节拍的步伐,关键在于脚落地时要能合拍,要做到这一点,就要做到双脚在空间的移动上必须均匀,身体保持稳定、平衡的能力也相应要高,动作才能够合拍。这就要求幼儿要把自己内心能感觉到节奏通过大脑有效地控制身体把它表现出来,可见四肢要能自如、准确地随音乐协调地动作,必须在大脑对肌肉动作控制能力、平衡能力有一定发展的情况下才能产生。那么,如果我们能够尽早地鼓励幼儿通过自己的身体活动去发现他们自身的身体节奏,从而充分利用身体这一天然打击乐器,去更好地感受各种节奏,提高节奏感,这对于提高大脑对身体动作的控制能力,增加动作的协调性,使动作更加优美而富有韵律感。

2. 拍手节奏练习

幼儿生性好动,情绪外露,喜欢用动作来表现他们内心的喜悦,因此拍手这一比较容易控制的简单动作就成为他们情不自禁时最常见的一个动作。为了使拍手变得更有节奏,或者说发出或轻或重的清脆响声,可以通过以下一些活动来提高节奏感。

(1)为歌曲拍节奏。

为歌曲中的象声词拍节奏;为歌曲拍节奏或节拍;结合身体动作为歌曲拍节奏。

(2)节奏模仿。

选择幼儿经常接触到的比较熟悉的节奏作为入门手段,请幼儿模仿拍手节奏,这样可以帮助幼儿了解节奏在他们日常生活中的位置和意义。还可以从幼儿比较熟悉的工具、自然界的声音和乐器的声音开始入手进行节奏模仿,以激发他们的节奏感。

(三)幼儿节奏教学的方式

(1)一边吟诵一边拍手踏脚或弹指等肢体节奏。

(2)以口语念诵的说白节奏。

(3)运用打击乐器等小乐器的乐器节奏。

这三种教学方式通常都是配合进行的。所谓对比节奏就是学习音的高低快慢强弱,而这样的概念在感官教育中已经用过了,如彩色圆柱体的高低、棕色梯的轻重厚薄;说白节奏(说白就是利用语言的抑扬顿挫配和拍子来体现节奏,不仅可以增强幼儿的语言能力、也能培养节奏感、更能感受文辞的优美,并能在集体的吟诵下养成与人合作的团队精神)。

(四)适合幼儿使用的节奏乐器

节奏乐器包括响板、铃鼓、打小鼓、木鱼、三角钟等。乐器敲奏不但可以满足幼儿敲打的愿望,更能增加快乐的学习经验,也能促进幼儿手指的发达,更能借着独奏、合奏、唱歌、律动等活动来培养节奏感,发表自我的创造力,尤其在合奏时,每个人有不同的乐器,在彼此的合奏下才能够敲出和谐的乐曲,因此有助于幼儿社会性的发展。

(五)说白与合奏的示范

(1)说白时要掌握节拍的力度关系:三拍子的力度关系是强弱弱/强弱弱;四拍子的力度关系是强/弱/次强/弱;二拍子的力度关系是强弱/强弱。

(2)快慢要正确。

(3)向幼儿介绍乐器时,要告诉幼儿正确的乐器名称,如"这是铃鼓",拿给幼儿拍打,观察它的外形,引导幼儿细听它的声音,并且要鼓励幼儿倾听并辨别不同乐器所发出的音色。

九、静寂游戏

蒙台梭利日常生活教育中的静寂游戏,除了可以让孩子享受安静学习和自律外,也能训练孩子的听觉。蒙台梭利认为:能够让孩子感受到安静是学习聆听的第一步,她说:"听觉练习必须始自一切静止不动的静寂无声,然后慢慢去直觉由动作所产生的声音和噪音,借着安静地聆听,孩子们的听觉会越来越敏锐,还可以听见更细微的声音。"这正符合了感官练习基本上是在帮助个体察觉最小的外在刺激。除了能察觉最小的刺激外，蒙台梭利又提出感官练习的另一个原则，即辨别刺激的差异，教孩子分辨乐音与噪音、远音和近音、能够进行各种音质的辨别，如听声音的来源远近，最后就可以区分不同音阶的乐音，音感钟就可以辨别乐音的层次。

蒙台梭利的音乐和环境是融合在一起的，从理想化的角度说，音乐应该是环境的一个组成部分。在儿童之家里，从最初的那个年龄开始，就让孩子接触音乐，把孩子放入音乐的环境中生活和学习。在幼儿的生活里，声音与动作常是互为一体的，他们对音乐的喜好和敏感力常常超过成人的想象。蒙台梭利的音乐是为孩子们做的，孩子不喜欢的音乐他可以不必学习。因此，这个课程的设计是根据观察孩子的结果，根据他们的兴趣和需要来设计的。换一句话说，蒙台梭利的音乐就像其他蒙台梭利教育领域一样，是提供给幼儿个人，根据个人需要来摄入学习的。蒙台梭利音乐的学具就放在教室里，孩子随时都能拿到，随时准备个人独立去使用、去选择，并允许重复地使用，这有助于引导孩子走向专注、坚持、成功和自信。

第三节　蒙台梭利音乐启蒙教育教学实训

 项目一：蒙台梭利音乐启蒙教育活动的设计

范例

蒙台梭利幼儿音乐启蒙活动课例（一）

活动领域　艺术区。
活动名称　认识乐器。
活动准备　小乐器实物若干、乐器三段卡等。
活动方法

1. 教师先取出准备好的乐器实物，以三阶段方式给幼儿正确的名称介绍，并且摇一摇、敲一敲、吹一吹，让幼儿亲自操作感受乐器的不同声音。

2. 结合乐器三段卡让孩子认识乐器的名称、形状等。

3. 讲述音乐家的故事，播放一首该音乐家创作的乐曲，让幼儿欣赏。

4. 与语言教学活动结合，利用乐器三段卡认识音乐家的名字；与数学活动结合，制成题目卡，利用邮票游戏计算音乐家活了多少年；与历史学结合，将17世纪至今著名的音乐家制成年历表，比较谁出生较早；与地理学结合，取出世界地理拼图，让幼儿找出该音乐家出生于哪个国家，并配合万国旗使用。

5. 通过观看音像作品，让幼儿了解乐器的演奏形态，以及认识乐曲的种类，为乐曲的欣赏做准备，进而带幼儿进入音乐欣赏的活动中。

音乐启蒙教育活动的设计与书写

【实训目标】
1. 培养学生针对幼儿的年龄特点设计音乐教育活动的能力。
2. 培养学生结合音乐活动内容设计和书写展示页的能力。

3. 使学生学会依据展示页的内容进行课堂展示的方法。

【内容与要求】
1. 学生分组设计大中小班幼儿音乐活动的教育内容。
2. 各组同学依据选材设计和书写各个班级的音乐教育活动的展示页。
3. 以小组为单位模拟进行音乐教育活动，教师评价与学生互评及指导。

【实训考核】
依据音乐教育活动的模拟展示情况，给予评分。

幼儿音乐启蒙教育活动课例

活动领域　艺术区。

活动名称　欣赏《动物狂欢节》序曲之《狮王进行曲》。

乐曲分析：本曲由13节乐段组成，曲中借着各种乐器的音色、强弱及速度变化及不同的弹奏形态来表现各种动物的叫声，动作充满狂欢节的欢乐气氛，很能吸引幼儿的兴致，因而被广泛应用到幼儿音乐教学中。

准备活动：在进行示范教学活动前，教师必须熟悉乐曲的节奏变化，能分辨不同乐器所显示的情景，并配合内容收集与绘制与动物有关的图片及乐器，借由具体物体让幼儿容易了解抽象的音乐旋律。

活动过程

1. 邀请小朋友围坐在蒙氏线上，播放乐曲请幼儿静静聆听。
2. 老师提出下列问题，请幼儿发表对乐曲的感受。
（1）乐曲中出现过哪些乐器?
（2）什么乐器形容狮子威风凛凛的前进?
（3）狮子以吼叫声和众多动物打招呼共有几次?
（4）什么乐器表现动物咆哮声?
3. 再播放一次乐曲，老师在一旁提示并出示有关的动物和乐器图片。

以钢琴高音和弦乐低音由弱至强拉开狂欢节的序曲后，由钢琴奏出表征狮子的进行曲，接着以大、中、小、低音提琴等弦乐器齐奏方式呈现不同的变奏方式，动物之王开始威风凛凛地向前行进，并以低音提琴来表示狮子一步一咆哮的气势。这首乐曲以紧接着序奏和《狮子王进行曲》而出现的动物；由钢琴和竖笛分别表示公鸡和母鸡的叫声；以弦乐器表示动物动作缓慢的乌龟；以低音提琴表现出大象的诙谐有趣等。

4. 请幼儿模仿狮子王的行进和咆哮。
5. 取出作曲家的照片和地图拼图板向幼儿介绍作曲者的生平及出生地。

延伸活动

1. 选录不同阶段的小曲分段教学，将每一段小曲分别录制在磁带里，让幼儿随时可以戴上耳机聆听，成为个人的一项自由工作。
2. 老师带领幼儿分别扮演乐曲中的不同的动物角色，也可以全员总动员分成小组模仿音乐中各种动物的诙谐动作，如此热闹的情景更能够凸显狂欢的热闹气氛。

实践与训练

音乐启蒙教育活动的设计与书写

【实训目标】
1. 培养学生针对幼儿的学习特点设计音乐欣赏教育活动的能力。
2. 引导学生结合音乐活动内容独立设计和书写展示页。
3. 使学生学会依据展示页的内容进行课堂教学的方法。

【内容与要求】
1. 学生分组设计大中小班幼儿音乐欣赏活动的教育内容。

2. 各组同学依据选材设计和书写各个班级的音乐欣赏教育活动的展示页。
3. 以小组为单位模拟进行音乐欣赏教育活动，教师评价与学生互评。

【实训考核】

去幼儿园进行各个班级的音乐欣赏教学活动，依据活动的整体效果给予打分。

幼儿音乐启蒙活动课例

活动领域 艺术区。

活动名称 韵律走线练习。

活动准备：音感钟，小托盘，小茶壶，国旗，小花篮或吊饰物等。

活动过程

1. 进行最基本的走线方法：老师轻敲音感钟的上行音让小朋友站在蒙氏线上，随着钟声缓慢走路，最后老师敲下行音后小朋友回到原来的位置。
2. 老师出示准备好的用具，示范走线时双手持物的方法，敲上行音和下行音就表示活动可以开始了，幼儿随音乐的指示持物走线。
3. 加入不同的高、低、强、弱以及缓慢与急促的节奏，让孩子对比节奏的快慢区分快走与慢走的不同。
4. 可以尝试做滑步走与足尖走的肢体探索。
5. 老师使用鼓声或其他乐器钢琴等配合伴奏走线。
6. 幼儿手持小托盘、小茶壶、国旗、小花篮或吊饰物等等走线。

 实践与训练

音乐启蒙教育活动的设计与书写

【实训目标】

1. 培养学生针对幼儿的年龄特点设计韵律走线教育活动的能力。
2. 培养学生结合选材的内容设计和书写展示页的能力。
3. 使学生学会依据展示页的内容进行模拟教学的方法。

【内容与要求】

1. 学生分组设计大中小班幼儿韵律走线教育活动内容。
2. 各组同学依据选材设计和书写各个班级的韵律走线教育活动的展示页。
3. 以小组为单位模拟进行韵律走线教育活动，教师评价与学生互评及指导。

【实训考核】

依据韵律走线教育活动的模拟展示情况，给予评分。

 思考与延展

1. 简述蒙台梭利音乐启蒙教育的目的和意义。
2. 简述蒙台梭利音乐启蒙教育的特色。
3. 分别阐述蒙台梭利音乐启蒙教育的内容及其教学特点。

附 录

蒙台梭利标准教具目录

编号	类别	产品名称
1	日常教具	12格衣板架（含衣饰框）
2		12格衣板架
3		6格衣板架
4		小纽扣
5		大纽扣
6		蝴蝶结
7		编织鞋带（X型）
8		钩扣
9		安全别针
10		揿扣
11		拉链
12		带扣
13		皮靴扣
14		编织鞋带（一型）
15		维可劳尼龙粘扣
16	感官教具	带插座的圆柱体
17		4色圆柱体
18		粉红塔
19		棕色梯
20		红棒
21		三原色色卡
22		11色色卡
23		63色色卡
24		粉红塔基座
25		3块装触觉板

编 号	类 别	产 品 名 称
26	感官教具	10块装触觉板
27		重量板
28		几何图形示范匣
29		几何图形橱柜
30		几何学立体组和投影板
31		几何立体投影板
32		几何学立体组
33		长方体
34		三棱柱
35		正方体
36		四棱锥
37		三棱锥
38		圆柱体
39		圆锥体
40		球体
41		椭圆体
42		卵形体
43		构成三角形
44		蓝色三角形盒子
45		神秘袋
46		温觉板
47		同心圆图形
48		几何图形卡片
49		棕色梯的分解
50		布盒Ⅰ（白色布）
51		布盒Ⅱ（彩色布）
52		粉红塔的分解
53		嗅觉筒
54		音筒
55		圆柱体阶梯
56	数学教具	大红、蓝数棒
57		砂纸数字板
58		纺锤棒箱
59		纺锤棒
60		数字与筹码
61		小红、蓝数棒
62		邮票游戏

编　号	类　　别	产　品　名　称
63		1~9 000数字大卡片
64		1~3 000数字大卡片
65		1~1 000数字大卡片
66		1~9 000数字小卡片
67		1~3 000数字小卡片
68		1~1 000数字小卡片
69		塞根板
70		一百板
71		毕达哥拉斯板
72		加法板
73		减法板
74		乘法板
75		除法板
76		小计算架
77		大计算架
78		二项式
79		三项式
80		三倍数
81	数学教具	铁制圆形分数嵌板
82		分数小人
83		铁制三角形分数嵌板
84		铁制正方形分数嵌板
85		铁制中心形
86		45片100点正方形木片
87		9个1000点正方体木块
88		平方立方珠链框架
89		加法蛇游戏
90		减法蛇游戏
91		9粒金色珠子
92		9条金色串珠
93		9块金色串珠板
94		金色立方体串珠块
95		彩色串珠梯
96		100串珠链
97		1 000串珠链
98		彩色串珠链
99		彩色串珠平方

续表

编号	类别	产品名称
100	数学教具	45颗金色珠
101		45串金色串珠
102		塞根板配套珠子A
103		塞根板配套珠子B
104		金色串珠套装
105		十进位系统
106		100和1 000串珠链套装
107		彩色串珠链和彩色串珠平方套装
108		平方立方珠链及框架
109		适当量彩色珠子
110		彩色立方珠塔
111		分解几何
112		金属嵌板大组合
113		数字棒基座
114		形状认识
115		加法心算盒
116		减法心算盒
117		乘法心算盒
118		除法心算盒
119		数苹果
120		四方拼图
121		二倍数
122		彩色串珠壁挂
123		银行游戏
124		塞根板配套珠子架
125		彩珠台阶珠子架
126	语言教具	小写正体砂纸英文字母
127		小写草体砂纸英文字母
128		小写正体双音砂纸英文字母
129		小写草体双音砂纸英文字母
130		大写正体砂纸英文字母
131		大写草体砂纸英文字母
132		大号活动字母箱
133		小号活动字母箱
134		铁制几何图形嵌板
135		金属嵌板绘图座
136		11色笔筒

续表

编 号	类 别	产 品 名 称
137	语言教具	拼音结构练习
138		立体语法符号
139		动名词示意符号
140		平面语法符号 I
141		平面语法符号 II
142		平面语法符号 III
143		疑问词和疑问句
144		疑问句的构成
145		笔架
146		拼图放置木架
147	科学文化教具—地理教具	地图嵌板橱
148		地图架
149		世界地图拼图
150		欧洲地图拼图
151		北美洲地图拼图
152		南美洲地图拼图
153		非洲地图拼图
154		亚洲地图拼图
155		大洋洲地图拼图
156		美国地图拼图
157		加拿大地图拼图
158		地球仪（水和陆地）
159		地球仪（世界的组成）
160		中国地图拼图
161		太阳系八大行星嵌板
162		认识世界
163		砂纸地形图
164	科学文化教具—植物教具	叶形嵌板橱
165		植物嵌板柜（不含嵌板）
166		植物嵌板柜（含嵌板）
167		树叶拼图
168		树拼图
169		花朵拼图
170		叶形卡片柜
171		树叶纸卡片（心脏形）
172		树叶纸卡片（锯齿形）

续表

编号	类别	产品名称
173	科学文化教具—植物教具	大树叶拼图
174		大树拼图
175		大花朵拼图
176	科学文化教具—动物教具	动物嵌板橱
177		马拼图
178		青蛙拼图
179		鱼拼图
180		乌龟拼图
181		鸟拼图
182		蚂蚁拼图
183	科学文化教具—历史教具	活动时钟
184		时钟三部分卡
185		日历牌

参考文献

1. 李乐德.决定孩子一生的教育法.蒙台梭利教育研究组编译.兰州：兰州大学出版社，2004
2. 玛利亚·蒙台梭利.儿童教育的秘密.蒙台梭利教育研究组编译.兰州：兰州大学出版社，2004
3. 梁志燊，钱继芳等.蒙台梭利教育实践在中国：蒙台梭利幼儿生活教育.上海：第二军医大学出版社，2004
4. 段云波等.蒙台梭利科学文化教育.济南：山东教育出版社，2008
5. 单伟儒，刘冷琴等.蒙特梭利幼儿音乐启蒙教育.台北：蒙特梭利启蒙研究基金会，1996
6. 杨德彰.蒙台梭利教学展示页.成都：四川大学出版社，2006
7. 张红兵.蒙台梭利教育理论概述.北京：北京理工大学出版社，2007
8. 玛利亚·蒙台梭利.蒙台梭利教育科学方法.第二版.任代文主译校.北京：人民教育出版社，2006
9. 张琨，林丽，宋茂蕾等.蒙台梭利幼儿家庭教育法.济南：山东教育出版社，2006
10. 姚磊，胡颖.蒙台梭利教育在我家.北京：中国档案出版社，2006
11. 周采.外国教育史.上海：华东师范大学出版社，2008
12. 唐淑.学前教育史.北京：人民教育出版社，2007
13. 陈文华.中外学前教育史.北京：科学出版社，2006
14. 夸美纽斯.大教学论.傅任敢译.北京：人民教育出版社，1984
15. 洛克.教育漫画.傅任敢译.北京：人民教育出版社，1979
16. 卢梭.爱弥儿——论教育.李平沤译.北京：商务印书馆，1978
17. 夏之莲等译.裴斯泰洛奇教育论著选.北京：人民教育出版社，2001
18. 福禄培尔.人的教育.孙祖复译.北京：人民教育出版社，1991
19. 张斌贤，褚洪启等.西方教育思想史.成都：四川教育出版社，1994
20. 华东师范大学教育系、杭州大学教育系.现代西方资产阶级教育思想流派论著选.北京：人民教育出版社，1980
21. 周采，杨汉麟.外国学前教育史.北京：北京师范大学出版社，1999
22. 腾大春.外国教育通史.济南：山东教育出版社，1989
23. 张苙颖.蒙台梭利教育思想与实践.石家庄：河北教育出版社，2006
24. 卢乐山.蒙台梭利的幼儿教育.北京：北京师范大学出版社，1985
25. 林丽，陈彩绚，曲小溪等.蒙台梭利感觉教育及教具操作手册.济南：山东教育出版社，2007
26. 黄人颂.学前教育学.北京：人民教育出版社，2006
27. 段锦丝.蒙台梭利游戏思想研究——基于对《蒙台梭利幼儿教育科学方法》的文本解读.西南大学硕士学位论文
28. 米勒.谈蒙特梭利教育原则及运用.早期教育.2007.10（22）
29. 周晶.蒙台梭利：工作与游戏之争.考试周刊.2008（27）

30. 李颖，赵海燕. 蒙台梭利教育中的混龄教育. 淄博师专学报. 2008（2）
31. 蒙台梭利教育研究组. 蒙台梭利幼儿单元活动设计课程. 兰州：兰州大学出版社，2001
32. 刘华，肖朗. 蒙台梭利. 北京：科学出版社，2009
33. 陈萍. 蒙台梭利学前教育思想在中国的引进及其影响. 太原：山西大学出版社，2008
34. http：//www.babydao.com/html/97/n4997.html
35. http：//mtsl.xue06.com/html/mingshijiangtang/2010/0403/243.html
36. http：//www.zhichenglunwen.net/html/50/680.htm
37. http：//www.montessori-china.org/Html/？456.html
38. http：//www.docin.com/p53627303.html

图书在版编目(CIP)数据

蒙台梭利教育思想与方法/吴晓丹主编. —2版. —上海:复旦大学出版社,2018.4(2021.12重印)
普通高等学校学前教育专业系列教材
ISBN 978-7-309-12811-6

Ⅰ.蒙… Ⅱ.吴… Ⅲ.学前教育-教育理论-幼儿师范学校-教材 Ⅳ.G610

中国版本图书馆 CIP 数据核字(2017)第 031408 号

蒙台梭利教育思想与方法(第二版)
吴晓丹　主编
责任编辑/查　莉

复旦大学出版社有限公司出版发行
上海市国权路 579 号　邮编:200433
网址:fupnet@fudanpress.com　http://www.fudanpress.com
门市零售:86-21-65102580　团体订购:86-21-65104505
出版部电话:86-21-65642845
杭州日报报业集团盛元印务有限公司

开本 890×1240　1/16　印张 15.25　字数 482 千
2021 年 12 月第 2 版第 5 次印刷

ISBN 978-7-309-12811-6/G·1690
定价:48.00 元

如有印装质量问题,请向复旦大学出版社有限公司出版部调换。
版权所有　　侵权必究